VOYAGE

DE LA PÉROUSE

AUTOUR DU MONDE.

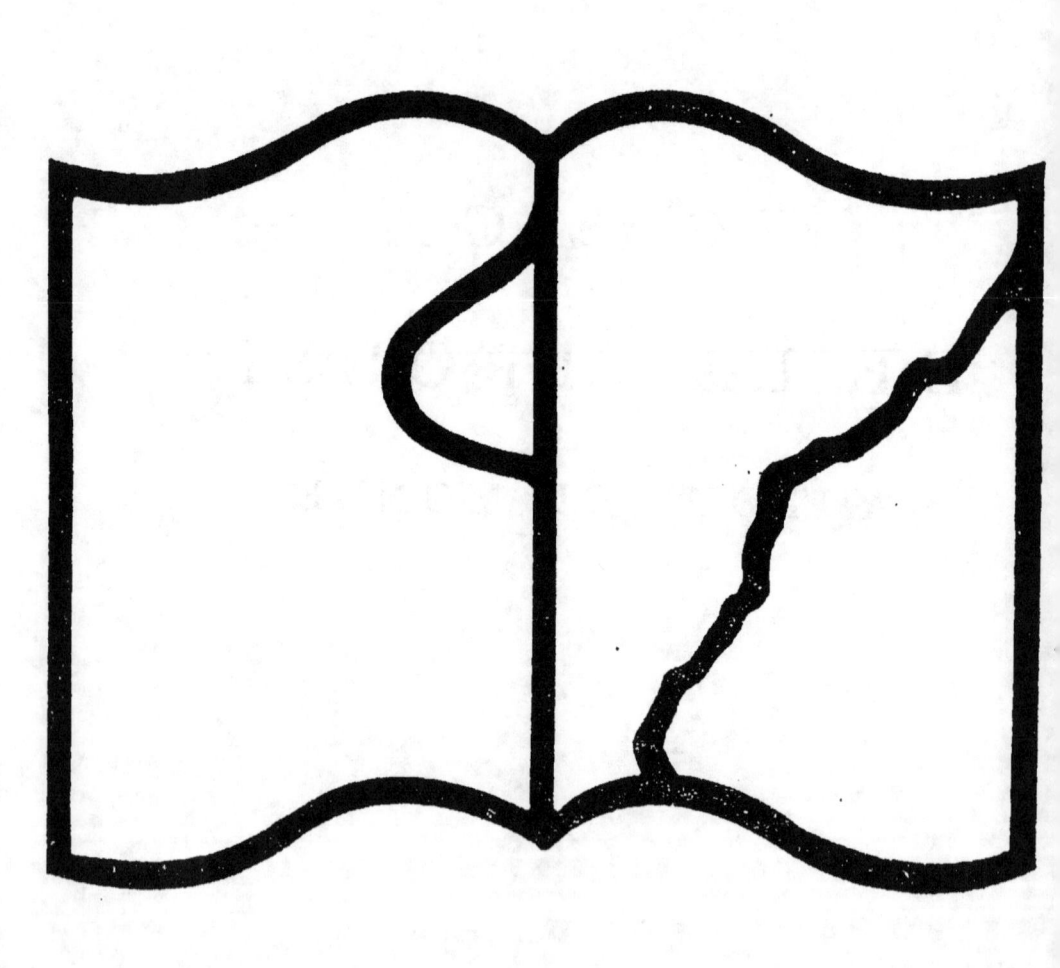

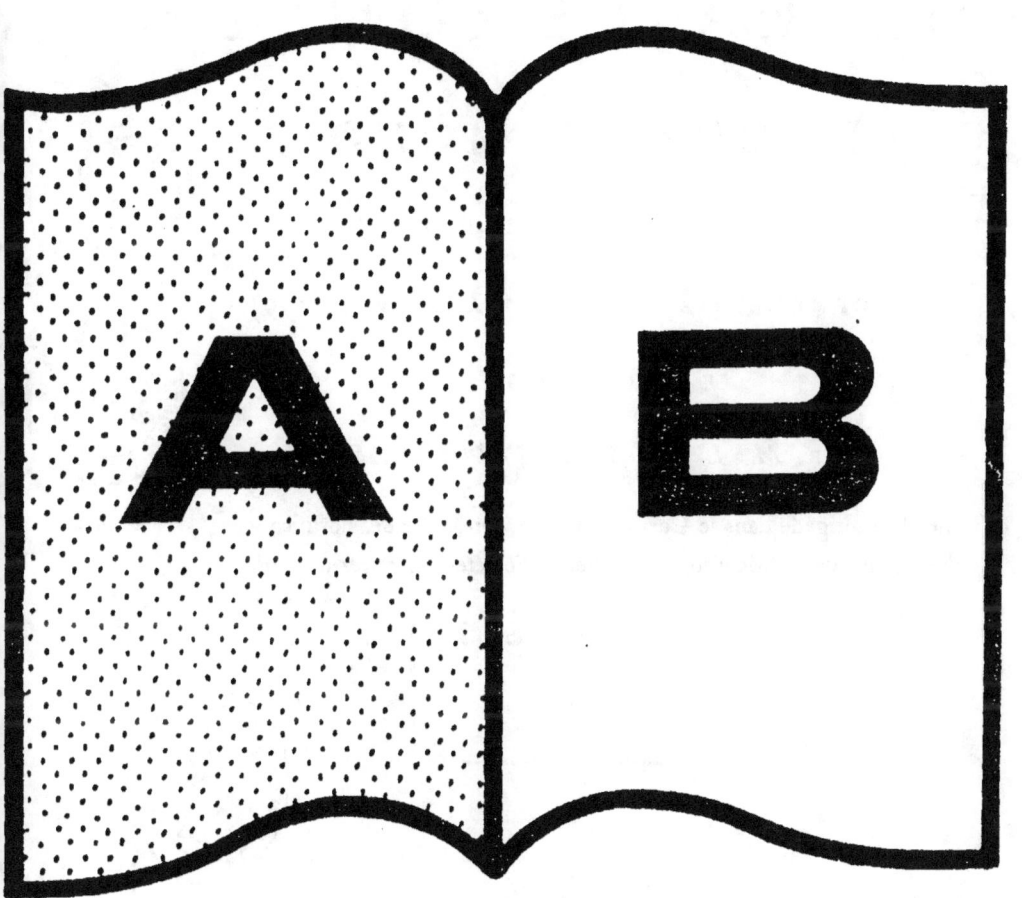

VOYAGE
DE LA PÉROUSE
AUTOUR DU MONDE,

PUBLIÉ

CONFORMÉMENT AU DÉCRET DU 22 AVRIL 1791,

ET RÉDIGÉ

PAR *M. L. A. MILET-MUREAU*,

Général de Brigade dans le Corps du Génie, Directeur des Fortifications, Ex-Constituant, Membre de plusieurs Sociétés littéraires de Paris.

TOME TROISIÈME.

———————

A PARIS,
DE L'IMPRIMERIE DE LA RÉPUBLIQUE.

AN V. (1797)

VOYAGE
AUTOUR DU MONDE
PENDANT LES ANNÉES
1785, 1786, 1787 ET 1788.

CHAPITRE XVII.

Route vers la partie du Nord-Ouest du Japon. — Vue du cap Noto et de l'île Jootsi-sima. — Détails sur cette île. — Latitude et longitude de cette partie du Japon. — Rencontre de plusieurs bâtimens japonais et chinois. — Nous retournons vers la côte de Tartarie, sur laquelle nous atterrissons par 42 degrés de latitude Nord. — Relâche à la baie de Ternai. — Ses productions. — Détails sur ce pays. — Nous en appareillons après y être restés seulement trois jours. — Relâche à la baie de Suffren.

Le 30 mai 1787, les vents s'étant fixés au Sud-Sud-Est, je dirigeai ma route à l'Est vers le Japon; mais ce ne fut qu'à bien petites journées que j'en approchai la côte. Les vents nous furent si constamment contraires, et le temps

1787.
MAI.
30.

1787.
MAI.

JUIN.
2.

était si précieux pour nous, que sans l'extrême importance que je mettais à déterminer au moins un point ou deux de la côte occidentale de l'île Niphon, j'aurais abandonné cette reconnaissance et fait route vent arrière vers la côte de Tartarie. Le 2 juin, par 37^d 38$'$ de latitude Nord, et 132^d 10$'$ de longitude orientale, suivant nos horloges marines, nous eûmes connaissance de deux bâtimens japonais, dont un passa à la portée de notre voix; il avait vingt hommes d'équipage, tous vêtus de soutanes bleues, de la forme de celle de nos prêtres. Ce bâtiment, du port d'environ cent tonneaux, avait un seul mât très-élevé, planté au milieu, et qui paraissait n'être qu'un fagot de mâtereaux réunis par des cercles de cuivre et des rostures. Sa voile était de toile; les lés n'en étaient point cousus, mais lacés dans le sens de la longueur. Cette voile me parut immense; et deux focs avec une civadière composaient le reste de sa voilure. Une petite galerie de trois pieds de largeur régnait en saillie sur les deux côtés de ce bâtiment, et se prolongeait depuis l'arrière jusqu'au tiers de la longueur; elle portait sur la tête des baux qui étaient saillans et peints en vert. Le canot placé en travers de l'avant, excédait de sept ou huit pieds la largeur du vaisseau, qui avait d'ailleurs une tonture très-ordinaire, une poupe plate avec deux petites fenêtres, fort peu de sculpture, et ne ressemblait aux sommes chinoises que par la manière d'attacher le gouvernail avec des cordes. Sa galerie latérale n'était élevée que de deux ou trois pieds au-dessus de la flottaison; et les extrémités du canot devaient toucher à l'eau dans les roulis. Tout me fit juger que ces bâtimens n'étaient pas destinés à s'éloigner des côtes, et qu'on n'y serait pas sans danger dans les grosses mers, pendant un coup de vent : il est vraisemblable que les Japonais ont pour l'hiver des embarcations plus propres à braver le mauvais temps. Nous passâmes si près de ce bâtiment, que nous observâmes jusqu'à la physionomie des individus ; elle n'exprima jamais la crainte, pas même l'étonnement : ils ne changèrent de route que lorsqu'à portée de pistolet de l'Astrolabe, ils craignirent d'aborder cette frégate. Ils avaient un petit pavillon japonais blanc, sur lequel on lisait des mots écrits verticalement. Le nom du vaisseau était sur une espèce de tambour placé à côté du mât de ce pavillon. L'Astrolabe le héla en passant ; nous ne comprîmes pas plus sa réponse, qu'il n'avait compris notre question ; et il continua sa route au Sud, bien empressé sans doute d'aller annoncer la rencontre de deux vaisseaux étrangers dans des mers où aucun navire européen n'avait pénétré jusqu'à nous. Le 4 au matin, par 133^d 17' de longitude orientale, et 37^d 13' de latitude Nord, nous crûmes voir la terre ; mais le temps était extrêmement embrumé, et bientôt notre horizon s'étendit à un quart de lieue au plus : il ventait très-grand frais du Sud ; le baromètre avait baissé de six lignes depuis douze heures. Espérant que le ciel s'éclaircirait, je voulus d'abord mettre en panne ; mais le vent fraîchit encore dans l'après-midi ; le perroquet de fougue fut emporté ; nous serrâmes les

1787.
Juin.

4.

A ij

1787.
Juin.

huniers, et mîmes à la cape à la misaine. Nous aperçûmes, à différentes époques de la journée, sept bâtimens chinois, mâtés comme celui que j'ai décrit, mais sans galerie latérale, et, quoique plus petits, d'une construction plus propre à soutenir le mauvais temps : ils ressemblaient absolument à celui qu'aperçut le capitaine KING lors du troisième voyage de COOK; ayant de même les trois bandes noires dans la partie concave de leur voile; du port également de trente ou quarante tonneaux, avec huit hommes d'équipage. Pendant la force du vent, nous en vîmes un à sec; son mât nu comme ceux des *chasse-marées*, n'était arrêté que par deux haubans et un étai qui portait sur l'avant : car ces bâtimens n'ont point de beaupré, mais seulement un mâtereau de huit ou dix pieds d'élévation, posé verticalement, auquel les Chinois gréent une petite misaine comme celle d'un canot. Toutes ces sommes couraient au plus près, bâbord amures, le cap à l'Ouest-Sud-Ouest; et il est probable qu'elles n'étaient pas éloignées de la terre, puisque ces bâtimens ne naviguent jamais que le long des côtes. La journée du lendemain fut extrêmement brumeuse ; nous aperçûmes encore deux bâtimens japonais, et ce ne fut que

6.   le 6 que nous eûmes connaissance du cap Noto, et de l'île Jootsi-sima[a], qui en est séparée par un canal d'environ

[a] Tous les géographes, jusqu'à ce jour, ont donné le nom de *Jootsi-sima* à l'île qui est dans le Nord-Est du cap Noto. LA PÉROUSE attribue ici ce même nom à une autre île qu'il a reconnue à cinq lieues dans le Nord-Ouest de ce cap, et qui est marquée sur toutes les cartes, sans y être nommée. Cette attribution provient-elle d'une erreur de LA PÉROUSE ? c'est ce que j'ignore; mais j'ai cru

cinq lieues. Le temps était clair et l'horizon très-étendu; quoiqu'à six lieues de la terre, nous en distinguions les détails, les arbres, les rivières et les éboulemens. Des îlots ou rochers que nous cotoyâmes à deux lieues, et qui étaient liés entr'eux par des chaînes de roches à fleur d'eau, nous empêchèrent d'approcher plus près de la côte. La sonde, à cette distance, rapportait soixante brasses, fond de roc et de corail. A deux heures, nous aperçûmes l'île Jootsi-sima dans le Nord-Est; je dirigeai ma route pour en prolonger la partie occidentale, et bientôt nous fûmes obligés de serrer le vent, pour doubler les brisans, bien dangereux pendant la brume qui, dans cette saison, dérobe presque toujours à la vue les côtes septentrionales du Japon. La sonde, à une lieue et demie de ces brisans, rapportait également soixante brasses, fond de roche, et l'on ne pouvait songer à y mouiller que dans le cas d'une extrême nécessité. Cette île est petite, plate, mais bien boisée et d'un aspect fort agréable : je crois que sa circonférence n'excède pas deux lieues; elle nous a paru très-habitée. Nous avons remarqué entre les maisons des édifices considérables; et, auprès d'une espèce de château qui était à la pointe du Sud-Ouest, nous avons distingué des fourches patibulaires, ou au moins des piliers avec une large poutre posée dessus en travers; peut-être ces piliers avaient-ils une toute autre destination : il serait assez singulier que les usages des Japonais, si différens

1787.
JUIN.

devoir, par cette observation, éviter l'équivoque qui pouvait naître de deux îles du même nom, aussi rapprochées du même cap. (N. D. R.)

1787.
JUIN.

des nôtres, s'en fussent rapprochés sur ce point. Nous avions à peine doublé l'île Jootsi-sima, que nous fûmes en un instant enveloppés de la brume la plus épaisse; heureusement nous avions eu le temps de faire d'excellens relèvemens de la côte du Japon, au Sud du cap Noto, jusques à un cap au-delà duquel on n'apercevait rien.

Nos observations de latitude et de longitude ne nous laissaient rien à désirer. Notre horloge n.° 19 avait eu une marche parfaite depuis notre départ de Manille : ainsi le cap Noto, sur la côte du Japon, est un point sur lequel les géographes peuvent compter; il donnera, avec le cap Nabo sur la côte orientale, déterminé par le capitaine KING, la largeur de cet empire dans sa partie septentrionale. Nos déterminations rendront encore un service plus essentiel à la géographie, car elles feront connaître la largeur de la mer de Tartarie, vers laquelle je pris le parti de diriger ma route. La côte du Japon qui fuit en-delà du cap Noto, à soixante lieues dans l'Est, et les brumes continuelles qui enveloppent ces îles, auraient peut-être exigé le reste de la saison pour pouvoir prolonger et relever l'île Niphon jusques au cap Sangaar : nous avions un bien plus vaste champ de découvertes à parcourir sur la côte de Tartarie, et dans le détroit de Tessoy. Je crus donc ne pas devoir perdre un instant pour y arriver promptement; je n'avais d'ailleurs eu d'autre objet dans ma recherche de la côte du Japon, que d'assigner à la mer de Tartarie ses vraies limites du Nord au Sud. Nos observations placent le cap Noto par

37^d 36′ de latitude Nord, et 135^d 34′ de longitude orientale; l'île Jootsi-sima, par 37^d 51′ de latitude, et 135^d 20′ de longitude ; un îlot ou rocher qui est à l'Ouest du cap Noto, par 37^d 36′ de latitude, et 135^d 14′ de longitude; et la pointe la plus Sud qui était à notre vue, sur l'île Niphon, par 37^d 18′ de latitude, et 135^d 5′ de longitude. Ces courtes observations, qui paraîtront bien arides au plus grand nombre de nos lecteurs, nous ont coûté dix jours d'une navigation bien laborieuse, au milieu des brumes ; nous croyons que les géographes trouveront ce temps bien employé, et ils regretteront seulement que le vaste plan de notre campagne ne nous ait pas permis de reconnaître et déterminer sur cette côte, et plus particulièrement vers la partie du Sud-Ouest, un plus grand nombre de points, d'après la position desquels il eût été possible de donner la vraie configuration du détroit qui sépare cet empire de la Corée. Nous avons relevé la côte de cette presqu'île avec la plus grande exactitude, jusqu'au point où elle cesse de courir au Nord-Est et où elle prend une direction vers l'Ouest, ce qui nous a forcés de gagner les 37^d Nord. Les vents de Sud les plus constans et les plus opiniâtres, s'étaient opposés au projet que j'avais formé de voir et de déterminer la pointe la plus méridionale et la plus occidentale de l'île Niphon ; ces mêmes vents de Sud nous suivirent jusqu'à la vue de la côte de Tartarie, dont nous eûmes connaissance le 11 juin. Le temps s'était éclairci la veille; le baromètre, descendu à 27 pouces 7 lignes, y demeurait stationnaire ; et c'est pendant

1787.
JUIN.

que le baromètre est resté à ce point, que nous avons joui des deux plus beaux jours de cette campagne. Depuis le départ de Manille, cet instrument nous avait si souvent donné de bons avertissemens, que nous lui devions de l'indulgence pour ces écarts : mais il en résulte qu'il est telle disposition de l'atmosphère qui, sans occasionner ni pluie ni vent, produit une grande variation dans le baromètre; celui de l'ASTROLABE était au même degré que le nôtre, et je crois qu'il faut encore une longue suite d'observations, pour entendre parfaitement la langue de cet instrument qui, en général, peut être d'une grande utilité pour la sûreté de la navigation. Celui de NAIRNE, avec son ingénieuse suspension, ne peut être comparé à aucun autre, par ses avantages. Le point de la côte sur lequel nous attérîmes, est précisément celui qui sépare la Corée de la Tartarie des Mantcheoux; c'est une terre très-élevée, que nous aperçûmes le 11 à vingt lieues de distance; elle s'étendait du Nord-Nord-Ouest au Nord-Est un quart Nord, et paraissait sur différens plans. Les montagnes, sans avoir l'élévation de celles de la côte de l'Amérique, ont au moins six ou sept cents toises de hauteur. Nous ne commençâmes à trouver fond qu'à quatre lieues de terre, par cent quatre-vingts brasses, sable vaseux; et, à une lieue du rivage, il y avait encore quatre-vingt-quatre brasses. J'approchai la côte à cette distance; elle était très-escarpée, mais couverte d'arbres et de verdure. On apercevait, sur la cime des plus hautes montagnes, de la neige, mais en très-petite quantité; on n'y voyait

d'ailleurs

d'ailleurs aucune trace de culture ni d'habitation, et nous pensâmes que les Tartares Mantcheoux, qui sont nomades et pasteurs, préféraient à ces bois et à ces montagnes, des plaines et des vallons où leurs troupeaux trouvaient une nourriture plus abondante. Dans cette longueur de côte de plus de quarante lieues, nous ne rencontrâmes l'embouchure d'aucune rivière. J'aurais cependant désiré de relâcher, afin que nos botanistes et nos lithologistes pussent observer cette terre et ses productions; mais la côte était droite, et puisqu'il y avait quatre-vingt-quatre brasses d'eau à une lieue, il aurait fallu vraisemblablement s'approcher à deux ou trois encablures du rivage pour trouver un fond de vingt brasses, et alors nous n'aurions plus été en appareillage avec les vents du large. Je me flattais de trouver un lieu plus commode, et je continuai ma route, avec le plus beau temps, et le ciel le plus clair dont nous eussions joui depuis notre départ d'Europe. Nous fîmes nos relèvemens le 12, le 13 et le 14 avec les mêmes succès, en prolongeant la terre à trois petites lieues : ce dernier jour, à six heures du soir, nous fûmes enveloppés de brume, et nous restâmes en calme ; une petite fraîcheur du Sud-Est nous permettait à peine de gouverner. Jusqu'à ce moment la côte avait couru au Nord-Est un quart Nord ; nous étions déjà par 44^d de latitude, et nous avions atteint celle que les géographes donnent au prétendu détroit de Tessoy : mais nous nous trouvions 5^d plus Ouest que la longitude donnée à ce détroit; ces 5^d doivent être retranchés de la Tartarie, et

1787.
JUIN.
15.
16.

ajoutés au canal qui la sépare des îles situées au Nord du Japon.

Les journées du 15 et du 16 furent très-brumeuses; nous nous éloignâmes peu de la côte de Tartarie, et nous en avions connaissance dans les éclaircis : mais ce dernier jour sera marqué dans notre journal par l'illusion la plus complète dont j'aye été témoin depuis que je navigue.

Le plus beau ciel succéda, à quatre heures du soir, à la brume la plus épaisse; nous découvrîmes le continent, qui s'étendait de l'Ouest un quart Sud-Ouest au Nord un quart Nord-Est, et peu après, dans le Sud, une grande terre qui allait rejoindre la Tartarie vers l'Ouest, ne laissant pas entr'elle et le continent une ouverture de 15^d. Nous distinguions les montagnes, les ravins, enfin tous les détails du terrain; et nous ne pouvions pas concevoir par où nous étions entrés dans ce détroit, qui ne pouvait être que celui de Tessoy, à la recherche duquel nous avions renoncé. Dans cette situation, je crus devoir serrer le vent, et gouverner au Sud-Sud-Est; mais bientôt ces mornes, ces ravins disparurent. Le banc de brume le plus extraordinaire que j'eusse jamais vu, avait occasionné notre erreur : nous le vîmes se dissiper; ses formes, ses teintes s'élevèrent, se perdirent dans la région des nuages, et nous eûmes encore assez de jour pour qu'il ne nous restât aucune incertitude sur l'inexistence de cette terre fantastique. Je fis route, toute la nuit, sur l'espace de mer qu'elle avait paru occuper, et au jour, rien ne se montra à nos yeux; l'horizon était cependant si étendu, que nous voyions parfaitement la côte de Tartarie, éloignée de plus de quinze lieues. Je fis route pour l'approcher; mais à huit heures du matin la brume nous environna : nous avions heureusement eu le temps de faire de bons relèvemens, et de reconnaître les pointes de la veille ; ainsi, il n'y a aucune lacune sur notre carte de Tartarie, depuis notre attérage par les 42^d, jusqu'au détroit de Ségalien.

La brume fut encore très-épaisse le 17, le 18 et le 19 ; mais nous ne fîmes point de chemin, et nous restâmes bord sur bord, afin de retrouver, au premier éclairci, les mornes déjà aperçus, et portés sur notre carte. Le 19 au soir, la brume se dissipa ; nous n'étions qu'à trois lieues de terre, nous relevâmes une étendue de côte de plus de vingt lieues, depuis l'Ouest-Sud-Ouest jusqu'au Nord-Nord-Est : toutes les formes en étaient parfaitement prononcées, l'air le plus pur nous permettait d'en distinguer toutes les teintes ; mais nous ne vîmes nulle part l'apparence d'une baie, et une sonde de deux cents brasses ne rapportait point de fond à quatre lieues de terre. Bientôt la brume me força de reprendre le large, et nous ne revîmes la côte que le lendemain à midi : nous en étions très-près, nous n'avions jamais été à portée de faire de meilleurs relèvemens ; notre latitude Nord était de 44^d 45', et nous relevions au Nord-Est un quart Nord une pointe qui était au moins à quinze lieues de nous. J'ordonnai à l'Astrolabe de chasser en avant, et de chercher un

1787.
Juin.

17.
18.

19.

mouillage; M. DE LANGLE mit son canot à la mer, et envoya M. DE MONTY, son second, sonder une baie que nous apercevions devant nous, et qui paraissait présenter un abri. Nous trouvions cent quarante brasses d'eau à deux lieues de terre, nous avions eu deux cents brasses à deux lieues plus au large; le fond paraissait monter graduellement, et il était vraisemblable qu'à un quart de lieue du rivage, nous trouverions quarante ou cinquante brasses, ce qui est bien considérable; mais tous les jours on mouille par de pareils brassiages. Nous continuâmes notre route vers la terre : bientôt il s'en éleva un banc de brume très-épais, qu'une légère brise du Nord portait sur nous. Avant que M. DE MONTY eût atteint la baie qu'il avait ordre de sonder, M. DE LANGLE fut obligé de lui faire le signal de revenir à bord; et il rejoignit la frégate au moment où nous étions enveloppés de la brume la plus épaisse, et forcés de reprendre le large. Il y eut encore un éclairci de quelques minutes au coucher du soleil. Le lendemain, vers huit heures, n'ayant fait que trois lieues à l'Est un quart Nord-Est depuis vingt-quatre heures, nous ne pûmes relever que les points déjà portés sur notre carte; nous vîmes un sommet de montagne dont la forme était absolument celle d'une table; je lui en ai donné le nom, afin qu'il fût reconnu des navigateurs. Depuis que nous prolongions cette terre, nous n'avions vu aucune trace d'habitation; pas une seule pirogue ne s'était détachée de la côte; et ce pays, quoique couvert des plus beaux arbres, qui annoncent un sol fertile, semble être dédaigné des Tartares et des Japonais : ces peuples pourraient y former de brillantes colonies; mais la politique de ces derniers est, au contraire, d'empêcher toute émigration et toute communication avec les étrangers; ils comprennent sous cette dénomination les Chinois comme les Européens.

1787.
JUIN.

La brume fut très-épaisse le 21 et le 22; mais nous nous tenions si près de la côte, que nous l'apercevions dès qu'il venait le plus petit éclairci ; et nous en eûmes presque chaque jour au coucher du soleil. Le froid commença à augmenter lorsque nous eûmes atteint les 45 degrés. Nous trouvâmes cinquante-sept brasses, fond de vase, à une lieue de terre.

21.
22.

Le 23, les vents s'étaient fixés au Nord-Est : je me décidai à faire route pour une baie que je voyais dans l'Ouest-Nord-Ouest, et où il était vraisemblable que nous trouverions un bon mouillage. Nous y laissâmes tomber l'ancre à six heures du soir, par vingt-quatre brasses, fond de sable, à une demi-lieue du rivage. Je la nommai *baie de Ternaï (Atlas, n.º 48)* : elle est située par 45^d 13' de latitude Nord, et 135^d 9' de longitude orientale. Quoiqu'elle soit ouverte aux vents d'Est, j'ai lieu de croire qu'ils n'y battent jamais en côte, et qu'ils suivent la direction des terres : le fond y est de sable, il diminue graduellement jusqu'à six brasses à une encablure du rivage. La marée y monte de cinq pieds; son établissement, les jours de nouvelle et pleine lune, est à huit heures quinze minutes; mais le

23.

1787.
JUIN.

flux et reflux n'altère pas la direction du courant à une demi-lieue au large : celui que nous éprouvions au mouillage n'a jamais varié que du Sud-Ouest au Sud-Est, et sa plus grande vîtesse a été d'un mille par heure.

Partis de Manille depuis soixante-quinze jours, nous avions, à la vérité, prolongé les côtes de l'île Quelpaert, de la Corée, du Japon ; mais ces contrées habitées par des peuples barbares envers les étrangers, ne nous avaient pas permis de songer à y relâcher : nous savions au contraire que les Tartares étaient hospitaliers, et nos forces suffisaient d'ailleurs pour imposer aux petites peuplades que nous pouvions rencontrer sur le bord de la mer. Nous brûlions d'impatience d'aller reconnaître cette terre dont notre imagination était occupée depuis notre départ de France ; c'était la seule partie du globe qui eût échappé à l'activité infatigable du capitaine COOK ; et nous devons peut-être au funeste événement qui a terminé ses jours, le petit avantage d'y avoir abordé les premiers. Il nous était prouvé que le Kastrikum n'avait jamais navigué sur la côte de Tartarie ; et nous nous flattions de trouver dans le cours de cette campagne, de nouvelles preuves de cette vérité.

Les géographes qui, sur le rapport du père DES ANGES et d'après quelques cartes japonaises, avaient tracé le détroit de Tessoy, déterminé les limites du Jesso, de la terre de la Compagnie, et de celle des États, avaient tellement défiguré la géographie de cette partie de l'Asie, qu'il était nécessaire de terminer à cet égard toutes les anciennes discussions, par des faits incontestables. ᵇ La latitude de la baie de Ternai était précisément la même que celle du port d'Acqueis où avaient abordé les Hollandais; néanmoins le lecteur en trouvera la description bien différente.

1787.
JUIN.

Cinq petites anses, semblables aux côtés d'un polygone régulier, forment le contour de cette rade; elles sont séparées entr'elles par des coteaux couverts d'arbres jusqu'à la cime. Le printemps le plus frais n'a jamais offert en France des nuances d'un vert si vigoureux et si varié; et quoique nous n'eussions aperçu, depuis que nous prolongions la côte, ni une seule pirogue, ni un seul feu, nous ne pouvions croire qu'un pays qui paraissait aussi fertile, à une si grande proximité de la Chine, fût sans habitans. Avant que nos canots eussent débarqué, nos lunettes étaient tournées vers le rivage; mais nous n'apercevions que des cerfs et des ours qui paissaient tranquillement sur le bord de la mer. Cette vue augmenta l'impatience que chacun avait de descendre; les armes furent préparées avec autant d'activité que si nous eussions eu à nous défendre contre des ennemis; et, pendant qu'on faisait ces dispositions, des matelots pêcheurs avaient déjà pris à la ligne douze ou quinze morues. Les

ᵇ Presque tous les géographes qui ont tracé, au Nord du Japon, une île sous le nom de *Jeço*, *Yeço* ou *Jesso*, l'ont séparée de la Tartarie par un détroit auquel ils ont donné le nom de *Tessoy*. Cette erreur s'est perpétuée, et l'on voit sur toutes les cartes anciennes ce détroit imaginaire vers le 43ᵉ degré de latitude Nord. Sa prétendue existence doit avoir eu pour origine le détroit réel qui sépare l'île Ségalien du continent, et que GUILLAUME DE LISLE a aussi nommé *détroit de Tessoy* sur une carte d'Asie dressée en 1700. (N. D. R.)

habitans des villes se peindraient difficilement les sensations que les navigateurs éprouvent à la vue d'une pêche abondante : les vivres frais sont des besoins pour tous les hommes; et les moins savoureux sont bien plus salubres que les viandes salées les mieux conservées. Je donnai ordre aussitôt d'enfermer les salaisons, et de les garder pour des circonstances moins heureuses ; je fis préparer des futailles pour les remplir d'une eau fraîche et limpide qui coulait en ruisseau dans chaque anse; et j'envoyai chercher des herbes potagères dans les prairies, où l'on trouva une immense quantité de petits oignons, du céleri et de l'oseille. Le sol était tapissé des mêmes plantes qui croissent dans nos climats, mais plus vertes et plus vigoureuses; la plupart étaient en fleur : on rencontrait à chaque pas des roses, des lis jaunes, des lis rouges, des muguets, et généralement toutes nos fleurs des prés: les pins couronnaient le sommet des montagnes; les chênes ne commençaient qu'à mi-côte, et ils diminuaient de grosseur et de vigueur à mesure qu'ils approchaient de la mer; les bords des rivières et des ruisseaux étaient plantés de saules, de bouleaux, d'érables; et sur la lisière des grands bois, on voyait des pommiers et des azeroliers en fleur, avec des massifs de noisetiers dont les fruits commençaient à nouer. Notre surprise redoublait lorsque nous songions qu'un excédant de population surcharge le vaste empire de la Chine, au point que les lois n'y sévissent pas contre les pères assez barbares pour noyer et détruire leurs enfans ; et que ce peuple, dont on vante

tant

tant la police, n'ose point s'étendre au-delà de sa muraille pour tirer sa subsistance d'une terre dont il faudrait plutôt arrêter que provoquer la végétation. Nous trouvions, à la vérité, à chaque pas, des traces d'hommes marquées par des destructions; plusieurs arbres coupés avec des instrumens tranchans; les vestiges des ravages du feu paraissaient en vingt endroits, et nous aperçûmes quelques abris qui avaient été élevés par des chasseurs au coin des bois. On rencontrait aussi de petits paniers d'écorce de bouleau, cousus avec du fil, et absolument semblables à ceux des Indiens du Canada; des raquettes propres à marcher sur la neige : tout enfin nous fit juger que des Tartares s'approchent des bords de la mer dans la saison de la pêche et de la chasse ; qu'en ce moment ils étaient rassemblés en peuplades le long des rivières, et que le gros de la nation vivait dans l'intérieur des terres sur un sol peut-être plus propre à la multiplication de ses immenses troupeaux.

Trois canots des deux frégates, remplis d'officiers et de passagers, abordèrent dans l'anse aux Ours à six heures et demie; et à sept heures, ils avaient déjà tiré plusieurs coups de fusil sur différentes bêtes sauvages qui s'étaient enfoncées très-promptement dans les bois. Trois jeunes faons furent seuls victimes de leur inexpérience : la joie bruyante de nos nouveaux débarqués aurait dû leur faire gagner des bois inaccessibles, dont ils étaient peu éloignés. Ces prairies si ravissantes à la vue, ne pouvaient presque pas être traversées; l'herbe épaisse y était élevée de trois ou quatre pieds, en sorte qu'on s'y trouvait comme noyé, et dans l'impossibilité de diriger sa route. On avait d'ailleurs à craindre d'y être piqué par des serpens, dont nous avions rencontré un grand nombre sur le bord des ruisseaux, quoique nous n'eussions fait aucune expérience sur la qualité de leur venin. Cette terre n'était donc pour nous qu'une magnifique solitude; les plages de sable du rivage étaient seules praticables, et par-tout ailleurs on ne pouvait qu'avec des fatigues incroyables traverser les plus petits espaces. La passion de la chasse les fit cependant franchir à M. DE LANGLE et à plusieurs autres officiers ou naturalistes, mais sans aucun succès; et nous pensâmes qu'on n'en pouvait obtenir qu'avec une extrême patience, dans un grand silence, et en se postant à l'affût sur le passage des ours et des cerfs, marqué par leurs traces. Ce plan fut arrêté pour le lendemain; il était cependant d'une exécution difficile, et l'on ne fait guère dix mille lieues par mer pour aller se morfondre dans l'attente d'une proie au milieu d'un marais rempli de maringouins; nous en fîmes néanmoins l'essai le 25 au soir, après avoir inutilement couru toute la journée : mais chacun ayant pris poste à neuf heures, et à dix heures, instant auquel, selon nous, les ours auraient dû être arrivés, rien n'ayant paru, nous fûmes obligés d'avouer généralement que la pêche nous convenait mieux que la chasse. Nous y obtînmes effectivement plus de succès. Chacune des cinq anses qui forment le contour de la baie de Ternai offrait un lieu commode pour étendre la seine, et avait un ruisseau auprès duquel notre cuisine était établie ; les poissons n'avaient qu'un saut à faire des bords de la mer dans nos marmites. Nous prîmes des morues, des grondeurs, des truites, des saumons, des harengs, des plies ; nos équipages en eurent abondamment à chaque repas ; ce poisson, et les différentes herbes qui l'assaisonnèrent, pendant les trois jours de notre relâche, furent au moins un préservatif contre les atteintes du scorbut ; car personne de l'équipage n'en avait eu jusqu'alors aucun symptôme, malgré l'humidité froide occasionnée par des brumes presque continuelles, que nous avions combattue avec des brasiers placés sous les hamacs des matelots, lorsque le temps ne permettait pas de faire branle-bas.

Ce fut à la suite d'une de ces parties de pêche, que nous découvrîmes, sur le bord d'un ruisseau, un tombeau tartare, placé à côté d'une case ruinée, et presque enterré dans l'herbe : notre curiosité nous porta à l'ouvrir, et nous y vîmes deux personnes placées l'une à côté de l'autre. Leurs têtes étaient couvertes d'une calotte de taffetas ; leurs corps enveloppés dans une peau d'ours, avaient une ceinture de cette même peau, à laquelle pendaient de petites monnaies chinoises et différens bijoux de cuivre. Des rassades bleues étaient répandues et comme semées dans ce tombeau : nous y trouvâmes aussi dix ou douze espèces de bracelets d'argent, du poids de deux gros chacun, que nous apprîmes par la suite être des pendans d'oreilles ; une hache de fer, un couteau du même métal, une cuiller de bois, un peigne, un petit sac de nankin bleu, plein de riz. Rien n'était encore dans l'état de décomposition, et l'on ne pouvait guère donner plus d'un an d'ancienneté à ce monument : sa construction nous parut inférieure à celle des tombeaux de la baie des Français; elle ne consistait qu'en un petit mulon formé de tronçons d'arbres, revêtu d'écorce de bouleau; on avait laissé entr'eux un vide, pour y déposer les deux cadavres : nous eûmes grand soin de les recouvrir, remettant religieusement chaque chose à sa place, après avoir seulement emporté une très-petite partie des divers objets contenus dans ce tombeau, afin de constater notre découverte. Nous ne pouvions pas douter que les Tartares chasseurs ne fissent de fréquentes descentes dans cette baie : une pirogue laissée auprès de ce monument, nous annonçait qu'ils y venaient par mer, sans doute de l'embouchure de quelque rivière que nous n'avions pas encore aperçue.

Les monnaies chinoises, le nankin bleu, le taffetas, les calottes, prouvent que ces peuples sont en commerce réglé avec ceux de la Chine, et il est vraisemblable qu'ils sont sujets aussi de cet empire.

Le riz enfermé dans le petit sac de nankin bleu, désigne une coutume chinoise fondée sur l'opinion d'une continuation de besoins dans l'autre vie : enfin, la hache, le couteau, la tunique de peau d'ours, le peigne, tous ces objets ont un rapport très-marqué avec ceux dont se servent les Indiens de l'Amérique; et comme ces peuples n'ont peut-être jamais communiqué ensemble, de tels points de conformité entr'eux ne peuvent-ils pas faire conjecturer que les hommes, dans le même degré de civilisation, et sous les mêmes latitudes, adoptent presque les mêmes usages, et que, s'ils étaient exactement dans les mêmes circonstances, ils ne différeraient pas plus entr'eux, que les loups du Canada ne diffèrent de ceux de l'Europe!

1787.
JUIN.

Le spectacle ravissant que nous présentait cette partie de la Tartarie orientale, n'avait cependant rien d'intéressant pour nos botanistes et nos lithologistes. Les plantes y sont absolument les mêmes que celles de France, et les substances dont le sol est composé n'en diffèrent pas davantage. Des schistes, des quartz, du jaspe, du porphyre violet, de petits cristaux, des roches roulées ; voilà les échantillons que les lits des rivières nous ont offerts, sans que nous ayons pu y voir la moindre trace de métaux. La mine de fer, qui est généralement répandue sur tout le globe, ne paraissait que décomposée en chaux, servant, comme un vernis, à colorer différentes pierres. Les oiseaux de mer et de terre étaient aussi fort rares ; nous vîmes cependant des corbeaux, des tourterelles, des cailles, des bergeronnettes, des hirondelles, des gobe-mouches, des albatros, des goëlands, des macareux, des butors et des canards : mais la nature n'était point animée par les vols innombrables d'oiseaux qu'on rencontre en d'autres pays inhabités. A la baie de Ternai, ils étaient solitaires, et le plus sombre silence régnait dans l'intérieur des bois. Les coquilles n'étaient

1787.
JUIN.

pas moins rares; nous ne trouvâmes sur le sable, que des détrimens de moules, de lepas, de limaçons et de pourpres.

27.

Enfin, le 27 au matin, après avoir déposé à terre différentes médailles avec une bouteille et une inscription qui contenait la date de notre arrivée, les vents ayant passé au Sud, je mis à la voile, et je prolongeai la côte à deux tiers de lieue du rivage, naviguant toujours sur un fond de quarante brasses, sable vaseux, et assez près pour distinguer l'embouchure du plus petit ruisseau. Nous fîmes ainsi cinquante lieues, avec le plus beau temps que des navigateurs

29.

puissent désirer. Les vents qui passèrent au Nord le 29 à onze heures du soir, m'obligèrent de prendre la bordée de l'Est, et de m'éloigner ainsi de terre : nous étions alors par 46^d 50' de latitude Nord. Nous nous en rapprochâmes le lendemain. Quoique le temps fût très-brumeux, l'horizon ayant cependant trois lieues d'étendue, nous relevâmes la même côte que nous avions aperçue la veille dans le Nord, et qui nous restait à l'Ouest : elle était plus basse, plus coupée de petits mornes, et nous ne trouvâmes, à deux lieues au large, que trente brasses, fond de roche. Nous restâmes en calme plat sur cette espèce de banc, et nous prîmes plus de quatre-vingts morues. Un petit vent du Sud nous permit de nous en éloigner pendant la nuit, et au jour nous revîmes la terre à quatre lieues; elle ne paraissait s'étendre que jusqu'au Nord-Nord-Ouest; mais la brume nous cachait les pointes plus au Nord. Nous continuâmes à prolonger de très-près la côte, dont la direction était Nord quart Nord-Est.

Le 1.ᵉʳ juillet, une brume épaisse nous ayant enveloppés à une si petite distance de terre, que nous entendions la lame déferler sur le rivage, je fis signal de mouiller, par trente brasses, fond de vase et de coquilles pourries. Le temps fut si brumeux jusqu'au 4, qu'il nous fut impossible de faire aucun relèvement, ni d'envoyer nos canots à terre; mais nous prîmes plus de huit cents morues. J'ordonnai de saler, et de mettre en barriques l'excédant de notre consommation. La drague rapporta aussi une assez grande quantité d'huîtres, dont la nacre était si belle, qu'il paraissait très-possible qu'elles continssent des perles, quoique nous n'en eussions trouvé que deux à demi formées dans le talon. Cette rencontre rend très-vraisemblable le récit des Jésuites, qui nous ont appris qu'il se fait une pêche de perles à l'embouchure de plusieurs rivières de la Tartarie orientale : mais on doit supposer que c'est vers le Sud, aux environs de la Corée; car, plus au Nord, le pays est trop dépourvu d'habitans pour qu'on puisse y effectuer un pareil travail, puisqu'après avoir parcouru deux cents lieues de cette côte, souvent à la portée du canon, et toujours à une petite distance de terre, nous n'avons aperçu ni pirogues, ni maisons; et nous n'avons vu, lorsque nous sommes descendus à terre, que les traces de quelques chasseurs, qui ne paraissent pas s'établir dans les lieux que nous visitions.

Le 4, à trois heures du matin, il se fit un bel éclairci. Nous relevâmes la terre jusqu'au Nord-Est un quart Nord, et nous avions, par notre travers, à deux milles dans

1787.
JUILLET.
1.ᵉʳ

4.

1787.
JUILLET.

l'Ouest-Nord-Ouest, une grande baie dans laquelle coulait une rivière de quinze à vingt toises de largeur. Un canot de chaque frégate, aux ordres de MM. de Vaujuas et Darbaud, fut armé pour aller la reconnaître. MM. de Monneron, la Martinière, Rollin, Bernizet, Collignon, l'abbé Mongès et le père Receveur s'y embarquèrent : la descente était facile, et le fond montait graduellement jusqu'au rivage. L'aspect du pays est à peu près le même que celui de la baie de Ternai ; et quoiqu'à trois degrés plus au Nord, les productions de la terre, et les substances dont elle est composée, n'en diffèrent que très-peu.

Les traces d'habitans étaient ici beaucoup plus fraîches ; on voyait des branches d'arbres coupées avec un instrument tranchant, auxquelles les feuilles vertes tenaient encore ; deux peaux d'élan, très-artistement tendues sur de petits morceaux de bois, avaient été laissées à côté d'une petite cabane, qui ne pouvait loger une famille, mais qui suffisait pour servir d'abri à deux ou trois chasseurs ; et peut-être y en avait-il un petit nombre que la crainte avait fait fuir dans les bois. M. de Vaujuas crut devoir emporter une de ces peaux ; mais il laissa en échange, des haches et autres instrumens de fer, d'une valeur centuple de la peau d'élan, qui me fut envoyée. Le rapport de cet officier, et celui des différens naturalistes, ne me donnèrent aucune envie de prolonger mon séjour dans cette baie, à laquelle je donnai le nom de *baie de Suffren*.

CHAPITRE

CHAPITRE XVIII.

Nous continuons de faire route au Nord. — Reconnaissance d'un pic dans l'Est. — Nous nous apercevons que nous naviguons dans un canal. — Nous dirigeons notre route vers la côte de l'île Ségalien. — Relâche à la baie de Langle. — Mœurs et coutumes des Habitans. — Ce qu'ils nous apprennent nous détermine à continuer notre route au Nord. — Nous prolongeons la côte de l'île. — Relâche à la baie d'Estaing. — Départ. — Nous trouvons que le canal entre l'île et le continent de la Tartarie est obstrué par des bancs. — Arrivée à la baie de Castries sur la côte de Tartarie.

J'APPAREILLAI de la baie de Suffren avec une petite brise du Nord-Est, à l'aide de laquelle je crus pouvoir m'éloigner de la côte. Cette baie est située, suivant nos observations, par 47^d 51′ de latitude Nord, et 137^d 25′ de longitude orientale. Nous donnâmes plusieurs coups de drague en partant ; et nous prîmes des huîtres, auxquelles étaient attachées des poulettes, petites coquilles bivalves que très-communément on rencontre pétrifiées en Europe, et dont on n'a trouvé l'analogue que depuis quelques années dans les mers de Provence ; de gros buccins, beaucoup d'oursins de l'espèce commune, une grande quantité d'étoiles et

1787.
JUILLET.

1787.
JUILLET.

d'holothuries, avec de très-petits morceaux d'un joli corail. La brume et le calme nous obligèrent à mouiller à une lieue plus au large, par quarante-quatre brasses, fond de sable vaseux. Nous continuâmes à prendre des morues ; mais c'était un faible dédommagement de la perte du temps pendant lequel la saison s'écoulait trop rapidement, eu égard au désir que nous avions d'explorer entièrement cette mer. Enfin, le 5, malgré la brume, la bise ayant fraîchi du Sud-Ouest, je mis à la voile. Nous avions relevé du mouillage, dans un moment d'éclairci qui avait duré environ dix minutes, huit ou dix lieues de côte au Nord-Est un quart Nord ; ainsi nous pouvions faire, sans inconvénient, sept ou huit lieues au Nord-Est un quart Est, et je fixai la route à cette aire de vent, en sondant de demi-heure en demi-heure, car l'horizon avait moins de deux portées de fusil d'étendue. Nous naviguâmes ainsi, sur un fond de cinquante brasses, jusqu'à l'entrée de la nuit : les vents passèrent alors au Nord-Est, grand frais, avec beaucoup de pluie. Le baromètre descendit à vingt-sept pouces six lignes ; nous luttâmes contre les vents contraires pendant toute la journée du 6 juillet. Notre latitude observée était de 48^d Nord ; et la longitude orientale, de 138^d 20'. Il se fit un éclairci à midi, nous relevâmes quelques sommets de montagnes qui s'étendaient jusqu'au Nord ; mais un brouillard nous cachait le bas de la côte, et nous n'apercevions aucune pointe, quoique nous n'en fussions éloignés que de trois lieues. La nuit qui suivit cette journée fut extrêmement

5.

6.

belle ; nous courûmes parallèlement à la côte, au clair de la lune. Sa direction était d'abord au Nord-Est, et ensuite au Nord-Nord-Est. Nous la prolongeâmes à la pointe du jour : nous nous flattions d'arriver avant la nuit au 50ᵉ degré de latitude, terme que j'avais fixé pour cesser notre navigation sur la côte de Tartarie, et retourner vers le Jesso et l'Oku-Jesso, bien certain, s'ils n'existaient pas, de rencontrer au moins les Kuriles en avançant vers l'Est; mais à huit heures du matin, nous eûmes connaissance d'une île qui paraissait très-étendue, et qui formait avec la Tartarie une ouverture de 30 degrés. Nous ne distinguions aucune pointe de l'île, et ne pouvions relever que des sommets, qui, s'étendant jusqu'au Sud-Est, annonçaient que nous étions déjà assez avancés dans le canal qui la sépare du continent. Notre latitude était dans ce moment de $48^d\ 35'$, et celle de l'ASTROLABE, qui avait chassé deux lieues en avant, de $48^d\ 40'$. Je pensai d'abord que c'était l'île Ségalien, dont la partie méridionale avait été placée par les géographes deux degrés trop au Nord; et je jugeai que, si je dirigeais ma route dans le canal, je serais forcé de le suivre jusqu'à sa sortie dans la mer d'Okhotsk, à cause de l'opiniâtreté des vents de Sud qui, pendant cette saison, règnent constamment dans ces parages. Cette situation eût mis un obstacle invincible au désir que j'avais d'explorer entièrement cette mer; et, après avoir levé la carte la plus exacte de la côte de Tartarie, il ne me restait, pour effectuer ce plan, qu'à prolonger à l'Ouest les premières îles que je rencontrerais jusqu'au 44ᵉ degré : en conséquence, je dirigeai ma route vers le Sud-Est.

L'aspect de cette terre était bien différent de celui de la Tartarie : on n'y apercevait que des rochers arides, dont les cavités conservaient encore de la neige; mais nous en étions à une trop grande distance, pour découvrir les terres basses, qui pouvaient, comme celles du continent, être couvertes d'arbres et de verdure. Je donnai à la plus élevée de ces montagnes, qui se termine comme le soupirail d'un fourneau, le nom de *pic Lamanon*, à cause de sa forme volcanique, et parce que le physicien de ce nom a fait une étude particulière de différentes matières mises en fusion par le feu des volcans.

Les vents de Sud me forcèrent de louvoyer, toutes voiles dehors, pour doubler l'extrémité méridionale de la nouvelle terre, dont nous n'avions pas aperçu la fin. Il ne nous avait été possible que de relever des sommets, durant quelques minutes, une brume épaisse nous ayant enveloppés : mais la sonde s'étendait à trois ou quatre lieues de la côte de Tartarie vers l'Ouest; et, en courant vers l'Est, je virais de bord lorsque nous trouvâmes quarante-huit brasses. J'ignorais à quelle distance cette sonde nous mettait de l'île nouvellement découverte. Au milieu de ces ténèbres, nous obtînmes cependant, le 9 juillet, une latitude, avec un horizon de moins d'une demi-lieue; elle donnait 48ᵈ 15ʹ. L'opiniâtreté des vents de Sud ne se démentit pas pendant les journées du 9 et du 10; ils étaient accompagnés d'une brume si épaisse, que notre horizon ne s'étendait guère qu'à une portée de fusil. Nous naviguions à tâtons dans ce canal, bien certains que nous avions des terres depuis le Sud-Sud-Est, par l'Est et le Nord, jusqu'au Sud-Ouest. Les nouvelles réflexions que ce relèvement du Sud-Sud-Est m'avait fait faire, me portaient assez à croire que nous n'étions pas dans le canal de l'île Ségalien, à laquelle aucun géographe n'a jamais assigné une position si méridionale, mais bien dans l'Ouest de la terre du Jesso, dont les Hollandais avaient vraisemblablement parcouru la partie orientale; et comme nous avions navigué très-près de la côte de Tartarie, nous étions entrés, sans nous en apercevoir, dans le golfe que la terre de Jesso formait peut-être avec cette partie de l'Asie. Il ne nous restait plus qu'à connaître si le Jesso est une île ou une presqu'île, formant, avec la Tartarie chinoise, à peu près la même figure que le Kamtschatka forme avec la Tartarie russe. J'attendais, avec la plus vive impatience, un éclairci pour prendre le parti qui devait décider cette question : il se fit le 11 après midi. Ce n'est que dans ces parages à brume, que l'on voit, bien rarement à la vérité, des horizons d'une très-grande étendue; comme si la nature voulait, en quelque sorte, compenser par des instans de la plus vive clarté, les ténèbres profondes et presque éternelles qui sont répandues sur toutes ces mers. Le rideau se leva à deux heures après midi, et nous relevâmes des terres depuis le Nord un quart Nord-Est, jusqu'au Nord un quart Nord-Ouest. L'ouverture n'était plus que de 22^d et demi,

1787.
JUILLET.

11.

1787.
JUILLET.

et plusieurs personnes assuraient avoir vu des sommets qui la fermaient entièrement. Cette incertitude d'opinions me rendait fort indécis sur le parti que je devais prendre : il y avait un grand inconvénient à arriver vingt ou trente lieues au Nord, si nous avions réellement aperçu le fond du golfe, parce que la saison s'écoulait, et que nous ne pouvions pas nous flatter de remonter ces vingt lieues, contre le vent de Sud, en moins de huit ou dix jours, puisque nous ne nous étions élevés que de douze lieues, depuis cinq jours que nous courions des bordées dans ce canal. D'un autre côté, le but de notre mission n'était pas rempli, si nous manquions le détroit qui sépare le Jesso de la Tartarie. Je crus donc que le meilleur parti était de relâcher, et de chercher à nous procurer quelques renseignemens des naturels du pays. Le 11 et le 12, le temps fut clair, parce que la brise était très-forte, et nous fûmes obligés de prendre des ris. Nous approchâmes la côte de l'île à moins d'une lieue ; elle courait absolument Nord et Sud. Je désirais trouver un enfoncement où nos vaisseaux fussent à l'abri ; mais cette côte ne formait pas le plus petit creux, et la mer était aussi grosse à une demi-lieue de terre, qu'au large; ainsi, quoique nous fussions sur un fond de sable très-égal, qui ne variait, dans l'espace de six lieues, que de dix-huit brasses à trente, je fus obligé de continuer à lutter, toutes voiles dehors, contre les vents de Sud.

L'éloignement où j'étais de cette côte lorsque je l'aperçus pour la première fois, m'avait induit en erreur ; mais en l'approchant davantage, je la trouvai aussi boisée que celle de Tartarie : enfin, le 12 juillet au soir, la brise du Sud étant beaucoup diminuée, j'acostai la terre, et je laissai tomber l'ancre par quatorze brasses, sable vaseux, à deux milles d'une petite anse dans laquelle coulait une rivière. M. DE LANGLE, qui avait mouillé une heure avant moi, se rendit tout de suite à mon bord ; il avait déjà débarqué ses canots et chaloupes, et il me proposa de descendre avant la nuit, pour reconnaître le terrain, et savoir s'il y avait espoir de tirer quelques informations des habitans. Nous apercevions, à l'aide de nos lunettes, quelques cabanes, et deux insulaires qui paraissaient s'enfuir vers les bois. J'acceptai la proposition de M. DE LANGLE ; je le priai de recevoir à sa suite M. BOUTIN et l'abbé MONGÈS ; et après que la frégate eut mouillé, que les voiles furent serrées, et nos chaloupes débarquées, j'armai la biscayenne, commandée par M. DE CLONARD, suivi de MM. DUCHÉ, PREVOST et COLLIGNON, et je leur donnai ordre de se joindre à M. DE LANGLE, qui avait déjà abordé le rivage. Ils trouvèrent les deux seules cases de cette baie abandonnées, mais depuis très-peu de temps, car le feu y était encore allumé ; aucun des meubles n'en avait été enlevé : on y voyait une portée de petits chiens, dont les yeux n'étaient pas encore ouverts ; et la mère qu'on entendait aboyer dans les bois, faisait juger que les propriétaires de ces cases n'étaient pas éloignés. M. DE LANGLE y fit déposer des haches, différens outils de fer, des rassades,

1787.
JUILLET.
12.

et généralement tout ce qu'il crut utile et agréable à ces insulaires ; persuadé qu'après son rembarquement, les habitans y retourneraient, et que nos présens leur prouveraient que nous n'étions pas des ennemis. Il fit en même temps étendre la seine, et prit, en deux coups de filet, plus de saumons qu'il n'en fallait aux équipages pour la consommation d'une semaine. Au moment où il allait retourner à bord, il vit aborder sur le rivage une pirogue avec sept hommes, qui ne parurent nullement effrayés de notre nombre. Ils échouèrent leur petite embarcation sur le sable, et s'assirent sur des nattes au milieu de nos matelots, avec un air de sécurité qui prévint beaucoup en leur faveur. Dans ce nombre étaient deux vieillards, ayant une longue barbe blanche, vêtus d'une étoffe d'écorce d'arbres, assez semblable aux pagnes de Madagascar. Deux des sept insulaires avaient des habits de nankin bleu ouatés, et la forme de leur habillement différait peu de celle des Chinois : d'autres n'avaient qu'une longue robe qui fermait entièrement au moyen d'une ceinture et de quelques petits boutons, ce qui les dispensait de porter des caleçons. Leur tête était nue, et, chez deux ou trois, entourée seulement d'un bandeau de peau d'ours ; ils avaient le toupet et les faces rasés, tous les cheveux du derrière conservés dans la longueur de huit ou dix pouces, mais d'une manière différente des Chinois, qui ne laissent qu'une touffe de cheveux en rond qu'ils appellent *pentsec*. Tous avaient des bottes de peau de loup marin, avec un pied à la chinoise très-artistement travaillé. Leurs armes

étaient

étaient des arcs, des piques et des flèches garnies en fer. Le plus vieux de ces insulaires, celui auquel les autres témoignaient le plus d'égards, avait les yeux dans un très-mauvais état : il portait autour de sa tête un garde-vue pour se garantir de la trop grande clarté du soleil. Les manières de ces habitans étaient graves, nobles, et très-affectueuses. M. DE LANGLE leur donna le surplus de ce qu'il avait apporté avec lui, et leur fit entendre, par signes, que la nuit l'obligeait de retourner à bord, mais qu'il désirait beaucoup les retrouver le lendemain pour leur faire de nouveaux présens. Ils firent signe, à leur tour, qu'ils dormaient dans les environs, et qu'ils seraient exacts au rendez-vous.

1787.
JUILLET.

Nous crûmes généralement qu'ils étaient les propriétaires d'un magasin de poisson que nous avions rencontré sur le bord de la petite rivière, et qui était élevé sur des piquets, à quatre ou cinq pieds au-dessus du niveau du terrain. M. DE LANGLE, en le visitant, l'avait respecté comme les cabanes abandonnées ; il y avait trouvé du saumon, du hareng, séché et fumé, avec des vessies remplies d'huile, ainsi que des peaux de saumon, minces comme du parchemin. Ce magasin était trop considérable pour la subsistance d'une famille, et il jugea que ces peuples faisaient commerce de ces divers objets. Les canots ne furent de retour à bord que vers les onze heures du soir; le rapport qui me fut fait excita vivement ma curiosité. J'attendis le jour avec impatience, et j'étais à terre avec la chaloupe et le grand canot, avant le lever du soleil. Les insulaires

1787.
Juillet.

arrivèrent dans l'anse peu de temps après; ils venaient du Nord, où nous avions jugé que leur village était situé; ils furent bientôt suivis d'une seconde pirogue, et nous comptâmes vingt-un habitans. Dans ce nombre se trouvaient les propriétaires des cabanes, que les effets laissés par M. DE LANGLE avaient rassurés; mais pas une seule femme, et nous avons lieu de croire qu'ils en sont très-jaloux. Nous entendions des chiens aboyer dans les bois; ces animaux étaient vraisemblablement restés auprès des femmes. Nos chasseurs voulurent y pénétrer; mais les insulaires nous firent les plus vives instances pour nous détourner de porter nos pas vers le lieu d'où venaient ces aboiemens; et dans l'intention où j'étais de leur faire des questions importantes, voulant leur inspirer de la confiance, j'ordonnai de ne les contrarier sur rien.

M. DE LANGLE, avec presque tout son état-major, arriva à terre bientôt après moi, et avant que notre conversation avec les insulaires eût commencé; elle fut précédée de présens de toute espèce. Ils paraissaient ne faire cas que des choses utiles : le fer et les étoffes prévalaient sur tout; ils connaissaient les métaux comme nous; ils préféraient l'argent au cuivre, le cuivre au fer, &c. Ils étaient fort pauvres; trois ou quatre seulement avaient des pendans d'oreilles d'argent, ornés de rassades bleues, absolument semblables à ceux que j'avais trouvés dans le tombeau de la baie de Ternai, et que j'avais pris pour des bracelets. Leurs autres petits ornemens étaient de cuivre, comme ceux du même tombeau ; leurs briquets et leurs pipes paraissaient chinois ou japonais ; celles-ci étaient de cuivre blanc parfaitement travaillé. En désignant de la main le couchant, ils nous firent entendre que le nankin bleu dont quelques-uns étaient couverts, les rassades et les briquets, venaient du pays des Mantcheoux, et ils prononçaient ce nom absolument comme nous-mêmes. Voyant ensuite que nous avions tous du papier et un crayon à la main pour faire un vocabulaire de leur langue, ils devinèrent notre intention ; ils prévinrent nos questions, présentèrent eux-mêmes les différens objets, ajoutèrent le nom du pays, et eurent la complaisance de le répéter quatre ou cinq fois, jusqu'à ce qu'ils fussent certains que nous avions bien saisi leur prononciation. La facilité avec laquelle ils nous avaient devinés, me porte à croire que l'art de l'écriture leur est connu ; et l'un de ces insulaires, qui, comme l'on va voir, nous traça le dessin du pays, tenait le crayon de la même manière que les Chinois tiennent leur pinceau. Ils paraissaient désirer beaucoup nos haches et nos étoffes, ils ne craignaient même pas de les demander ; mais ils étaient aussi scrupuleux que nous à ne jamais prendre que ce que nous leur avions donné : il était évident que leurs idées sur le vol ne différaient pas des nôtres, et je n'aurais pas craint de leur confier la garde de nos effets. Leur attention à cet égard s'étendait jusqu'à ne pas même ramasser sur le sable un seul des saumons que nous avions pêchés, quoiqu'ils y fussent étendus par milliers, car notre pêche avait été aussi abondante que celle de la veille ;

1787.
JUILLET.

1787.
Juillet.

nous fûmes obligés de les presser, à plusieurs reprises, d'en prendre autant qu'ils voudraient.

Nous parvînmes enfin à leur faire comprendre que nous désirions qu'ils figurassent leur pays, et celui des Mantcheoux. Alors, un des vieillards se leva, et avec le bout de sa pique, il traça la côte de Tartarie, à l'Ouest, courant à peu près Nord et Sud. A l'Est, vis-à-vis, et dans la même direction, il figura son île; et en portant la main sur la poitrine, il nous fit entendre qu'il venait de tracer son propre pays : il avait laissé entre la Tartarie et son île un détroit, et se tournant vers nos vaisseaux, qu'on apercevait du rivage, il marqua par un trait qu'on pouvait y passer. Au Sud de cette île, il en avait figuré une autre, et avait laissé un détroit, en indiquant que c'était encore une route pour nos vaisseaux. Sa sagacité pour deviner nos questions était très-grande, mais moindre encore que celle d'un autre insulaire, âgé à peu près de trente ans, qui, voyant que les figures tracées sur le sable s'effaçaient, prit un de nos crayons avec du papier; il y traça son île, qu'il nomma *Tchoka*, et il indiqua par un trait la petite rivière sur le bord de laquelle nous étions, qu'il plaça aux deux tiers de la longueur de l'île, depuis le Nord vers le Sud : il dessina ensuite la terre des Mantcheoux, laissant, comme le vieillard, un détroit au fond de l'entonnoir, et à notre grande surprise, il y ajouta le fleuve Ségalien, dont ces insulaires prononçaient le nom comme nous; il plaça l'embouchure de ce fleuve un peu au Sud de la pointe du

Nord de son île, et il marqua par des traits, au nombre de sept, la quantité de journées de pirogue nécessaire pour se rendre du lieu où nous étions, à l'embouchure du Ségalien; mais comme les pirogues de ces peuples ne s'écartent jamais de terre d'une portée de pistolet, en suivant le contour des petites anses, nous jugeâmes qu'elles ne faisaient guère en droite ligne que neuf lieues par jour; parce que la côte permet de débarquer par-tout, qu'on mettait à terre pour faire cuire les alimens et prendre ses repas, et qu'il est vraisemblable qu'on se reposait souvent: ainsi nous évaluâmes à soixante-trois lieues au plus notre éloignement de l'extrémité de l'île. Ce même insulaire nous répéta ce qui nous avait été dit, qu'ils se procuraient des nankins et d'autres objets de commerce par leur communication avec les peuples qui habitent les bords du fleuve Ségalien; et il marqua également par des traits, pendant combien de journées de pirogue ils remontaient ce fleuve jusqu'aux lieux où se faisait ce commerce. Tous les autres insulaires étaient témoins de cette conversation, et approuvaient par leurs gestes les discours de leur compatriote. Nous voulûmes ensuite savoir si ce détroit était fort large; nous cherchâmes à lui faire comprendre notre idée; il la saisit, et plaçant ses deux mains perpendiculairement et parallèlement, à deux ou trois pouces l'une de l'autre, il nous fit entendre qu'il figurait ainsi la largeur de la petite rivière de notre aiguade; en les écartant davantage, que cette seconde largeur était celle du fleuve Ségalien; et en les éloignant enfin beaucoup plus, que

1787.
JUILLET.

1787.
JUILLET.

c'était la largeur du détroit qui sépare son pays de la Tartarie. Il s'agissait de connaître la profondeur de l'eau ; nous l'entraînâmes sur le bord de la rivière, dont nous n'étions éloignés que de dix pas, et nous y enfonçâmes le bout d'une pique : il parut nous comprendre ; il plaça une main au-dessus de l'autre à la distance de cinq ou six pouces, nous crûmes qu'il nous indiquait ainsi la profondeur du fleuve Ségalien ; et enfin il donna à ses bras toute leur extension, comme pour figurer la profondeur du détroit. Il nous restait à savoir s'il avait représenté des profondeurs absolues ou relatives ; car, dans le premier cas, ce détroit n'aurait eu qu'une brasse ; et ce peuple, dont les embarcations n'avaient jamais approché nos vaisseaux, pouvait croire que trois ou quatre pieds d'eau nous suffisaient, comme trois ou quatre pouces suffisent à leurs pirogues : mais il nous fut impossible d'avoir d'autres éclaircissemens là-dessus. M. DE LANGLE et moi crûmes que, dans tous les cas, il était de la plus grande importance de reconnaître si l'île que nous prolongions, était celle à laquelle les géographes ont donné le nom d'île Ségalien, sans en soupçonner l'étendue au Sud. Je donnai ordre de tout disposer sur les deux frégates, pour appareiller le lendemain. La baie où nous étions mouillés, reçut le nom de *baie de Langle*, du nom de ce capitaine qui l'avait découverte et y avait mis pied à terre le premier. *(Atlas , n.º 49.)*

Nous employâmes le reste de la journée à visiter le pays et le peuple qui l'habite. Nous n'en avons pas rencontré, depuis notre départ de France, qui ait plus excité notre curiosité et notre admiration. Nous savions que les nations les plus nombreuses, et peut-être le plus anciennement policées, habitent les contrées qui avoisinent ces îles; mais il ne paraît pas qu'elles les ayent jamais conquises, parce que rien n'a pu tenter leur cupidité; et il était très-contraire à nos idées, de trouver chez un peuple chasseur et pêcheur, qui ne cultive aucune production de la terre et qui n'a point de troupeau, des manières en général plus douces, plus graves, et peut-être une intelligence plus étendue que chez aucune nation de l'Europe. Assurément les connaissances de la classe instruite des Européens l'emportent de beaucoup, dans tous les points, sur celles des vingt-un insulaires avec qui nous avons communiqué dans la baie de Langle; mais chez les peuples de ces îles, les connaissances sont généralement plus répandues qu'elles ne le sont dans les classes communes des peuples d'Europe; tous les individus y paraissent avoir reçu la même éducation. Ce n'était plus cet étonnement stupide des Indiens de la baie des Français : nos arts, nos étoffes, attiraient l'attention des insulaires de la baie de Langle; ils retournaient en tout sens ces étoffes, ils en causaient entr'eux, et cherchaient à découvrir par quel moyen on était parvenu à les fabriquer. La navette leur est connue; j'ai rapporté un métier avec lequel ils font des toiles absolument semblables aux nôtres; mais le fil en est fait avec de l'écorce d'un saule très-commun dans leur île, et qui m'a paru différer peu de celui de France.

Quoiqu'ils ne cultivent pas la terre, ils profitent avec la plus grande intelligence de ses productions spontanées. Nous avons trouvé dans leurs cabanes beaucoup de racines d'une espèce de lis, que nos botanistes ont reconnue être le lis jaune ou la *saranne* du Kamtschatka. Ils les font sécher, et c'est leur provision d'hiver. Il y avait aussi beaucoup d'ail et d'angélique; on trouve ces plantes sur la lisière des bois. Notre court séjour ne nous permit pas de reconnaître si ces insulaires ont une forme de gouvernement, et nous ne pourrions là-dessus que hasarder des conjectures : mais on ne peut douter qu'ils n'ayent beaucoup de considération pour les vieillards, et que leurs mœurs ne soient très-douces; et certainement, s'ils étaient pasteurs, et qu'ils eussent de nombreux troupeaux, je ne me formerais pas une autre idée des usages et des mœurs des patriarches. Ils sont généralement bien faits, d'une constitution forte, d'une physionomie assez agréable, et velus d'une manière remarquable; leur taille est petite, je n'en ai observé aucun de cinq pieds cinq pouces, et plusieurs avaient moins de cinq pieds. Ils permirent à nos peintres de les dessiner; mais ils se refusèrent constamment au désir de M. Rollin, notre chirurgien, qui voulait prendre la mesure des différentes dimensions de leur corps : ils crurent peut-être que c'était une opération magique; car on sait, par les voyageurs, que cette idée de magie est très-répandue à la Chine et dans la Tartarie, et qu'on y a traduit devant les tribunaux plusieurs missionnaires, accusés d'être magiciens, pour avoir imposé

les

les mains sur des enfans lorsqu'ils les baptisaient. Ce refus et leur obstination à cacher et éloigner de nous leurs femmes, sont les seuls reproches que nous ayons à leur faire. Nous pouvons assurer que les habitans de cette île forment un peuple policé, mais si pauvre, que, de long-temps, ils n'auront à craindre ni l'ambition des conquérans, ni la cupidité des négocians : un peu d'huile et du poisson séché sont de bien minces objets d'exportation. Nous ne traitâmes que de deux peaux de martre; nous vîmes des peaux d'ours et de loup-marin, morcelées et taillées en habits, mais en très-petit nombre : les pelleteries de ces îles seraient d'une bien petite importance pour le commerce. Nous trouvâmes des morceaux de charbon de terre roulés sur le rivage, mais pas un seul caillou qui contînt de l'or, du fer, ou du cuivre. Je suis très-porté à croire qu'ils n'ont aucune mine dans leurs montagnes. Tous les bijoux d'argent de ces vingt-un insulaires ne pesaient pas deux onces; et une médaille avec une chaîne d'argent, que je mis au cou d'un vieillard qui semblait être le chef de cette troupe, leur parut d'un prix inestimable. Chacun des habitans avait au pouce un fort anneau, ressemblant à une gimblette; ces anneaux étaient d'ivoire, de corne ou de plomb. Ils laissent croître leurs ongles comme les Chinois; ils saluent comme eux, et l'on sait que ce salut consiste à se mettre à genoux et à se prosterner jusqu'à terre; leur manière de s'asseoir sur des nattes est la même; ils mangent, comme eux, avec de petites baguettes. S'ils ont avec les

1787.
Juillet.

Chinois et avec les Tartares une origine commune, leur séparation d'avec ces peuples est bien ancienne; car ils ne leur ressemblent en rien par l'extérieur, et bien peu par les habitudes morales.

Les Chinois que nous avions à bord n'entendaient pas un seul mot de la langue de ces insulaires; mais ils comprirent parfaitement celle de deux Tartares Mantcheoux, qui, depuis quinze ou vingt jours, avaient passé du continent sur cette île, peut-être pour faire quelque achat de poisson.

Nous ne les rencontrâmes que dans l'après-midi; leur conversation se fit de vive voix, avec un de nos Chinois qui savait très-bien le tartare : ils lui firent absolument les mêmes détails de la géographie du pays, dont ils changèrent seulement les noms, parce que vraisemblablement chaque langue a les siens. Les vêtemens de ces Tartares étaient de nankin gris, pareils à ceux des coulis ou porte-faix de Macao. Leur chapeau était pointu et d'écorce; ils avaient la touffe de cheveux ou le *pentsec* à la chinoise : leurs manières et leur physionomie étaient bien moins agréables que celles des habitans de l'île. Ils dirent qu'ils habitaient à huit journées, dans le haut du fleuve Ségalien. Tous ces rapports, joints à ce que nous avions vu sur la côte de Tartarie, prolongée de si près par nos vaisseaux, nous firent penser que les bords de la mer de cette partie de l'Asie ne sont presque pas habités, depuis les 42^d, ou les limites de la Corée, jusqu'au fleuve Ségalien; que des montagnes, peut-être inaccessibles, séparent cette contrée maritime du reste de la Tartarie ; et qu'on n'y aborderait que par mer, en remontant quelques rivières, quoique nous n'en eussions aperçu aucune d'une certaine étendue [a]. Les cabanes de ces insulaires sont bâties avec intelligence : toutes les précautions y sont prises contre le froid ; elles sont en bois, revêtues d'écorce de bouleau, surmontées d'une charpente couverte en paille séchée et arrangée comme le chaume de nos maisons de paysans ; la porte est très-basse et placée dans le pignon ; le foyer est au milieu, sous une ouverture du toit, qui donne issue à la fumée ; de petites banquettes ou planches, élevées de huit ou dix pouces, règnent au pourtour, et l'intérieur est parqueté avec des nattes. La cabane que je viens de décrire, était située au milieu d'un bois de rosiers, à cent pas du bord de la mer : ces arbustes étaient en fleur, ils exhalaient une odeur délicieuse ; mais elle ne pouvait compenser la puanteur du poisson et de l'huile, qui aurait prévalu sur tous les parfums de l'Arabie. Nous voulûmes connaître si les sensations agréables de l'odorat sont, comme celles du goût, dépendantes de l'habitude. Je donnai à l'un des vieillards dont j'ai parlé, un flacon rempli d'une eau de senteur très-suave ; il le porta à son nez, et marqua pour cette eau la même répugnance que nous éprouvions pour son huile. Ils avaient sans cesse la pipe à la bouche ; leur tabac était d'une bonne qualité, à grandes

---

[a] Ces insulaires n'ont jamais donné à entendre qu'ils fissent quelque commerce avec la côte de Tartarie, connue d'eux, puisqu'ils l'ont dessinée ; mais seulement avec le peuple qui habite à huit journées, dans le haut du fleuve Ségalien.

1787.
Juillet.

feuilles : j'ai cru comprendre qu'ils le tiraient de la Tartarie; mais ils nous ont expliqué clairement que leurs pipes venaient de l'île qui est au Sud, sans doute du Japon. Notre exemple ne put les engager à respirer du tabac en poudre; et c'eût été leur rendre un mauvais service, que de les accoutumer à un nouveau besoin. Ce n'est pas sans étonnement que j'ai entendu dans leur langue, dont on trouvera un vocabulaire à la fin du chapitre XXI, le mot *chip*, pour un vaisseau, *toû*, *tri*, pour les nombres deux et trois. Ces expressions anglaises ne seraient-elles pas une preuve que quelques mots semblables dans des langues diverses ne suffisent pas pour indiquer une origine commune !

14.

Le 14 juillet, à la pointe du jour, je fis signal d'appareiller avec des vents de Sud, et par un temps brumeux qui, bientôt, se changea en une brume très-épaisse. Jusqu'au 19, il n'y eut pas le plus petit éclairci. Je dirigeai ma route au Nord-Ouest, vers la côte de Tartarie; et lorsque, suivant notre estime, nous fûmes sur le point d'où nous avions découvert le pic Lamanon, nous serrâmes le vent, et louvoyâmes à petites voiles dans le canal, attendant la fin de ces ténèbres auxquelles, selon moi, ne peuvent être comparées celles d'aucune mer. Le brouillard disparut pour un instant. Le 19, au matin, nous vîmes la terre de l'île depuis le Nord-Est un quart Nord jusqu'à l'Est-Sud-Est; mais elle était encore si enveloppée de vapeurs, qu'il nous fut impossible de reconnaître aucune des pointes que nous avions relevées les jours précédens. Je fis route pour en

19.

approcher; mais nous la perdîmes bientôt de vue. Cependant, guidés par la sonde, nous continuâmes à la prolonger, jusqu'à deux heures après midi, que nous laissâmes tomber l'ancre à l'Ouest d'une très-bonne baie, par vingt brasses, fond de petits graviers, à deux milles du rivage. A quatre heures la brume se dissipa; et nous relevâmes la terre, derrière nous, au Nord un quart Nord-Est. J'ai nommé cette baie, la meilleure dans laquelle nous ayons mouillé depuis notre départ de Manille, *baie d'Estaing:* elle est située par 48^d 59' de latitude Nord, et 140^d 32' de longitude orientale. *(Atlas, n.° 51.)* Nos canots y abordèrent, à quatre heures du soir, au pied de dix ou douze cabanes, placées sans aucun ordre, à une assez grande distance les unes des autres, et à cent pas environ du bord de la mer. Elles étaient un peu plus considérables que celles que j'ai décrites : on avait employé à leur construction les mêmes matériaux; mais elles étaient divisées en deux chambres : celle du fond contenait tous les petits meubles du ménage, le foyer, et la banquette qui règne autour; mais celle de l'entrée, absolument nue, paraissait destinée à recevoir les visites; les étrangers n'étant pas vraisemblablement admis en présence des femmes. Quelques officiers en rencontrèrent deux qui avaient fui et s'étaient cachées dans les herbes. Lorsque nos canots abordèrent dans l'anse, des femmes effrayées poussèrent des cris, comme si elles avaient craint d'être dévorées; elles étaient cependant sous la garde d'un insulaire, qui les ramenait chez elles, et qui semblait vouloir

1787.
JUILLET.

1787.
Juillet.

les rassurer. M. Blondelas eut le temps de les dessiner, et son dessin rend très-heureusement leur physionomie : elle est un peu extraordinaire, mais assez agréable ; leurs yeux sont petits, leurs lèvres grosses, la supérieure peinte ou tatouée en bleu, car il n'a pas été possible de s'en assurer : leurs jambes étaient nues ; une longue robe de chambre de toile les enveloppait ; et comme elles avaient pris un bain dans la rosée des herbes, cette robe de chambre, collée au corps, a permis au dessinateur de rendre toutes les formes, qui sont peu élégantes : leurs cheveux avaient toute leur longueur, et le dessus de la tête n'était point rasé, tandis qu'il l'était chez les hommes.

M. de Langle, qui débarqua le premier, trouva les insulaires rassemblés autour de quatre pirogues chargées de poisson fumé ; ils aidaient à les pousser à l'eau ; et il apprit que les vingt-quatre hommes qui formaient l'équipage étaient Mantcheoux, et qu'ils étaient venus des bords du fleuve Ségalien, pour acheter ce poisson. Il eut une longue conversation avec eux, par l'entremise de nos Chinois, auxquels ils firent le meilleur accueil. Ils dirent, comme nos premiers géographes de la baie de Langle, que la terre que nous prolongions était une île ; ils lui donnèrent le même nom ; ils ajoutèrent que nous étions encore à cinq journées de pirogue, de son extrémité, mais qu'avec un bon vent, l'on pouvait faire ce trajet en deux jours, et coucher tous les soirs à terre : ainsi tout ce qu'on nous avait déjà dit dans la baie de Langle, fut confirmé dans cette nouvelle baie, mais exprimé avec moins d'intelligence par le Chinois qui nous servait d'interprète. M. DE LANGLE rencontra aussi dans un coin de l'île, une espèce de cirque planté de quinze ou vingt piquets, surmontés chacun d'une tête d'ours; les ossemens de ces animaux étaient épars aux environs. Comme ces peuples n'ont pas l'usage des armes à feu, qu'ils combattent les ours corps à corps, et que leurs flèches ne peuvent que les blesser, ce cirque nous parut être destiné à conserver la mémoire de leurs exploits; et les vingt têtes d'ours exposées aux yeux, devaient retracer les victoires qu'ils avaient remportées depuis dix ans, à en juger par l'état de décomposition dans lequel se trouvait le plus grand nombre. Les productions et les substances du sol de la baie d'Estaing ne diffèrent presque point de celles de la baie de Langle : le saumon y était aussi commun, et chaque cabane avait son magasin; nous découvrîmes que ces peuples consomment la tête, la queue et l'épine du dos, et qu'ils boucanent et font sécher, pour être vendus aux Mantcheoux, les deux côtés du ventre de ce poisson, dont ils ne se réservent que le fumet, qui infecte leurs maisons, leurs meubles, leurs habillemens, et jusqu'aux herbes qui environnent leurs villages. Nos canots partirent enfin, à huit heures du soir, après que nous eûmes comblé de présens les Tartares et les insulaires; ils étaient de retour à huit heures trois quarts, et j'ordonnai de tout disposer pour l'appareillage du lendemain.

Le 20, le jour fut très-beau; nous fîmes les meilleures

1787.
Juillet.

observations de latitude, et de distance de la lune au soleil, d'après lesquelles nous corrigeâmes les points des six derniers jours, depuis le départ de la baie de Langle, située par 47^d 49' de latitude Nord, et 140^d 29' de longitude orientale, longitude qui ne diffère que de 3' de celle de la baie d'Estaing. La direction de la côte occidentale de cette île, depuis le parallèle de 47^d 39', où nous avions aperçu la baie de Langle, jusqu'au 52e, étant absolument Nord et Sud, nous la prolongeâmes à une petite lieue; et à sept heures du soir, une brume épaisse nous ayant enveloppés, nous mouillâmes par 37 brasses, fond de vase et de petits cailloux. La côte était beaucoup plus montueuse et plus escarpée que dans la partie méridionale. Nous n'aperçûmes ni feu, ni habitation; et comme la nuit approchait, nous n'envoyâmes point de canot à terre; mais nous prîmes, pour la première fois depuis que nous avions quitté la Tartarie, huit ou dix morues, ce qui semblait annoncer la proximité du continent, que nous avions perdu de vue depuis les 49 degrés de latitude.

Obligé de suivre l'une ou l'autre côte, j'avais donné la préférence à celle de l'île, afin de ne pas manquer le détroit, s'il en existait un vers l'Est, ce qui demandait une extrême attention, à cause des brumes qui ne nous laissaient que de très-courts intervalles de clarté; aussi m'y suis-je en quelque sorte collé, et ne m'en suis-je jamais éloigné de plus de deux lieues, depuis la baie de Langle, jusqu'au fond du canal. Mes conjectures sur la proximité de la côte de Tartarie

étaient

étaient tellement fondées, qu'aussitôt que notre horizon s'étendait un peu, nous en avions une parfaite connaissance. Le canal commença à se rétrécir par les 50 degrés, et il n'eut plus que douze ou treize lieues de largeur.

Le 22 au soir, je mouillai à une lieue de terre, par trente-sept brasses, fond de vase. J'étais par le travers d'une petite rivière ; on voyait à trois lieues au Nord un pic très-remarquable ; sa base est sur le bord de la mer, et son sommet, de quelque côté qu'on l'aperçoive, conserve la forme la plus régulière ; il est couvert d'arbres et de verdure jusqu'à la cime : je lui ai donné le nom de *pic la Martinière,* parce qu'il offre un beau champ aux recherches de la botanique, dont le savant de ce nom fait son occupation principale.

Comme, en prolongeant la côte de l'île depuis la baie d'Estaing, je n'avais aperçu aucune habitation, je voulus éclaircir mes doutes à ce sujet ; je fis armer quatre canots des deux frégates, commandés par M. DE CLONARD, capitaine de vaisseau, et je lui donnai ordre d'aller reconnaître l'anse dans laquelle coulait la petite rivière dont nous apercevions le ravin. Il était de retour à huit heures du soir, et il ramena, à mon grand étonnement, tous ses canots pleins de saumons, quoique les équipages n'eussent ni lignes, ni filets. Cet officier me rapporta qu'il avait abordé à l'embouchure d'un ruisseau, dont la largeur n'excédait pas quatre toises, ni la profondeur un pied ; qu'il l'avait trouvé tellement rempli de saumons, que le lit en était tout couvert, et que nos

1787.
JUILLET.

matelots, à coups de bâton, en avaient tué douze cents dans une heure : il n'avait d'ailleurs rencontré que deux ou trois abris abandonnés, qu'il supposait avoir été élevés par des Tartares Mantcheoux, venus, suivant leur coutume, du continent pour commercer dans le Sud de cette île. La végétation était encore plus vigoureuse que dans les baies où nous avions abordé, les arbres étaient d'une plus forte dimension ; le céleri et le cresson croissaient en abondance sur les bords de cette rivière ; c'était la première fois que nous rencontrions cette dernière plante depuis notre départ de Manille. On aurait pu aussi ramasser de quoi remplir plusieurs sacs de baies de genièvre ; mais nous donnâmes la préférence aux herbes et aux poissons. Nos botanistes firent une ample collection de plantes assez rares ; et nos lithologistes rapportèrent beaucoup de cristaux de spath, et d'autres pierres curieuses, mais ils ne rencontrèrent ni marcassites, ni pyrites, rien enfin qui annonçât que ce pays eût aucune mine de métal. Les sapins et les saules étaient en beaucoup plus grand nombre que le chêne, l'érable, le bouleau et l'azerolier ; et si d'autres voyageurs ont descendu un mois après nous sur les bords de cette rivière, ils y auront cueilli beaucoup de groseilles, de fraises et de framboises, qui étaient encore en fleur.

Pendant que les équipages de nos canots faisaient à terre cette abondante moisson, nous prenions à bord beaucoup de morues ; et ce mouillage de quelques heures nous donna des provisions fraîches pour une semaine. Je nommai cette rivière *le ruisseau du Saumon;* et j'appareillai à la pointe du jour. Je continuai à prolonger de très-près cette île, qui ne se terminait jamais au Nord, quoique chaque pointe un peu avancée que j'apercevais, m'en laissât l'espoir. Le 23, nous observâmes 50ᵈ 54' de latitude Nord, et notre longitude n'avait presque pas changé depuis la baie de Langle. Nous relevâmes par cette latitude une très-bonne baie, la seule, depuis que nous prolongions cette île, qui offrît aux vaisseaux un abri assuré contre les vents du canal. Quelques habitations paraissaient çà et là sur le rivage, auprès d'un ravin qui marquait le lit d'une rivière un peu plus considérable que celles que nous avions déjà vues : je ne jugeai pas à propos de reconnaître plus particulièrement cette baie, que j'ai nommée *baie de la Jonquière;* j'en ai cependant traversé la largeur. A une lieue au large, la sonde donna trente-cinq brasses, fond de vase : mais j'étais si pressé, et un temps clair dont nous jouissions était si rare et si précieux pour nous, que je crus ne devoir l'employer qu'à m'avancer vers le Nord. Depuis que nous avions atteint le 50ᵉ degré de latitude Nord, j'étais revenu entièrement à ma première opinion ; je ne pouvais plus douter que l'île que nous prolongions depuis les 47ᵈ, et qui, d'après le rapport des naturels, devait s'étendre beaucoup plus au Sud, ne fût l'île Ségalien, dont la pointe septentrionale a été fixée par les Russes à 54ᵈ, et qui forme, dans une direction Nord et Sud, une des plus longues îles du monde : ainsi le prétendu détroit de Tessoy ne serait que celui qui sépare

1787.
Juillet.

l'île Ségalien de la Tartarie, à peu près par les 52.e degrés. J'étais trop avancé pour ne pas vouloir reconnaître ce détroit, et savoir s'il est praticable. Je commençai à craindre qu'il ne le fût pas, parce que le fond diminuait avec une rapidité extrême en avançant vers le Nord, et que les terres de l'île Ségalien n'étaient plus que des dunes noyées et presque à fleur d'eau, comme des bancs de sable.

Le 23 au soir, je mouillai à trois lieues de terre, par vingt-quatre brasses, fond de vase. J'avais trouvé le même brassiage deux lieues plus à l'Est, à trois milles du rivage; et depuis le coucher du soleil, jusqu'au moment où nous laissâmes tomber l'ancre, j'avais fait deux lieues vers l'Ouest, perpendiculairement à la direction de cette côte, afin de reconnaître si, en nous éloignant de l'île Ségalien, le fond augmenterait : mais il fut constamment le même ; et je commençais à soupçonner que le talus était du Sud au Nord, dans le sens de la longueur du canal, à peu près comme un fleuve dont l'eau diminue en avançant vers sa source.

24.

Le 24, à la pointe du jour, nous mîmes à la voile, ayant fixé la route au Nord-Ouest. Le fond haussa jusqu'à dix-huit brasses dans trois heures : je fis gouverner à l'Ouest, et il se maintint dans une égalité parfaite. Je pris le parti de traverser deux fois ce canal, Est et Ouest, afin de m'assurer s'il n'y avait point un espace plus creux, et trouver ainsi le chenal de ce détroit, s'il y en avait un. Cette combinaison était la seule raisonnable dans la circonstance où nous nous trouvions; car l'eau diminuait si rapidement lorsque la route prenait du Nord, qu'à chaque lieue dans cette direction, le fond s'élevait de trois brasses : ainsi, en supposant un atterrissement graduel, nous n'étions plus qu'à six lieues du fond du golfe; et nous n'apercevions aucun courant. Cette stagnation des eaux paraissait être une preuve qu'il n'y avait point de chenal, et était la cause bien certaine de l'égalité parfaite du talus. Nous mouillâmes le soir du 26, sur la côte de Tartarie; et le lendemain à midi, la brume s'étant dissipée, je pris le parti de courir au Nord-Nord-Est, vers le milieu du canal, afin d'achever l'éclaircissement de ce point de géographie, qui nous coûtait tant de fatigues. Nous naviguâmes ainsi, ayant parfaitement connaissance des deux côtes : comme je m'y étais attendu, le fond haussa de trois brasses par lieue; et après avoir fait quatre lieues, nous laissâmes tomber l'ancre par neuf brasses, fond de sable. Les vents étaient fixés au Sud avec une telle constance, que, depuis près d'un mois, ils n'avaient pas varié de 20 degrés; et nous nous exposions, en courant ainsi vent arrière vers le fond de ce golfe, à nous affaler de manière à être obligés peut-être d'attendre le reversement de la mousson pour en sortir. Mais ce n'était pas le plus grand inconvénient; celui de ne pouvoir tenir à l'ancre, avec une mer aussi grosse que celles des côtes d'Europe qui n'ont point d'abri, était d'une bien autre importance. Ces vents de Sud, dont la racine, si on peut s'exprimer ainsi, est dans les mers de Chine, parviennent, sans aucune

1787.
JUILLET.

26.

1787.
JUILLET.

interruption, jusqu'au fond du golfe de l'île Ségalien ; ils y agitent la mer avec force, et ils y règnent plus fixement que les vents alizés entre les tropiques. Nous étions si avancés, que je désirais toucher, ou voir, le sommet de cet atterrissement ; malheureusement le temps était devenu très-incertain, et la mer grossissait de plus en plus : nous mîmes cependant nos canots à la mer pour sonder autour de nous. M. BOUTIN eut ordre d'aller vers le Sud-Est, et M. DE VAUJUAS fut chargé de sonder vers le Nord, avec la défense expresse de s'exposer à rendre problématique leur retour à bord. Cette opération ne pouvait être confiée qu'à des officiers d'une extrême prudence, parce que la mer qui grossissait, et le vent qui forçait, pouvaient nous contraindre à appareiller pour sauver nos vaisseaux. J'ordonnai donc à ces officiers de ne compromettre, sous quelque prétexte que ce pût être, ni la sûreté de nos vaisseaux, si nous attendions leurs chaloupes ; ni la leur, si les circonstances étaient assez impérieuses pour nous forcer à appareiller.

Mes ordres furent exécutés avec la plus grande exactitude. M. BOUTIN revint bientôt après : M. DE VAUJUAS fit une lieue au Nord, et ne trouva plus que six brasses ; il atteignit le point le plus éloigné que l'état de la mer et du temps lui permît de sonder [b]. Parti à sept heures du soir, il ne fut de

[b] Il est très-vraisemblable que le détroit de Ségalien a été praticable jadis pour les vaisseaux ; mais tout doit faire penser qu'il sera bientôt *attéri*, au point que l'île Ségalien deviendra une presqu'île. Ce changement aura lieu, soit par les immenses alluvions que doit produire le fleuve Ségalien, qui parcourt plus de

retour qu'à minuit : déjà la mer était agitée ; et n'ayant pu oublier le malheur que nous avions éprouvé à la Baie des Français, je commençais à être dans la plus vive inquiétude. Son retour me parut une compensation de la très-mauvaise situation où se trouvaient nos vaisseaux ; car, à la pointe du jour, nous fûmes forcés d'appareiller. La mer était si grosse que nous employâmes quatre heures à lever notre ancre : la tournevire, la marguerite, cassèrent ; le cabestan fut brisé : par cet événement, trois hommes furent grièvement blessés ; nous fûmes contraints, quoiqu'il ventât très-grand frais, de faire porter à nos frégates toute la voile que leurs mâts pouvaient supporter. Heureusement, quelques légères variations du Sud au Sud-Sud-Ouest et au Sud-Sud-Est nous furent favorables, et nous nous élevâmes, en vingt-quatre heures, de cinq lieues.

1787.
JUILLET.

Le 28 au soir, la brume s'étant dissipée, nous nous trouvâmes sur la côte de Tartarie, à l'ouverture d'une baie qui paraissait très-profonde et offrait un mouillage sûr et commode : nous manquions absolument de bois, et notre provision d'eau était fort diminuée ; je pris le parti d'y relâcher, et je fis signal à l'ASTROLABE de sonder en avant. Nous mouillâmes à la pointe du Nord de cette baie, à cinq heures du soir, par onze brasses, fond de vase. M. DE LANGLE ayant de suite fait mettre son canot à la

28.

cinq cents lieues, et reçoit d'autres fleuves considérables, soit par la situation de son embouchure dans le point presque le plus resserré d'une longue manche ; situation très-favorable aux atterrissemens. (N. D. R.)

mer, sonda lui-même cette rade, et me rapporta qu'elle offrait le meilleur abri possible derrière quatre îles qui la garantissaient des vents du large. Il était descendu dans un village de Tartares où il avait été très-bien accueilli ; il avait découvert une aiguade où l'eau la plus limpide pouvait tomber en cascade dans nos chaloupes ; et ces îles, dont le bon mouillage ne devait être éloigné que de trois encablures, étaient couvertes de bois. D'après le rapport de M. DE LANGLE, je donnai ordre de tout disposer pour entrer au fond de la baie à la pointe du jour ; et nous y mouillâmes à huit heures du matin, par six brasses, fond de vase. Cette baie fut nommée *baie de Castries*. *(Atlas, n.° 52.)*

CHAPITRE XIX.

Relâche à la baie de Castries. — Description de cette baie et d'un village tartare. — Mœurs et coutumes des Habitans. — Leur respect pour les tombeaux et les propriétés. — Extrême confiance qu'ils nous inspirent.— Leur tendresse pour leurs enfans. — Leur union entr'eux. — Rencontre de quatre pirogues étrangères dans cette baie.— Détails géographiques que nous donnent les équipages. — Productions de la baie de Castries. — Ses coquilles, quadrupèdes, oiseaux, pierres, plantes.

L'IMPOSSIBILITÉ reconnue de déboucher au Nord de l'île Ségalien, ouvrait un nouvel ordre d'événemens devant nous: il était fort douteux que nous pussions arriver cette année au Kamtschatka.

1787.
JUILLET.

La baie de Castries, dans laquelle nous venions de mouiller, est située au fond d'un golfe, et éloignée de deux cents lieues du détroit de Sangaar, la seule porte dont nous fussions certains pour sortir des mers du Japon. Les vents du Sud étaient plus fixes, plus constans, plus opiniâtres, que dans les mers de Chine d'où ils nous étaient envoyés; parce que, resserrés entre deux terres, leur plus grande variation n'était que de deux quarts vers l'Est ou vers l'Ouest : pour peu que la brise fût fraîche, la mer s'élevait

1787.
Juillet.

d'une manière alarmante pour la conservation de nos mâts ; et nos vaisseaux enfin n'étaient pas assez bons voiliers pour nous laisser l'espoir de gagner, avant la fin de la belle saison, deux cents lieues au vent, dans un canal si étroit, où des brumes presque continuelles rendent le louvoyage extrêmement difficile. Cependant le seul parti qui nous restât à prendre, était de le tenter, à moins d'attendre la mousson du Nord, qui pouvait être retardée jusqu'en novembre. Je ne m'arrêtai pas un instant à cette dernière idée : je crus, au contraire, devoir redoubler d'activité, en tâchant de pourvoir, dans le plus court espace de temps possible, à nos besoins d'eau et de bois ; et j'annonçai que notre relâche ne serait que de cinq jours. Dès que nous fûmes affourchés, les canots et les chaloupes des deux frégates reçurent, de M. DE LANGLE et de moi, leur destination particulière ; elle fut invariable pendant tout notre séjour. La chaloupe fit notre eau, le grand canot notre bois ; les petits canots furent donnés à MM. BLONDELAS, BELLEGARDE, MOUTON, BERNIZET et PREVOST le jeune, qui avaient ordre de lever le plan de cette baie ; nos yoles, qui tiraient peu d'eau, furent affectées à la pêche du saumon dans une petite rivière qui en était remplie ; nos biscayennes, enfin, nous servirent, à M. DE LANGLE et à moi, pour aller surveiller nos différens travaux, et nous transporter avec les naturalistes au village tartare, dans les différentes îles, et en général sur tous les points qui paraissaient susceptibles d'être observés. La première opération, la plus importante, était la vérification de la marche de nos horloges marines ; et nos voiles étaient à peine serrées, que MM. Dagelet, Lauriston et Darbaud avaient établi leurs instrumens sur une île située à une très-petite distance de nos vaisseaux ; je lui ai donné le nom d'*île de l'Observatoire ;* elle devait aussi fournir à nos charpentiers le bois dont nous étions presque entièrement dépourvus. Une perche graduée fut fixée dans l'eau au pied de l'observatoire, pour faire connaître la hauteur de la marée. Le quart-de-cercle et la pendule à secondes furent mis en place avec une activité digne d'un meilleur succès. Les travaux astronomiques se suivaient sans interruption ; le court séjour que j'avais annoncé ne permettait pas de prendre un instant de repos. Le matin et l'après-midi étaient employés à des hauteurs correspondantes ; la nuit, à des hauteurs d'étoiles. La comparaison de la marche de nos horloges était déjà commencée ; notre n.° 19 nous laissait peu d'incertitude, parce que ses résultats, comparés avec ceux des observations de distance de la lune au soleil, avaient toujours été les mêmes, ou du moins n'étaient pas sortis des limites des erreurs dont ces sortes d'instrumens sont susceptibles : il n'en était pas de même du n.° 18, qui était sur l'Astrolabe ; sa marche avait varié d'une manière irrégulière ; et M. de Langle, ainsi que M. Lauriston, ne savaient plus quelle marche journalière lui assigner. La mal-adresse d'un charpentier détruisit toutes nos espérances ; il coupa, auprès de la tente astronomique, un arbre qui, en tombant, brisa la lunette

1787.
Juillet

du quart-de-cercle, dérangea la pendule de comparaison, et rendit presque nuls les travaux des deux jours précédens; leur produit net se réduisit à la latitude de notre mouillage par 51ᵈ 29′ de latitude Nord, et 139ᵈ 41′ de longitude orientale, suivant notre n.° 19, en calculant d'après son retard journalier de douze secondes, tel qu'il avait été constaté à Cavite. L'heure de la pleine mer aux nouvelles et pleines lunes, fut calculée à dix heures; sa plus grande hauteur aux mêmes époques, à cinq pieds huit pouces; et la vîtesse du courant, à moins d'un demi-nœud. Les astronomes forcés, par cet événement, de se livrer à des observations de curiosité, nous accompagnèrent les deux derniers jours dans nos différentes courses. La baie de Castries est la seule de toutes celles que nous avons visitées sur la côte de Tartarie, qui mérite la qualification de baie; elle assure un abri aux vaisseaux contre le mauvais temps, et il serait possible d'y passer l'hiver. Le fond y est de vase, et monte graduellement de douze brasses jusqu'à cinq, en approchant de la côte, dont les battures s'étendent à trois encablures au large; en sorte qu'il est très-difficile d'y aborder, même en canot, lorsque la marée est basse: on a d'ailleurs à lutter contre des herbes [a], entre lesquelles il ne reste que deux ou trois pieds d'eau, et qui opposent aux efforts des canotiers une résistance invincible.

---

[a] Ces herbes marines ou *fucus* sont absolument les mêmes que celles qui servent, à Marseille, à emballer les différentes caisses d'huile ou de liqueur: c'est le *goémon, goesmon* ou *gouesmon*.

Il n'y a point de mer plus fertile en *fucus* de différentes espèces, et la végétation de nos plus belles prairies n'est ni plus verte, ni plus fourrée. Un très-grand enfoncement sur le bord duquel était le village tartare, et que nous supposâmes d'abord assez profond pour recevoir nos vaisseaux, parce que la mer était haute lorsque nous mouillâmes au fond de la baie, ne fut plus pour nous, deux heures après, qu'une vaste prairie d'herbes marines; on y voyait sauter des saumons qui sortaient d'un ruisseau dont les eaux se perdaient dans ces herbes, et où nous en avons pris plus de deux mille en un jour.

1787.
Juillet.

Les habitans, dont ce poisson est la subsistance la plus abondante et la plus assurée, voyaient les succès de notre pêche sans inquiétude, parce qu'ils étaient certains, sans doute, que la quantité en est inépuisable. Nous débarquâmes au pied de leur village, le lendemain de notre arrivée dans la baie; M. DE LANGLE nous y avait précédés, et ses présens nous y procurèrent des amis.

On ne peut rencontrer, dans aucune partie du monde, une peuplade d'hommes meilleurs. Le chef, ou le plus vieux, vint nous recevoir sur la plage, avec quelques autres habitans. Il se prosterna jusqu'à terre en nous saluant, à la manière des Chinois, et nous conduisit ensuite dans sa cabane où étaient sa femme, ses belles-filles, ses enfans et ses petits-enfans. Il fit étendre une natte propre, sur laquelle il nous proposa de nous asseoir; et une petite graine, que nous n'avons pu reconnaître, fut mise dans une chaudière sur le

1787.
JUILLET.

feu avec du saumon, pour nous être offerte. Cette graine est leur mets le plus précieux ; ils nous firent comprendre qu'elle venait du pays des Mantcheoux ; ils donnent exclusivement ce nom aux peuples qui habitent à sept ou huit journées dans le haut du fleuve Ségalien, et qui communiquent directement avec les Chinois. Ils firent comprendre, par signes, qu'ils étaient de la nation des Orotchys ; et nous montrant quatre pirogues étrangères, que nous avions vues arriver le même jour dans la baie, et qui s'étaient arrêtées devant leur village, ils en nommèrent les équipages *des Bitchys;* ils nous désignaient que ces derniers habitaient plus au Sud, mais peut-être à moins de sept à huit lieues : car ces nations, comme celles du Canada, changent de nom et de langage à chaque bourgade. Ces étrangers, dont je parlerai plus en détail dans la suite de ce chapitre, avaient allumé du feu sur le sable, au bord de la mer, auprès du village des Orotchys ; ils y faisaient cuire leur graine et leur poisson dans une chaudière de fer, suspendue par un crochet de même métal à un trépied formé par trois bâtons liés ensemble. Ils arrivaient du fleuve Ségalien, et rapportaient dans leur pays des nankins et de la graine qu'ils avaient eus probablement en échange de l'huile, du poisson séché, et peut-être de quelques peaux d'ours ou d'élan ; seuls quadrupèdes, avec les chiens et les écureuils, dont nous ayons aperçu les dépouilles.

Ce village des Orotchys était composé de quatre cabanes solidement construites avec des tronçons de sapin dans toute leur longueur, proprement entaillés dans les angles; une charpente assez bien travaillée soutenait la toiture, formée par des écorces d'arbres. Une banquette, comme celle des cases de l'île Ségalien, régnait autour de l'appartement; et le foyer était placé de même au milieu, sous une ouverture assez large pour donner issue à la fumée. Nous avons lieu de croire que ces quatre maisons appartiennent à quatre familles différentes, qui vivent entr'elles dans la plus grande union et la plus parfaite confiance. Nous avons vu partir une de ces familles pour un voyage de quelque durée; car elle n'a point reparu pendant les cinq jours que nous avons passés dans cette baie. Les propriétaires mirent quelques planches devant la porte de leur maison pour empêcher les chiens d'y entrer, et la laissèrent remplie de leurs effets. Nous fûmes bientôt tellement convaincus de l'inviolable fidélité de ces peuples, et du respect, presque religieux, qu'ils ont pour les propriétés, que nous laissions au milieu de leurs cabanes et sous le sceau de leur probité, nos sacs pleins d'étoffes, de rassades, d'outils de fer, et généralement de tout ce qui servait à nos échanges, sans que jamais ils ayent abusé de notre extrême confiance; et nous sommes partis de cette baie avec l'opinion, qu'ils ne soupçonnaient même pas que le vol fût un crime.

1787.
JUILLET.

Chaque cabane était entourée d'une sécherie de saumons, qui restaient exposés sur des perches à l'ardeur du soleil, après avoir été boucanés pendant trois ou quatre jours autour du foyer qui est au milieu de leur case; les femmes

1787.
Juillet.

chargées de cette opération ont le soin, lorsque la fumée les a pénétrés, de les porter en plein air, où ils acquièrent la dureté du bois.

Ils faisaient leur pêche dans la même rivière que nous, avec des filets ou des dards; et nous leur voyions manger crus, avec une avidité dégoûtante, le museau, les ouïes, les osselets, et quelquefois la peau entière du saumon qu'ils dépouillaient avec beaucoup d'adresse; ils suçaient le mucilage de ces parties, comme nous avalons une huître. Le plus grand nombre de leurs poissons n'arrivaient à l'habitation que dépouillés, excepté lorsque la pêche avait été très-abondante; alors les femmes cherchaient avec la même avidité les poissons entiers, et en dévoraient, d'une manière aussi dégoûtante, les parties mucilagineuses qui leur paraissaient le mets le plus exquis. C'est à la baie de Castries que nous apprîmes l'usage du bourrelet de plomb ou d'os, que ces peuples, ainsi que ceux de l'île Ségalien, portent comme une bague au pouce; il leur sert de point d'appui pour couper et dépouiller le saumon avec un couteau tranchant qu'ils portent tous, pendu à leur ceinture.

Leur village était construit sur une langue de terre basse et marécageuse, exposée au Nord, et qui nous a paru inhabitable pendant l'hiver; mais, à l'opposite et de l'autre côté du golfe, sur un endroit plus élevé, à l'exposition du midi, et à l'entrée d'un bois, était un second village, composé de huit cabanes, plus vastes et mieux construites que les premières. Au dessus, et à une très-petite distance,

nous

nous avons visité trois jourtes, ou maisons souterraines, absolument semblables à celles des Kamtschadales, décrites dans le quatrième volume du dernier voyage de Cook; elles étaient assez étendues pour contenir, pendant la rigueur du froid, les habitans des huit cabanes. Enfin, sur une des ailes de cette bourgade, on trouvait plusieurs tombeaux, mieux construits et aussi grands que les maisons : chacun d'eux renfermait trois, quatre, ou cinq bières, proprement travaillées, ornées d'étoffes de Chine, dont quelques morceaux étaient de brocart. Des arcs, des flèches, des filets, et généralement les meubles les plus précieux de ces peuples, étaient suspendus dans l'intérieur de ces monumens, dont la porte, en bois, se fermait avec une barre maintenue à ses extrémités par deux supports.

Leurs maisons étaient remplies d'effets comme les tombeaux, rien de ce qui leur sert n'en avait été enlevé : les habillemens, les fourrures, les raquettes, les arcs, les flèches, les piques, tout était resté dans ce village désert, qu'ils n'habitent que pendant la mauvaise saison. Ils passent l'été de l'autre côté du golfe où ils étaient, et d'où ils nous voyaient entrer dans les cases, descendre même dans l'intérieur des tombeaux, sans que jamais ils nous y ayent accompagnés, sans qu'ils ayent témoigné la moindre crainte de voir enlever leurs meubles, qu'ils savaient cependant exciter beaucoup nos désirs, parce que nous avions déjà fait plusieurs échanges avec eux. Nos équipages n'avaient pas moins vivement senti que les officiers, le prix d'une confiance aussi grande ; et le déshonneur et le mépris eussent couvert l'homme qui eût été assez vil pour commettre le plus léger vol.

Il était évident que nous n'avions visité les Orotchys que dans leurs maisons de campagne, où ils faisaient leur récolte de saumon, qui, comme le blé en Europe, fait la base de leur subsistance. J'ai vu parmi eux si peu de peaux d'élan, que je suis porté à croire que la chasse y est peu abondante. Je compte aussi pour une très-petite partie de leur nourriture quelques racines de lis jaune ou de *saranne*, que les femmes arrachent sur la lisière des bois, et qu'elles font sécher auprès de leur foyer.

On aurait pu penser qu'une si grande quantité de tombeaux, car nous en trouvions sur toutes les îles et dans toutes les anses, annonçait une épidémie récente qui avait ravagé ces contrées et réduit la génération actuelle à un très-petit nombre d'hommes : mais je suis porté à croire que les différentes familles dont cette nation est composée, étaient dispersées dans les baies voisines pour y pêcher et sécher du saumon, et qu'elles ne se rassemblent que l'hiver ; elles apportent alors leur provision de poisson pour subsister jusqu'au retour du soleil. Il est plus vraisemblable de supposer que le respect religieux de ces peuples pour les tombeaux de leurs ancêtres, les porte à les entretenir, à les réparer, et à retarder ainsi, peut-être pendant plusieurs siècles, l'effet inévitable de la lime du temps. Je n'ai aperçu aucune différence extérieure entre les habitans. Il n'en est pas de même des morts dont les cendres reposent d'une manière plus ou moins magnifique, suivant leurs richesses; il est assez probable que le travail d'une longue vie suffit à peine aux frais d'un de ces somptueux mausolées, qui n'ont cependant qu'une magnificence relative, et dont on se ferait une très-fausse idée, si on les comparait aux monumens des peuples plus civilisés. Les corps des habitans les plus pauvres sont exposés en plein air, dans une bière placée sur un théâtre, soutenu par des piquets de quatre pieds de hauteur : mais tous ont leurs arcs, leurs flèches, leurs filets, et quelques morceaux d'étoffes auprès de leurs monumens; et ce serait vraisemblablement un sacrilége de les enlever.

Ces peuples sembleraient, ainsi que ceux de l'île Ségalien [b], ne reconnaître aucun chef, et n'être soumis à aucun gouvernement. La douceur de leurs mœurs, leur respect pour les vieillards, peuvent rendre parmi eux cette anarchie sans inconvénient. Nous n'avons jamais été témoins de la plus petite querelle. Leur affection réciproque, leur tendresse pour leurs enfans, offraient à nos yeux un spectacle touchant : mais nos sens étaient révoltés par l'odeur fétide de ce saumon, dont les maisons, ainsi que leurs environs, se trouvaient remplis. Les os en étaient épars, et le sang répandu autour du foyer; des chiens avides, quoique assez doux et familiers, léchaient et dévoraient ces restes. Ce

---

[b] L'île Ségalien est une de celles dont le nom a le plus varié chez les géographes ; on la trouve sur les cartes anciennes sous les noms suivans : *Sahalien, Ula-hata,* du *Fleuve noir, Saghalien, Anga-hata, Amur, Amour,* &c. (N. D. R.)

peuple est d'une mal-propreté et d'une puanteur révoltantes; il n'en existe peut-être pas de plus faiblement constitué, ni d'une physionomie plus éloignée des formes auxquelles nous attachons l'idée de la beauté : leur taille moyenne est au-dessous de quatre pieds dix pouces; leur corps est grêle, leur voix faible et aiguë, comme celle des enfans; ils ont les os des joues saillans ; les yeux petits, chassieux, et fendus diagonalement; la bouche large, le nez écrasé, le menton court, presque imberbe, et une peau olivâtre vernissée d'huile et de fumée. Ils laissent croître leurs cheveux, et ils les tressent à peu près comme nous. Ceux des femmes leur tombent épars sur les épaules, et le portrait que je viens de tracer convient autant à leur physionomie qu'à celle des hommes, dont il serait assez difficile de les distinguer, si une légère différence dans l'habillement, et une gorge qui n'est serrée par aucune ceinture, n'annonçaient leur sexe : elles ne sont cependant assujetties à aucun travail forcé qui ait pu, comme chez les Indiens de l'Amérique, altérer l'élégance de leurs traits, si la nature les eût pourvues de cet avantage. Tous leurs soins se bornent à tailler et à coudre leurs habits, à disposer le poisson pour être séché, et à soigner leurs enfans, à qui elles donnent à teter jusqu'à l'âge de trois ou quatre ans; ma surprise fut extrême d'en voir un de cet âge qui, après avoir bandé un petit arc, tiré assez juste une flèche, donné des coups de bâton à un chien, se jeta sur le sein de sa mère, et y prit la place d'un enfant de cinq à six mois, qui s'était endormi sur ses genoux.

Ce sexe paraît jouir parmi eux d'une assez grande considération. Ils n'ont jamais conclu aucun marché avec nous sans le consentement de leurs femmes ; les pendans d'oreilles d'argent, et les bijoux de cuivre servant à orner leurs habits, sont uniquement réservés aux femmes et aux petites filles. Les hommes et les petits garçons sont vêtus d'une camisole de nankin, ou de peau de chien ou de poisson, taillée comme les chemises des charretiers. Si elle descend au-dessous du genou, ils n'ont point de caleçon. Dans le cas contraire, ils en portent à la chinoise, qui descendent jusqu'au gras de la jambe. Tous ont des bottes de peau de loup marin, mais ils les conservent pour l'hiver ; et ils portent dans tous les temps, et à tout âge, même à la mamelle, une ceinture de cuir à laquelle sont attachés un couteau à gaine, un briquet, un petit sac pour contenir du tabac, et une pipe.

1787.
JUILLET.

Le costume des femmes est un peu différent ; elles sont enveloppées d'une large robe de nankin, ou de peau de saumon, qu'elles ont l'art de tanner parfaitement et de rendre extrêmement souple. Cet habillement leur descend jusqu'à la cheville du pied, et il est quelquefois bordé d'une frange de petits ornemens de cuivre, qui font un bruit semblable à celui des grelots. Les saumons dont la peau sert à leur habillement, ne se pêchent pas en été, et pèsent trente ou quarante livres. Ceux que nous venions de prendre au mois de juillet, étaient du poids de trois ou quatre livres seulement ; mais leur nombre et la délicatesse

1787.
Août.

de leur goût compensaient ce désavantage : nous croyons tous n'en avoir jamais mangé de meilleurs. Nous ne pouvons parler de la religion de ce peuple, n'ayant aperçu ni temples ni prêtres, mais peut-être quelques idoles, grossièrement sculptées, suspendues au plancher de leurs cabanes : elles représentaient des enfans, des bras, des mains, des jambes, et ressemblaient beaucoup aux *ex-voto* de plusieurs de nos chapelles de campagne. Il serait possible que ces simulacres, que nous avons peut-être faussement pris pour des idoles, ne servissent qu'à leur rappeler le souvenir d'un enfant dévoré par des ours, ou de quelque chasseur blessé par ces animaux : il n'est cependant guère vraisemblable qu'un peuple si faiblement constitué soit exempt de superstition. Nous avons soupçonné qu'ils nous prenaient quelquefois pour des sorciers; ils répondaient avec inquiétude, quoique avec politesse, à nos différentes questions; et lorsque nous tracions des caractères sur le papier, ils semblaient prendre les mouvemens de la main qui écrivait pour des signes de magie, et se refusaient à répondre à ce que nous leur demandions, en faisant entendre que c'était un mal. Ce n'est qu'avec une extrême difficulté et la plus grande patience, que M. Lavaux, chirurgien-major de l'Astrolabe, est parvenu à former le vocabulaire des Orotchys et celui des Bitchys. Nos présens ne pouvaient vaincre leurs préjugés à cet égard; ils ne les recevaient même qu'avec répugnance, et ils les refusèrent souvent avec opiniâtreté. Je crus m'apercevoir qu'ils désiraient peut-être plus de délicatesse dans la manière de les leur offrir; et, pour vérifier si ce soupçon était fondé, je m'assis dans une de leurs cases, et après avoir approché de moi deux petits enfans de trois ou quatre ans, et leur avoir fait quelques légères caresses, je leur donnai une pièce de nankin, couleur de rose, que j'avais apportée dans ma poche. Je vis les yeux de toute la famille témoigner une vive satisfaction; et je suis certain qu'ils auraient refusé ce présent, si je le leur eusse directement adressé. Le mari sortit de sa case, et rentra bientôt après avec son plus beau chien qu'il me pria d'accepter; je le refusai, en cherchant à lui faire comprendre qu'il lui serait plus utile qu'à moi : mais il insista; et, voyant que c'était sans succès, il fit approcher les deux enfans qui avaient reçu le nankin, et appuyant leurs petites mains sur le dos du chien, il me fit entendre que je ne devais pas refuser ses enfans. La délicatesse de ces manières ne peut exister que chez un peuple très-policé. Je crois que la civilisation d'une nation qui n'a ni troupeaux ni culture, ne peut aller au delà. Je dois faire observer que les chiens sont leur bien le plus précieux : ils les attellent à de petits traîneaux fort légers, très-bien faits, absolument semblables à ceux des Kamtschadales. Ces chiens, de l'espèce des chiens-loups, sont forts quoique d'une taille moyenne, extrêmement dociles, très-doux, et paraissent avoir le caractère de leurs maîtres; tandis que ceux du Port des Français, beaucoup plus petits, mais de la même espèce, étaient sauvages et féroces. Un chien de ce port, que nous avions pris et conservé pendant

1787.
Août.

plusieurs mois à bord, se vautrait dans le sang lorsqu'on tuait un bœuf ou un mouton ; il courait sur les poules comme un renard : il avait plutôt les inclinations d'un loup, que celles d'un chien domestique. Il tomba à la mer pendant la nuit, dans un fort roulis, poussé peut-être par quelque matelot dont il avait dérobé la ration.

Les voyageurs dont les quatre pirogues étaient échouées devant le village, avaient excité notre curiosité, ainsi que leur pays des Bitchys au Sud de la baie de Castries. Nous employâmes toute notre adresse à les questionner sur la géographie du pays : nous traçâmes sur du papier la côte de Tartarie, le fleuve Ségalien, l'île de ce nom, qu'ils appellent aussi *Tchoka*, vis-à-vis de cette même côte, et nous laissâmes un passage entre deux. Ils prirent le crayon de nos mains, et joignirent par un trait l'île au continent ; poussant ensuite leur pirogue sur le sable, ils nous donnaient à entendre qu'après être sortis du fleuve, ils avaient poussé ainsi leur embarcation sur le banc de sable qui joint l'île au continent, et qu'ils venaient de tracer ; puis arrachant, au fond de la mer, de l'herbe, dont j'ai déjà dit que le fond de ce golfe était rempli, ils la plantèrent sur le sable, pour exprimer qu'il y avait aussi de l'herbe marine sur le banc qu'ils avaient traversé. Ce rapport fait sur les lieux par des voyageurs qui sortaient du fleuve, rapport si conforme au résultat de ce que nous avions vu, puisque nous ne nous étions arrêtés que par les six brasses, ne nous laissa aucun doute. Pour qu'on puisse concilier ce récit avec celui des

peuples

peuples de la baie de Langle, il suffit qu'à mer haute, il reste dans quelques points du banc, des ouvertures avec trois ou quatre pieds d'eau, quantité plus que suffisante pour leurs pirogues. Comme c'était cependant une question intéressante, et qu'elle n'avait point été résolue directement devant moi, je fus à terre le lendemain, et nous eûmes par signes une conversation dont le résultat fut le même. Enfin, M. DE LANGLE et moi chargeâmes M. LAVAUX, qui avait une sagacité particulière pour s'exprimer et comprendre les langues étrangères, de faire de nouvelles recherches. Il trouva les Bitchys invariables dans leur rapport; et j'abandonnai alors le projet que j'avais formé, d'envoyer ma chaloupe jusqu'au fond du golfe, qui ne devait être éloigné de la baie de Castries, que de dix ou douze lieues. Ce plan aurait d'ailleurs eu de grands inconvéniens : la plus petite brise du Sud fait grossir la mer, dans le fond de cette manche, au point qu'un bâtiment qui n'est pas ponté court risque d'être rempli par les lames, qui brisent souvent comme sur une barre; d'ailleurs, les brumes continuelles et l'opiniâtreté des vents du Sud rendaient l'époque du retour de la chaloupe fort incertaine; et nous n'avions pas un instant à perdre : ainsi, au lieu d'envoyer la chaloupe éclaircir un point de géographie sur lequel il ne pouvait me rester aucun doute, je me proposai de redoubler d'activité pour sortir enfin du golfe dans lequel nous naviguions depuis trois mois, que nous avions exploré presque entièrement jusqu'au fond, traversé plusieurs fois dans tous

1787.
Août.

les sens, et sondé constamment, autant pour notre sûreté que pour ne laisser rien à désirer aux géographes. La sonde pouvait seule nous guider au milieu des brumes dans lesquelles nous avons été si long-temps enveloppés ; elles n'ont pas lassé du moins notre patience, et nous n'avons pas laissé un seul point des deux côtes sans relèvement. Il ne nous restait plus qu'un point intéressant à éclaircir, celui de l'extrémité méridionale de l'île Ségalien, que nous connaissions seulement jusqu'à la baie de Langle, par 47^d 49' ; et j'avoue que j'en aurais peut-être laissé le soin à d'autres, s'il m'eût été possible de débouquer, parce que la saison s'avançait, et que je ne me dissimulais pas l'extrême difficulté de remonter deux cents lieues au vent, dans un canal aussi étroit, plein de brumes, et où les vents de Sud n'avaient jamais varié que de deux quarts vers l'Est ou vers l'Ouest. Je savais, à la vérité, par la relation du Kastricum, que les Hollandais avaient eu des vents de Nord au mois d'août : mais il faut observer qu'ils avaient navigué sur la côte orientale de leur prétendu Jesso ; que nous, au contraire, nous étions engolfés entre deux terres dont l'extrémité se trouvait dans les mers à mousson, et que cette mousson règne sur les côtes de Chine et de Corée jusqu'au mois d'octobre.

Il nous paraissait que rien ne pouvait détourner les vents de la première impulsion qu'ils avaient reçue : ces réflexions ne me rendaient que plus ardent à hâter notre départ, et j'en avais fixé irrévocablement l'époque au 2 août.

Le temps qui nous restait jusqu'à ce moment, fut employé à reconnaître quelque partie de la baie, ainsi que les différentes îles dont elle est formée. Nos naturalistes firent des courses sur tous les points de la côte qui paraissaient devoir satisfaire notre curiosité. M. DE LAMANON, lui-même, qui avait essuyé une longue maladie, et dont la convalescence était très-lente, voulut nous accompagner. Les laves, et autres matières volcaniques, dont il apprit que ces îles étaient formées, ne lui permirent pas de songer à sa faiblesse. Il reconnut, avec l'abbé MONGÈS et le père RECEVEUR, que la plus grande partie des substances des environs de la baie et des îles qui en forment l'entrée, étaient des laves rouges, compactes, ou poreuses; des basaltes gris, en table, ou en boule; et enfin des trapps qui paraissaient n'avoir pas été attaqués par le feu, mais qui avaient fourni la matière des laves et des basaltes qui s'étaient fondus dans le fourneau : différentes cristallisations se rencontraient parmi ces matières volcaniques dont l'éruption était jugée très-ancienne. Ils ne purent découvrir les cratères des volcans : un séjour de plusieurs semaines eût été nécessaire pour étudier et suivre les traces qui pouvaient y conduire.

M. DE LA MARTINIÈRE parcourut, avec son activité ordinaire, les ravins, le cours des rivières, pour chercher sur les bords des plantes nouvelles; mais il ne trouva que les mêmes espèces qu'il avait rencontrées dans les baies de Ternaï et de Suffren, et en moindre quantité. La végétation était à peu près au point où on la voit aux environs de

1787.
AOÛT.

Paris vers le 15 de mai : les fraises et les framboises étaient encore en fleur, le fruit des groseillers commençait à rougir ; et le céleri, ainsi que le cresson, étaient très-rares. Nos conchyliologistes furent plus heureux ; ils trouvèrent des huîtres feuilletées, extrêmement belles, d'une couleur vineuse et noire, mais si adhérentes au rocher, qu'il fallait beaucoup d'adresse pour les en détacher ; leurs feuilles étaient si minces, qu'il nous a été très-difficile d'en conserver d'entières : nous prîmes aussi à la drague quelques buccins d'une belle couleur, des peignes, de petites moules de l'espèce la plus commune, ainsi que différentes cames.

Nos chasseurs tuèrent plusieurs gélinottes, quelques canards sauvages, des cormorans, des guillemots, des bergeronnettes blanches et noires, un petit gobe-mouche d'un bleu azuré, que nous n'avons trouvé décrit par aucun ornithologiste : mais toutes ces espèces étaient peu répandues. La nature de tous les êtres vivans est comme engourdie dans ces climats presque toujours glacés, et les familles y sont peu nombreuses. Le cormoran, le goëland, qui se réunissent en société sous un ciel plus heureux, vivent ici solitaires sur la cime des rochers. Un deuil affligeant et sombre semble régner sur le bord de la mer, et dans les bois, qui ne retentissent que du croassement de quelques corbeaux, et servent de retraite à des aigles à tête blanche, et à d'autres oiseaux de proie. Le martinet, l'hirondelle de rivage, paraissent seuls être dans leur vraie patrie : on en voyait des nids et des vols sous tous les rochers qui forment des voûtes au bord de la mer. Je crois que l'oiseau le plus généralement répandu sur tout le globe, est l'hirondelle de cheminée, ou de rivage; ayant rencontré l'une ou l'autre espèce dans tous les pays où j'ai abordé.

Quoique je n'aye point fait creuser la terre, je crois qu'elle reste gelée pendant l'été à une certaine profondeur, parce que l'eau de notre aiguade n'avait qu'un degré et demi de chaleur au-dessus de la glace, et que la température des eaux courantes observée avec un thermomètre, n'a jamais excédé quatre degrés : le mercure cependant se tenait constamment à quinze degrés quoiqu'en plein air. Cette chaleur momentanée ne pénètre point, elle hâte seulement la végétation, qui doit naître et mourir en moins de trois mois, et elle multiplie en peu de temps à l'infini, les mouches, les moustiques, les maringouins, et d'autres insectes incommodes.

Les indigènes ne cultivent aucune plante; ils paraissent cependant aimer beaucoup les substances végétales : la graine des Mantcheoux, qui pourrait bien être un petit millet mondé, faisait leurs délices. Ils ramassent avec soin différentes racines spontanées, qu'ils font sécher pour leur provision d'hiver, entr'autres celle du lis jaune ou saranne, qui est un véritable oignon. Très-inférieurs, par leur constitution physique et par leur industrie, aux habitans de l'île Ségalien, ils n'ont pas, comme ces derniers, l'usage de la navette, et ne sont vêtus que d'étoffes chinoises les plus communes, et de dépouilles de quelques animaux terrestres

1787.
AOÛT.

ou de loups marins. Nous avons tué un de ces derniers à coups de bâton; notre jardinier, M. COLLIGNON, le trouva endormi sur le bord de la mer : il ne différait en rien de ceux de la côte du Labrador et de la baie d'Hudson. Cette rencontre fut suivie, pour lui, d'un événement malheureux : une ondée de pluie l'ayant surpris dans le bois pendant qu'il y semait des graines d'Europe, il voulut faire du feu pour se sécher, et fit imprudemment usage de poudre pour l'allumer; le feu se communiqua à sa poire à poudre qu'il tenait à la main, l'explosion lui brisa l'os du pouce, et il fut si grièvement blessé, qu'il n'a dû la conservation de son bras qu'à l'habileté de M. ROLLIN, notre chirurgien-major. Je prendrai occasion de dire ici que M. ROLLIN, en partageant ses soins à tous les hommes de notre équipage, s'attachait particulièrement à ceux qui paraissaient jouir de la meilleure santé. Il avait remarqué chez plusieurs un commencement de scorbut, annoncé par des enflures aux gencives et aux jambes; ce principe s'était développé à terre; il aurait cédé à un séjour de deux semaines : mais nous ne pouvions les passer à la baie de Castries; nous nous flattâmes que le moût de bière, la sapinette, l'infusion de quinquina mêlée avec l'eau de l'équipage, dissiperaient ces faibles symptômes, et nous donneraient le temps d'attendre une relâche où il nous fût possible de séjourner plus long-temps.

CHAPITRE XX.

Départ de la baie de Castries. — Découverte du détroit qui sépare le Jesso de l'Oku-Jesso [a]. *— Relâche à la baie de Crillon sur la pointe de l'île Tchoka ou Ségalien. — Détails sur ses habitans et sur leur village. — Nous traversons le détroit et reconnaissons toutes les terres découvertes par les Hollandais du Kastricum. — Ile des États. — Détroit d'Uriès. — Terre de la Compagnie. — Ile des Quatre-Frères. — Ile de Marikan. — Nous traversons les Kuriles et faisons route pour le Kamtschatka.*

1787.
AOÛT.
2.

LE 2 août, ainsi que je l'avais annoncé, nous mîmes à la voile avec une petite brise de l'Ouest, qui ne régnait qu'au fond de la baie. Les vents de Sud nous attendaient à une lieue au large de la pointe de Clostercam ; ils furent d'abord clairs et très-modérés : nous louvoyâmes avec assez de

---

[a] Les cartes hydrographiques nous présentent presque tous les noms des anciens navigateurs adaptés à quelques-unes de leurs découvertes. Ces dénominations que la modestie repousse, n'ont sans doute eu lieu qu'à la sollicitation des équipages ou des états-majors ; mais LA PÉROUSE, plus modeste encore, n'a point voulu suivre cet usage. Son nom, trop intimement attaché au globe terrestre par ses découvertes et ses malheurs, n'a pas à craindre de tomber dans l'oubli. Obligé néanmoins, pour éviter toute équivoque, de changer le nom du détroit qu'il a découvert entre le Jesso et l'Oku-Jesso, je n'ai pas cru pouvoir le remplacer d'une manière plus conforme à l'opinion nationale, qu'en le nommant *détroit de la Pérouse*. (N. D. R.)

1787.
AOÛT.

succès, et les bordées nous furent favorables. Je m'attachai plus particulièrement à reconnaître la petite partie de la côte de Tartarie, que nous avions perdue de vue depuis le 49.ᵉ degré jusqu'au 50.ᵉ, parce que nous avions serré de très-près l'île Ségalien. Je prolongeai donc, au retour, la côte du continent, jusqu'au point de notre dernier relèvement à vue du pic Lamanon. Le temps, qui avait été très-beau,

6.

devint très-mauvais le 6; nous essuyâmes un coup de vent du Sud, moins alarmant par sa violence que par l'agitation qu'il causait à la mer. Nous fûmes forcés de faire porter à nos bâtimens toute la voile que les mâts et le côté des frégates pouvaient supporter, afin de moins dériver, et de ne pas perdre, en un jour, ce que nous avions gagné dans trois. Le baromètre descendit jusqu'à vingt-sept pouces cinq lignes : la pluie, la brume, le vent, la position où nous nous trouvions dans un canal dont les terres nous étaient cachées par les brumes, tout contribuait à rendre notre situation au moins extrêmement fatigante. Mais ces bourrasques dont nous murmurions, étaient les avant-coureurs des vents de Nord sur lesqueis nous n'avions

8.
9.

pas compté ; ils se déclarèrent le 8, après un orage, et nous firent atteindre, le 9 au soir, la latitude de la baie de Langle d'où nous étions partis depuis le 14 juillet. Ce point qui avait été parfaitement déterminé en longitude à notre premier passage, était fort important à retrouver, après l'accident survenu à notre tente astronomique dans la baie de Castries ; il devait nous servir à vérifier la régularité

de

de nos horloges marines, en comparant à la longitude connue de la baie de Langle, celle que nos horloges nous donneraient pour ce même point. Le résultat de nos observations fut qu'après vingt-sept jours, le n.° 19 nous plaçait de trente-quatre minutes de degré trop dans l'Est. Cette erreur, répartie également sur les vingt-sept jours, supposerait une augmentation de cinq secondes de temps de retard dans le mouvement journalier de l'horloge, qui ne retardait, à Cavite, que de douze secondes par jour. Mais M. DAGELET, qui comparait très-fréquemment les résultats des observations de distance avec ceux que donnait le n.° 19, avait remarqué l'époque où cette horloge s'était écartée du mouvement journalier qu'elle avait à Cavite; et comme il s'était en même temps assuré que ces résultats reviendraient à se trouver d'accord, si l'on supposait un retard de vingt secondes par jour, au lieu de celui de douze observé à Cavite, il a cru devoir établir, d'après le retard journalier de vingt secondes, les calculs de l'horloge n.° 19, pour les vingt-sept jours écoulés entre notre départ de la baie de Langle et notre retour à vue de ce même point. Nous avons donc lieu de penser que toute la partie occidentale de l'île Ségalien, ainsi que la côte orientale de Tartarie, qui forment les deux côtés du canal, seront fixées sur notre carte avec une précision suffisante pour ne pas laisser un quart de degré d'incertitude sur les déterminations.

Un banc, dont le fond est très-régulier et sur lequel il

1787.
AOÛT.

n'y a aucun danger, se prolonge de dix lieues du Nord au Sud, devant la baie de Langle, et se porte à environ huit lieues dans l'Ouest. Nous le dépassâmes en courant au Sud, et je mis en panne à dix heures du soir jusqu'au jour, afin de ne pas laisser la plus petite ouverture sans la reconnaître. Le lendemain, nous continuâmes à prolonger la côte, à deux lieues de distance, et nous aperçûmes dans le Sud-Ouest une petite île plate, qui formait, avec celle de Ségalien, un canal d'environ six lieues. Je l'appelai *île Monneron*, du nom de l'officier du génie employé dans cette expédition. Nous dirigeâmes notre route entre ces deux îles, où nous ne trouvâmes jamais moins de cinquante brasses d'eau. Bientôt nous eûmes connaissance d'un pic dont l'élévation était au moins de mille ou douze cents toises ; il paraissait n'être composé que d'un roc vif, et conserver de la neige dans ses fentes ; on n'y apercevait ni arbres ni verdure : je l'ai nommé *pic de Langle* [b]. Nous voyions en même temps d'autres terres plus basses. La côte de l'île Ségalien se terminait en pointe ; on n'y remarquait plus de doubles montagnes : tout annonçait que nous touchions à son extrémité méridionale, et que les terres du pic étaient sur une autre île. Nous mouillâmes le soir

[b] Ce pic est par $45^d\ 15'$ de latitude Nord. Le capitaine URIÈS, commandant le Kastricum, en abordant la terre de Jesso au mois de juin 1643, aperçut aussi un pic remarquable par $44^d\ 50'$ de latitude, qu'il nomma *pic Antoine*. Ces pics, situés au Sud du détroit de LA PÉROUSE, en rendront la reconnaissance très-facile : au reste il est probable que la terre marquée sur les cartes sous le nom de *Jesso*, est un assemblage de plusieurs îles. (N. D. R.)

avec cette espérance, qui devint une certitude le lendemain, où le calme nous força de mouiller à la pointe méridionale de l'île Ségalien. Cette pointe, que j'ai nommée *cap Crillon*, est située par 45^d 57' de latitude Nord, et 140^d 34' de longitude orientale; elle termine cette île, une des plus étendues du Nord au Sud qui soient sur le globe, séparée de la Tartarie par une manche qui finit au Nord par des bancs, entre lesquels il n'y a point de passage pour les vaisseaux, mais où il reste vraisemblablement quelque chenal pour des pirogues, entre ces grandes herbes marines qui obstruent le détroit. Cette même île est l'Oku-Jesso [c]; et l'île de Chicha, qui était par notre travers, séparée de celle de Ségalien par un canal de douze lieues, et du Japon par le détroit de Sangaar, est le Jesso des Japonais, et s'étend au Sud jusqu'au détroit de Sangaar. La chaîne des îles Kuriles est beaucoup plus orientale, et forme, avec le Jesso et l'Oku-Jesso, une seconde mer qui communique avec celle d'Okhotsk, et d'où on ne peut pénétrer sur la côte de Tartarie, qu'en traversant, ou le détroit que nous venions de découvrir par 45^d 40', ou celui de Sangaar, après avoir débouqué entre les Kuriles. Ce point de géographie, le plus important de ceux que les voyageurs modernes avaient laissé à résoudre à leurs successeurs [d], nous coûtait bien

1787.
Août.

---

[c] Oku-Jesso signifie haut Jesso, ou Jesso du Nord. Les Chinois l'appellent *Ta-han*. (N. D. R.)

[d] Des ténèbres impénétrables avaient enveloppé, jusqu'à ce jour, les parties du globe connues sous le nom de Jesso et d'Oku-Jesso, dont la position avait

1787.
Août.

des fatigues, et il avait nécessité beaucoup de précautions, parce que les brumes rendent cette navigation extrêmement difficile. Depuis le 10 avril, époque de notre départ de Manille, jusqu'au jour auquel nous traversâmes le détroit, nous n'avons relâché que trois jours dans la baie de Ternai, un jour dans la baie de Langle, et cinq jours dans la baie de Castries ; car je ne compte pour rien les mouillages en pleine côte que nous avons faits, quoique nous ayons envoyé reconnaître la terre, et que ces mouillages nous ayent procuré du poisson. C'est au cap Crillon que nous reçûmes à bord, pour la première fois, la visite des insulaires ; car, sur l'une ou l'autre côte, ils avaient reçu la nôtre

tellement varié dans l'opinion des géographes, qu'on eût été tenté de croire que leur existence était romanesque : en effet, si on consulte les cartes d'Asie, des auteurs suivans, on voit qu'en 1650 SANSON nous représente la Corée comme une île ; le Jesso, l'Oku-Jesso, le Kamtschatka, n'existent point sur sa carte ; et on y voit le détroit d'Anian séparant l'Asie de l'Amérique septentrionale.

En 1700, GUILLAUME DE LISLE joignait le Jesso et l'Oku-Jesso, et prolongeait cet ensemble jusqu'au détroit de Sangaar, sous le nom de terre de Jesso.

DANVILLE donna, en 1732, une carte de cette partie de l'Asie beaucoup plus approchante de la vérité que celle qu'il nous a donnée vingt ans après, dans laquelle le golfe et le cap Aniva tiennent au continent, et le cap Patience forme la pointe méridionale de l'île Ségalien ; ces cartes, et une partie des suivantes, présentent la même erreur sur le détroit de Tessoy.

DESNOS a, comme DANVILLE, reculé la science de la géographie par sa carte de 1770, bien inférieure à celle qu'il avait publiée en 1761.

En 1744, HASIUS formait du Jesso, du cap Aniva et du cap Patience une presqu'île tenant à la Tartarie, dont elle était séparée par un golfe, dans lequel on entrait par le détroit de Tessoy.

Une carte d'Asie, sans date et sans nom d'auteur, mais qui doit avoir été sans témoigner la moindre curiosité ou le moindre désir de voir nos vaisseaux. Ceux-ci montrèrent d'abord quelque défiance, et ne s'approchèrent que lorsque nous leur eûmes prononcé plusieurs mots du vocabulaire que M. LAVAUX avait fait à la baie de Langle. Si leur crainte fut d'abord assez grande, leur confiance devint bientôt extrême. Ils montèrent sur nos vaisseaux comme s'ils eussent été chez leurs meilleurs amis, s'assirent en rond sur le gaillard, y fumèrent leurs pipes. Nous les comblâmes de présens; je leur fis donner des nankins, des étoffes de soie, des outils de fer, des rassades, du tabac, et généralement tout ce qui me paraissait leur être agréable : mais je m'aperçus

imprimée après le voyage du Kastricum, représente les deux Jesso comme deux îles indépendamment de l'île Ségalien ; le Jesso intermédiaire, vu par les Hollandais, comprend le golfe et le cap Aniva ; mais il est à remarquer que ce second Jesso est séparé de l'île Ségalien par un détroit placé à 44^d, ce qui prouve que déjà l'on conjecturait l'existence du détroit découvert par LA PÉROUSE, soupçonné par le père DU HALDE, adopté, ensuite rejeté par DANVILLE.

ROBERT en 1767, ROBERT DE VAUGONDY en 1775, BRION en 1784, GUILLAUME DE LISLE et PHILIPPE BUACHE collectivement en 1788, ont successivement copié et reproduit les mêmes erreurs.

Enfin, on ne peut mieux dépeindre le chaos des idées sur cette partie du globe, dont les connaissances anciennes ont été si savamment discutées et rapprochées par PHILIPPE BUACHE, que par ces mots extraits de ses *Considérations géographiques*, pag. 115 :

« Le Jesso, après avoir été transporté à l'Orient, attaché au Midi, ensuite à
» l'Occident, le fut enfin au Nord....... ».

Ma seule intention, dans ces rapprochemens, a été d'établir, par des preuves incontestables, que la géographie de la partie orientale de l'Asie était dans son enfance, même en 1788, époque postérieure au départ de notre infortuné navigateur, et que c'est à sa constance, à son zèle et à son courage que nous devons enfin les connaissances qui fixent nos incertitudes. (N. D. R.)

bientôt que l'eau-de-vie et le tabac étaient pour eux les denrées les plus précieuses; et ce fut néanmoins celles que je leur fis distribuer le plus sobrement, parce que le tabac était nécessaire à nos équipages, et que je craignais les suites de l'eau-de-vie. Nous remarquâmes encore plus particulièrement dans la baie de Crillon, que les figures de ces insulaires sont belles et d'une proportion de traits fort régulière; ils étaient fortement constitués et taillés en hommes vigoureux. Leur barbe descend sur la poitrine, et ils ont les bras, le cou et le dos couverts de poils; j'en fais la remarque, parce que c'est un caractère général, car on trouverait facilement en Europe plusieurs individus aussi velus que ces insulaires. Je crois leur taille moyenne inférieure d'environ un pouce à celle des Français; mais on s'en aperçoit difficilement, parce que la juste proportion des parties de leur corps, leurs différens muscles fortement prononcés, les font paraître en général de beaux hommes. Leur peau est aussi basanée que celle des Algériens ou des autres peuples de la côte de Barbarie.

 Leurs manières sont graves, et leurs remercîmens étaient exprimés par des gestes nobles; mais leurs instances pour obtenir de nouveaux présens, furent répétées jusqu'à l'importunité. Leur reconnaissance n'alla jamais jusqu'à nous offrir, à leur tour, même du saumon, dont leurs pirogues étaient remplies, et qu'ils remportèrent en partie à terre, parce que nous avions refusé le prix excessif qu'ils en demandaient : ils avaient cependant reçu en pur don des toiles, des étoffes, des instrumens de fer, des rassades, &c. La joie d'avoir rencontré un détroit autre que celui de Sangaar, nous avait rendus généreux : nous ne pûmes nous empêcher de remarquer combien, à l'égard de la gratitude, ces insulaires différaient des Orotchys de la baie de Castries, qui, loin de solliciter des présens, les refusaient souvent avec obstination, et faisaient les plus vives instances pour qu'on leur permît de s'acquitter. Si leur morale est en cela bien inférieure à celle de ces Tartares, ils ont sur eux, par le physique et par leur industrie, une supériorité bien décidée.

1787.
Août.

Tous les habits de ces insulaires sont tissus de leurs propres mains; leurs maisons offrent une propreté et une élégance dont celles du continent n'approchent pas; leurs meubles sont artistement travaillés, et presque tous de fabrique japonaise. Ils ont un objet de commerce très-important, inconnu dans la manche de Tartarie, et dont l'échange leur procure toutes leurs richesses; c'est l'huile de baleine. Ils en récoltent des quantités considérables : leur manière de l'extraire n'est cependant pas la plus économique; elle consiste à couper par morceaux la chair des baleines, et à la laisser pourrir en plein air sur un talus exposé au soleil; l'huile qui en découle, est reçue dans des vases d'écorce, ou dans des outres de peau de loup marin. Il est à remarquer que nous n'avons pas vu une seule baleine sur la côte occidentale de l'île, et que ce cétacée abonde sur celle de l'Est. Il est difficile de douter que ces insulaires

1787.
Août.

ne soient une race d'hommes absolument différente de celle que nous avons observée sur le continent, quoiqu'ils n'en soient séparés que par un canal de trois ou quatre lieues, obstrué par des bancs de sable et de goëmon : ils ont cependant la même manière de vivre ; la chasse, et plus particulièrement la pêche, fournissent presque entièrement à leur subsistance. Ils laissent en friche la terre la plus fertile, et ils ont vraisemblablement, les uns et les autres, dédaigné l'éducation des troupeaux, qu'ils auraient pu faire venir du haut du fleuve Ségalien, ou du Japon. Mais un même régime diététique a formé des constitutions bien différentes : il est vrai que le froid des îles est moins rigoureux par la même latitude que celui des continens ; cette seule cause ne peut cependant avoir produit une différence si remarquable. Je pense donc que l'origine des Bitchys, des Orotchys, et des autres Tartares du bord de la mer, jusqu'aux environs de la côte septentrionale du Ségalien, leur est commune avec celle des Kamtschadales, des Kuriaques, et de ces espèces d'hommes qui, comme les Lapons et les Samoïèdes, sont à l'espèce humaine, ce que leurs bouleaux et leurs sapins rabougris sont aux arbres des forêts plus méridionales. Les habitans de l'île Ségalien sont, au contraire, très-supérieurs par leur physique aux Japonais, aux Chinois, et aux Tartares Mantcheoux ; leurs traits sont plus réguliers et approchent davantage des formes européennes. Au surplus, il est très-difficile de fouiller et de savoir lire dans les archives du monde, pour

découvrir

découvrir l'origine des peuples ; et les voyageurs doivent laisser les systèmes à ceux qui lisent leurs relations.

1787.
Août.

Nos premières questions furent sur la géographie de l'île, dont nous connaissions une partie mieux qu'eux. Il paraît qu'ils ont l'habitude de figurer un terrain ; car, du premier coup, ils tracèrent la partie que nous venions d'explorer, jusque vis-à-vis le fleuve Ségalien, en laissant un passage assez étroit pour leurs pirogues. Ils marquèrent chaque couchée, et lui donnèrent un nom : enfin, on ne peut pas douter que, quoiqu'éloignés de l'embouchure de ce fleuve de plus de cent cinquante lieues, ils n'en ayent tous une parfaite connaissance ; et, sans cette rivière, formant le point de communication avec les Tartares Mantcheoux qui commercent avec la Chine, les Bitchys, les Orotchys, les Ségaliens, et généralement tous les peuples de ces contrées maritimes, auraient aussi peu de connaissance des Chinois et de leurs marchandises, qu'en ont les habitans de la côte d'Amérique. Leur sagacité fut en défaut lorsqu'il leur fallut dessiner la côte orientale de leur île ; ils la tracèrent toujours sur la même ligne Nord et Sud, et parurent ignorer que la direction en fût différente ; en sorte qu'ils nous laissèrent des doutes, et nous crûmes un instant que le cap Crillon nous cachait un golfe profond, après lequel l'île Ségalien reprenait au Sud. Cette opinion n'était guère vraisemblable. Le fort courant qui venait de l'Est, annonçait une ouverture : mais comme nous étions en calme plat, et que la prudence ne nous permettait pas de nous laisser dériver à ce courant

1787.
AOÛT.

qui aurait pu nous entraîner trop près de la pointe, M. DE LANGLE et moi crûmes devoir envoyer à terre un canot, commandé par M. DE VAUJUAS; et nous donnâmes ordre à cet officier de monter sur le point le plus élevé du cap Crillon, et d'y relever toutes les terres qu'il apercevrait en deçà. Il était de retour avant la nuit. Son rapport confirma notre première opinion; et nous demeurâmes convaincus qu'on ne saurait être trop circonspect, trop en garde contre les méprises, lorsqu'on veut faire connaître un grand pays d'après des données aussi vagues, aussi sujettes à illusion que celles que nous avions pu nous procurer. Ces peuples semblent n'avoir aucun égard, dans leur navigation, au changement de direction. Une crique de la longueur de trois ou quatre pirogues, leur paraît un vaste port; et une brasse d'eau, une profondeur presque incommensurable : leur échelle de comparaison est leur pirogue, qui tire quelques pouces d'eau et n'a que deux pieds de largeur.

M. DE VAUJUAS visita, avant de revenir à bord, le village de la pointe où il fut parfaitement bien reçu. Il y fit quelques échanges, et nous rapporta beaucoup de saumons. Il trouva les maisons mieux bâties, et sur-tout plus richement meublées que celles de la baie d'Estaing; plusieurs étaient décorées intérieurement avec de grands vases vernis du Japon. Comme l'île Ségalien n'est séparée de l'île Chicha que par un détroit de douze lieues de largeur, il est plus aisé aux habitans des bords du détroit de se procurer les marchandises du Japon, qu'il ne l'est à leurs compatriotes qui sont plus au Nord ; ceux-ci à leur tour sont plus près du fleuve Ségalien et des Tartares Mantcheoux, auxquels ils vendent l'huile de baleine, qui est la base de leurs échanges.

1787
AOÛT.

Les insulaires qui étaient venus nous visiter se retirèrent avant la nuit, et nous firent comprendre par signes qu'ils reviendraient le lendemain. Ils étaient effectivement à bord à la pointe du jour, avec quelques saumons, qu'ils échangèrent contre des haches et des couteaux : ils nous vendirent aussi un sabre, un habit de toile de leur pays ; et ils parurent voir avec chagrin que nous nous préparions à mettre à la voile. Ils nous engagèrent fort à doubler le cap Crillon, et à relâcher dans une anse qu'ils dessinaient, et qu'ils appelaient *Tabouoro ;* c'était le golfe d'Aniva.

Il venait de s'élever une petite brise du Nord-Est ; je fis signal d'appareiller, et je dirigeai d'abord la route au Sud-Est, pour passer au large du cap Crillon, qui est terminé par un îlot ou une roche, vers laquelle la marée portait avec la plus grande force. Dès que nous l'eûmes doublée, nous aperçûmes du haut des mâts une seconde roche, qui paraissait à quatre lieues de la pointe, vers le Sud-Est ; je l'ai nommée *la Dangereuse,* parce qu'elle est à fleur d'eau, et qu'il est possible qu'elle soit couverte à la pleine mer. Je fis route pour passer sous le vent de cette roche, et je l'arrondis à une lieue. La mer brisait beaucoup autour d'elle, mais je n'ai pu savoir si c'était l'effet de la marée, ou celui des battures qui l'environnent. A cette distance, la sonde

1787.
Août.

rapporta constamment vingt-trois brasses; et lorsque nous l'eûmes doublée, l'eau augmenta, et nous tombâmes bientôt sur un fond de cinquante brasses, où le courant paraissait modéré. Jusque-là nous avions traversé dans ce canal des lits de marée plus forts que ceux du Four ou du Raz de Brest : on ne les y éprouve pourtant que sur la côte de l'île Ségalien, ou dans la partie septentrionale de ce détroit. La côte méridionale, vers l'île de Chicha, y est beaucoup moins exposée ; mais nous y fûmes ballottés par une houle du large ou de l'Est, qui nous mit toute la nuit dans le plus grand danger d'aborder l'Astrolabe, parce qu'il faisait calme plat, et que ni l'une ni l'autre frégate ne gouvernaient. Nous nous trouvâmes, le lendemain, un peu plus Sud que notre estime, mais de dix minutes seulement, au Nord du village d'Acqueis, ainsi nommé dans le voyage du Kastricum. Nous venions de traverser le détroit qui sépare le Jesso de l'Oku-Jesso, et nous étions très-près de l'endroit où les Hollandais avaient mouillé à Acqueis. Ce détroit leur avait été sans doute caché par des brumes; et il est vraisemblable que des sommets de montagnes qui sont sur l'une et l'autre île, leur avaient fait croire qu'ils étaient liés entr'eux par des terres basses : d'après cette opinion, ils avaient tracé une continuation de côte dans l'endroit même où nous avons passé. A cette erreur près, les détails de leur navigation sont assez exacts. Nous relevâmes le cap Aniva, presque au même rhumb que celui qui est indiqué sur les cartes hollandaises. Nous aperçûmes aussi le golfe auquel le Kastricum a donné le même nom d'Aniva : il est formé par le cap de ce nom et le cap Crillon. La latitude de ces caps ne différait que de dix à douze minutes, et leur longitude, depuis le cap Nabo, de moins d'un degré, de celles que nous avons déterminées ; précision étonnante pour le temps où fut faite la campagne du Kastricum. Je me suis imposé la loi de ne changer aucun des noms donnés par les Hollandais, lorsque la similitude des rapports me les a fait connaître : mais une singularité assez remarquable, c'est que les Hollandais, en faisant route d'Acqueis au golfe d'Aniva, passèrent devant le détroit que nous venions de découvrir, sans se douter, lorsqu'ils furent mouillés à Aniva, qu'ils étaient sur une autre île ; tant sont semblables les formes extérieures, les mœurs et les manières de vivre de ces peuples.

Le temps fut très-beau le lendemain ; mais nous fîmes peu de chemin à l'Est. Nous relevâmes le cap Aniva au Nord-Ouest, et nous en aperçûmes la côte orientale qui remonte au Nord vers le cap Patience, par la latitude de 49^d. Ce point fut le terme de la navigation du capitaine URIÈS ; et comme ses longitudes, depuis le cap Nabo, sont à peu près exactes, la carte hollandaise dont nous avons vérifié un nombre de points suffisant pour qu'elle mérite notre confiance, nous donne la largeur de l'île Ségalien jusqu'au 49.e degré. Le temps continua d'être beau, mais les vents d'Est-Sud-Est, qui soufflaient constamment depuis quatre jours, retardèrent notre marche vers les îles

1787.
AOÛT.

1787.
Août.
15.

des États et de la Compagnie. Notre latitude Nord fut observée, le 15, de 46ᵈ 9′, et notre longitude orientale de 142ᵈ 57′. Nous n'apercevions aucune terre, et nous essayâmes plusieurs fois, et toujours vainement, de trouver fond avec une ligne de deux cents brasses.

16.

Le 16 et le 17, le ciel fût couvert, blanchâtre, et le soleil ne parut pas; les vents passèrent à l'Est, et je pris la bordée du Sud, pour m'approcher de l'île des États,

19.

dont nous eûmes une parfaite connaissance. Le 19, nous relevâmes le cap Troun au Sud, et le cap Uriès au Sud-Est un quart Est : c'était l'aire de vent où ils devaient nous rester, suivant la carte hollandaise; les navigateurs modernes n'auraient pu en déterminer la position avec plus d'exactitude.

20.

Le 20, nous aperçûmes l'île de la Compagnie, et reconnûmes le détroit d'Uriès, qui était cependant très-embrumé. Nous prolongeâmes, à trois ou quatre lieues, la côte septentrionale de l'île de la Compagnie; elle est aride, sans arbres ni verdure, elle nous parut inhabitée et inhabitable. Nous remarquâmes les taches blanches dont parlent les Hollandais; nous les prîmes d'abord pour de la neige, mais un plus mûr examen nous fit apercevoir de larges fentes dans des rochers; elles avaient la couleur du plâtre. A six heures du soir, nous étions par le travers de la pointe du Nord-Est de cette île, terminée par un cap très-escarpé, que j'ai nommé *Cap Kastricum*, du nom du vaisseau à qui l'on doit cette découverte. Nous apercevions au delà quatre petites îles ou îlots, et au Nord un large canal qui paraissait ouvert à l'Est-Nord-Est, et formait la séparation des Kuriles d'avec l'île de la Compagnie, dont le nom doit être religieusement conservé et prévaloir sur ceux qui ont pu lui avoir été imposés par les Russes plus de cent ans après le voyage du capitaine Uriès.

1787.
Août.

Le 21, le 22 et le 23 furent si brumeux, qu'il nous fut impossible de continuer notre route à l'Est, à travers les Kuriles, que nous n'aurions pu apercevoir à deux encablures. Nous restâmes bord sur bord à l'ouvert du détroit, où la mer ne paraissait agitée par aucun courant : mais nos observations de longitude du 23, nous firent connaître que nous avions été portés, en deux jours, de 40′ vers l'Ouest; nous vérifiâmes cette observation, le 24, en relevant les mêmes points aperçus le 21, précisément où ils devaient nous rester d'après notre longitude observée. Le temps, quoique très-brumeux, nous avait permis de faire route pendant une partie de cette journée, parce qu'il y eut de fréquens éclaircis ; et nous aperçûmes et relevâmes la plus septentrionale des îles des Quatre-Frères, et deux pointes de l'île Marikan, que nous prenions pour deux îles. La plus méridionale restait à l'Est 15ᵈ Sud. Nous n'avions avancé, depuis trois jours, que de quatre lieues vers le Nord-Est; et les brumes s'étant beaucoup épaissies, et ayant continué sans aucun éclairci, le 24, le 25 et le 26, nous fûmes obligés de rester bord sur bord entre ces îles, dont nous ne connaissions ni l'étendue, ni

21.

24.

1787.
AOÛT.

29.

la direction, n'ayant pas, comme sur les côtes de la Tartarie et de l'Oku-Jesso, la ressource de sonder pour connaître la proximité de la terre, parce qu'ici l'on ne trouve point de fond. Cette situation, une des plus fatigantes et des plus ennuyeuses de la campagne, ne finit que le 29. Il se fit un éclairci, et nous aperçûmes des sommets dans l'Est ; je fis route pour les approcher. Bientôt les terres basses commencèrent à se découvrir, et nous reconnûmes l'île Marikan, que je regarde comme la première des Kuriles méridionales. Son étendue, du Nord-Est au Sud-Ouest, est d'environ douze lieues. Un gros morne la termine à chacune de ses extrémités ; et un pic, ou plutôt un volcan, à en juger par sa forme, s'élève au milieu. Comme j'avais le projet de sortir des Kuriles par la passe que je supposais au Nord de l'île Marikan, je fis route pour approcher la pointe du Nord-Est de cette île. J'en apercevais deux autres à l'Est-Nord-Est, mais plus éloignées, et elles paraissaient laisser entre elles et la première un canal de quatre à cinq lieues : mais, à huit heures du soir, les vents passèrent au Nord et faiblirent ; la mer étant fort houleuse, je fus obligé de virer de bord et de porter à l'Ouest, pour m'éloigner de la côte, parce que la lame nous jetait à terre, et que nous n'avions pas trouvé fond à une lieue du rivage, avec une ligne de deux cents brasses. Ces vents du Nord me décidèrent à déboucher par le canal qui est au Sud de l'île Marikan et au Nord des Quatre-Frères ; il m'avait paru large ; sa direction était au Sud, parallèle à peu près

à

à celle du canal d'Uriès, ce qui m'éloignait de ma route: mais les vents ne me laissaient pas le choix d'un autre parti; et les jours clairs étaient si rares, que je crus devoir profiter du seul que nous eussions eu depuis dix jours.

Nous forçâmes de voiles pendant la nuit pour arriver à l'entrée de ce canal; il ventait fort peu, et la mer était extrêmement grosse. Au jour, nous relevâmes au Sud-Est, à environ deux lieues de distance, la pointe du Sud-Ouest de Marikan, que j'ai nommée *cap Rollin*, du nom de notre chirurgien-major; et nous restâmes en calme plat, sans avoir la ressource de mouiller, si nous étions portés à terre; car la sonde ne rapportait point de fond. Heureusement, le courant nous entraînait sensiblement vers le milieu du canal; et nous avançâmes d'environ cinq lieues vers l'Est-Sud-Est, sans qu'il y eût assez de vent pour gouverner. Nous apercevions, dans le Sud-Ouest, les îles des Quatre-Frères; et comme de très-bonnes observations de longitude nous permettaient d'en déterminer la position, ainsi que celle du cap Rollin de l'île Marikan, nous nous sommes assurés que la largeur du canal est d'environ quinze lieues. La nuit fut très-belle; les vents se fixèrent à l'Est-Nord-Est, et nous donnâmes dans la passe, au clair de la lune: je l'ai nommée *canal de la Boussole*, et je crois que ce canal est le plus beau de tous ceux qu'on peut rencontrer entre les Kuriles. Nous fîmes très-bien de saisir cet intervalle; car le temps se couvrit à minuit, et la brume la plus épaisse nous enveloppa le lendemain à la pointe du jour, avant que

1787.
Août.

nous eussions la certitude d'être entièrement débouqués. Je continuai la bordée du Sud au milieu de ces brumes, avec le projet d'approcher au premier éclairci les îles situées au Nord, et de les relever, s'il était possible, jusqu'à la pointe de Lopatka ; mais les brumes étaient encore plus constantes ici que sur la côte de Tartarie. Depuis dix jours, nous n'avions eu de clarté que pendant vingt-quatre heures ; encore ce temps fut-il passé en calme presque plat ; et nous fûmes heureux de profiter de la moitié d'une belle nuit pour débouquer.

A six heures du soir, je pris la bordée du Nord, vers la terre, dont je me supposais éloigné de douze lieues : la brume était toujours aussi épaisse. Vers minuit, les vents passèrent à l'Ouest, et je fis route à l'Est, attendant le jour pour me rapprocher de la côte. Le jour parut sans que la brume se dissipât ; le soleil perça cependant deux fois dans la matinée, et il étendit pendant quelques minutes seulement notre horizon à une ou deux lieues : nous en profitâmes pour prendre des hauteurs absolues du soleil, afin de connaître l'heure et d'en conclure la longitude. Ces observations nous laissaient quelque incertitude, parce que l'horizon n'était pas terminé ; elles nous apprirent néanmoins que nous avions été portés d'environ dix lieues dans le Sud-Est, ce qui était très-conforme aux résultats des différens relèvemens que nous avions faits la veille pendant le calme. La brume reprit avec opiniâtreté ; elle fut aussi épaisse le lendemain : alors, comme la saison s'avançait, je me décidai à abandonner l'exploration des Kuriles septentrionales, et à faire route pour le Kamtschatka. Nous avions déterminé les plus méridionales ; c'étaient celles qui avaient laissé des incertitudes aux géographes. La position géographique de l'île Marikan étant bien fixée, ainsi que celle de la pointe de Lopatka, il me parut impossible qu'il restât une erreur de quelque importance dans la direction des îles qui sont entre ces deux points ; je crus donc ne pas devoir sacrifier à une recherche presque inutile, la santé des équipages, qui commençaient à avoir besoin de repos, et que les brumes continuelles entretenaient dans une humidité très-mal-saine, malgré les précautions que nous prenions pour les en garantir. En conséquence, je fis route à l'Est-Nord-Est, et je renonçai au projet que j'avais de mouiller à l'une des Kuriles, pour y observer la nature du terrain et les mœurs des habitans : je suis assuré qu'ils sont le même peuple que celui de Tchoka et de Chicha, d'après les relations des Russes, qui ont donné un vocabulaire de la langue de ces insulaires, parfaitement semblable à celui que nous avons formé à la baie de Langle. La seule différence consiste dans la manière dont nous avons entendu et exprimé leur prononciation, qui ne peut pas avoir frappé d'une manière pareille des oreilles russes et des oreilles françaises. D'ailleurs, l'aspect des îles méridionales, que nous avons prolongées de très-près, est horrible ; et je crois que la terre de la Compagnie, celle des Quatre-Frères, l'île Marikan, &c. sont inhabitables. Des rochers arides sans verdure, sans

1787.
Septembre.

5.

6.

terre végétale, ne peuvent que servir de refuge à des naufragés, qui n'auraient ensuite rien de mieux à faire que de gagner promptement les îles de Chicha ou de Tchoka, en traversant les canaux qui les séparent.

La brume fut aussi opiniâtre, jusqu'au 5 septembre, qu'elle l'avait été précédemment : mais comme nous étions au large, nous forçâmes de voiles au milieu des ténèbres; et, à six heures du soir de ce même jour, il se fit un éclairci qui nous laissa voir la côte du Kamtschatka. Elle s'étendait de l'Ouest un quart Nord-Ouest au Nord un quart Nord-Ouest; et les montagnes que nous relevâmes à cette aire de vent, étaient précisément celles du volcan qui est au Nord de Saint-Pierre et Saint-Paul, dont nous étions cependant éloignés de plus de trente-cinq lieues, puisque notre latitude n'était que de 51^d 30'. Toute cette côte paraissait hideuse; l'œil se reposait avec peine, et presque avec effroi, sur ces masses énormes de rochers que la neige couvrait encore au commencement de septembre, et qui semblaient n'avoir jamais eu aucune végétation.

Nous fîmes route au Nord. Pendant la nuit, les vents passèrent au Nord-Ouest. Le lendemain, le temps continua d'être clair. Nous avions approché la terre : elle était agréable à voir de près, et la base de ces sommets énormes, couronnés de glaces éternelles, était tapissée de la plus belle verdure, du milieu de laquelle on voyait s'élever différens bouquets d'arbres.

Nous eûmes connaissance, le 6 au soir, de l'entrée de

la baie d'Avatscha ou Saint-Pierre et Saint-Paul. Le phare que les Russes ont élevé sur la pointe de l'Est de cette entrée, ne fut point allumé pendant la nuit : le gouverneur nous dit, le lendemain, qu'il avait fait de vains efforts pour en entretenir le feu ; le vent avait sans cesse éteint la mèche du fanal, qui n'était abritée que par quatre planches de sapin mal jointes. Le lecteur s'apercevra que ce monument, digne du Kamtschatka, n'a été calqué sur aucun des phares de l'ancienne Grèce, de l'Égypte ou de l'Italie ; mais aussi faudrait-il peut-être remonter aux temps héroïques qui ont précédé le siége de Troye, pour trouver une hospitalité aussi affectueuse que celle qu'on exerce dans ce pays sauvage. Nous entrâmes dans la baie le 7, à deux heures après midi. Le gouverneur vint à cinq lieues au-devant de nous, dans sa pirogue : quoique le soin du fanal l'eût occupé toute la nuit, il s'imputait la faute de n'avoir pu réussir à tenir sa mèche allumée. Il nous dit que nous étions annoncés depuis long-temps, et qu'il croyait que le gouverneur général de la presqu'île, qui était attendu à Saint-Pierre et Saint-Paul dans cinq jours, avait des lettres pour nous.

A peine avions-nous mouillé, que nous vîmes monter à bord le bon curé de Paratounka, avec sa femme et tous ses enfans. Dès-lors nous prévîmes que nous pourrions voir paraître et qu'il nous serait facile de remettre sur la scène une partie des personnages dont il est question dans le dernier voyage de Cook.

CHAPITRE XXI.

Supplément aux Chapitres précédens. — Nouveaux détails sur la côte orientale de la Tartarie. — Doute sur la prétendue pêcherie de perles, dont parlent les Jésuites. — Différences physiques entre les insulaires de ces contrées et les continentaux. — Pauvreté du pays. — Impossibilité d'y faire aucun commerce utile. — Vocabulaire des Habitans de l'île Tchoka ou Ségalien.

1787.
Septembre.

Notre navigation, depuis Manille jusqu'à l'île Quelpaert, sur la côte méridionale de la Corée, n'était nouvelle que pour nous ; car les Hollandais font depuis long-temps le commerce du Japon, et envoient tous les ans un ou deux vaisseaux à Nangasacki ; mais j'ignore s'ils dirigent leur route par le canal de Formose, ou s'ils passent dans l'Est de cette île. On m'a assuré que les capitaines faisaient serment, avant leur départ de Batavia, de tenir secrets les détails de leur navigation, et de ne permettre à personne de prendre copie des cartes manuscrites qui leur sont remises. Une semblable précaution annoncerait-elle que d'autres Européens seraient reçus au Japon, et pourraient y faire le commerce concurremment avec eux ? ou la prestation de ce serment n'est-elle qu'un ancien usage qu'on a négligé de réformer ?

Quoi qu'il en soit, nous croyons que le moment est arrivé où tous les voiles qui couvrent les navigations particulières vont être levés : l'art des navigateurs a fait assez de progrès dans ces derniers temps, pour n'être plus arrêté par de pareils obstacles. Bientôt la géographie ne sera plus une science problématique, parce que l'esprit de discussion et de critique deviendra inutile, lorsque tous les points principaux seront assujettis à des déterminations exactes de latitude et de longitude ; et nous touchons au moment où tous les peuples connaîtront l'étendue des mers qui les environnent, et des terres qu'ils habitent. Quoique les mers de Tartarie que nous avons explorées soient les limites du continent le plus anciennement habité, elles étaient aussi ignorées des Européens que le détroit d'Anian ou l'archipel de Saint-Lazare; et les Jésuites, dont les relations nous ont si bien fait connaître la Chine, n'avaient pu donner aucun éclaircissement sur la partie orientale de ce vaste empire. On n'avait pas permis à ceux qui faisaient le voyage de Tartarie, de s'approcher des bords de la mer ; cette précaution, et la défense faite dans tous les temps par l'empereur du Japon, de naviguer au Nord de ses états, étaient un motif de croire que cette partie de l'Asie recélait des richesses que la politique japonaise et chinoise craignait de laisser connaître aux Européens. Les détails des chapitres précédens ont dû prouver aux lecteurs, que la côte de la Tartarie orientale est encore moins habitée que celle du Nord de l'Amérique. Séparée, en quelque sorte, du

1787.
Septembre.

continent par le fleuve Ségalien, dont le cours est presque parallèle à sa direction, et par des montagnes inaccessibles, elle n'a jamais été visitée des Chinois et des Japonais, que vers les bords, du côté de la mer; le très-petit nombre d'habitans qu'on y rencontre, tirent leur origine des peuples qui sont au Nord de l'Asie, et ils n'ont rien de commun à cet égard avec les Tartares Mantcheoux, et encore moins avec les insulaires de l'Oku-Jesso, du Jesso et des Kuriles. On sent qu'un pareil pays, adossé à des montagnes éloignées de moins de vingt lieues des bords de la mer, ne peut avoir de rivière considérable : le fleuve Ségalien, qui est au delà, reçoit toutes les eaux dont la partie est dirigée vers l'Ouest; celles qui coulent à l'Est se divisent en ruisseaux dans toutes les vallées, et il n'est aucun pays mieux arrosé, ni d'une fraîcheur plus ravissante pendant la belle saison. Je n'évalue pas à trois mille habitans le nombre total des individus composant les petites peuplades de cette contrée, depuis le point sur lequel nous avons attéri, par les 42 degrés, jusqu'à la baie de Castries, aux environs de l'embouchure du fleuve Ségalien. Cette rivière, que les Tartares Mantcheoux ont descendue en pirogues jusqu'à la mer, d'où ils se sont répandus sur les côtes, au Nord et au Sud, forme la seule voie ouverte au commerce de l'intérieur : elle est à la vérité très-fréquentée aujourd'hui; il n'y a peut-être pas un seul individu sur cette partie du continent, et sur les îles de Jesso et d'Oku-Jesso, qui ne connaisse le Ségalien, comme les habitans de l'Egypte et
de

de la Judée connaissaient le Nil ; mais le commerce ne s'y fait qu'à huit ou dix journées dans le haut de cette rivière : il paraît que son embouchure, comme celle du Gange, offre des bords inhabités ; et on doit sans doute l'attribuer à la stérilité du pays, qui est presque noyé, couvert de marais, et où les troupeaux, la principale richesse des Tartares, ne peuvent trouver une subsistance salubre. J'ai dit que les Jésuites avaient annoncé qu'il se faisait une pêche de perles sur cette côte. Nous avons effectivement trouvé des huîtres qui en contenaient ; mais j'avoue que je ne sais où placer cette pêcherie, à moins que ce ne soit sur les confins de la Corée, ou à l'embouchure du Ségalien ; alors je supposerais qu'elle n'est en rien comparable à celles de Bassora ou du golfe Monaar, qui occupent cinq ou six mille personnes. Il est possible que quelques familles de pêcheurs s'y réunissent pour chercher des perles, qu'elles échangent ensuite contre des nankins et d'autres objets de commerce de la Chine, de peu de valeur : j'ai cependant essayé de montrer aux Bitchys et aux insulaires de l'Oku-Jesso, des perles fausses, parfaitement imitées, et je ne me suis pas aperçu qu'ils en ayent été plus frappés que des rassades ordinaires.

On se ferait la plus fausse idée de ce pays, si l'on supposait qu'on peut y aborder par les rivières qui viennent de l'intérieur, et que les Chinois y font quelque commerce. Nous avons prolongé la côte de très-près, souvent à une portée de canon, sans apercevoir aucun village. Nous avons vu, à la baie de Ternai, les ours, les biches, les faons, paître comme des animaux domestiques, et, levant leur tête, regarder avec étonnement l'arrivée de nos vaisseaux dans la baie. Un tombeau et quelques arbres brûlés annonçaient seuls que ce pays avait d'autres habitans. La baie de Suffren n'était pas moins déserte. Vingt-cinq ou trente personnes paraissaient composer la peuplade de la baie de Castries, qui aurait pu en contenir dix mille.

Nos naturalistes n'ont trouvé, sur le bord de la mer et à l'embouchure des rivières, ni pyrites, ni morceaux de mine roulés, ni grains d'or disséminés dans le sable, rien enfin qui annonce un pays où il y ait des métaux. Nous avons rencontré des silex, des calcédoines, des cristaux de spath, des zéolites, du porphyre, et quantité de matières volcaniques, qui contenaient fort peu de schorls, mais beaucoup de cristallisations assez belles, et d'incrustations qu'on rencontre fréquemment dans les laves des volcans éteints. La côte de l'Oku-Jesso, qui forme la partie orientale de la manche de Tartarie, est encore plus fertile en plantes que celle du continent qui lui est opposée : il m'a paru que la végétation y avait plus de force ; mais les insulaires n'en fatiguent pas davantage le sol. Le règne animal fournit presque en entier à leur subsistance ; car je compte pour rien quelques oignons de saranne et d'ail, que les femmes font sécher, et qu'elles trouvent sur la lisière des bois. Je suis même porté à croire que la chasse est, pour ces peuples, plutôt un amusement qu'un travail ; le poisson frais ou séché est, comme le blé en France, la base de leur nourriture. Deux chiens qui m'avaient été donnés à la baie de Castries, refusèrent d'abord de manger de la viande, et se jetèrent sur le poisson avec une voracité qu'on ne peut comparer qu'à celle des loups qui ont souffert une longue faim. La nécessité seule les a accoutumés peu à peu à une autre nourriture.

Quelques peaux d'ours et d'élan, dont ces peuples étaient vêtus, ne me laissent pas douter qu'ils ne fassent, l'hiver, la chasse à ces animaux : mais les continentaux sont en général trop faibles, pour oser les attaquer avec leurs flèches; ils nous ont exprimé par signes, qu'ils leur tendaient des piéges, en attachant une amorce à un arc fortement bandé : l'animal, en dévorant cette amorce, fait partir une détente qui pousse une flèche dirigée vers l'appât. Les insulaires, plus généreux parce qu'ils sont plus robustes, paraissaient s'enorgueillir de plusieurs cicatrices qu'ils se plaisaient à nous montrer, en nous faisant entendre qu'ils avaient combattu des ours avec des pieux, après les avoir blessés à coups de flèches.

Les pirogues sont faites d'un sapin creusé, et peuvent contenir sept à huit personnes. Ils les manœuvrent avec des avirons très-légers, et entreprennent, sur ces frêles bâtimens, des voyages de deux cents lieues, depuis l'extrémité méridionale de l'Oku-Jesso et du Jesso, par les 42 degrés, jusqu'au fleuve Ségalien, par 53 degrés : mais ils ne s'éloignent jamais de terre d'une portée de pistolet, excepté lorsqu'ils traversent la mer d'une île à l'autre; et ils attendent pour cela un calme absolu. Le vent, qui suit toujours la direction du canal, ne pousse jamais la lame sur le rivage; en sorte qu'on peut aborder dans toutes les anses, comme dans les rades les mieux fermées : chaque soir, ils échouent leurs pirogues sur le sable du rivage ; ils portent avec eux des écorces de bouleau, qui, avec quelques branches de sapin, leur servent à construire, dans l'instant, une cabane. Des ruisseaux, remplis de saumons, leur offrent une subsistance assurée ; chaque patron de pirogue a sa chaudière, son trépied, son briquet, son amadou. Dans quelque lieu qu'ils abordent, la cabane est dressée, le poisson dardé, et la cuisine faite une heure après la descente. Cette navigation est aussi sûre que celle du canal de Languedoc : ils arrivent dans un nombre de jours déterminé, et s'arrêtent tous les soirs aux mêmes anses et auprès des mêmes ruisseaux. Ils marquèrent sur notre carte le nombre de leurs couchées depuis le cap Crillon jusqu'au fleuve Ségalien, et il en résulte qu'ils faisaient onze lieues par jour. Quoique leurs pirogues n'ayent ni mâts ni vergues, ils attachent quelquefois une chemise à deux avirons en croix, et vont ainsi à la voile avec moins de fatigue qu'à la rame. On voit auprès des villages, de petites pirogues, pour un ou deux hommes seulement ; elles ne servent pas pour les longs voyages, elles sont destinées à entrer dans les ruisseaux où ils font leur pêche. La légèreté en est telle, que lorsque le fond n'a que douze ou quinze pouces d'eau, ils se servent de petites béquilles au lieu de perches, et, restant assis, ils poussent sur le fond et communiquent à leur bateau une très-grande vîtesse : lorsque l'eau est plus profonde, ils manœuvrent ces petites embarcations avec des pagaies. Les usages et les mœurs des deux peuples ne diffèrent que par des nuances : même manière de vivre, même architecture navale et civile, même respect pour les vieillards. Mais, dans ce parallèle, je suis convaincu que les Tartares l'emportent par le moral, et les insulaires par l'industrie, et principalement par le caractère, et les autres vertus qui tiennent à l'opinion de ses propres forces. Nous avons cru remarquer dans l'Oku-Jesso une distinction d'état qui n'existe pas en Tartarie ; il y avait dans chaque pirogue un homme avec lequel les autres ne faisaient pas société, il ne mangeait pas avec eux, et leur paraissait absolument subordonné : nous avons soupçonné qu'il pouvait être esclave ; ce n'est qu'une simple conjecture, mais il était au moins d'un rang très-inférieur au leur.

Les Jessois et les Oku-Jessois ont un objet de commerce très-considérable, qui manque absolument aux Bitchys et aux Orotchys ; c'est l'huile de baleine. Ce cétacée abonde sur la côte orientale de leurs îles, où nous en avons aperçu un aussi grand nombre que dans le détroit de le Maire ; mais nous n'en avons pas vu un seul dans la manche de Tartarie. La communication plus directe des insulaires avec le Japon, donne aux meubles de leurs cabanes un air d'opulence qu'on ne trouve pas sur le continent, excepté dans les tombeaux pour lesquels les Tartares réservent toutes

1787.
Septembre.
leurs richesses; nous n'avons rencontré chez les Ségaliens aucun monument de ce genre ainsi décoré. Nous avons remarqué, comme dans la baie de Castries, des simulacres suspendus au plancher de leurs cabanes : le patron d'une des pirogues de la baie de Crillon, auquel j'avais donné une bouteille d'eau-de-vie, en jeta, avant de partir, quelques gouttes dans la mer, nous faisant comprendre que cette libation était une offrande qu'il adressait à l'Etre suprême. Il paraît que le ciel sert ici de voûte à son temple, et que les chefs de famille sont ses ministres.

Il est aisé de conclure de cette relation, qu'aucun motif de commerce ne peut faire fréquenter ces mers aux Européens; un peu d'huile de baleine et du poisson séché ou fumé, sont, avec quelques peaux d'ours ou d'élan, de bien petits articles d'exportation pour couvrir les dépenses d'un si long voyage : je dois même ajouter, comme une maxime générale, qu'on ne peut se flatter de faire un commerce un peu considérable, qu'avec une grande nation; et si ces objets étaient de quelque importance, on ne parviendrait pas à en compléter le chargement d'un vaisseau de trois cents tonneaux sur ces différentes côtes qui ont un développement de plus de mille lieues. Quoique le saumon séché de la baie de Castries m'eût paru d'une bonne qualité, et qu'il me fût très-possible d'en acheter, j'avoue que je m'en fis un scrupule, dans la crainte que ces malheureux ne nous vendissent leurs provisions d'hiver, et qu'ils ne mourussent de faim pendant cette saison.

Nous n'avons aperçu aucune loutre de mer; nous leur avons montré des échantillons de nos peaux, et il nous a paru que ces fourrures leur étaient inconnues : ils ne semblaient pas y mettre plus de prix qu'à celles des loups marins, dont ils font leurs bottes. Il est vraisemblable que cet amphibie ne se trouve que dans la partie orientale des Kuriles septentrionales; ce qui indique que sa vraie patrie est à l'Est de l'Asie, vers les côtes de l'Amérique, où, comme je l'ai dit, il est répandu en très-grande quantité depuis la pointe d'Oonolaska jusqu'à Saint-Diégo, sur la côte occidentale de la Californie. En lisant les différentes relations qui avaient donné bien des idées fausses du vaste pays que nous venons de reconnaître, on y trouve beaucoup de vérités éparses, mais qu'il était fort difficile de démêler. Le père DES ANGES avait certainement connu ces peuples, et la description qu'il fait de cette contrée est exacte ; mais placé à l'extrémité méridionale du Jesso, vis-à-vis le Japon, il n'avait ni pu embrasser ni osé supposer une si grande étendue de pays ; et le détroit de Tessoy dont il parle, et que les insulaires lui ont dit être embarrassé d'herbes marines, et si près du continent, qu'on aperçoit à la vue simple un cheval paître sur l'autre bord, n'est autre que le fond du golfe où nous avons pénétré, et d'où nous avons aperçu la pointe Boutin, sur l'île de l'Oku-Jesso, s'avancer vers le continent, et se terminer vers la mer, comme un banc de sable d'une toise ou deux d'élévation. Les relations de KÆMPFER, les lettres du père

1787.
SEPTEMBRE.

1787.
SEPTEMBRE.

GAUBIL contenaient aussi quelques vérités [a]; mais l'un et l'autre rapportaient ce que les Japonais ou les Tartares leur avaient dit, et ils s'étaient entretenus avec des hommes trop ignorans pour que leur rapport fût exact. Les Russes enfin niaient l'existence de ces deux îles, plus considérables que les îles britanniques; ils les confondaient avec les Kuriles, et ne supposaient aucune terre intermédiaire entre ces îles et le continent de l'Asie [b]. Dans cette hypothèse, les mers

[a] « C'est aux Russes (dit le père GAUBIL) à nous instruire si de gros » vaisseaux peuvent passer par le détroit qui sépare le Jesso de la Tartarie ». Ce jésuite éclairé ne pouvait prévoir que ce problème devrait sa solution aux navigateurs français. (N. D. R.)

[b] « Quoique l'on ne puisse supposer qu'on veuille un jour chercher à enlever aux navigateurs français l'honneur de l'importante découverte de la terre de Jesso ou île Chicha, située au Nord du Japon, je dois démontrer ici l'ignorance dans laquelle sont les Russes sur l'existence de cette île ; j'en tirerai la preuve de la traduction d'un passage de la relation russe de *Kracheninikoff*, au retour d'un voyage au Kamtschatka, *page 34, second alinéa du premier volume in-4.*ᵉ :

« Les Kamtschadales possédaient des ustensiles en fer avant même l'arrivée des » Russes dans cette presqu'île ; et ils s'en sont pourvus par l'entremise des » Japonais, qui faisaient des voyages dans les îles Kuriles, quoiqu'ils s'étendissent » rarement jusqu'à la rivière Bolchaia-Reka ». Il ajoute pour étayer son assertion : « Les Kamtschadales donnent aux Japonais le nom de *Chicha-mann*; parce que les » aiguilles s'appellent dans leur langue *chisch*, et que ce sont les Japonais qui » leur ont donné les premiers la connaissance des aiguilles en fer ou en acier. »

Si l'auteur russe avait eu, comme LA PÉROUSE, la facilité de visiter les îles situées au Nord du Japon, il en aurait trouvé une portant le nom de *Chicha*; et au lieu de chercher une étymologie aussi ridicule, il se serait borné à celle qui se présente naturellement, c'est-à-dire qu'il eût ajouté à *Chicha* la syllabe *mann*, usitée dans le dialecte de plusieurs peuples pour personnifier le nom de leur pays ; ce qui signifierait homme de Chicha, et non homme d'aiguille.

Il résulte de cette remarque, que les Russes habitant depuis long-temps le Kamtschatka et très-proches voisins de ces îles, n'ont, quoiqu'ils fassent de

du

du Japon et de la Corée étaient ouvertes à leurs vaisseaux d'Okhotsk : mais cette supposition anéantissait le voyage des Hollandais en 1634 ; et nous osons assurer que la navigation du capitaine URIÈS est la plus exacte qui ait pu être faite dans un temps où les méthodes d'observation étaient très-grossières. Il paraît que les Hollandais cherchaient à compenser ce désavantage par les soins les plus minutieux sur l'estime des routes et l'exactitude des relèvemens. Si le détroit que nous avons découvert a échappé à leurs recherches, les marins qui connaissent les parages à brumes, en seront peu surpris. La latitude et la longitude de ce détroit ont été déterminées dans notre voyage d'une manière si précise, qu'il n'y a plus aucune difficulté à pénétrer par cette passe dans les mers de la Corée. Le pic de Langle, élevé de plus de douze cents toises au-dessus du niveau de la mer, et qu'on peut apercevoir, de quarante lieues, par un temps clair, est une excellente reconnaissance de la côte méridionale de ce canal, qu'il convient de ranger préférablement à celle du Nord, parce que les courans y sont plus modérés. La connaissance précise de la géographie de cette partie du continent, que les fatigues de notre campagne auront procurée à la France et aux autres nations de l'Europe, pourra devenir d'une

fréquens voyages aux îles Kuriles, aucune notion positive sur l'existence de celles situées au Nord du Japon : cela est d'autant moins à révoquer en doute, que les Russes, d'après cet exposé, prennent ces insulaires pour des Japonais.

Je dois la traduction du passage de *Kracheninikoff* à LESSEPS, interprète russe, faisant partie de l'expédition de LA PÉROUSE. (N. D. R.)

1787.
Septembre.

utilité prochaine aux Russes, qui peut-être auront un jour une grande navigation à Okhotsk, et feront fleurir les arts et les sciences de l'Europe dans ces contrées, habitées aujourd'hui par quelques hordes de Tartares errans, et plus particulièrement par des ours et d'autres animaux des forêts.

Je n'essaierai point d'expliquer comment le Jesso, l'Oku-Jesso, et toutes les Kuriles, sont peuplés d'une race d'hommes différente de celle des Japonais, des Chinois, des Kamtschadales, et des Tartares, dont les Oku-Jessois ne sont séparés au Nord que par un canal peu large et peu profond. En ma qualité de voyageur, je rapporte les faits et j'indique les différences; assez d'autres réduiront ces données en système. Quoique je n'aye point abordé aux Kuriles, je suis certain, d'après les relations des Russes, et l'identité du langage des Kuriliens avec celui dont le vocabulaire suit ce chapitre, que les habitans des Kuriles et ceux du Jesso et de l'Oku-Jesso ont une origine commune. Leurs mœurs, leur manière de vivre, diffèrent aussi très-peu de celles des continentaux; mais la nature a imprimé une différence si marquée dans le physique de ces deux peuples, que cette empreinte, mieux qu'une médaille ou tout autre monument, est une preuve incontestable que cette partie du continent n'a point peuplé ces îles, et que leurs habitans sont une colonie peut-être même étrangère à l'Asie. Quoique l'Oku-Jesso soit à plus de cent cinquante lieues à l'Occident des Kuriles, et qu'il soit impossible de faire cette traversée avec d'aussi frêles bâtimens que leurs pirogues de sapin, ils peuvent cependant communiquer ensemble avec facilité, parce que toutes ces îles, séparées entr'elles par des canaux plus ou moins larges, forment une espèce de cercle, et qu'aucun de ces canaux ne présente une étendue de quinze lieues : il serait donc possible d'aller en pirogue du Kamtschatka à l'embouchure du fleuve Ségalien, en suivant la chaîne de ces îles jusqu'à l'île Marikan et passant de l'île Marikan à celles des Quatre-Frères, de la Compagnie, des États, du Jesso et enfin de l'Oku-Jesso, et d'atteindre ainsi les limites de la Tartarie russe. Mais on prononcerait vainement chez tous ces insulaires les noms de Jesso et d'Oku-Jesso, qui vraisemblablement sont japonais; ni les Tartares, ni les prétendus Jessois et Oku-Jessois n'en ont aucune connaissance : ceux-ci donnent à leur île le nom de *Tchoka*, et au Jesso celui de *Chicha*. Cette confusion de noms nuit beaucoup aux progrès de la géographie, ou du moins fatigue très-inutilement la mémoire; je crois que, lorsque les noms du pays sont connus, ils doivent être religieusement conservés, ou, à leur défaut, ceux qui ont été donnés par les plus anciens navigateurs : ce plan dont je me suis fait une loi a été fidèlement suivi dans les cartes qui ont été dressées pendant ce voyage; et si l'on s'en est écarté, ce n'est que par ignorance, et jamais pour la vaine et ridicule gloire d'imposer un nom nouveau.

VOCABULAIRE

DES HABITANS DE L'ILE TCHOKA,

Formé à la Baie de Langle.

Quelques mots de la langue des habitans de Tchoka se prononcent de la gorge; mais la prononciation doit en être douce, et ressembler à celle des personnes qui grasseyent légèrement : je l'ai exprimée par *eh*. Le *qs*, qui se trouve au commencement de quelques mots, sert à exprimer un certain sifflement qu'il est nécessaire de faire sentir avant d'articuler les syllabes qui le suivent.

NOMS DES PRINCIPALES PARTIES DU CORPS HUMAIN.

TCHOKA.	FRANÇAIS.
Chy	Œil, les yeux.
Tara	Les sourcils.
Quechetau	Le front.
Etou	Le nez.
Notamekann	Les joues.
Tsara	La bouche.
Yma	Les dents.
Aon	La langue.
Mochtchiri	Le menton.
Téhé	La barbe.

Qs-chara...............	Les oreilles.
Chapa..................	Les cheveux.
Ochetourou.............	La nuque.
Saitourou..............	Le dos.
Tapinn ehinn...........	L'épaule.
Tacts sonk.............	Le bras.
Tay....................	L'avant-bras.
Tay ha.................	Le poignet.
Tay pompé..............	La main, et les doigts en général.
Tchouai pompé..........	Le pouce.
Khouaime pompé.........	L'index.
Kmoche kia pompé.......	Le médius.
Otsta pompé............	L'annulaire.
Para pompé.............	L'auriculaire.
Tchame.................	Le devant et le haut de la poitrine.
Toho...................	Les mamelles.
Honc...................	Le ventre.
Tsiga..................	Parties naturelles de l'homme.
Chipouille.............	Parties naturelles de la femme.
Assoroka...............	Les fesses.
Ambe...................	Les cuisses.
Aouchi.................	Les genoux.
Tcheai.................	Le jarret, ou pli du genou.
Aïmaitsi...............	Les jambes.
Oatchika...............	Le gras de la jambe.
'Acouponé..............	Les malléoles, ou chevilles des pieds.
Paraouré...............	Le dessus des pieds.
Otocoukaïon............	Les talons.
Ouraipo................	La plante des pieds.
Kaima pompéam..........	Le pouce du pied.
Tassou pompéam.........	L'index.
Tassou ha pompéam......	Le médius.
Tassouam...............	Pour l'annulaire et l'auriculaire.

NOMS DE DIVERS OBJETS.

Tchoka..................	Nom de la grande île qu'ils habitent.
Tanina..................	Autre nom qu'ils donnent à cette terre; mais le plus grand nombre l'a nommée *Tchoka*.
Chicha..................	Nom d'une île ou d'un peuple qu'ils indiquent dans le Sud de la terre de Tchoka.
Mantcheoux.............	Peuples de la Tartarie, voisins du fleuve Amur ou Ségalien et de l'île Tchoka. Les insulaires indiquèrent ces peuples dans le Nord-Ouest, et montrèrent que les vaisseaux pouvaient passer dans le canal qui les sépare.
Tchoiza.................	La mer.
Kaïani ou *Kahani*.......	Navire, vaisseau.
Hocatoûrou..............	Pirogue.
Tacôme.................	Toulet de pirogue.
Oukannessi..............	Avirons, ou pagaies.
Koch-koûm..............	Petit vase quarré, d'écorce de bouleau, et muni d'une queue. Il sert à boire, ainsi qu'à vider l'eau des pirogues.
Ouachekakaï.............	Sorte de pelle en bois, servant à jeter l'eau des pirogues.
Soïtta...................	Banc de pirogue.
Turatte..................	Très-longue et forte courroie de six à huit lignes de largeur: elle sert principalement à amarrer les pirogues.
Moncara.................	Hache de fer [a] (*M*).

[a] Le signe (*M*) indique les objets qui leur sont fournis par les Tartares Mantcheoux, avec lesquels ils commercent.

		1787.
Ho................	Grande lance de fer damasquinée (*m*).	Septembre.
Couhou.............	Arc.	
Haï...............	Flèches ordinaires, en fer, à langue de serpent, les unes barbelées, les autres unies (*m*).	
Tassehaï...........	Flèches fourchues à deux branches, également en fer (*m*).	
Etanto.............	Flèches en bois, à bout de massue.	
Tassiro............	Grand coutelas (*m*).	
Matsirainitsi et *Makiri*....	Petit couteau à gaine : il est suspendu à la ceinture de cuir qui sert à tenir leurs casaques croisées (*m*).	
Matsiré............	Nom qu'ils donnent à notre couteau à gaine.	
Hakame............	Gros anneau de fer, de plomb, de bois, ou de dent de vache marine : instrument placé avec force au pouce de la main gauche (*m*).	
Kaine.............	Aiguille à coudre.	
Tchikotampé.........	Nos cravates ou mouchoirs.	
Achka.............	Chapeau ou bonnet.	
Tobéka............	Peau de veau marin, en forme de longue casaque.	
Achtoussa..........	Casaque tissue de fine écorce de bouleau très-artistement préparée.	
Sétarouss...........	Grande casaque, ou redingote de peau de chien.	
Tetarapé...........	Sorte de chemise d'étoffe grossière, et ornée d'un liséré de nankin bleu au bas, ainsi qu'au collet.	
Otoumouchi.........	Petits boutons de veste, en cuivre jaune, à tête ronde (*m*).	
Ochss.............	Bas, ou bottines de peau, cousues aux souliers.	

1787. SEPTEMBRE.	*Tchirau.*	Souliers de forme chinoise, dont le bout en pointe est très-recourbé en haut.
	Mirauhau	Petit sac de cuir, à quatre cornes en volutes : il leur tient lieu de poche, et est suspendu à la ceinture de cuir.
	Tcharompé.	Pendans d'oreilles, communément composés de six à huit grains de rassade bleue (*M*).
	Tama.	Grains de rassade bleue isolés. Tous les peuples naturels ont un goût décidé et de préférence pour cette couleur bleue.
	Achkakaroupé.	Petit parasol, ou garde-vue, en forme d'éventail, qui garantit du soleil les yeux des vieillards.
	Hiérachtchinam.	Grande et forte natte, sur laquelle ils s'asseyent et se couchent.
	Hounechi.	Le feu.
	Tamoui.	Un chien.
	Taipo.	Un fusil.
	Nintou.	Seau à puiser, d'écorce de bouleau, de la forme des nôtres, avec son anse.
	Ouachka	Eau douce.
	Chichepo.	Eau de la mer.
	Abtka.	Petite corde.
	Sorompé.	Grande cuiller de bois.
	Chouhou	Chaudière de cuivre (*M*).
	Nissy.	Perche, ou gaule.
	Pouhau	Cabane, ou maison.
	Nioupouri	Les cases, ou le village.
	Oho.	La plaine où sont élevées ces cases.
	Naye.	Rivière qui coule dans cette même plaine.

Tsouhou.

Tsouhou...............	Le soleil.	
Hourara................	Le firmament.	
Hourara haûne............	Les nuages.	
Tébaira................	Le vent.	
Oroa..................	Le froid.	
Tebairouha.............	L'hiver, ou saison de la neige.	
Chouman...............	Pierre, terme générique.	
Ni....................	Tronc d'arbre, et bois en général.	
Qs-sieheché.............	Planche de sapin.	
Toche.................	Écorce de bouleau brute, en grands morceaux.	
Otoroutchina............	Herbages en général, ou prairies.	
Choulaki...............	Mousse, plante.	
Tsiboko................	Ache, ou céleri sauvage.	
Mahouni................	Le rosier naturel.	
Taroho.................	Fleur du rosier, vulgairement appelée rose de chien.	
Mahatsi................	Sorte de tulipe.	
Pech koutou.............	Angélique, plante.	
Tsita..................	Oiseau en général, ou chant d'oiseau.	
Qs-lari................	Plume d'oiseau.	
Etouchka...............	Choucas, sorte de corbeau.	
Tsikaha................	Petite hirondelle commune.	
Mâchi.................	Goëland, oiseau palmipède des bords de la mer.	
Omoch................	Mouche commune, à deux ailes, ou diptère.	
Mocomaie..............	Grande came d'espèce commune, coquille bivalve.	
Pipa..................	Grande telline-nacre, coquille *idem*.	
Otassi.................	Grondin, espèce de poisson.	
Toukochich.............	Le saumon.	
Emoé..................	Poisson en général, ou le nom particulier d'une espèce de barbeau.	

TOME III.

Chauboûn................ Espèce de carpe, ou poisson du genre de la carpe.
Pauni................ Arête ou colonne épinière des poissons, qu'on fait griller et qu'on réserve par tas.
Chidarapé................ Laitances, œufs, et vessie aérienne des poissons, qu'ils réservent également.

QUELQUES MOTS USUELS

He et *hi*................ Oui.
Hya................ Non.
Houaka................ Non, cela ne se peut pas; je ne puis, ou ne veux pas.
Ta-sa................ Qui? Quoi? Qu'est-ce? pronom interrogatif.
Tap ou *tapé*................ Ceci, cela, celle-ci, celui-là: pronom démonstratif.
Coukaha................ Venez ici.
Ajbé................ Manger. (Action de)
Chuha................ Boire.
Mouaro................ Coucher, ou ronfler.
Etaro................ Dormir.

NOMS DE NOMBRES.

Tchiné................ Un.
Tou................ Deux.
Tché................ Trois.
Yné................ Quatre.
Aschné................ Cinq.
Yhampé................ Six.
Araouampé................ Sept.
Toubi schampé................ Huit.

Tchinébi schampé............	Neuf.
Houampé..................	Dix.
Tchinébi kassma............	Onze.
Toubi kassma..............	Douze.
Tchébi kassma.............	Treize.
Ynébi kassma..............	Quatorze.
Aschnébi kassma............	Quinze.
Yhambi kassma.............	Seize.
Araouambi kassma...........	Dix-sept.
Toubi schampi kassma.........	Dix-huit.
Tchinébi schampi kassma.......	Dix-neuf.
Houampébi kassma...........	Vingt.
Houampébi kassma tchiné-ho.....	Trente.
Yné houampé touch-ho.........	Quarante.
Aschné houampé taich-ho.......	Cinquante.
Tou aschné houampé taich-ho....	Cent.

Si dans cette langue il y a quelque différence du singulier au pluriel, la prononciation ne l'exprime pas.

Je n'ai ni vu danser, ni entendu chanter ces insulaires ; mais ils savent tous tirer des sons agréables de la tige principale d'un grand céleri, ou d'une espèce d'euphorbe, ouverte par les deux extrémités ; ils soufflent par le petit bout : ces sons imitent assez bien les tons adoucis de la trompette. L'air qu'ils jouent est indéterminé ; c'est une suite de tons hauts et bas, dont la totalité peut aller à une octave et demie ou deux octaves, c'est-à-dire à douze ou seize notes. Nous ne leur avons pas reconnu d'autre instrument de musique.

CHAPITRE XXII.

Mouillage dans la baie d'Avatscha. — Accueil obligeant du lieutenant KABOROF. — Arrivée de M. KASLOFF-OUGRENIN, gouverneur d'Okhotsk, au havre de S.-Pierre et S.-Paul. — Il est suivi à bord par M. SCHMALEFF, et par le malheureux IVASCHKIN, qui nous inspire le plus vif intérêt. — Bienveillance officieuse du gouverneur à notre égard. — Bal des Kamtschadales. — Un courrier, arrivant d'Okhotsk, nous apporte nos lettres de France. — Nous découvrons le tombeau de M. DE LA CROYÈRE, et nous y attachons, ainsi qu'à celui du capitaine CLERKE, une inscription gravée sur le cuivre. — Nouvelles vues d'administration de M. KASLOFF, relatives au Kamtschatka. — Nous obtenons la permission d'envoyer notre interprète en France avec nos paquets. — Départ de la baie d'Avatscha.

1787.
SEPTEMBRE.
Nous n'étions pas encore affourchés devant le port de Saint-Pierre et Saint-Paul, lorsque nous reçûmes la visite du toyon ou chef du village, et de plusieurs autres habitans ; ils nous apportaient chacun quelques présens

en saumons ou en raies, et nous offraient leurs services pour aller chasser aux ours, ou aux canards dont les étangs et les rivières sont couverts; nous acceptâmes ces offres, nous leur prêtâmes des fusils, nous leur donnâmes de la poudre et du plomb, et nous ne manquâmes pas de gibier pendant notre séjour dans la baie d'Avatscha : ils ne demandaient aucun salaire pour prix de leurs fatigues ; mais nous avions été si abondamment pourvus, à Brest, d'objets très-précieux pour des Kamtschadales, que nous insistâmes pour leur faire accepter des marques de notre reconnaissance, et notre richesse nous permettait de les proportionner à leurs besoins plus encore qu'aux présens de leur chasse. Le gouvernement du Kamtschatka était entièrement changé depuis le départ des Anglais ; il n'était plus qu'une province de celui d'Okhotsk, et les différens postes de cette presqu'île avaient des commandans particuliers, qui ne devaient des comptes qu'au seul commandant général d'Okhotsk. Le capitaine SCHMALEFF, le même qui avait succédé par *interim* au major BEHM, était encore dans le pays avec le titre de commandant particulier des Kamtschadales ; M. REINIKIN, le vrai successeur du major BEHM, et qui était arrivé au Kamtschatka peu de temps après le départ des Anglais, n'avait gouverné le pays que pendant quatre ans, et il était retourné à Pétersbourg en 1784. Nous apprîmes ces détails du lieutenant KABOROF, qui commandait au havre de Saint-Pierre et Saint-Paul, et avait sous ses ordres un sergent et un détachement de

1787.
Septembre.

1787.
Septembre.

quarante soldats ou Cosaques. Cet officier nous combla de politesses ; sa personne, celles de ses soldats, tous ses moyens, étaient à notre disposition ; il ne voulut pas permettre que je fisse partir moi-même un officier pour Bolcheretsk, où, par le plus heureux hasard, se trouvait le gouverneur d'Okhotsk, M. KASLOFF-OUGRENIN, qui faisait sa tournée dans cette province. Il me dit que, sous très-peu de jours, ce gouverneur devait arriver à Saint-Pierre et Saint-Paul, et que vraisemblablement il était déjà en chemin ; il ajouta que ce voyage était beaucoup plus considérable que nous ne pouvions le penser, parce que la saison ne permettait pas de le faire en traîneau, et qu'il fallait absolument voyager moitié à pied, et moitié en pirogue par les rivières d'Avatscha et de Bolcheretsk : M. KABOROF me proposa en même temps de faire partir un Cosaque pour porter mes dépêches à M. KASLOFF, dont il parlait avec un enthousiasme et une satisfaction qu'il était difficile de ne pas partager ; il se félicitait à chaque instant de ce que nous aurions occasion de communiquer et de traiter avec un homme dont l'éducation, les manières et les connaissances ne le cédaient à celles d'aucun officier de l'empire de Russie, ou de toute autre nation. M. DE LESSEPS, notre jeune interprète, parlait la langue russe avec la même facilité que le français ; il traduisit les discours du lieutenant, et il adressa en mon nom une lettre russe au gouverneur d'Okhotsk, auquel j'écrivis de mon côté en français. Je lui marquais que la relation du

troisième voyage du capitaine Cook avait rendu célèbre
l'hospitalité du gouvernement du Kamtschatka, et que j'osais
me flatter de recevoir le même accueil que les navigateurs
anglais, puisque notre voyage, comme le leur, avait eu pour
but l'utilité commune de toutes les nations maritimes. La
réponse de M. Kasloff ne pouvait nous parvenir qu'après
un intervalle de cinq ou six jours ; et le bon lieutenant nous
dit qu'il prévenait ses ordres et ceux de l'impératrice de
Russie, en nous priant de nous regarder comme dans notre
patrie, et de disposer de tout ce que le pays offrait. On voyait
dans ses gestes, dans ses yeux, et dans ses expressions,
que, s'il avait été en son pouvoir de faire un miracle, ces
montagnes, ces marais, seraient devenus pour nous des lieux
enchanteurs. Le bruit se répandit que M. Kasloff n'avait
point de lettres pour nous, mais que l'ancien gouverneur
du Kamtschatka, M. Steinheil, auquel M. Schmaleff
a succédé en qualité de capitan-ispravnik ou inspecteur des
Kamtschadales, et qui résidait à Verkhneï-Kamtschatka,
pouvait en avoir ; et à l'instant, sur ce simple bruit qui
n'avait presque aucune vraisemblance, il fit partir un
exprès qui devait faire à pied plus de cent cinquante lieues.
M. Kaborof savait combien nous désirions recevoir des
lettres : M. de Lesseps lui avait fait connaître quelle
avait été notre douleur, lorsque nous apprîmes qu'il n'était
arrivé à Saint-Pierre et Saint-Paul aucun paquet à notre
adresse. Il paraissait aussi affligé que nous ; sa sollicitude
et ses soins semblaient nous dire qu'il irait lui-même

1787,
Septembre.

chercher nos lettres en Europe, s'il avait l'espoir de nous retrouver à son retour. Le sergent et tous les soldats montraient le même empressement pour nous servir. M.^{de} KABOROF avait aussi la politesse la plus aimable ; sa maison nous était ouverte à toutes les heures de la journée ; on nous y offrait du thé et tous les rafraîchissemens du pays. Chacun voulait nous faire des présens ; et malgré la loi que nous nous étions faite de n'en pas recevoir, nous ne pûmes résister aux pressantes sollicitations de M.^{de} KABOROF, qui força nos officiers, M. DE LANGLE et moi d'accepter quelques peaux de martre-zibeline, de renne et de renard, beaucoup plus utiles, sans doute, à ceux qui nous les offraient qu'à nous qui devions retourner vers les tropiques. Heureusement, nous avions les moyens de nous acquitter ; et nous demandâmes avec instance qu'il nous fût permis, à notre tour, d'offrir ce qui pouvait ne pas se trouver au Kamtschatka. Si nous étions plus riches que nos hôtes, nos manières ne pouvaient présenter cette bonté naïve et touchante, bien supérieure à tous les présens.

Je fis témoigner à M. KABOROF par M. DE LESSEPS, que je désirais former un petit établissement à terre pour loger nos astronomes et placer un quart-de-cercle et une pendule. La maison la plus commode du village nous fut offerte sur-le-champ ; et comme nous ne la visitâmes que quelques heures après cette demande, nous crûmes pouvoir l'accepter sans indiscrétion, parce qu'elle nous parut inhabitée ; mais nous apprîmes depuis, que le lieutenant avait

avait délogé le caporal, son secrétaire, la troisième personne du pays, pour nous placer chez lui. La discipline russe est telle que ces mouvemens s'exécutent aussi promptement que ceux de l'exercice militaire, et qu'ils sont ordonnés par un simple signe de tête.

Nos astronomes eurent à peine dressé leur observatoire, que nos naturalistes, qui n'avaient pas moins de zèle, voulurent aller visiter le volcan dont la distance paraissait moindre de deux lieues, quoiqu'il y en eût huit au moins à faire pour parvenir jusqu'au pied de cette montagne, presque entièrement couverte de neige, et au sommet de laquelle se trouve le cratère. La bouche de ce cratère, tournée vers la baie d'Avatscha, offrait sans cesse à nos yeux des tourbillons de fumée; nous vîmes une seule fois, pendant la nuit, des flammes bleuâtres et jaunes; mais elles ne s'élevèrent qu'à une très-petite hauteur.

Le zèle de M. Kaborof fut aussi ardent pour nos naturalistes que pour nos astronomes; huit Cosaques furent commandés aussitôt pour accompagner MM. Bernizet, Mongès et Receveur; la santé de M. Lamanon n'était pas encore assez affermie pour qu'il pût entreprendre un pareil voyage. On n'en avait peut-être jamais fait pour les sciences, d'aussi pénible; et aucun des savans, soit Anglais, soit Allemands ou Russes, qui avaient voyagé au Kamtschatka, n'avait tenté une entreprise aussi difficile. L'aspect de la montagne me la faisait croire inaccessible; on n'y apercevait aucune verdure, mais seulement un roc vif, et dont le talus était extrêmement roide. Nos intrépides voyageurs partirent dans l'espoir de vaincre ces obstacles. Les Cosaques étaient chargés de leur bagage, qui consistait en une tente, différentes fourrures, et des vivres dont chacun s'était pourvu pour quatre jours. L'honneur de porter les baromètres, les thermomètres, les acides, et les autres objets propres aux observations, fut réservé aux naturalistes eux-mêmes, qui ne pouvaient confier à d'autres ces fragiles instrumens : leurs guides d'ailleurs ne devaient les conduire qu'au pied du pic ; un préjugé, aussi ancien peut-être que le Kamtschatka, faisant croire aux Kamtschadales et aux Russes, qu'il sort de la montagne des vapeurs qui doivent étouffer tous ceux qui auront la témérité d'y monter. Ils se flattaient sans doute que nos physiciens s'arrêteraient comme eux au pied du volcan ; et quelques coups d'eau-de-vie qu'on leur avait donnés avant le départ, leur avaient inspiré vraisemblablement ce tendre intérêt pour eux : ils partirent gaîment avec cet espoir. La première station fut au milieu des bois, à six lieues du havre de Saint-Pierre et Saint-Paul. On avait toujours voyagé sur un terrain peu difficile, couvert de plantes, et d'arbres dont le plus grand nombre était de l'espèce des bouleaux ; les sapins qui s'y trouvaient étaient rabougris et presque nains : une de ces espèces porte des pommes de pin dont les graines ou petites noix sont bonnes à manger ; et de l'écorce du bouleau découle une liqueur fort saine et assez agréable, que les Kamtschadales ont soin de recevoir dans des vases, et dont ils font un très-grand usage. Des baies de toute espèce, rouges et noires, de toutes les nuances, s'offraient aussi sous les pas des voyageurs; leur saveur est généralement un peu acide, mais le sucre les rend fort agréables. Au coucher du soleil, la tente fut dressée, le feu allumé, et toutes les dispositions prises pour la nuit, avec une promptitude inconnue aux peuples accoutumés à passer leur vie sous des toits. On prit de grandes précautions pour que le feu ne s'étendît point aux arbres de la forêt : des coups de bâton sur le dos des Cosaques n'auraient pu expier une faute aussi grave, parce que le feu met en fuite toutes les zibelines. Après un pareil accident on n'en trouve plus pendant l'hiver, qui est la saison de la chasse; et comme la peau de ces animaux est la seule richesse du pays, celle qu'on donne en échange de toutes les denrées dont on a besoin, celle qui doit solder le tribut annuel dû à la couronne, on sent l'énormité d'un crime qui prive les Kamtschadales de tous ces avantages. Aussi les Cosaques eurent-ils le plus grand soin de couper l'herbe autour du foyer, et de creuser, avant le départ, un trou profond pour recevoir les charbons qu'ils étouffèrent en les couvrant de terre arrosée de beaucoup d'eau. On n'aperçut dans cette journée d'autre quadrupède qu'un lièvre, presque blanc; on ne vit ni ours, ni algali, ni renne, quoique ces animaux soient très-communs dans le pays. Le lendemain, à la pointe du jour, on continua le voyage : il avait beaucoup neigé

1787.
Septembre.

pendant la nuit ; et ce qui était pis encore, un brouillard épais couvrait la montagne du volcan, dont nos physiciens n'atteignirent le pied qu'à trois heures du soir. Leurs guides s'arrêtèrent, suivant leur convention, dès qu'ils furent arrivés aux limites de la terre végétale ; ils dressèrent leurs tentes et allumèrent du feu. Cette nuit de repos était bien nécessaire avant d'entreprendre la course du lendemain. MM. Bernizet, Mongès et Receveur commencèrent à gravir à six heures du matin, et ne s'arrêtèrent qu'à trois heures après midi sur le bord même du cratère, mais dans sa partie inférieure. Ils avaient eu souvent besoin de s'aider de leurs mains pour se soutenir entre ces rochers broyés, dont les intervalles présentaient des précipices très-dangereux. Toutes les substances dont cette montagne est composée, sont des laves plus ou moins poreuses et presque dans l'état de ponce ; ils rencontrèrent, sur le sommet, des matières gypseuses et des cristallisations de soufre, mais beaucoup moins belles que celles du pic de Ténériffe ; et généralement les schorls qu'ils trouvèrent, et toutes les autres pierres, nous parurent inférieures en beauté à celles de cet ancien volcan, qui n'a pas été en éruption depuis un siècle, tandis que celui-ci a jeté des matières en 1778, pendant le séjour du capitaine Clerke dans la baie d'Avatscha. Ils rapportèrent cependant quelques morceaux de chrysolite assez beaux ; mais ils essuyèrent un si mauvais temps, et ils parcoururent un chemin si difficile, qu'on doit être fort étonné qu'ils ayent pu ajouter

de nouveaux poids à ceux des baromètres, des thermomètres
et de leurs autres instrumens : leur horizon n'eut jamais plus
d'une portée de fusil d'étendue, excepté pendant quelques
minutes seulement, durant lesquelles ils aperçurent la baie
d'Avatscha, et nos frégates qui, de cette élévation, leur
paraissaient moins grosses que de petites pirogues. Leur
baromètre, sur le bord du cratère, descendit à dix-neuf
pouces onze lignes $\frac{2}{10}$; le nôtre, pendant ce même temps,
indiquait sur nos frégates, où nous faisions des observations d'heure en heure, vingt-sept pouces neuf lignes $\frac{2}{10}$.
Leur thermomètre était à deux degrés et demi au-dessous
de la glace, et différait de douze degrés de la température
du bord de la mer; ainsi, en admettant les calculs des
physiciens qui croient à cette manière de mesurer la
hauteur des montagnes, et faisant les corrections relatives
au thermomètre, nos voyageurs auraient monté à environ
quinze cents toises [a], hauteur prodigieuse, relativement aux
difficultés qu'ils eurent à vaincre. Mais ils furent si contrariés
par les brouillards, qu'ils se déterminèrent à recommencer
cette course le lendemain, si le temps était plus favorable :
les difficultés n'avaient qu'accru leur zèle ; ils descendirent
la montagne avec cette courageuse résolution, et arrivèrent
à leurs tentes. La nuit étant commencée, leurs guides
avaient déjà fait des prières pour eux, et avalé une partie
des liqueurs qu'ils ne croyaient plus nécessaires à des morts.
Le lieutenant informé, au retour, de cette précipitation,

---

[a] Voyez la note insérée dans le second volume, page 19. (N. D. R.)

1787.
Septembre.

fit donner aux plus coupables cent coups de bâton, qui leur furent comptés avant que nous en fussions instruits et qu'il nous eût été possible de demander grâce. La nuit qui suivit ce voyage fut affreuse; la neige redoubla, il en tomba plusieurs pieds d'épaisseur en quelques heures : il ne fut plus possible de songer à l'exécution du plan de la veille, et on arriva le soir même au village de Saint-Pierre et Saint-Paul, après un trajet de huit lieues, moins fatigant au retour par la pente naturelle du terrain.

Pendant que nos lithologistes et nos astronomes employaient si bien leur temps, nous remplissions d'eau nos futailles, notre cale de bois, et nous coupions et faisions sécher du foin pour les bestiaux que nous attendions, car il ne nous restait plus qu'un seul mouton. Le lieutenant avait écrit à M. Kasloff pour le prier de rassembler le plus de bœufs qu'il pourrait; il calculait avec douleur qu'il nous était impossible d'attendre ceux que les ordres du gouverneur faisaient sans doute venir de Verkhneï, parce que le trajet en devait être de six semaines. L'indifférence des habitans du Kamtschatka pour les troupeaux, n'a pas permis de les voir se multiplier dans la partie méridionale de cette presqu'île, où, avec quelques soins, on pourrait en avoir autant qu'en Irlande. L'herbe la plus fine et la plus épaisse s'élève dans des prairies naturelles à plus de quatre pieds; et l'on pourrait y faucher une immense quantité de fourrages pour l'hiver, qui dure sept à huit mois dans ce climat; mais les Kamtschadales sont incapables de pareils soins, il faudrait des granges, des écuries vastes et à l'abri du froid : il leur paraît plus commode de vivre du produit de la chasse, et sur-tout du saumon, qui, tous les ans, dans la même saison, vient, comme la manne du Désert, remplir leurs filets, et leur assure la subsistance de l'année. Les Cosaques et les Russes, plus soldats que cultivateurs, ont adopté ce même régime. Le lieutenant et le sergent avaient seuls de petits jardins remplis de pommes de terre et de navets : leurs exhortations, leur exemple, ne pouvaient influer sur leurs compatriotes, qui mangeaient cependant très-volontiers des pommes de terre, mais qui n'auraient pas voulu, pour s'en procurer, se livrer à un autre genre de travail qu'à celui de les arracher, si la nature les leur avait offertes spontanément dans les champs, comme la saranne, l'ail, et sur-tout les baies, dont ils font des boissons agréables, et des confitures qu'ils réservent pour l'hiver. Nos graines d'Europe s'étaient très-bien conservées : nous en avons donné une grande quantité à M. Schmaleff, au lieutenant et au sergent ; nous espérons apprendre un jour qu'elles auront parfaitement réussi. Au milieu de ces travaux, il nous restait du temps pour nos plaisirs ; et nous fîmes différentes parties de chasse sur les rivières d'Avatscha et de Paratounka, car notre ambition était de tuer des ours, des rennes, ou des algalis ; il fallut cependant nous contenter de quelques canards ou sarcelles, qui ne valaient pas les courses longues et pénibles que nous faisions pour un si chétif gibier. Nous

1787.
Septembre.

1787.
Septembre.
fûmes plus heureux par nos amis les Kamtschadales ; ils nous apportèrent, pendant notre séjour, quatre ours, un algali et un renne, avec une telle quantité de plongeons et de macareux, que nous en distribuâmes à tous nos équipages qui étaient déjà lassés de poisson. Un seul coup de filet que nous donnions très-près de nos frégates, aurait suffi à la subsistance de six bâtimens ; mais les espèces de poissons étaient peu variées ; nous ne prîmes guère que de petites morues, des harengs, des plies, et des saumons : je donnai ordre d'en saler quelques barriques seulement, parce qu'on me représenta que tous ces poissons étaient si petits et si tendres, qu'ils ne résisteraient pas à l'activité corrosive du sel, et qu'il valait mieux conserver ce sel pour les cochons que nous trouverions sur les îles de la mer du Sud. Pendant que nous passions des jours qui nous paraissaient si doux après les fatigues de l'exploration que nous venions de faire des côtes de l'Oku-Jesso et de la Tartarie, M. Kasloff s'était mis en route pour le havre de Saint-Pierre et Saint-Paul ; mais il voyageait lentement, parce qu'il voulait tout observer, et que son voyage avait pour objet d'établir dans cette province la meilleure administration possible. Il savait qu'on ne peut former à cet égard un plan général qu'après avoir examiné les productions d'un pays, et celles dont une culture soignée et relative au climat le rend susceptible. Il voulait aussi connaître les pierres, les minéraux et généralement toutes les substances du sol de la province.

Ses

Ses observations l'avaient retenu quelques jours aux Eaux-chaudes qui sont à vingt lieues de Saint-Pierre et Saint-Paul ; il en rapporta différentes pierres et autres matières volcaniques, avec une gomme que M. Mongès soumit à l'analyse : il dit fort honnêtement en arrivant, qu'ayant appris par les papiers publics, que plusieurs naturalistes habiles avaient été embarqués sur nos frégates, il avait voulu profiter de cette circonstance heureuse, pour connaître les différentes substances de la presqu'île du Kamtschatka, et s'instruire ainsi lui-même. Les politesses de M. Kasloff, ses procédés, étaient absolument les mêmes que ceux des habitans les mieux élevés des grandes villes d'Europe; il parlait français ; il avait des connaissances sur tout ce qui faisait l'objet de nos recherches, tant en géographie qu'en histoire naturelle : nous étions surpris qu'on eût placé au bout du monde, dans un pays si sauvage, un officier d'un mérite qui eût été distingué chez toutes les nations de l'Europe. Il est aisé de sentir que des liaisons même d'intimité durent bientôt s'établir entre le colonel Kasloff et nous. Le lendemain de son arrivée, il vint dîner à mon bord, avec M. Schmaleff et le curé de Paratounka ; je le fis saluer de treize coups de canon. Nos visages qui annonçaient une meilleure santé que celle même dont nous jouissions à notre départ d'Europe, le surprirent extrêmement ; je lui dis que nous la devions un peu à nos soins, et beaucoup à l'abondance où nous étions dans son gouvernement. M. Kasloff parut partager notre heureuse situation; mais il nous témoigna la plus vive douleur de l'impossibilité où il était de rassembler plus de sept bœufs avant l'époque de notre départ, qui était trop prochain pour songer à en faire venir de la rivière du Kamtschatka, distante de cent lieues de Saint-Pierre et Saint-Paul. Il attendait, depuis six mois, le bâtiment qui devait apporter d'Okhotsk des farines et les autres provisions nécessaires à la garnison de cette province, et il présumait avec chagrin que ce bâtiment devait avoir essuyé quelque malheur : la surprise où nous étions de n'avoir reçu aucune lettre diminua, lorsque nous apprîmes de lui que, depuis son départ d'Okhotsk, il n'en avait reçu aucun courrier : il ajouta qu'il allait y retourner par terre, en côtoyant la mer d'Okhotsk, voyage presque aussi long ou du moins plus difficile que celui d'Okhotsk à Pétersbourg.

Le gouverneur dîna le lendemain avec toute sa suite à bord de l'Astrolabe; il y fut également salué de treize coups de canon; mais il nous pria avec instance de ne plus faire de compliment, afin que nous pussions nous voir à l'avenir avec plus de liberté et de plaisir.

Il nous fut impossible de faire accepter au gouverneur le prix des bœufs : nous eûmes beau représenter qu'à Manille nous avions acquitté toutes nos dépenses, malgré l'étroite alliance de la France avec l'Espagne; M. Kasloff nous dit que le gouvernement russe avait d'autres principes, et que son regret était d'avoir aussi peu de bestiaux à sa disposition. Il nous invita, pour le jour suivant, à un bal qu'il voulut donner à notre occasion, à toutes les femmes, tant kamtschadales que russes, de Saint-Pierre et Saint-Paul. Si l'assemblée ne fut pas nombreuse, elle était au moins extraordinaire : treize femmes, vêtues d'étoffes de soie, dont dix kamtschadales avec de gros visages, de petits yeux et des nez plats, étaient assises sur des bancs autour de l'appartement; les Kamtschadales avaient, ainsi que les Russes, des mouchoirs de soie qui leur enveloppaient la tête, à peu près comme les portent les femmes mulâtres de nos colonies : mais les dessins de M. Duché peindront mieux ces costumes, que je ne pourrais les décrire. On commença par des danses russes dont les airs sont très-agréables, et qui ressemblent beaucoup à la cosaque qu'on a dansée à Paris il y a peu d'années. Les danses kamtschadales leur succédèrent; elles ne peuvent être comparées qu'à celles des convulsionnaires du fameux tombeau de Saint-Médard : il ne faut que des bras, des épaules, et presque point de jambes aux danseurs de cette partie de l'Asie; les danseuses kamtschadales, par leurs convulsions et leurs mouvemens de contraction, inspirent un sentiment pénible à tous les spectateurs; il est encore plus vivement excité par le cri de douleur qui sort du creux de la poitrine de ces danseuses, qui n'ont que cette musique pour mesure de leurs mouvemens. Leur fatigue est telle, pendant cet exercice, qu'elles sont toutes dégouttantes de sueur, et restent étendues par terre, sans avoir la force de se relever. Les abondantes exhalaisons qui émanent de leur corps, parfument l'appartement d'une odeur d'huile et de poisson, à laquelle des nez européens sont trop peu accoutumés pour en sentir les délices. Comme les danses de tous les peuples ont toujours été imitatives, et qu'elles ne sont en quelque sorte que des pantomimes, je demandai ce qu'avaient voulu exprimer deux de ces femmes qui venaient de faire un exercice si violent. On me répondit qu'elles avaient figuré une chasse d'ours : la femme qui se roulait à terre, représentait l'animal; et l'autre, qui tournait autour d'elle, le chasseur : mais les ours, s'ils parlaient et voyaient une pareille pantomime, auraient beaucoup à se plaindre d'être si grossièrement imités. Cette danse, presque aussi fatigante pour les spectateurs que pour les acteurs, était à peine finie, qu'un cri de joie annonça l'arrivée d'un courrier d'Okhotsk ; il était chargé d'une grosse malle remplie de nos paquets. Le bal fut interrompu, et chaque danseuse renvoyée avec un verre d'eau-de-vie, digne rafraîchissement de ces Therpsicores. M. KASLOFF s'apercevant de l'impatience où nous étions d'apprendre des nouvelles de tout ce qui nous intéressait en Europe, nous pria avec instance de ne pas différer ce plaisir. Il nous établit dans sa chambre, et se retira pour ne pas gêner l'épanchement des divers sentimens dont nous pouvions être affectés, suivant les nouvelles que chacun de nous recevrait de sa famille ou de ses amis. Elles furent heureuses pour tous, mais plus particulièrement pour moi, qui, par une faveur à laquelle je n'osais aspirer, avais été promu au grade de chef d'escadre. Les complimens que chacun s'empressait de me faire, parvinrent bientôt à M. KASLOFF, qui voulut célébrer cet événement par le bruit de toute l'artillerie de sa place; je me rappellerai, toute ma vie, avec l'émotion la plus vive, les marques d'amitié et d'affection que je reçus de lui dans cette occasion. Je n'ai point passé, avec ce gouverneur, un instant, qui ne fût marqué par quelques traits de bonté ou d'attention; et il est inutile de dire que, depuis son arrivée, tous les habitans du pays chassaient ou pêchaient pour nous; nous ne pouvions suffire à consommer tant de provisions. Il y joignait des présens de toute espèce pour M. DE LANGLE et pour moi; nous fûmes forcés d'accepter un traîneau de Kamtschadales pour la collection des curiosités du roi, et deux aigles royaux pour la ménagerie, ainsi que beaucoup de zibelines. Nous lui offrîmes, à notre tour, ce que nous imaginions pouvoir lui être utile ou agréable; mais nous n'étions riches qu'en effets de traite pour des sauvages, et nous n'avions rien qui fût digne de lui. Nous le priâmes d'accepter la Relation du troisième voyage de COOK, qui paraissait lui faire grand plaisir; il avait à sa suite presque tous les personnages que l'éditeur a mis sur la scène, M. SCHMALEFF, le bon curé de Paratounka, le malheureux IVASCHKIN; il leur traduisait tous les articles qui les regardaient, et ils répétaient, à chaque fois, que tout était de la plus exacte vérité. Le sergent seul qui commandait alors au havre de Saint-Pierre et Saint-Paul était mort; les autres jouissaient de

1787.
Septembre.

la meilleure santé, et habitaient encore le pays, excepté le major BEHM, qui était retourné à Pétersbourg, et PORT, qui résidait à Irkoutsk. Je témoignai à M. KASLOFF ma surprise de trouver le vieillard IVASCHKIN au Kamtschatka, les relations anglaises annonçant qu'il avait enfin obtenu la permission d'aller habiter Okhotsk. Nous ne pûmes nous empêcher de prendre le plus vif intérêt à cet infortuné, en apprenant que son seul délit consistait dans quelques propos indiscrets tenus sur l'impératrice ÉLISABETH, au sortir d'une partie de table, où le vin avait égaré sa raison; il était alors âgé de moins de vingt ans, officier aux gardes, d'une famille distinguée de Russie, d'une figure aimable que le temps ni les malheurs n'ont pu changer : il fut dégradé, envoyé en exil au fond du Kamtschatka, après avoir reçu le knout et avoir eu les narines fendues. L'impératrice CATHERINE, dont les regards s'étendent jusque sur les victimes des règnes qui ont précédé le sien, a fait grâce depuis plusieurs années à cet infortuné : mais un séjour de plus de cinquante ans au milieu des vastes forêts du Kamtschatka, le souvenir amer du supplice honteux qu'il a subi, peut-être un secret sentiment de haine pour une autorité qui a si cruellement puni une faute que les circonstances pouvaient excuser; ces divers motifs l'ont rendu insensible à cet acte tardif de justice, et il se proposait de mourir en Sibérie. Nous le priâmes d'accepter du tabac, de la poudre, du plomb, du drap, et généralement tout ce que nous jugions lui être utile : il avait été élevé à

Paris, il entendait encore un peu le français, et il retrouva beaucoup de mots pour nous exprimer sa reconnaissance; il aimait M. Kasloff comme son père, il l'accompagnait dans son voyage par affection, et ce bon gouverneur avait pour lui des égards bien propres à opérer dans son ame l'entier oubli de ses malheurs [b]. Il nous rendit le service de nous faire connaître le tombeau de M. DE LA CROYÈRE, qu'il avait vu enterrer au Kamtschatka en 1741. Nous y attachâmes l'inscription suivante, gravée sur le cuivre, et composée par M. DAGELET, membre, comme lui, de l'académie des sciences :

« Ci gît LOUIS DE L'ISLE DE LA CROYÈRE, de l'aca-
» démie royale des sciences de Paris, mort en 1741, au
» retour d'une expédition faite par ordre du czar, pour
» reconnaître les côtes d'Amérique; astronome et géo-
» graphe, émule de deux frères célèbres dans les sciences,
» il mérita les regrets de sa patrie. En 1786, M. le comte

---

[b] Le souvenir et la honte d'un supplice injuste poursuivaient le malheureux IVASCHKIN, au point de le déterminer à se soustraire aux yeux des étrangers. Huit jours seulement après l'arrivée des frégates françaises, LESSEPS parvint à le découvrir. Cet interprète, touché de sa position, en rendit compte à LA PÉROUSE, qui, admirant le caractère d'un vieillard dont il respectait le malheur, demanda à le voir. Ce ne fut qu'avec peine et en se servant de l'empire du colonel KASLOFF sur son esprit, qu'on vint à bout de lui faire quitter sa retraite. L'aménité de LA PÉROUSE inspira bientôt la plus grande confiance à IVASCHKIN, qui, toujours reconnaissant des honnêtetés qu'il recevait, témoigna encore plus vivement sa gratitude, lorsque le général français lui fit des présens utiles, et dont il avait le plus pressant besoin.

Ce fait qui m'a été raconté plusieurs fois par LESSEPS devait trouver ici sa place. (N. D. R.)

» DE LA PÉROUSE, commandant les frégates du roi, la
» BOUSSOLE et l'ASTROLABE, consacra sa mémoire en
» donnant son nom à une île, près des lieux où ce savant
» avait abordé ».

Nous demandâmes aussi à M. KASLOFF la permission de faire graver sur une plaque du même métal, l'inscription du tombeau du capitaine CLERKE, qui n'était que tracée au pinceau sur le bois, matière trop destructible pour perpétuer la mémoire d'un navigateur si estimable. Le gouverneur eut la bonté d'ajouter aux permissions qu'il nous donna, la promesse de faire élever incessamment un monument plus digne de ces deux hommes célèbres, qui ont succombé dans leurs pénibles travaux, à une grande distance de leur patrie. Nous apprîmes de lui que M. DE LA CROYÈRE s'était marié à Tobolsk, et que sa postérité y jouissait de beaucoup de considération. L'histoire des navigations de BÉHRING et du capitaine TSCHIRIKOW était parfaitement connue de M. KASLOFF : il nous dit, à cette occasion, qu'il avait laissé à Okhotsk M. BILLINGS, chargé par l'État de faire construire deux bâtimens pour continuer les découvertes des Russes dans les mers du Nord. Il avait donné des ordres pour que tous les moyens dont il pouvait disposer fussent employés afin d'accélérer cette expédition; mais son zèle, sa bonne volonté, son extrême désir de remplir les vues de l'impératrice, ne pouvaient vaincre les obstacles qui devaient se rencontrer dans un pays presque aussi brut qu'il l'était le premier

jour

jour de sa découverte, et où la rigueur du climat suspend les travaux pendant plus de huit mois de l'année. Il sentait qu'il eût été plus économique, et beaucoup plus prompt, de faire partir M. BILLINGS d'un port de la Baltique, où il aurait pu pourvoir à tous ses besoins pour plusieurs années.

Nous levâmes le plan de la baie d'Avatscha, ou, pour mieux dire, nous vérifiâmes celui des Anglais, qui est fort exact, et M. BERNIZET en fit un dessin très-élégant, qu'il pria le gouverneur d'accepter; M. BLONDELAS lui offrit aussi une copie de la vue de l'ostrog *(Atlas, n.° 56)*; et MM. les abbés MONGÈS et RECEVEUR lui firent présent d'une petite boîte d'acides, pour l'analyse des eaux et la connaissance des différentes substances dont le sol du Kamtschatka est composé. La chimie et la minéralogie n'étaient pas des sciences étrangères à M. KASLOFF; il avait un goût particulier pour les travaux chimiques : mais il nous dit, par une raison dont l'évidence est bien aisée à sentir, qu'avant de s'occuper des minéraux d'un pays inculte, le premier soin d'une administration sage et éclairée devait tendre à procurer du pain à ses habitans, en accoutumant les indigènes à la culture. La végétation du terrain annonçait une grande fertilité, et il ne doutait pas qu'au défaut du blé-froment, qui pouvait ne pas germer à cause du froid, le seigle ou l'orge, du moins, ne donnassent d'abondantes récoltes. Il nous fit remarquer la beauté de plusieurs petits champs de pommes de terre, dont les graines étaient venues d'Irkoutsk depuis quelques années ; et il se proposait d'adopter des moyens doux, mais certains, pour rendre cultivateurs les Russes, les Cosaques et les Kamtschadales. La petite vérole en 1769 a diminué des trois quarts le nombre des individus de cette nation, qui est réduite aujourd'hui, dans toute la presqu'île, à moins de quatre mille indigènes ; et elle disparaîtra bientôt entièrement, par le mélange continuel des Russes et des Kamtschadales, qui se marient fréquemment ensemble. Une race de métis, plus laborieux que les Russes qui ne sont propres qu'à être soldats, beaucoup plus forts et d'une forme moins disgraciée de la nature que les Kamtschadales, naîtra de ces mariages et succédera aux anciens habitans. Les naturels ont déjà abandonné les yourtes dans lesquelles ils se terraient, comme des blaireaux, pendant tout l'hiver, et où ils respiraient un air infect qui occasionnait beaucoup de maladies. Les plus riches d'entr'eux construisent aujourd'hui des isbas ou maisons de bois, à la manière des Russes : elles ont absolument la même forme que les chaumières de nos paysans ; elles sont divisées en trois petites chambres ; un poile en brique les échauffe, et y entretient une chaleur de plus de trente degrés, insupportable aux personnes qui n'en ont pas l'habitude. Les autres passent l'hiver, comme l'été, dans des balagans, qui sont des espèces de colombiers de bois, couverts en chaume, élevés sur des piquets de douze à treize pieds de hauteur, et où les femmes, ainsi que les hommes, montent par des échelles très-difficiles :

mais bientôt ces derniers bâtimens disparaîtront ; les Kamtschadales ont l'esprit imitatif, ils adoptent presque tous les usages de leurs vainqueurs ; les femmes sont déjà coiffées et presque entièrement vêtues à la manière des Russes, dont la langue prévaut dans tous les ostrogs, ce qui est fort heureux, parce que chaque village kamtschadale avait un jargon différent, et les habitans d'un hameau n'entendaient pas ceux du hameau voisin. On peut dire à la louange des Russes, que, quoiqu'ils ayent établi dans ces âpres climats un gouvernement despotique, il est tempéré par des principes de douceur et d'équité qui en rendent les inconvéniens nuls. Les Russes n'ont pas de reproches d'atrocité à se faire, comme les Anglais au Bengale, et les Espagnols au Mexique et au Pérou. L'impôt qu'ils lèvent sur les Kamtschadales est si léger, qu'il ne peut être considéré que comme un tribut de reconnaissance envers la Russie ; et le produit d'une demi-journée de chasse acquitte l'impôt d'une année. On est surpris de voir dans ces chaumières, plus misérables à la vue que celles du hameau le plus pauvre de nos pays de montagnes, une circulation d'espèces qui paraît d'autant plus considérable, qu'elle n'existe que parmi un petit nombre d'habitans ; ils consomment si peu d'effets de Russie et de Chine, que la balance du commerce est absolument en leur faveur, et qu'il faut nécessairement leur payer en roubles l'excédant de ce qui leur est dû. Les pelleteries, au Kamtschatka, sont à un prix beaucoup plus haut qu'à Canton, ce qui

1787.
Septembre.

prouve que, jusqu'à présent, les marchés de Kiatcha ne se sont pas ressentis des avantages du nouveau débouché qui s'est ouvert en Chine : les marchands chinois ont eu sans doute l'adresse de faire écouler ces pelleteries d'une manière insensible, et de se procurer ainsi des richesses immenses ; car, à Macao, ils nous achetèrent pour le prix modique de dix piastres, ce qui en valait cent vingt à Pékin. Une peau de loutre vaut à Saint-Pierre et Saint-Paul trente roubles ; une de zibeline, trois ou quatre : le prix des renards ne peut être fixé ; je ne parle pas des renards noirs, qui sont trop rares pour être comptés, et qu'on vend plus de cent roubles. Les gris et blancs varient depuis deux jusqu'à vingt roubles, suivant qu'ils approchent plus du noir ou du roux : ces derniers ne diffèrent de ceux de France que par la douceur et le fourré de leur poil.

Les Anglais qui, par l'heureuse constitution de leur compagnie, peuvent laisser au commerce particulier de l'Inde toute l'activité dont il est susceptible, avaient envoyé, l'année dernière, un petit bâtiment au Kamtschatka ; il était expédié par une maison du Bengale, et commandé par le capitaine Peters, qui fit remettre au colonel Kasloff une lettre en français, dont il m'a donné lecture ; il demandait, au nom de l'étroite alliance qui règne en Europe entre les deux couronnes, la permission de commercer au Kamtschatka, en y apportant les divers effets de l'Inde et de la Chine, tant en étoffes qu'en sucre, thé, arack, et il offrait de recevoir en paiement les pelleteries du pays. M. KASLOFF était trop éclairé pour ne pas sentir qu'une pareille proposition était ruineuse pour le commerce de la Russie, qui vendait avec un grand bénéfice ces mêmes objets aux Kamtschadales, et qui en faisait un plus grand encore sur les peaux que les Anglais voulaient exporter; mais il savait aussi que certaines permissions limitées ont quelquefois été données, au détriment de la métropole, pour l'accroissement d'une colonie, qui enrichit ensuite la mère-patrie, lorsqu'elle est parvenue au degré où elle n'a plus besoin du commerce étranger : ces considérations avaient empêché M. KASLOFF de décider la question; et il avait permis que les Anglais fissent passer cette proposition à la cour de Pétersbourg. Il sentait cependant que, quand même leur demande serait accordée, le pays consommait trop peu d'effets de l'Inde et de la Chine, et trouvait un débouché de pelleteries trop avantageux dans les marchés de Kiatcha, pour que les négocians du Bengale pussent suivre avec profit cette spéculation. D'ailleurs, le bâtiment même qui avait apporté cette ouverture de commerce, fit naufrage sur l'île de Cuivre, peu de jours après sa sortie de la baie d'Avatscha, et il ne s'en sauva que deux hommes auxquels je parlai et fis fournir des habillemens dont ils avaient le plus grand besoin : ainsi les vaisseaux du capitaine COOK et les nôtres sont les seuls, jusqu'à présent, qui ayent abordé heureusement dans cette partie de l'Asie. Je devrais aux lecteurs quelques détails plus particuliers sur le Kamtschatka, si les ouvrages de COXE et ceux de STELLER

1787.
Septembre.

laissaient quelque chose à désirer [c]. L'éditeur du troisième Voyage du capitaine COOK a puisé dans ces sources, et a rappelé avec intérêt tout ce qui est relatif à ce pays, sur lequel on a déjà beaucoup plus écrit que sur plusieurs provinces intérieures de l'Europe, et qui, pour le climat et les productions du sol, peut et doit être comparé à la côte de Labrador des environs du détroit de Belle-île; mais les hommes, comme les animaux, y sont très-différens : les Kamtschadales m'ont paru être les mêmes peuples que ceux de la baie de Castries, sur la côte de Tartarie; leur douceur, leur probité est la même, et leurs formes physiques sont très-peu différentes; ainsi ils ne doivent pas plus être comparés aux Eskimaux, que les zibelines aux martres du Canada. La baie d'Avatscha est certainement la plus belle, la plus commode, la plus sûre qu'il soit possible de rencontrer dans aucune partie du monde; l'entrée en est étroite, et les bâtimens seraient forcés de passer sous le canon des forts qu'on pourrait y établir; la tenue y est excellente, le fond est de vase; deux ports vastes, l'un sur la côte de l'Est et l'autre sur celle de l'Ouest, pourraient recevoir tous les vaisseaux de la marine de France et d'Angleterre. Les rivières d'Avatscha et de Paratounka ont leur embouchure dans cette baie, mais elles sont

---

[c] Des détails très-curieux et qui méritent d'être rapprochés de ceux donnés par COXE et par STELLER, nous ont été fournis par LESSEPS, dans son intéressant Voyage du Kamtschatka en France. Cet ouvrage se trouve à Paris, chez *Moutard*, imprimeur-libraire, rue des Mathurins. (N. D. R.)

embarrassées de bancs, et l'on ne peut y entrer qu'à la pleine mer. Le village de Saint-Pierre et Saint-Paul est situé sur une langue de terre qui, semblable à une jetée faite de main d'homme, forme derrière ce village un petit port, fermé comme un cirque, dans lequel trois ou quatre bâtimens désarmés peuvent passer l'hiver : l'ouverture de cette espèce de bassin est de moins de vingt-cinq toises; et la nature ne peut rien offrir de plus sûr et de plus commode. C'est sur le bord de ce bassin, que M. KASLOFF se propose de tracer le plan d'une ville, qui sera quelque jour la capitale du Kamtschatka, et peut-être le centre d'un grand commerce avec la Chine, le Japon, les Philippines et l'Amérique. Un vaste étang d'eau douce est situé au Nord de l'emplacement de cette ville projetée ; et à trois cents toises seulement, coulent divers petits ruisseaux dont la réunion très-facile procurerait à ce terrain toutes les commodités nécessaires à un grand établissement. M. KASLOFF connaissait le prix de ces avantages; mais « avant tout, » répétait-il cent fois, « il faut du pain et des bras, et nous en avons bien peu ». Il avait cependant donné des ordres qui annonçaient une prochaine réunion de divers ostrogs à celui de Saint-Pierre et Saint-Paul, où il se proposait de faire bâtir incessamment une église. La religion grecque a été établie parmi les Kamtschadales sans persécution, sans violence, et avec une extrême facilité. Le curé de Paratounka est fils d'un Kamtschadale et d'une Russe ; il débite ses prières et son catéchisme avec une bonhomie qui est

1787.
SEPTEMBRE.

1787.
Septembre.

fort du goût des indigènes ; ceux-ci reconnaissent ses soins par des offrandes ou des aumônes, mais ils ne lui payent point de dîmes. Le rit grec permet aux prêtres de se marier, d'où l'on peut conclure que les curés en ont de meilleures mœurs ; je les crois fort ignorans, et il m'est impossible de supposer qu'ils puissent de long-temps avoir besoin de plus de science. La fille, la femme, la sœur du curé, étaient de toutes les femmes celles qui dansaient le mieux, et elles paraissaient jouir de la meilleure santé. Ce bon prêtre savait que nous étions très-catholiques, ce qui nous valut une ample aspersion d'eau bénite, et il nous fit aussi baiser la croix qui était portée par son clerc : ces cérémonies se passaient au milieu du village ; son presbytère était sous une tente, et son autel en plein air : mais sa demeure ordinaire est à Paratounka, et il n'était venu à Saint-Pierre et Saint-Paul, que pour nous faire visite.

Il nous donna divers détails sur les Kuriles, dont il est aussi curé, et où il fait une tournée tous les ans. Les Russes ont trouvé plus commode de substituer des numéros aux anciens noms de ces îles, sur lesquels les auteurs ont beaucoup varié ; ainsi ils disent : la première, la deuxième, &c. jusqu'à la vingt-unième ; cette dernière est celle qui termine les prétentions des Russes. D'après le rapport du curé, cette île pourrait être celle de Marikan ; mais je n'en suis pas très-certain, parce que le bon prêtre était fort diffus, et nous avions cependant un interprète qui entendait le russe comme le français ; mais M. Lesseps croyait que
le

le curé ne s'entendait pas lui-même. Néanmoins voici les détails sur lesquels il n'a pas varié, et qu'on peut regarder comme à peu près certains. Des vingt-une îles qui appartiennent à la Russie, quatre seulement sont habitées : la première, la deuxième, la treizième et la quatorzième; ces deux dernières pourraient n'être comptées que pour une, parce que les habitans de la treizième passent tous l'hiver sur la quatorzième, et reviennent sur la treizième passer l'été; les autres sont absolument inhabitées, et les insulaires n'y abordent en pirogue que pour la chasse des loutres et des renards. Plusieurs de ces dernières îles ne sont que des îlots ou de gros rochers, et l'on ne trouve du bois sur aucune. Les courans sont très-violens entre les îles, et à l'ouvert des canaux, dont quelques-uns sont embarrassés de roches à fleur d'eau. Le curé n'a jamais fait le voyage d'Avatscha aux Kuriles qu'en pirogue, que les Russes appellent *baidar;* et il nous a dit qu'il avait été plusieurs fois sur le point de faire naufrage, et sur-tout de mourir de faim, ayant été poussé hors de vue de terre; mais il est persuadé que son eau bénite et son étole l'ont préservé du danger. Les habitans réunis des quatre îles habitées forment au plus une population de quatorze cents personnes; ils sont très-velus, portent de longues barbes, et ne vivent que de phoques, de poisson et de chasse; ils viennent d'être dispensés, pour dix ans, de payer le tribut qu'ils doivent à la Russie, parce que les loutres sont devenues très-rares sur ces îles : au surplus, ils sont bons, hospitaliers,

1787.
Septembre.

dociles, et ils ont tous embrassé la religion chrétienne. Les insulaires plus méridionaux, et indépendans, traversent quelquefois en pirogue les canaux qui les séparent des Kuriles russes, pour y échanger quelques marchandises du Japon contre des pelleteries. Ces îles font partie du gouvernement de M. Kasloff; mais comme il est très-difficile d'y aborder, et qu'elles sont peu intéressantes pour la Russie, il ne se proposait pas de les visiter, et quoiqu'il regrettât d'avoir laissé à Bolcheretsk une carte russe de ces îles, il ne paraissait pas cependant y mettre beaucoup de confiance : il nous en marquait une si grande, que nous aurions bien voulu, à notre tour, lui communiquer les détails de notre campagne ; son extrême discrétion à cet égard mérite nos éloges.

Nous lui donnâmes néanmoins un petit précis de notre voyage, et nous ne lui laissâmes pas ignorer que nous avions doublé le cap Horn, visité la côte du Nord-Ouest de l'Amérique, abordé à la Chine, aux Philippines, d'où nous étions arrivés au Kamtschatka. Nous ne nous permîmes pas d'entrer dans d'autres détails ; mais je l'assurai que, si la publication de notre campagne était ordonnée, je lui adresserais un des premiers exemplaires de notre relation : j'avais déjà obtenu la permission d'envoyer mon journal en France par M. de Lesseps, notre jeune interprète russe. Ma confiance dans M. Kasloff et dans le gouvernement de Russie ne m'aurait certainement laissé aucune inquiétude, si j'avais été obligé de remettre mes paquets à la poste ;

mais je crus rendre service à ma patrie, en procurant à M. DE LESSEPS l'occasion de connaître par lui-même les diverses provinces de l'empire de Russie, où vraisemblablement il remplacera un jour son père, notre consul général à Pétersbourg. M. KASLOFF me dit obligeamment qu'il l'acceptait pour son aide-de-camp jusqu'à Okhotsk, d'où il lui faciliterait les moyens de se rendre à Pétersbourg, et que, dès ce moment, il faisait partie de sa famille. Une politesse si douce, si aimable, est plus vivement sentie qu'exprimée; elle nous faisait regretter le temps que nous avions passé dans la baie d'Avatscha pendant qu'il était à Bolcheretsk.

Le froid nous avertissait qu'il était temps de songer à partir; le terrain que nous avions trouvé, à notre arrivée le 7 septembre, du plus beau vert, était aussi jaune et aussi brûlé, le 25 du même mois, qu'il l'est à la fin de décembre aux environs de Paris; toutes les montagnes élevées de deux cents toises au-dessus du niveau de la mer, étaient couvertes de neige. Je donnai ordre de tout disposer pour le départ, et nous mîmes sous voiles le 29. M. KASLOFF vint prendre congé de nous; et le calme nous ayant forcés de mouiller au milieu de la baie, il dîna à bord. Je l'accompagnai à terre avec M. DE LANGLE et plusieurs officiers; il nous y donna un très-bon souper et un nouveau bal : le lendemain, à la pointe du jour, les vents ayant passé au Nord, je fis signal d'appareiller. Nous étions à peine sous voiles, que nous entendîmes un

1787.
'TEMBRE.

salut de toute l'artillerie de Saint-Pierre et Saint-Pa[ul]. Je fis rendre ce salut, qui fut renouvelé lorsque nous fûm[es] dans le goulet, le gouverneur ayant envoyé un détachem[ent] pour nous faire rendre les honneurs de départ à l'insta[nt] où nous passerions devant la petite batterie qui est au No[rd] du fanal de l'entrée.

Nous ne pûmes quitter sans attendrissement M. [de] LESSEPS, que ses qualités précieuses nous avaient ren[du] cher, et que nous laissions sur une terre étrangère [au] moment d'entreprendre un voyage aussi long que pénib[le]. Nous emportâmes de ce pays le souvenir le plus dou[x,] avec la certitude que dans aucune contrée, dans auc[un] siècle, on n'a jamais porté plus loin les égards et les soi[ns] de l'hospitalité ^d.

^d Je renvoie le lecteur curieux de plus amples détails sur le Kamtschatka, [au] journal de LESSEPS : il y verra avec intérêt la pénible situation de cet interpr[ète] pendant sa route du havre Saint-Pierre et Saint-Paul à Paris, et les so[ins] particuliers qu'il s'est donnés pour remplir sa mission et pour apporter en Fran[ce] une des parties les plus intéressantes du Voyage de LA PÉROUSE. (N. D. R[.])

CHAPITRE XXIII.

Détails sommaires sur le Kamtschatka. — Indications pour entrer dans la baie d'Avatscha et en sortir sans risques. — Nous parcourons, sur le parallèle de 37^d 30', un espace de trois cents lieues, pour chercher une terre découverte, dit-on, par les Espagnols en 1620. — Nous coupons la Ligne pour la troisième fois. — Nous avons connaissance des îles des Navigateurs, après avoir passé sur l'île du Danger de BYRON. *— Nous sommes visités par beaucoup de pirogues, nous faisons des échanges avec leurs équipages, et nous mouillons à l'île Maouna.*

Ce n'est point aux navigateurs étrangers que la Russie doit ses découvertes et ses établissemens sur les côtes de la Tartarie orientale, et sur celle de la presqu'île du Kamtschatka. Les Russes, aussi avides de pelleteries, que les Espagnols d'or et d'argent, ont, depuis très-longtemps, entrepris par terre les voyages les plus longs et les plus difficiles, pour se procurer les précieuses dépouilles des zibelines, des renards et des loutres de mer ; mais plus soldats que chasseurs, il leur a paru plus commode d'assujettir les indigènes à un tribut, en les subjuguant, que de partager avec eux les fatigues de la chasse. Ils ne

1787.
SEPTEMBRE.

1787.
Septembre.

découvrirent la presqu'île du Kamtschatka que sur la fin du dernier siècle; leur première expédition contre la liberté de ses malheureux habitans eut lieu en 1696. L'autorité de la Russie ne fut pleinement reconnue dans toute la presqu'île, qu'en 1711; les Kamtschadales acceptèrent alors les conditions d'un tribut assez léger, et qui suffit à peine pour solder les frais d'administration : trois cents zibelines, deux cents peaux de renard gris ou rouge, quelques peaux de loutre, forment les revenus de la Russie dans cette partie de l'Asie, où elle entretient environ quatre cents soldats, presque tous Cosaques ou Sibériens, et plusieurs officiers qui commandent dans les différens districts.

La cour de Russie a changé plusieurs fois la forme du gouvernement de cette presqu'île; celle que les Anglais y trouvèrent établie en 1778, n'exista que jusqu'en 1784 : le Kamtschatka devint, à cette époque, une province du gouvernement d'Okhotsk, qui lui-même dépend de la cour souveraine d'Irkoutsk.

L'ostrog de Bolcheretsk, précédemment la capitale du Kamtschatka, où le major Behm faisait sa résidence à l'arrivée des Anglais, n'est commandé aujourd'hui que par un sergent, nommé Martinof. M. Kaborof, lieutenant, commande, comme on l'a dit, à Saint-Pierre et Saint-Paul; le major Eleonoff, à Nijenei-Kamtschatka, ou ostrog du bas Kamtschatka; Vercknei enfin, ou le haut Kamtschatka, est sous les ordres du sergent Momayeff. Ces divers commandans ne se doivent l'un à l'autre aucun compte ; ils rendent chacun le leur directement au gouverneur d'Okhotsk, qui a établi un officier-inspecteur, ayant grade de major, pour commander en particulier aux Kamtschadales, et les garantir, sans doute, des vexations présumées du gouvernement militaire.

Ce premier aperçu du commerce de ces contrées ferait connaître très-imparfaitement les avantages que la Russie retire de ses colonies à l'Orient de l'Asie, si le lecteur ignorait qu'aux voyages par terre ont succédé des navigations dans l'Est du Kamtschatka, vers les côtes de l'Amérique : celles de Béhring et de Tschirikow sont connues de toute l'Europe. Après les noms de ces hommes célèbres par leurs expéditions et par les malheurs qui en ont été la suite, on peut compter d'autres navigateurs qui ont ajouté aux possessions de la Russie, les îles Aléutiennes, les groupes plus à l'Est connus sous le nom d'Oonolaska, et toutes les îles au Sud de la presqu'île.

La dernière campagne du capitaine Cook a déterminé des expéditions encore plus à l'Est ; mais j'ai appris, au Kamtschatka, que les indigènes des pays où ont abordé les Russes, s'étaient refusés jusqu'à présent à leur payer le tribut, et même à faire aucun commerce avec eux : ceux-ci vraisemblablement ont eu la mal-adresse de leur laisser connaître le dessein qu'ils avaient formé de les subjuguer ; et on sait combien les Américains sont fiers de leur indépendance, et jaloux de leur liberté.

La Russie ne fait que très-peu de dépense pour étendre

1787.
Septembre.

ses possessions : des négocians ordonnent des armemens à Okhotsk, où ils construisent, à frais immenses, des bâtimens de quarante-cinq à cinquante pieds de longueur, ayant un seul mât au milieu, à peu près comme nos cutters, et montés par quarante ou cinquante hommes, tous plus chasseurs que marins; ceux-ci partent d'Okhotsk au mois de juin, débouquent ordinairement entre la pointe de Lopatka et la première des Kuriles, dirigent leur route à l'Est, et parcourent différentes îles pendant trois ou quatre ans, jusqu'à ce qu'ils ayent ou acheté aux naturels du pays, ou tué eux-mêmes, une assez grande quantité de loutres pour couvrir les frais de l'armement, et donner aux armateurs un profit, au moins de cent pour cent, pour leurs avances.

La Russie n'a encore formé aucun établissement à l'Est du Kamtschatka : chaque bâtiment en fait un dans le port où il hiverne; et lorsqu'il part, il le détruit, ou le cède à quelqu'autre vaisseau de sa nation. Le gouvernement d'Okhotsk a grand soin d'ordonner aux capitaines de ces cutters de faire reconnaître l'autorité de la Russie par tous les insulaires qu'ils visitent, et il fait embarquer sur chaque vaisseau une espèce d'officier des douanes, chargé d'imposer et de lever un tribut pour la couronne. On m'a rapporté qu'il devait partir incessamment un missionnaire d'Okhotsk, pour prêcher la foi chez les peuples subjugués, et acquitter, en quelque sorte, par des biens spirituels, les compensations que leur doivent les Russes pour les

tributs

tributs qu'ils ont imposés sur eux par le seul droit du plus fort.

On sait que les fourrures se vendent très-avantageusement à Kiatcha, sur les frontières de la Chine et de la Russie; mais ce n'est que depuis la publication de l'ouvrage de M. Coxe, que l'on connaît en Europe l'étendue de cet objet de commerce, dont l'importation et l'exportation se montent à près de dix-huit millions de livres par an. On m'a assuré que vingt-cinq bâtimens, dont les équipages s'élèvent à environ mille hommes, tant Kamtschadales que Russes ou Cosaques, étaient envoyés cette année à la recherche des fourrures vers l'Est du Kamtschatka; ces bâtimens doivent être dispersés depuis la rivière de Cook jusqu'à l'île Béhring : une longue expérience leur a appris que les loutres ne fréquentent guère les latitudes plus septentrionales que les 60 degrés, ce qui détermine à cet égard toutes les expéditions vers les parages de la presqu'île d'Alaska, ou plus à l'Est, mais jamais au détroit de Béhring, sans cesse obstrué de glaces qui ne fondent jamais.

Lorsque ces bâtimens reviennent, ils relâchent quelquefois à la baie d'Avatscha, mais ils font constamment leur retour à Okhotsk, où résident leurs armateurs, et les négocians qui vont directement commercer avec les Chinois, sur la frontière des deux empires. Comme les glaces permettent, dans tous les temps, d'entrer dans la baie d'Avatscha, les navigateurs russes y relâchent lorsque la saison est trop avancée pour qu'ils puissent arriver à

1787.
SEPTEMBRE.

Okhotsk avant la fin de septembre : un réglement très-sage de l'impératrice de Russie a défendu de naviguer dans la mer d'Okhotsk après cette époque, à laquelle commencent les ouragans et les coups de vent, qui ont occasionné sur cette mer de très-fréquens naufrages.

Les glaces ne s'étendent jamais, dans la baie d'Avatscha, qu'à trois ou quatre cents toises du rivage; il arrive souvent, pendant l'hiver, que les vents de terre font dériver celles qui embarrassent l'embouchure des rivières de Paratounka et d'Avatscha, et la navigation en devient alors praticable. Comme l'hiver est généralement moins rigoureux au Kamtschatka qu'à Pétersbourg et dans plusieurs provinces de l'empire de Russie, les Russes en parlent comme les Français de celui de Provence; mais les neiges dont nous étions environnés dès le 20 septembre, la gelée blanche dont la terre était couverte tous les matins, et la verdure qui était aussi fanée que l'est celle des environs de Paris au mois de janvier, tout nous faisait pressentir que l'hiver doit y être d'une rigueur insupportable pour les peuples méridionaux de l'Europe.

Nous étions cependant, à certains égards, moins frileux que les habitans, Russes ou Kamtschadales, de l'ostrog de Saint-Pierre et Saint-Paul; ils étaient vêtus des fourrures les plus épaisses, et la température de l'intérieur de leurs isbas, dans lesquels ils ont toujours des poiles allumés, était de 28 ou 30 degrés au-dessus de la glace : nous ne pouvions respirer dans un air aussi chaud; et le lieutenant avait le soin d'ouvrir ses fenêtres lorsque nous étions dans son appartement : ces peuples se sont accoutumés aux extrêmes ; on sait que leur usage, en Europe comme en Asie, est de prendre des bains de vapeurs dans des étuves, d'où ils sortent couverts de sueur, et vont ensuite se rouler sur la neige. L'ostrog de Saint-Pierre avait deux de ces bains publics, dans lesquels je suis entré avant qu'ils fussent allumés ; ils consistent en une chambre très-basse, au milieu de laquelle est un four bâti en pierre sèche, qu'on chauffe comme les fours destinés à cuire le pain ; sa voûte est entourée de bancs disposés en amphithéâtre, pour ceux qui veulent se baigner, de sorte que la chaleur est plus ou moins forte, suivant qu'on est placé sur un gradin supérieur ou inférieur : on jette de l'eau sur le sommet de la voûte, lorsqu'elle est rougie par le feu qui est dessous ; cette eau s'élève aussitôt en vapeurs, et excite la transpiration la plus abondante. Les Kamtschadales ont adopté cet usage, ainsi que beaucoup d'autres, de leurs vainqueurs ; et sous très-peu d'années, ce caractère primitif qui les distinguait des Russes d'une manière si marquée, sera entièrement effacé. Leur population n'excède pas aujourd'hui quatre mille ames dans toute la presqu'île, qui s'étend cependant depuis le 51.e degré jusqu'au 63.e, sur une largeur de plusieurs degrés en longitude : ainsi l'on voit qu'il y a plusieurs lieues quarrées par individu. Ils ne cultivent aucune production de la terre ; et la préférence qu'ils ont donnée aux chiens sur les rennes, pour le service des traîneaux,

1787.
Septembre.

les empêche d'élever ni cochons, ni moutons, ni jeunes rennes, ni poulains, ni veaux, parce que ces animaux seraient dévorés avant qu'ils eussent acquis des forces suffisantes pour se défendre. Le poisson est la base de la nourriture de leurs chiens d'attelage, qui font cependant jusqu'à vingt-quatre lieues par jour; on ne leur donne à manger que lorsqu'ils ont achevé leur course.

Le lecteur a déjà vu que cette manière de voyager n'est pas particulière aux Kamtschadales; les peuples de Tchoka, et les Tartares de la baie de Castries, n'ont pas d'autres attelages. Nous avions un extrême désir de savoir si les Russes ont quelque connaissance de ces différens pays, et nous apprîmes de M. KASLOFF, que les bâtimens d'Okhotsk avaient aperçu plusieurs fois la pointe septentrionale de l'île qui est à l'embouchure du fleuve Amur, mais qu'ils n'y étaient jamais descendus, parce qu'elle est en-delà des limites des établissemens de l'empire de Russie sur cette côte.

La baie d'Avatscha ressemble beaucoup à celle de Brest, mais elle lui est infiniment supérieure par la qualité du fond, qui est de vase; son entrée est aussi plus étroite, et conséquemment plus facile à défendre. Nos lithologistes et nos botanistes ne rencontrèrent sur ses rivages que des substances extrêmement communes en Europe. Les Anglais ont donné un très-bon plan de cette baie: on doit faire attention à deux bancs situés à l'Est et à l'Ouest de l'entrée, et séparés par un large chenal pour le passage des vaisseaux ; on est certain de les éviter, en laissant deux rochers isolés qui sont sur la côte de l'Est, ouverts par la pointe du fanal, et en tenant, au contraire, fermée par la côte de l'Ouest, une grosse roche qu'on laisse à bâbord, et qui n'est séparée de la terre que par un canal de moins d'une encablure de largeur. Tous les mouillages de la baie sont également bons ; et l'on peut s'approcher plus ou moins de l'ostrog, selon le désir que l'on a de communiquer avec le village.

1787. Septembre.

D'après les observations de M. Dagelet, la maison du lieutenant Kaborof est située par 53ᵈ 1ʹ de latitude Nord, et 156ᵈ 30ʹ de longitude orientale : les marées y sont très-régulières ; la mer est haute à trois heures et demie, aux nouvelles et pleines lunes ; son élévation, dans le havre, est de quatre pieds. Nous observâmes que notre horloge n.º 19, retardait chaque jour de 10″, ce qui différait de 2″ du retardement journalier attribué, à Cavite, six mois auparavant, à cette même horloge.

Les vents du Nord qui nous étaient si favorables pour sortir de la baie d'Avatscha, nous abandonnèrent à deux lieues au large ; ils se fixèrent à l'Ouest, avec une opiniâtreté et une violence qui ne me permirent pas de suivre le plan que je m'étais proposé, de reconnaître et de relever les Kuriles jusqu'à l'île Marikan. Les coups de vent et les orages se succédèrent si rapidement, que je fus obligé de mettre souvent à la cape à la misaine ; et je me trouvai écarté de la côte de quatre-vingts lieues. Je ne cherchai pas

Octobre.

1787.
Octobre.

14.

à lutter contre ces obstacles, parce que la reconnaissance de ces îles était peu importante ; et je dirigeai ma route pour couper, par les 165^d de longitude, le parallèle de 37^d $30'$ sur lequel quelques géographes ont placé une grande île riche et bien peuplée, découverte, dit-on, en 1620, par les Espagnols. La recherche de cette terre avait fait partie de l'objet des instructions du capitaine URIÈS; et l'on trouve un mémoire qui contient quelques détails sur cette île, dans le quatrième volume de la Collection académique, partie étrangère. Il me paraissait que, parmi les différentes recherches qui m'étaient plutôt indiquées qu'ordonnées par mes instructions, celle-là méritait la préférence. Je n'atteignis le parallèle des 37^d $30'$ que le 14, à minuit : nous avions vu, dans cette même journée, cinq ou six petits oiseaux de terre, de l'espèce des linots, se percher sur nos manœuvres ; et nous aperçûmes, le même soir, deux vols de canards ou de cormorans, oiseaux qui ne s'écartent presque jamais du rivage. Le temps était fort clair, et sur l'une et l'autre frégate, des vigies furent constamment au haut des mâts. Une récompense assez considérable était promise à celui qui le premier apercevrait la terre ; ce motif d'émulation était peu nécessaire : chaque matelot enviait l'honneur de faire le premier une découverte qui, d'après ma promesse, devait porter son nom. Mais, malgré les indices certains du voisinage d'une terre, nous ne découvrîmes rien, quoique l'horizon fût très-étendu : je supposai que cette île devait être au Sud, et que les vents violens qui avaient récemment soufflé de cette partie, avaient écarté vers le Nord les petits oiseaux que nous avions vus se poser sur nos agrès; en conséquence je fis route au Sud jusqu'à minuit. Étant alors précisément, comme je l'ai dit, par 37^d 30' de latitude Nord, j'ordonnai de gouverner à l'Est, à très-petites voiles, attendant le jour avec la plus vive impatience. Il se fit, et nous vîmes encore deux petits oiseaux ; je continuai la route à l'Est : une grosse tortue passa, le même soir, le long du bord. Le lendemain, en parcourant toujours le même parallèle vers l'Est, nous vîmes un oiseau plus petit qu'un roitelet de France, perché sur le bras du grand hunier, et un troisième vol de canards : ainsi, à chaque instant, nos espérances étaient soutenues ; mais nous n'avions jamais le bonheur de les voir se réaliser [a].

1787.
Octobre.

Nous éprouvâmes, pendant cette recherche, un malheur trop réel ; un matelot du bord de l'Astrolabe tomba à la mer en serrant le petit perroquet ; soit qu'il se fût blessé

---

[a] La Pérouse aurait-il ignoré que le parallèle Nord de 37^d 30' avait été parcouru infructueusement, sur un espace de quatre cent cinquante milles vers l'Est du Japon, par le vaisseau *le Kastricum*, ou a-t-il craint de s'écarter de ses instructions, et de l'indication qui lui était donnée dans la quarante-huitième note géographique insérée dans le premier volume! Quel que soit le motif qui l'a déterminé, les fréquens indices de terre qu'ont eus les navigateurs, doivent faire regretter que La Pérouse n'ait pas pris le parti de suivre le 37.e ou le 38.e parallèle. Les terres anciennement découvertes s'étant presque toutes retrouvées de nos jours, cette île sera sûrement l'objet de nouvelles recherches, et il y a lieu d'espérer qu'on la trouvera en parcourant le parallèle de 36^d 30'. (N. D. R.)

1787.
Octobre.

dans sa chute, ou qu'il ne sût pas nager, il ne reparut point, et tous nos soins pour le sauver furent inutiles.

Les indices de terre continuèrent le 18 et le 19, quoique nous eussions fait beaucoup de chemin à l'Est. On aperçut, chacun de ces jours, des vols de canards ou d'autres oiseaux de rivage; un soldat prétendit même avoir vu passer quelques brins de goëmons : mais comme ce fait n'était soutenu d'aucun autre témoignage, nous rejetâmes unanimement son récit, en conservant cependant les plus fortes espérances de la découverte prochaine de quelque terre. A peine eûmes-nous atteint les 175^d de longitude orientale, que tous les indices cessèrent ; je continuai

22.

cependant la même route jusqu'au 22, à midi : mais à cette époque, la longitude indiquée par l'horloge n.° 19, me plaçant à 20' au-delà des 180^d à l'Orient de Paris, limites qui m'avaient été fixées pour la recherche de cette île, j'ordonnai la route au Sud, afin de trouver des mers plus tranquilles. Depuis notre départ du Kamtschatka, nous avions toujours navigué au milieu des plus grosses lames; un coup de mer avait même emporté notre petit canot, saisi sur le passe-avant, et avait jeté à bord plus de cent barriques d'eau : ces contrariétés auraient à peine été remarquées, si, plus heureux, nous eussions rencontré l'île dont la recherche nous coûtait tant de fatigues, et qui certainement existe dans les environs de la route que nous avons parcourue. Les indices de terre ont été trop fréquens et d'une nature trop marquée, pour que nous puissions en douter.

douter. Je suis porté à croire que nous avons couru sur un parallèle trop septentrional; et, si j'avais à recommencer cette recherche, je naviguerais en suivant le parallèle de 35^d, depuis 160 jusqu'à 170 degrés de longitude : c'est sur cet espace que nous aperçûmes le plus d'oiseaux de terre; ils me paraissaient venir du Sud, et avoir été poussés par la violence des vents qui avaient soufflé de cette partie. Le plan ultérieur de notre campagne ne me laissait pas le temps de vérifier cette conjecture, en faisant vers l'Ouest le même chemin que nous venions de parcourir à l'Est : les vents qui soufflent presque sans cesse de l'Occident, ne m'auraient pas permis de faire, en deux mois, le trajet que j'avais fait en huit jours. Je dirigeai ma navigation vers l'hémisphère Sud, dans ce vaste champ de découvertes où les routes des QUIROS, des MENDAÑA, des TASMAN, &c. sont croisées en tout sens par celles des navigateurs modernes, et où chacun de ceux-ci a ajouté quelques îles nouvelles aux îles déjà connues, mais sur lesquelles la curiosité des Européens avait à désirer des détails plus circonstanciés que ceux qui se trouvent dans les relations des premiers navigateurs. On sait que dans cette vaste partie du grand océan équatorial, il existe une zone, de 12 à 15 degrés environ du Nord au Sud, et de 140 degrés de l'Est à l'Ouest, parsemée d'îles qui sont, sur le globe terrestre, ce qu'est la voie lactée dans le ciel. Le langage, les mœurs de leurs habitans ne nous sont plus inconnus; et les observations qui ont été faites par les derniers voyageurs, nous permettent même de former des conjectures probables sur l'origine de ces peuples, qu'on peut attribuer aux Malais, comme celle de différentes colonies des côtes d'Espagne et d'Afrique, aux Phéniciens. C'est dans cet archipel que mes instructions m'ordonnaient de naviguer pendant la troisième année de notre campagne : la partie occidentale et méridionale de la nouvelle Calédonie, dont la côte orientale fut découverte par le capitaine Cook, dans son second voyage; les îles du Sud de l'archipel des Arsacides, dont celles du Nord avaient été reconnues par Surville; la partie septentrionale des terres de la Louisiade, que M. de Bougainville n'avait pu explorer, mais dont il avait, le premier, prolongé la côte du Sud-Est : tous ces points de géographie avaient principalement fixé l'attention du gouvernement, et il m'était enjoint d'en marquer les limites, et de les assujettir à des déterminations précises de latitude et de longitude. Les îles de la Société, celles des Amis, celles des Hébrides, &c. étaient connues et ne pouvaient plus intéresser la curiosité des Européens : mais comme elles offraient des ressources en vivres, il m'était permis d'y relâcher suivant le besoin que j'en aurais; et l'on avait présumé, avec raison, qu'en sortant du Kamtschatka, j'aurais une bien petite provision de vivres frais, si nécessaires à la conservation de la santé des marins.

Il ne me fut pas possible d'avancer assez rapidement au Sud pour éviter un coup de vent qui souffla de cette partie le 23 octobre; la mer était extrêmement grosse, et nous fûmes obligés de passer la nuit à la cape à la misaine : les vents furent très-variables et les mers très-agitées, jusqu'au 30.ᵉ degré de latitude, parallèle que nous atteignîmes le 29 octobre. Notre santé se trouva généralement affectée du passage trop rapide du froid au plus grand chaud ; mais nous n'éprouvâmes que de légères incommodités qui n'obligèrent personne à garder le lit.

Le premier novembre, par 26ᵈ 27′ de latitude Nord, et 175ᵈ 38′ de longitude occidentale, nous vîmes un grand nombre d'oiseaux, entr'autres des courlieux et des pluviers, espèces qui ne s'éloignent jamais de terre. Le temps était couvert et par grains ; mais toutes les parties de l'horizon s'éclaircirent successivement, excepté vers le Sud, où de gros nuages restaient constamment fixés, ce qui me fit croire qu'une terre pouvait se trouver dans cette aire de vent. Je fis suivre cette route : le 2, le 3 et le 4, nous continuâmes à voir des oiseaux ; peu à peu les indices de terre cessèrent, mais il est vraisemblable que nous passâmes assez près de quelque île ou basse, dont nous n'eûmes point connaissance et que le hasard offrira peut-être à un autre navigateur. Nous commençâmes alors à jouir d'un ciel pur, et il nous fut enfin possible d'obtenir des longitudes par des distances de la lune au soleil, observations que nous n'avions pu faire depuis notre départ du Kamtschatka : les longitudes observées différaient de celles de notre horloge n.° 19, d'un degré vers l'Occident. Nous prîmes quelques dorades, et deux requins qui furent

1787.
OCTOBRE.
29.

NOVEMBRE.
1.ᵉʳ

1787.
Novembre.

pour nous des mets délicieux, parce que nous étions tous réduits au lard salé qui même commençait à se ressentir de l'influence des climats brûlans. Nous répétâmes les mêmes observations de distance les jours suivans, et la différence fut constamment la même. Nous avions enfin atteint le Tropique; le ciel devenait plus beau, et notre horizon était très-étendu : nous n'aperçûmes aucune terre; mais nous vîmes tous les jours des oiseaux de rivage qu'on ne rencontre jamais à une grande distance. Le 4 novembre, nous étions par 23^d 40' de latitude Nord, et 175^d 58' 47" de longitude occidentale suivant une suite de distances prises dans le même jour; nous prîmes à bord un pluvier doré, qui était encore assez gras, et qui ne pouvait être depuis long-temps égaré sur les mers. Le 5, nous coupâmes la ligne de notre route, de Monterey à Macao; le 6, celle du capitaine Clerke, des îles Sandwich au Kamtschatka : les oiseaux avaient absolument disparu. Nous étions extrêmement fatigués par une grosse lame de l'Est, qui, comme celle de l'Ouest dans l'océan Atlantique, règne constamment sur cette vaste mer, et nous ne trouvions ni bonites, ni dorades; à peine apercevions-nous quelques poissons volans; nos provisions fraîches étaient absolument consommées, et nous avions un peu trop compté sur le poisson, pour adoucir l'austérité de notre régime. Le 9, nous passâmes sur la pointe méridionale de la basse de Villa Lobos, d'après la position qui lui avait été assignée sur les cartes qui m'avaient été remises par M. de Fleurieu. Je réglai la

4.

5.
6.

9.

voilure de manière à dépasser sa latitude pendant le jour : mais comme nous n'aperçûmes ni oiseaux, ni goëmons, je suis porté à croire que, si cette batture existe, il faut lui assigner une position plus occidentale, les Espagnols ayant toujours placé trop près des côtes de l'Amérique leurs découvertes dans le grand océan. La mer se calma un peu à cette époque, et les brises furent plus modérées ; mais le ciel se couvrit de nuages épais, et nous eûmes à peine atteint le 10.ᵉ degré de latitude Nord, que nous essuyâmes une pluie presque constante, au moins pendant le jour, car les nuits étaient assez belles. La chaleur fut étouffante, et l'hygromètre n'avait jamais marqué plus d'humidité depuis notre départ d'Europe ; nous respirions un air sans ressort, qui, joint aux mauvais alimens, diminuait nos forces, et nous aurait rendus presque incapables de travaux pénibles, si les circonstances l'eussent exigé. Je redoublai de soins pour conserver la santé des équipages pendant cette crise, produite par un passage trop subit du froid au chaud et à l'humide ; je fis distribuer, chaque jour, du café au déjeûner ; j'ordonnai de sécher et aérer le dessous des ponts ; l'eau de la pluie servit à laver les chemises des matelots, et nous mîmes ainsi à profit l'intempérie du climat que nous étions obligés de traverser, et dont je craignais plus l'influence que celle des latitudes élevées que nous avions parcourues. Nous prîmes, le 6 novembre, pour la première fois, huit bonites, qui procurèrent un bon repas à tout l'équipage, et aux officiers qui, ainsi que moi, n'avaient plus d'autres

1787.
NOVEMBRE.

1787.
Novembre.
15.

21.

23.

alimens que ceux de la cale. Ces pluies, ces orages et ces grosses mers, cessèrent vers le 15, lorsque nous eûmes atteint les 5 degrés de latitude Nord; nous jouîmes alors du ciel le plus tranquille ; un horizon de la plus grande étendue, au moment du coucher du soleil, nous rassurait sur la route de la nuit; d'ailleurs, l'air était si pur, le ciel si serein, qu'il en résultait une clarté à l'aide de laquelle nous eussions aperçu les dangers comme en plein jour. Ce beau temps nous accompagna en-delà de l'Equateur, que nous coupâmes le 21 novembre, pour la troisième fois depuis notre départ de Brest : nous nous en étions éloignés trois fois d'environ 60 degrés au Nord ou au Sud ; et le plan ultérieur de notre voyage ne devait nous ramener vers l'hémisphère Nord que dans la mer Atlantique, lorsque nous retournerions en Europe. Rien n'interrompait la monotonie de cette longue traversée; nous faisions une route à peu près parallèle à celle que nous avions parcourue, l'année précédente, en allant de l'île de Pâque aux îles Sandwich; pendant cette route, nous avions été sans cesse environnés d'oiseaux et de bonites, qui nous avaient fourni une nourriture saine et abondante : dans celle-ci, au contraire, une vaste solitude régnait autour de nous; l'air et les eaux de cette partie du globe étaient sans habitans. Nous prîmes cependant, le 23, deux requins qui fournirent deux repas aux équipages, et nous tuâmes, le même jour, un courlieu très-maigre, et qui paraissait très-fatigué; nous pensâmes qu'il pouvait venir de l'île du Duc d'York, dont nous étions éloignés d'environ cent lieues; il fut mangé à ma table, apprêté en salmi, et il n'était guère meilleur que les requins. A mesure que nous avancions dans l'hémisphère Sud, les foux, les frégates, les hirondelles de mer et les paille-en-culs, volaient autour des bâtimens; nous les prîmes pour les avant-coureurs de quelque île que nous avions une extrême impatience de rencontrer : nous murmurions de la fatalité qui nous avait fait parcourir, depuis notre départ du Kamtschatka, une longue ligne sans faire la plus petite découverte. Ces oiseaux, dont la quantité devint innombrable lorsque nous eûmes atteint les quatre degrés de latitude Sud, nous donnaient, à chaque instant, l'espoir de rencontrer quelque terre ; mais quoique l'horizon fût de la plus vaste étendue, aucune ne s'offrait à notre vue : nous faisions, à la vérité, peu de chemin. Les brises cessèrent lorsque nous fûmes par les deux degrés de latitude Sud, et il leur succéda des vents très-faibles du Nord à l'Ouest-Nord-Ouest, avec lesquels je m'élevai un peu dans l'Est, parce que je craignais d'être porté sous le vent des îles des Amis. Pendant ces calmes, nous prîmes quelques requins, que nous préférions aux viandes salées, et nous tuâmes des oiseaux de mer, que nous mangeâmes en salmi ; quoique très-maigres, et d'un goût et d'une odeur de poisson insupportables, ils nous parurent, dans la disette de vivres frais où nous nous trouvions, presque aussi bons que des bécasses. Les goëlettes noires, ou absolument blanches, sont particulières à la mer du Sud, et je n'en ai jamais

1787.
NOVEMBRE.

DÉCEMBRE.
2.

aperçu dans l'océan Atlantique ; nous en avons beaucoup plus tué que de foux et de frégates : celles-ci volaient en si grande quantité autour de nos bâtimens, sur-tout pendant la nuit, que nous étions assourdis par le bruit qu'elles faisaient, et on avait de la peine à suivre une conversation sur le gaillard : nos chasses, qui étaient assez heureuses, nous vengeaient de leurs criailleries, et nous procuraient un aliment supportable, mais elles disparurent lorsque nous eûmes dépassé le sixième degré. Les vents du Nord-Ouest à l'Ouest, qui avaient commencé vers le troisième degré de latitude Sud, mais très-faibles et fort clairs, régnèrent alors impérieusement, et ils ne cessèrent que par les 12 degrés. Une grosse houle de l'Ouest rendait notre navigation extrêmement fatigante : nos cordages, pourris par l'humidité constante que nous avions éprouvée pendant notre navigation sur la côte de Tartarie, cassaient à chaque instant, et nous ne les remplacions qu'à la dernière extrémité, de crainte d'en manquer ; les grains, les orages, la pluie, nous accompagnèrent constamment jusque par les $10^d\ 50'$, que nous atteignîmes le 2 décembre. Les vents, sans cesser d'être à l'Ouest, devinrent plus modérés et très-clairs ; nous fîmes des observations de distance qui rectifièrent l'erreur de nos montres : depuis notre départ du Kamtschatka, elles paraissaient avoir retardé de cinq minutes de temps, ou d'un degré 15 minutes dont elles donnaient la longitude plus orientale. Nous passâmes, suivant nos longitudes obtenues par des distances de la lune au soleil, dont le

résultat

résultat était de 170ᵈ 7′ de longitude occidentale, précisément sur le point assigné aux îles du Danger de Byron; car nous étions par leur latitude, et comme nous n'aperçûmes aucune terre, ni le moindre indice qu'il y en eût une à notre proximité, il est évident qu'il faut assigner à ces îles une autre longitude : le commodore Byron n'avait navigué que d'après les méthodes fautives de l'estime. Le lendemain 3 décembre, nous étions, par 11ᵈ 34′ 47″ de latitude Sud, et 170ᵈ 7′ 1″ de longitude occidentale suivant nos observations de distance, précisément sur le parallèle de l'île de la Belle-Nation de Quiros, et un degré plus à l'Est. J'aurais voulu courir quelques degrés dans l'Ouest pour la rencontrer; mais les vents soufflaient directement de cette partie; et l'île est placée d'une manière trop incertaine pour la chercher en louvoyant : je crus donc devoir profiter de ces mêmes vents d'Ouest pour atteindre le parallèle des îles des Navigateurs de Bougainville, qui sont une découverte des Français, et où nous pouvions espérer de trouver quelques rafraîchissemens dont nous avions grand besoin.

Nous eûmes connaissance de l'île la plus orientale de cet archipel, le 6 décembre, à trois heures après midi; nous fîmes route pour l'approcher, jusqu'à onze heures du soir, et nous nous tînmes bord sur bord le reste de la nuit. Comme je me proposais d'y mouiller, si j'y trouvais un ancrage, je passai par le canal qui est entre la grande et la petite île que M. de Bougainville avait laissées

1787.
DÉCEMBRE.

dans le Sud : il est étroit et n'a guère qu'une lieue de largeur, mais il paraissait sain et sans aucun danger. Nous étions dans la passe à midi, et nous y observâmes, à un mille de la côte, 14^d 7' de latitude méridionale; la pointe du Sud de l'une de ces îles nous restait alors au Sud 36^d Ouest : ainsi la pointe méridionale de cette île est située par 14^d 8' de latitude Sud.

Nous n'aperçûmes de pirogues que lorsque nous fûmes dans le canal : nous avions vu des habitations au vent de l'île ; et un groupe considérable d'Indiens, assis en rond sous des cocotiers, paraissait jouir, sans émotion, du spectacle que la vue de nos frégates leur donnait ; ils ne lancèrent alors aucune pirogue à la mer, et ne nous suivirent pas le long du rivage. Cette terre, d'environ deux cents toises d'élévation, est très-escarpée, et couverte, jusqu'à la cime, de grands arbres, parmi lesquels nous distinguions un grand nombre de cocotiers : les maisons en sont bâties à peu près à mi-côte ; et dans cette position, les insulaires y respirent un air plus tempéré. Nous remarquions auprès, quelques terres défrichées, qui devaient être plantées vraisemblablement en patates ou en ignames ; mais en totalité, cette île paraît peu fertile ; et, dans toute autre partie de la mer du Sud, je l'aurais crue inhabitée : mon erreur eût été d'autant plus grande, que même deux petites îles qui forment le côté occidental du canal par lequel nous avons passé, ont aussi leurs habitans ; nous vîmes s'en détacher cinq pirogues, qui se joignirent à onze autres, sorties de l'île de l'Est; les pirogues, après avoir fait plusieurs fois le tour de nos deux bâtimens avec un air de méfiance, se hasardèrent enfin à nous approcher, et à former avec nous quelques échanges, mais si peu considérables, que nous n'en obtînmes qu'une vingtaine de cocos et deux poules-sultanes bleues. Ces insulaires étaient, comme tous ceux de la mer du Sud, de mauvaise foi dans leur commerce; et lorsqu'ils avaient reçu d'avance le prix de leurs cocos, il était rare qu'ils ne s'éloignassent pas sans avoir livré les objets d'échange convenus : ces vols étaient, à la vérité, de bien peu d'importance, et quelques colliers de rassade, avec de petits coupons de drap rouge, ne valaient guère la peine d'être réclamés. Nous sondâmes plusieurs fois dans le canal, et une ligne de cent brasses ne rapporta point de fond, quoiqu'à moins d'un mille de distance du rivage. Nous continuâmes notre route pour doubler une pointe derrière laquelle nous espérions trouver un abri; mais l'île n'avait pas la largeur indiquée sur le plan de M. DE BOUGAINVILLE : elle se termine au contraire en pointe, et son plus grand diamètre est au plus d'une lieue. Nous trouvâmes la brise de l'Est battant sur cette côte, qui est hérissée de ressifs; et il nous fut prouvé qu'on y chercherait en vain un mouillage. Nous dirigeâmes alors notre route en dehors du canal, dans le dessein de prolonger les deux îles de l'Ouest, qui sont ensemble à peu près aussi considérables que la plus orientale : un canal de moins de cent toises sépare l'une de l'autre; et l'on aperçoit, à leur extrémité

1787.
DÉCEMBRE.

occidentale, un îlot, que j'aurais appelé un gros rocher s'il n'eût été couvert d'arbres. Avant de doubler les deux pointes méridionales du canal, nous restâmes en calme plat, ballottés par une assez grosse houle qui me fit craindre d'aborder l'Astrolabe; heureusement, quelques folles brises nous tirèrent bientôt de cette situation désagréable : elle ne nous avait pas permis de faire attention à la harangue d'un vieux Indien, qui tenait une branche de kava à la main, et prononçait un discours assez long. Nous savions, par la lecture de différens voyages, que c'était un signe de paix ; et, en lui jetant quelques étoffes, nous lui répondîmes par le mot *tayo*, qui veut dire *ami* dans l'idiome de plusieurs peuples des îles de la mer du Sud : mais nous n'étions pas encore assez exercés pour entendre et prononcer distinctement les mots des vocabulaires que nous avions extraits des Voyages de Cook.

Lorsque nous fûmes enfin atteints par la brise, nous fîmes de la voile pour nous écarter de la côte et sortir de la lisière des calmes. Toutes les pirogues nous abordèrent alors ; elles marchent en général assez bien à la voile, mais très-médiocrement à la pagaie : ces embarcations ne pourraient servir à des peuples moins bons nageurs que ceux-ci ; elles chavirent à chaque instant ; mais cet accident les surprend et les inquiète moins que chez nous la chute d'un chapeau : ils soulèvent sur leurs épaules la pirogue submergée ; et, après en avoir vidé l'eau, ils y rentrent, bien certains d'avoir à recommencer cette opération une demi-heure après, l'équilibre étant presque aussi difficile à garder dans ces frêles bâtimens que l'est celui de nos voltigeurs sur leurs cordes. Ces insulaires sont généralement grands, et leur taille moyenne me parut être de cinq pieds sept à huit pouces ; la couleur de leur peau est à peu près celle des Algériens ou des autres peuples de la côte de Barbarie ; leurs cheveux sont longs et retroussés sur le sommet de la tête ; leur physionomie paraissait peu agréable. Je ne vis que deux femmes, et leurs traits n'avaient pas plus de délicatesse : la plus jeune, à laquelle on pouvait supposer dix-huit ans, avait, sur une jambe, un ulcère affreux et dégoûtant. Plusieurs de ces insulaires avaient des plaies considérables ; et il serait possible que ce fût un commencement de lèpre, car je remarquai parmi eux deux hommes dont les jambes ulcérées et aussi grosses que le corps, ne pouvaient laisser aucun doute sur le genre de leur maladie. Ils nous approchèrent avec crainte et sans armes, et tout annonce qu'ils sont aussi paisibles que les habitans des îles de la Société ou des Amis. Nous croyions qu'ils étaient partis sans retour, et leur pauvreté apparente ne nous laissait qu'un faible regret ; mais la brise ayant beaucoup molli dans l'après-midi, les mêmes pirogues, auxquelles se joignirent plusieurs autres, vinrent, à deux lieues au large, nous proposer de nouveaux échanges : elles avaient été à terre en nous quittant, et elles retournaient un peu plus richement chargées que la première fois. Nous obtînmes des insulaires, à cette reprise, plusieurs curiosités relatives à leurs costumes, cinq poules, dix poules-sultanes, un petit cochon, et la plus charmante tourterelle que nous eussions vue; elle était blanche, sa tête du plus beau violet, ses ailes vertes, et sa guimpe semée de petites taches rouges et blanches, semblables à des feuilles d'anémone : ce petit animal était privé, mangeait dans la main et dans la bouche; mais il n'était guère vraisemblable qu'il pût arriver vivant en Europe : en effet, sa mort ne nous permit que de conserver sa robe, qui perdit bientôt tout son éclat. Comme l'Astrolabe nous avait toujours précédés dans cette route, les pirogues avaient toutes commencé leurs échanges avec M. de Langle, qui avait acheté des Indiens deux chiens, que nous trouvâmes très-bons.

Quoique les pirogues de ces insulaires soient artistement construites, et qu'elles forment une preuve de leur habileté à travailler le bois, nous ne pûmes jamais parvenir à leur faire accepter nos haches ni aucun instrument de fer; ils préféraient quelques grains de verre, qui ne pouvaient leur être d'aucune utilité, à tout ce que nous leur offrions en fer et en étoffes. Ils nous vendirent un vase de bois, rempli d'huile de coco; ce vase avait absolument la forme d'un de nos pots de terre, et un ouvrier européen n'aurait jamais cru pouvoir le façonner autrement que sur le tour. Leurs cordes sont rondes, et tressées comme nos chaînes de montres; leurs nattes sont très-fines, mais leurs étoffes inférieures, par la couleur et le tissu, à celles des îles de Pâque et de Sandwich; il paraît d'ailleurs qu'elles sont fort rares, car tous ces insulaires étaient absolument nuds, et ils ne nous en vendirent que deux pièces. Comme nous étions certains de rencontrer plus à l'Ouest une île beaucoup plus considérable, auprès de laquelle nous pouvions nous flatter de trouver au moins un abri, si même il n'y avait un port, nous remîmes à faire des observations plus étendues après notre arrivée dans cette île, qui, suivant le plan de M. DE BOUGAINVILLE, ne doit être séparée du dernier îlot que nous avions par notre travers à l'entrée de la nuit, que par un canal de huit lieues. Je ne fis que trois ou quatre lieues à l'Ouest après le coucher du soleil, et je passai le reste de la nuit bord sur bord, à petites voiles ; je fus très-surpris, au jour, de ne pas voir la terre sous le vent, et je n'en eus connaissance qu'à six heures du matin, parce que le canal est infiniment plus large que celui indiqué sur le plan qui m'avait servi de guide : il serait à désirer que les cartes d'un voyage qui, par l'exactitude des observations, par l'étendue et l'importance des découvertes, ne le cède qu'aux voyages du capitaine COOK; il serait, dis-je, à désirer que les plans particuliers en eussent été dressés avec plus de soin et sur une plus grande échelle.

Nous n'atteignîmes la pointe du Nord-Est de l'île Maouna qu'à cinq heures du soir : étant dans l'intention d'y chercher un mouillage, je fis signal à l'ASTROLABE de serrer le vent, afin de tenir bord sur bord pendant la nuit, au vent de l'île, et d'avoir toute la journée du

1787.
DÉCEMBRE.

9.

lendemain pour en explorer les plus petits détails. Quoiqu'à trois lieues de terre, trois ou quatre pirogues vinrent, ce même soir, à bord, nous apporter des cochons et des fruits qu'elles échangèrent contre des rassades, ce qui nous donna la meilleure opinion de la richesse de cette île.

Le 9, au matin, je rapprochai la terre, et nous la prolongeâmes à une demi-lieue de distance : elle est environnée d'un ressif de corail, sur lequel la mer brisait avec fureur; mais ce ressif touchait presque le rivage, et la côte formait différentes petites anses, devant lesquelles on voyait des intervalles par où pouvaient passer les pirogues, et même vraisemblablement nos canots et chaloupes. Nous découvrions des villages nombreux au fond de chacune de ces anses, d'où il était sorti une innombrable quantité de pirogues chargées de cochons, de cocos, et d'autres fruits, que nous échangions contre des verroteries : une abondance aussi grande augmentait le désir que j'avais d'y mouiller; nous voyions d'ailleurs l'eau tomber en cascades du haut des montagnes au pied des villages. Tant de biens ne me rendaient pas difficile sur l'ancrage : je fis serrer la côte de plus près ; et à quatre heures, ayant trouvé, à un mille du rivage et par trente brasses, un banc composé de coquillages pourris et de très-peu de corail, nous y laissâmes tomber l'ancre; mais nous fûmes ballottés par une houle très-forte, qui portait à terre, quoique le vent vînt de la côte. Nous mîmes aussitôt nos canots à la mer ; et le même jour, M. DE LANGLE et plusieurs officiers, avec trois

canots

canots armés des deux frégates, descendirent au village, où ils furent reçus des habitans de la manière la plus amicale. La nuit commençait, lorsqu'ils abordèrent au rivage; les Indiens allumèrent un grand feu pour éclairer le lieu du débarquement; ils apportèrent des oiseaux, des cochons, des fruits : après un séjour d'une heure, nos canots retournèrent à bord. Chacun paraissait satisfait de cet accueil; et nos seuls regrets étaient de voir nos vaisseaux mouillés dans une si mauvaise rade, où les frégates roulaient comme en pleine mer. Quoique nous fussions à l'abri des vents du Nord au Sud par l'Est, le calme suffisait pour nous exposer au plus grand danger, si nos cables se fussent coupés; et l'impossibilité d'appareiller ne nous laissait aucune ressource contre une brise un peu forte du Nord-Ouest. Nous savions, par les relations des voyageurs qui nous avaient précédés, que les vents alizés sont peu constans dans ces parages; qu'il y est presque aussi aisé de remonter à l'Est que de descendre à l'Ouest, ce qui facilite les grandes navigations de ces peuples sous le vent : nous avions nous-mêmes fait l'épreuve de cette inconstance des vents, et ceux de l'Ouest ne nous avaient quittés que par les 12 degrés. Ces réflexions me firent passer une nuit d'autant plus mauvaise, qu'il se formait un orage vers le Nord, d'où les vents soufflèrent avec assez de violence; mais heureusement, la brise de terre prévalut.

CHAPITRE XXIV.

Mœurs, coutumes, arts et usages des insulaires de Maouna. — Contraste de ce pays riant et fertile avec la férocité de ses habitans. — La houle devient très-forte ; nous sommes contraints d'appareiller. — M. DE LANGLE, voulant faire de l'eau, descend à terre avec quatre chaloupes armées. — Il est assassiné ; onze personnes des deux équipages éprouvent le même sort. — Récit circonstancié de cet événement.

1787.
DÉCEMBRE.

LE lendemain, le lever du soleil m'annonça une belle journée ; je formai la résolution d'en profiter pour reconnaître le pays, observer les habitans dans leurs propres foyers, faire de l'eau, et appareiller ensuite, la prudence ne me permettant pas de passer une seconde nuit dans ce mouillage. M. DE LANGLE avait aussi trouvé cet ancrage trop dangereux pour y faire un plus long séjour : il fut donc convenu que nous appareillerions dans l'après-midi, et que la matinée, qui était très-belle, serait employée, en partie, à traiter des fruits et des cochons. Dès la pointe du jour, les insulaires avaient conduit autour des deux frégates, cent pirogues remplies de différentes provisions qu'ils ne voulaient échanger que contre des rassades : c'étaient pour eux des diamans du plus grand prix ; ils dédaignaient nos haches, nos étoffes et tous nos autres articles de traite. Pendant qu'une partie de l'équipage était occupée à contenir les Indiens, et à faire le commerce avec eux, le reste remplissait les canots et les chaloupes de futailles vides, pour aller faire de l'eau : nos deux chaloupes armées, commandées par MM. DE CLONARD et COLINET, celles de l'ASTROLABE, par MM. DE MONTY et BELLEGARDE, partirent, dans cette vue, à cinq heures du matin, pour une baie éloignée d'environ une lieue, et un peu au vent, situation assez commode, parce que nos canots chargés d'eau pouvaient revenir à la voile et grand largue. Je suivis de très-près MM. DE CLONARD et MONTY, dans ma biscayenne, et j'abordai au rivage en même temps qu'eux : malheureusement, M. DE LANGLE voulut, avec son petit canot, aller se promener dans une seconde anse éloignée de notre aiguade d'environ une lieue; et cette promenade, d'où il revint enchanté, transporté par la beauté du village qu'il avait visité, fut, comme on le verra, la cause de nos malheurs. L'anse vers laquelle nous dirigeâmes la route de nos chaloupes, était grande et commode; les canots et les chaloupes y restaient à flot, à la marée basse, à une demi-portée de pistolet du rivage; l'aiguade était belle et facile : MM. DE CLONARD et MONTY y établirent le meilleur ordre. Une haie de soldats fut postée entre le rivage et les Indiens; ceux-ci étaient environ deux cents, et dans ce nombre, il y avait beaucoup de femmes et d'enfans : nous les engageâmes tous à s'asseoir sous des

1787.
Décembre.

cocotiers qui n'étaient qu'à huit toises de distance de nos chaloupes. Chacun d'eux avait auprès de lui des poules, des cochons, des perruches, des pigeons, des fruits ; tous voulaient les vendre à la fois, ce qui occasionnait un peu de confusion.

Les femmes, dont quelques-unes étaient très-jolies, offraient, avec leurs fruits et leurs poules, leurs faveurs à tous ceux qui avaient des rassades à leur donner. Bientôt elles essayèrent de traverser la haie des soldats, et ceux-ci les repoussaient trop faiblement pour les arrêter ; leurs manières étaient douces, gaies et engageantes. Des Européens, qui ont fait le tour du monde, des Français, sur-tout, n'ont point d'armes contre de pareilles attaques : elles parvinrent, sans beaucoup de peine, à percer les rangs ; alors les hommes s'approchèrent, et la confusion augmenta : mais des Indiens, que nous prîmes pour des chefs, parurent armés de bâtons, et rétablirent l'ordre ; chacun retourna à son poste, et le marché recommença, à la grande satisfaction des vendeurs et des acheteurs. Cependant, il s'était passé, dans notre chaloupe, une scène qui était une véritable hostilité, et que je voulus réprimer sans effusion de sang. Un Indien était monté sur l'arrière de notre chaloupe ; là, il s'était emparé d'un maillet, et en avait asséné plusieurs coups sur les bras et le dos d'un de nos matelots. J'ordonnai à quatre des plus forts marins de s'élancer sur lui, et de le jeter à la mer, ce qui fut exécuté sur-le-champ. Les autres insulaires parurent improuver la conduite de leur compatriote, et cette rixe n'eut point de suite. Peut-être un exemple de sévérité eût-il été nécessaire pour imposer davantage à ces peuples, et leur faire connaître combien la force de nos armes l'emportait sur leurs forces individuelles ; car leur taille d'environ cinq pieds dix pouces, leurs membres fortement prononcés et dans les proportions les plus colossales, leur donnaient d'eux-mêmes une idée de supériorité, qui nous rendait bien peu redoutables à leurs yeux ; mais n'ayant que très-peu de temps à rester parmi ces insulaires, je ne crus pas devoir infliger de peine plus grave à celui d'entr'eux qui nous avait offensés ; et pour leur donner quelque idée de notre puissance, je me contentai de faire acheter trois pigeons qui furent lancés en l'air, et tués à coups de fusil devant l'assemblée : cette action parut leur avoir inspiré quelque crainte ; et j'avoue que j'attendais plus de ce sentiment, que de celui de la bienveillance dont l'homme à peine sorti de l'état sauvage est rarement susceptible.

Pendant que tout se passait avec la plus grande tranquillité, et que nos futailles se remplissaient d'eau, je crus pouvoir m'écarter d'environ deux cents pas pour aller visiter un village charmant, placé au milieu d'un bois, ou plutôt d'un verger, dont les arbres étaient chargés de fruits. Les maisons étaient placées sur la circonférence d'un cercle, d'environ cent cinquante toises de diamètre, dont le centre formait une vaste place, tapissée de la plus belle verdure ;

1787.
DÉCEMBRE.

les arbres qui l'ombrageaient, entretenaient une fraîcheur délicieuse. Des femmes, des enfans, des vieillards, m'accompagnaient, et m'engageaient à entrer dans leurs maisons ; ils étendaient les nattes les plus fines et les plus fraîches sur le sol formé par de petits cailloux choisis, et qu'ils avaient élevé d'environ deux pieds pour se garantir de l'humidité. J'entrai dans la plus belle de ces cases, qui, vraisemblablement, appartenait au chef; et ma surprise fut extrême, de voir un vaste cabinet de treillis, aussi bien exécuté qu'aucun de ceux des environs de Paris. Le meilleur architecte n'aurait pu donner une courbure plus élégante aux extrémités de l'ellipse qui terminait cette case ; un rang de colonnes, à cinq pieds de distance les unes des autres, en formait le pourtour : ces colonnes étaient faites de troncs d'arbres très-proprement travaillés, entre lesquels des nattes fines, artistement recouvertes les unes par les autres en écailles de poisson, s'élevaient ou se baissaient avec des cordes, comme nos jalousies ; le reste de la maison était couvert de feuilles de cocotier.

Ce pays charmant réunissait encore le double avantage d'une terre fertile sans culture, et d'un climat qui n'exigeait aucun vêtement. Des arbres à pain, des cocos, des bananes, des goyaves, des oranges, présentaient à ces peuples fortunés une nourriture saine et abondante ; des poules, des cochons, des chiens, qui vivaient de l'excédant de ces fruits, leur offraient une agréable variété de mets. Ils étaient si riches, ils avaient si peu de besoins, qu'ils dédaignaient nos instrumens de fer et nos étoffes, et ne voulaient que des rassades : comblés de biens réels, ils ne désiraient que des inutilités.

Ils avaient vendu, à notre marché, plus de deux cents pigeons-ramiers privés, qui ne voulaient manger que dans la main; ils avaient aussi échangé les tourterelles, et les perruches les plus charmantes, aussi privées que les pigeons. Quelle imagination ne se peindrait le bonheur dans un séjour aussi délicieux ! Ces insulaires, disions-nous sans cesse, sont sans doute les plus heureux habitans de la terre; entourés de leurs femmes et de leurs enfans, ils coulent au sein du repos des jours purs et tranquilles; ils n'ont d'autre soin que celui d'élever des oiseaux, et, comme le premier homme, de cueillir, sans aucun travail, les fruits qui croissent sur leurs têtes. Nous nous trompions; ce beau séjour n'était pas celui de l'innocence : nous n'apercevions, à la vérité, aucune arme; mais les corps de ces Indiens, couverts de cicatrices, prouvaient qu'ils étaient souvent en guerre, ou en querelle entr'eux; et leurs traits annonçaient une férocité qu'on n'apercevait pas dans la physionomie des femmes. La nature avait sans doute laissé cette empreinte sur la figure de ces Indiens, pour avertir que l'homme presque sauvage et dans l'anarchie, est un être plus méchant que les animaux les plus féroces.

Cette première visite se passa sans aucune rixe capable d'entraîner des suites fâcheuses; j'appris cependant qu'il y

1787.
Décembre.

avait eu des querelles particulières, mais qu'une grande prudence les avait rendues nulles : on avait jeté des pierres à M. Rollin, notre chirurgien-major ; un insulaire, en feignant d'admirer un sabre de M. de Monneron, avait voulu le lui arracher, et, n'étant resté maître que du fourreau, il s'était enfui tout effrayé en voyant le sabre nu. Je m'apercevais qu'en général ces insulaires étaient très-turbulens, et fort peu subordonnés à leurs chefs ; mais je comptais partir dans l'après-midi, et je me félicitais de n'avoir donné aucune importance aux petites vexations que nous avions éprouvées. Vers midi, je retournai à bord, dans ma biscayenne, et les chaloupes m'y suivirent de très-près : il me fut difficile d'aborder, parce que les pirogues environnaient nos deux frégates, et que notre marché ne désemplissait point. J'avais chargé M. Boutin du commandement de la frégate lorsque j'étais descendu à terre, et je l'avais laissé maître d'établir la police qu'il croirait convenable, en permettant à quelques insulaires de monter à bord, ou en s'y opposant absolument, suivant les circonstances. Je trouvai sur le gaillard sept à huit Indiens, dont le plus vieux me fut présenté comme un chef. M. Boutin me dit qu'il n'aurait pu les empêcher de monter à bord qu'en ordonnant de tirer sur eux ; que lorsqu'ils comparaient leurs forces physiques aux nôtres, ils riaient de nos menaces, et se moquaient de nos sentinelles ; que, de son côté, connaissant mes principes de modération, il n'avait pas voulu employer des moyens violens, qui

cependant

cependant pouvaient seuls les contenir : il ajouta que, depuis la présence du chef, les insulaires qui l'avaient précédé à bord, étaient devenus plus tranquilles et moins insolens. Je fis à ce chef beaucoup de présens, et lui donnai les marques de la plus grande bienveillance : voulant ensuite lui inspirer une haute opinion de nos forces, je fis faire devant lui différentes épreuves sur l'usage de nos armes ; mais leur effet fit peu d'impression sur lui, et il me parut qu'il ne les croyait propres qu'à détruire des oiseaux. Nos chaloupes arrivèrent chargées d'eau, et je fis disposer tout pour appareiller et profiter d'une petite brise de terre qui nous faisait espérer d'avoir le temps de nous éloigner un peu de la côte. M. DE LANGLE revint au même instant de sa promenade ; il me rapporta qu'il était descendu dans un superbe port de bateaux, situé au pied d'un village charmant, et près d'une cascade de l'eau la plus limpide. En passant à son bord, il avait donné des ordres pour appareiller ; il en sentait comme moi la nécessité ; mais il insista avec la plus grande force, pour que nous restassions bord sur bord, à une lieue de la côte, et que nous fissions encore quelques chaloupées d'eau avant de nous éloigner de l'île : j'eus beau lui représenter que nous n'en avions pas le moindre besoin ; il avait adopté le système du capitaine COOK ; il croyait que l'eau fraîche était cent fois préférable à celle que nous avions dans la cale ; et comme quelques personnes de son équipage avaient de légers symptômes de scorbut, il pensait, avec raison, que nous leur devions tous les moyens de soulagement. Aucune île, d'ailleurs, ne pouvait être comparée à celle-ci pour l'abondance des provisions : les deux frégates avaient déjà traité plus de cinq cents cochons, une grande quantité de poules, de pigeons et de fruits, et tant de biens ne nous avaient coûté que quelques grains de verre.

Je sentais la vérité de ces réflexions, mais un secret pressentiment m'empêcha d'abord d'y acquiescer ; je lui dis que je trouvais ces insulaires trop turbulens pour risquer d'envoyer à terre des canots et des chaloupes qui ne pouvaient être soutenus par le feu de nos vaisseaux ; que notre modération n'avait servi qu'à accroître la hardiesse de ces Indiens, qui ne calculaient que nos forces individuelles, très-inférieures aux leurs : mais rien ne put ébranler la résolution de M. DE LANGLE ; il me dit que ma résistance me rendrait responsable des progrès du scorbut qui commençait à se manifester avec assez de violence, et que d'ailleurs, le port dont il me parlait était beaucoup plus commode que celui de notre aiguade ; il me pria enfin de permettre qu'il se mît à la tête de la première expédition, m'assurant que, dans trois heures, il serait de retour à bord avec toutes les embarcations pleines d'eau. M. DE LANGLE était un homme d'un jugement si solide et d'une telle capacité, que ces considérations, plus que tout autre motif, déterminèrent mon consentement, ou plutôt firent céder ma volonté à la sienne : je lui promis donc que nous tiendrions bord sur bord toute la nuit ; que nous expédierions le lendemain nos deux chaloupes et nos deux canots, armés comme il le jugerait à propos, et que le tout serait à ses ordres. L'événement acheva de nous convaincre qu'il était temps d'appareiller : en levant l'ancre, nous trouvâmes un toron du cable coupé par le corail ; et deux heures plus tard, le cable l'eût été entièrement. Comme nous ne mîmes sous voiles qu'à quatre heures après midi, il était trop tard pour songer à envoyer nos chaloupes à terre, et nous remîmes leur départ au lendemain. La nuit fut orageuse, et les vents qui changeaient à chaque instant, me firent prendre le parti de m'éloigner de la côte d'environ trois lieues. Au jour, le calme plat ne me permit pas d'en approcher : ce ne fut qu'à neuf heures qu'il s'éleva une petite brise du Nord-Est, avec laquelle j'accostai l'île, dont nous n'étions, à onze heures, qu'à une petite lieue de distance ; j'expédiai alors ma chaloupe et mon grand canot, commandés par MM. BOUTIN et MOUTON, pour se rendre à bord de l'ASTROLABE, aux ordres de M. DE LANGLE ; tous ceux qui avaient quelques légères atteintes de scorbut, y furent embarqués, ainsi que six soldats armés, ayant à leur tête le capitaine d'armes : ces deux embarcations contenaient vingt-huit hommes, et portaient environ vingt barriques d'armement, destinées à être remplies à l'aiguade. MM. DE LAMANON et COLINET, quoique malades, furent du nombre de ceux qui partirent de la BOUSSOLE. D'un autre côté, M. DE VAUJUAS, convalescent, accompagna

M. DE LANGLE dans son grand canot; M. GOBIEN, garde de la marine, commandait la chaloupe, et MM. DE LA MARTINIÈRE, LAVAUX et le père RECEVEUR faisaient partie des trente-trois personnes envoyées par l'ASTROLABE. Parmi les soixante-un individus qui composaient l'expédition entière, se trouvait l'élite de nos équipages. M. DE LANGLE fit armer tout son monde de fusils et de sabres; et six pierriers furent placés dans les chaloupes : je l'avais généralement laissé le maître de se pourvoir de tout ce qu'il croirait nécessaire à sa sûreté. La certitude où nous étions de n'avoir eu avec ces peuples aucune rixe dont ils pussent conserver quelque ressentiment, l'immense quantité de pirogues qui nous environnait au large, l'air de gaieté et de confiance qui régnait dans nos marchés, tout tendait à augmenter sa sécurité, et je conviens que la mienne ne pouvait être plus grande : mais il était contre mes principes d'envoyer à terre sans une extrême nécessité, et sur-tout au milieu d'un peuple nombreux, des embarcations qu'on ne pouvait ni soutenir ni même apercevoir de nos vaisseaux. Les chaloupes débordèrent l'ASTROLABE à midi et demi; et en moins de trois quarts d'heure, elles furent arrivées au lieu de l'aiguade. Quelle fut la surprise de tous les officiers, celle de M. DE LANGLE lui-même, de trouver, au lieu d'une baie vaste et commode, une anse remplie de corail, dans laquelle on ne pénétrait que par un canal tortueux de moins de vingt-cinq pieds de largeur, et où la houle déferlait comme sur une barre! Lorsqu'ils furent en dedans, ils n'eurent pas trois pieds d'eau; les chaloupes échouèrent, et les canots ne restèrent à flot que parce qu'ils furent halés à l'entrée de la passe, assez loin du rivage. Malheureusement, M. DE LANGLE avait reconnu cette baie à la mer haute; il n'avait pas supposé que dans ces îles la marée montât de cinq ou six pieds; il croyait que ses yeux le trompaient. Son premier mouvement fut de quitter cette baie pour aller dans celle où nous avions déjà fait de l'eau, et qui réunissait tous les avantages : mais l'air de tranquillité et de douceur des peuples qui l'attendaient sur le rivage, avec une immense quantité de fruits et de cochons; les femmes et les enfans qu'il remarqua parmi ces insulaires, qui ont soin de les écarter lorsqu'ils ont des vues hostiles; toutes ces circonstances réunies firent évanouir ses premières idées de prudence, qu'une fatalité inconcevable l'empêcha de suivre. Il mit à terre les pièces à eau des quatre embarcations avec la plus grande tranquillité; ses soldats établirent le meilleur ordre sur le rivage; ils formèrent une haie qui laissa un espace libre à nos travailleurs : mais ce calme ne fut pas de longue durée; plusieurs des pirogues qui avaient vendu leurs provisions à nos vaisseaux, étaient retournées à terre, et toutes avaient abordé dans la baie de l'aiguade, en sorte que, peu à peu, elle s'était remplie : au lieu de deux cents habitans, y compris les femmes et les enfans, que M. DE LANGLE y avait rencontrés en arrivant à une heure et demie, il s'en trouva mille ou douze cents à trois heures. Le nombre des pirogues qui, le matin, avaient commercé avec nous, était si considérable, que nous nous étions à peine aperçus qu'il eût diminué dans l'après-midi; je m'applaudissais de les tenir occupées à bord, espérant que nos chaloupes en seraient plus tranquilles : mon erreur était extrême; la situation de M. DE LANGLE devenait plus embarrassante de moment en moment : il parvint néanmoins, secondé par MM. DE VAUJUAS, BOUTIN, COLINET et GOBIEN, à embarquer son eau; mais la baie était presque à sec, et il ne pouvait pas espérer de déchouer ses chaloupes avant quatre heures du soir : il y entra cependant, ainsi que son détachement, et se posta en avant avec son fusil et ses fusiliers, défendant de tirer avant qu'il en eût donné l'ordre. Il commençait néanmoins à sentir qu'il y serait bientôt forcé : déjà les pierres volaient, et ces Indiens, qui n'avaient de l'eau que jusqu'aux genoux, entouraient les chaloupes à moins d'une toise de distance; les soldats, qui étaient embarqués, faisaient de vains efforts pour les écarter. Si la crainte de commencer les hostilités et d'être accusé de barbarie n'eût arrêté M. DE LANGLE, il eût sans doute ordonné de faire sur les Indiens une décharge de mousqueterie et de pierriers qui aurait certainement éloigné cette multitude : mais il se flattait de les contenir sans effusion de sang, et il fut victime de son humanité. Bientôt une grêle de pierres, lancées à une très-petite distance avec la vigueur d'une fronde, atteignit presque tous ceux qui étaient dans la chaloupe. M. DE LANGLE n'eut que le temps de tirer ses deux coups de fusil ; il fut renversé, et tomba malheureusement du côté de bâbord de la chaloupe, où plus de deux cents Indiens le massacrèrent sur-le-champ, à coups de massue et de pierres. *(Atlas, n.° 66.)* Lorsqu'il fut mort, ils l'attachèrent par un de ses bras à un tollet de la chaloupe, afin, sans doute, de profiter plus sûrement de ses dépouilles. La chaloupe de la Boussole, commandée par M. Boutin, était échouée à deux toises de celle de l'Astrolabe, et elles laissaient, parallèlement entr'elles, un petit canal qui n'était pas occupé par les Indiens : c'est par là que se sauvèrent à la nage tous les blessés qui eurent le bonheur de ne pas tomber du côté du large ; ils gagnèrent nos canots, qui, étant très-heureusement restés à flot, se trouvèrent à portée de sauver quarante-neuf hommes sur les soixante-un qui composaient l'expédition. M. Boutin avait imité tous les mouvemens et suivi toutes les démarches de M. de Langle ; ses pièces à eau, son détachement, tout son monde, avaient été embarqués en même temps et placés de la même manière, et il occupait le même poste sur l'avant de sa chaloupe. Quoiqu'il craignît les mauvaises suites de la modération de M. de Langle, il ne se permit de tirer, et n'ordonna la décharge de son détachement, qu'après le feu de son commandant. On sent qu'à la distance de quatre ou cinq pas, chaque coup de fusil dut tuer un Indien ; mais on n'eut pas le temps de recharger. M. Boutin fut également renversé par une pierre ; il

1787.
DÉCEMBRE.

tomba heureusement entre les deux chaloupes. En moins de cinq minutes, il ne resta pas un seul homme sur les deux embarcations échouées ; ceux qui s'étaient sauvés à la nage vers les deux canots, avaient chacun plusieurs blessures, presque toutes à la tête. Ceux, au contraire, qui eurent le malheur d'être renversés du côté des Indiens, furent achevés dans l'instant, à coups de massue : mais l'ardeur du pillage fut telle, que ces insulaires coururent s'emparer des chaloupes, et y montèrent au nombre de plus de trois ou quatre cents ; ils brisèrent les bancs, et mirent l'intérieur en pièces, pour y chercher nos prétendues richesses. Alors, ils ne s'occupèrent presque plus de nos canots, ce qui donna le temps à MM. DE VAUJUAS et MOUTON de sauver le reste de l'équipage, et de s'assurer qu'il ne restait plus au pouvoir des Indiens que ceux qui avaient été massacrés et tués dans l'eau à coups de *patow*. Ceux qui montaient nos canots, et qui jusque-là avaient tiré sur les insulaires et en avaient tué plusieurs, ne songèrent plus qu'à jeter à la mer leurs pièces à eau, pour que les canots pussent contenir tout le monde : ils avaient, d'ailleurs, presque épuisé leurs munitions ; et la retraite n'était pas sans difficulté, avec une si grande quantité de personnes dangereusement blessées, qui, étendues sur les bancs, empêchaient le jeu des avirons. On doit à la sagesse de M. DE VAUJUAS, au bon ordre qu'il établit, à la ponctualité avec laquelle M. MOUTON, qui commandait le canot de LA BOUSSOLE, sut le maintenir, le salut des quarante-

quarante-neuf personnes des deux équipages. M. Boutin, qui avait cinq blessures à la tête et une dans l'estomac, fut sauvé entre deux eaux par notre patron de chaloupe, qui était lui-même blessé. M. Colinet fut trouvé sans connaissance sur le cablot du canot, un bras fracturé, un doigt cassé, et ayant deux blessures à la tête. M. Lavaux, chirurgien-major de l'Astrolabe, fut blessé si fortement qu'il fallut le trépaner ; il avait nagé néanmoins jusqu'aux canots, ainsi que M. de la Martinière, et le père Receveur, qui avait reçu une forte contusion dans l'œil. M. de Lamanon et M. de Langle furent massacrés avec une barbarie sans exemple, ainsi que Talin, capitaine d'armes de la Boussole, et neuf autres personnes des deux équipages. Le féroce Indien, après les avoir tués, cherchait encore à assouvir sa rage sur leurs cadavres, et ne cessait de les frapper à coups de massue. M. Gobien, qui commandait la chaloupe de l'Astrolabe sous les ordres de M. de Langle, n'abandonna cette chaloupe que lorsqu'il s'y vit seul ; après avoir épuisé ses munitions, il sauta dans l'eau, du côté du petit chenal formé par les deux chaloupes, qui, comme je l'ai dit, n'était pas occupé par les Indiens, et malgré ses blessures, il parvint à se sauver dans l'un des canots : celui de l'Astrolabe était si chargé, qu'il échoua. Cet événement fit naître aux insulaires l'idée de troubler les blessés dans leur retraite ; ils se portèrent en grand nombre vers les ressifs de l'entrée, dont les canots devaient nécessairement passer à dix pieds de distance : on épuisa, sur ces forcenés, le peu de munitions qui restait; et les canots sortirent enfin de cet antre, plus affreux par sa situation perfide et par la cruauté de ses habitans, que le repaire des tigres et des lions.

Ils arrivèrent à bord à cinq heures, et nous apprirent cet événement désastreux. Nous avions dans ce moment, autour de nous, cent pirogues, où les naturels vendaient des provisions avec une sécurité qui prouvait leur innocence : mais c'étaient les frères, les enfans, les compatriotes de ces barbares assassins; et j'avoue que j'eus besoin de toute ma raison pour contenir la colère dont j'étais animé, et pour empêcher nos équipages de les massacrer. Déjà les soldats avaient sauté sur les canons, sur les armes : j'arrêtai ces mouvemens, qui cependant étaient bien pardonnables; et je fis tirer un seul coup de canon à poudre, pour avertir les pirogues de s'éloigner. Une petite embarcation, partie de la côte, leur fit part, sans doute, de ce qui venait de se passer; car, en moins d'une heure, il ne resta aucune pirogue à notre vue. Un Indien, qui était sur le gaillard d'arrière de ma frégate, lorsque notre canot arriva, fut arrêté par mon ordre et mis aux fers; le lendemain, ayant rapproché la côte, je lui permis de s'élancer à la mer : la sécurité avec laquelle il était resté sur la frégate, était une preuve non équivoque de son innocence.

Mon projet fut d'abord d'ordonner une nouvelle expédition, pour venger nos malheureux compagnons de voyage, et reprendre les débris de nos chaloupes. Dans cette vue, j'approchai la côte pour y chercher un mouillage; mais je ne trouvai que ce même fond de corail, avec une houle qui roulait à terre et faisait briser les ressifs : l'anse où s'était exécuté ce massacre, était d'ailleurs très-enfoncée du côté de l'île, et il ne me paraissait guère possible d'en approcher à la portée du canon. M. BOUTIN, que ses blessures retenaient alors dans son lit, mais qui avait conservé toute sa tête, me représentait en outre que la situation de cette baie était telle, que si nos canots avaient le malheur d'y échouer, ce qui était très-probable, il n'en reviendrait pas un seul homme; car les arbres qui touchent presque le bord de la mer, mettant les Indiens à l'abri de notre mousqueterie, laisseraient les Français que nous débarquerions, exposés à une grêle de pierres d'autant plus difficiles à éviter, que, lancées avec beaucoup de force et d'adresse, elles faisaient presque le même effet que nos balles, et avaient sur elles l'avantage de se succéder plus rapidement : M. DE VAUJUAS était aussi de cet avis. Je ne voulus cependant y donner mon assentiment, que lorsque j'eus entièrement reconnu l'impossibilité de mouiller à portée de canon du village : je passai deux jours à louvoyer devant la baie; j'aperçus encore les débris de nos chaloupes échouées sur le sable, et autour d'elles une immense quantité d'Indiens. Ce qui paraîtra, sans doute, inconcevable, c'est que pendant ce temps, cinq ou six pirogues partirent de la côte, et vinrent avec des cochons, des pigeons et des cocos, nous proposer des échanges :

j'étais, à chaque instant, obligé de retenir ma colère, pour ne pas ordonner de les couler bas. Ces Indiens ne connaissant d'autre portée de nos armes que celle de nos fusils, restaient, sans crainte, à cinquante toises de nos bâtimens, et nous offraient leurs provisions avec beaucoup de sécurité. Nos gestes ne les engageaient pas à s'approcher, et ils passèrent ainsi une heure entière de l'après-midi du 12 décembre. Aux offres d'échanger des provisions, ils firent succéder les railleries, et je m'aperçus aussitôt que plusieurs autres pirogues se détachaient du rivage pour venir les joindre. Comme ils ne se doutaient point de la portée de nos canons, et que tout me faisait pressentir que je serais bientôt obligé de m'écarter de mes principes de modération, j'ordonnai de tirer un coup de canon au milieu des pirogues. Mes ordres furent exécutés de la manière la plus précise; l'eau que le boulet fit jaillir entra dans ces pirogues, qui dans l'instant s'empressèrent de gagner la terre, et entraînèrent dans leur fuite celles qui étaient parties de la côte.

J'avais de la peine à m'arracher d'un lieu si funeste, et à laisser les corps de nos compagnons massacrés; je perdais un ancien ami, homme plein d'esprit, de jugement, de connaissances, et un des meilleurs officiers de la marine française; son humanité avait causé sa mort : s'il eût osé se permettre de faire tirer sur les premiers Indiens qui entrèrent dans l'eau pour environner ses chaloupes, il eût prévenu sa perte, celle de M. DE LAMANON, et des dix autres victimes de la férocité indienne : vingt personnes des deux frégates étaient en outre grièvement blessées ; et cet événement nous privait, pour l'instant, de trente-deux hommes, et de deux chaloupes, les seuls bâtimens à rames qui pussent contenir un nombre assez considérable d'hommes armés pour tenter une descente. Ces considérations dirigèrent ma conduite ultérieure : le plus petit échec m'eût forcé de brûler une des deux frégates pour armer l'autre. J'avais à la vérité une chaloupe en pièces, mais je ne pouvais la monter qu'à ma première relâche. S'il n'avait fallu à ma colère que le massacre de quelques Indiens, j'avais eu occasion de détruire, de couler bas, de briser cent pirogues qui contenaient plus de cinq cents personnes ; mais je craignis de me tromper au choix des victimes : le cri de ma conscience leur sauva la vie. Ceux à qui ce récit rappellera la catastrophe du capitaine Cook, ne doivent pas perdre de vue que ses bâtimens étaient mouillés dans la baie de Karakakooa ; que leurs canons les rendaient maîtres des bords de la mer ; qu'ils pouvaient y faire la loi, et menacer de détruire les pirogues restées sur le rivage, ainsi que les villages dont la côte était bordée : nous, au contraire, nous étions au large, hors de la portée du canon, obligés de nous éloigner de la côte lorsque nous avions à craindre le calme ; une forte houle nous portait toujours sur les ressifs, où nous aurions pu, sans doute, mouiller avec des chaînes de fer, mais ç'eût été hors de portée de canon du village ; enfin la houle

1787.
DÉCEMBRE.

suffisait pour couper le cable à l'écubier, et par-là exposer les frégates au danger le plus imminent. J'épuisai donc tous les calculs de probabilité avant de quitter cette île funeste ; et il me fut démontré que le mouillage était impraticable, et l'expédition téméraire sans le secours des frégates ; le succès même eût été inutile, puisque bien certainement il ne restait pas un seul homme en vie au pouvoir des Indiens, que nos chaloupes étaient brisées et échouées, et que nous avions à bord les moyens de les remplacer.

14.

Je fis route en conséquence, le 14, pour une troisième île, que j'apercevais à l'Ouest un quart Nord-Ouest, et dont M. DE BOUGAINVILLE avait eu connaissance du haut des mâts seulement, parce que le mauvais temps l'en avait écarté ; elle est séparée de celle de Maouna, par un canal de neuf lieues. Les Indiens nous avaient donné les noms des dix îles qui composent leur archipel ; ils en avaient marqué grossièrement la place sur un papier ; et quoiqu'on ne puisse guère compter sur le plan qu'ils en tracèrent, il paraît cependant probable que les peuples de ces diverses îles forment entr'eux une espèce de confédération, et qu'ils communiquent très-fréquemment ensemble. Les découvertes ultérieures que nous avons faites, ne nous permettent pas de douter que cet archipel ne soit plus considérable, aussi peuplé et aussi abondant en vivres, que celui de la Société ; il est même vraisemblable qu'on y trouverait de très-bons mouillages : mais n'ayant plus de chaloupe, et voyant l'état de fermentation des équipages, je formai la résolution de ne mouiller qu'à la baie Botanique, dans la nouvelle Hollande, où je me proposais de construire une nouvelle chaloupe avec les pièces que j'avais à bord. Je voulais néanmoins, pour le progrès de la géographie, explorer les différentes îles que je rencontrerais, et déterminer exactement leur longitude et leur latitude; j'espérais aussi pouvoir commercer avec ces insulaires en restant bord sur bord, près de leurs îles : je laisse volontiers à d'autres le soin d'écrire l'histoire très-peu intéressante de ces peuples barbares. Un séjour de 24 heures, et la relation de nos malheurs, suffisent pour faire connaître leurs mœurs atroces, leurs arts, et les productions d'un des plus beaux pays de la nature.

Avant de continuer le récit de notre route, le long des îles de cet archipel, je crois devoir donner la relation de M. DE VAUJUAS, qui commanda la retraite de la baie de Maouna. Quoiqu'il n'eût été à terre que comme convalescent, et qu'il n'y fût point en service, les circonstances lui rendirent ses forces, et il ne sortit de la baie qu'après s'être assuré qu'il ne restait pas un seul Français au pouvoir des Indiens.

Relation de M. DE VAUJUAS.

«LE mardi, 11 décembre, à onze heures du matin,
» M. DE LA PÉROUSE envoya sa chaloupe et son canot,
» chargés de futailles, avec un détachement de soldats

1787.
DÉCEMBRE.

» armés, pour faire partie d'une expédition aux ordres
» de M. DE LANGLE. M. BOUTIN avait déjà pris des
» renseignemens sur les moyens de maintenir l'ordre et de
» pourvoir à notre sûreté quand les canots iraient à terre.
» A la même heure, notre capitaine fit aussi mettre ses
» embarcations à la mer, et les fit également charger de
» futailles et d'armes. A midi et demi, les frégates étant
» à trois quarts de lieue de terre, les amures à bâbord,
» les quatre embarcations partirent pour aller faire de
» l'eau dans une anse reconnue par M. DE LANGLE. Cette
» aiguade était sous le vent de celle où l'on avait déjà été:
» M. DE LANGLE l'avait jugée préférable, parce qu'elle
» lui paraissait moins habitée et aussi commode; mais la
» première avait sur celle-ci l'avantage d'avoir une entrée
» beaucoup plus facile, et assez de profondeur pour que
» les chaloupes ne courussent pas risque d'y échouer.

» M. DE LANGLE me proposa, quoique je fusse conva-
» lescent et faible, de l'accompagner pour me promener et
» prendre l'air de terre; il se chargea du commandement
» du canot, et confia celui de la chaloupe à M. GOBIEN.
» M. BOUTIN commandait celle de la BOUSSOLE, et
» M. MOUTON, le canot. M. COLINET et le père
» RECEVEUR, tous deux malades, MM. DE LAMANON,
» LA MARTINIÈRE et LAVAUX, nous accompagnèrent,
» ainsi que plusieurs personnes des deux frégates; nous
» formions, y compris les équipages des deux canots, un
» détachement de soixante-une personnes.

» Quand

» Quand nous fûmes en route, nous vîmes avec peine
» qu'une grande partie des pirogues qui étaient le long
» du bord, nous suivait et venait à la même anse ; nous
» vîmes aussi, le long des rochers qui la séparent des baies
» voisines, beaucoup de naturels qui s'y rendaient des
» autres villages. Arrivés au ressif qui forme l'anse de
» l'aiguade, et qui ne laisse pour les canots qu'un passage
» étroit et peu profond, nous reconnûmes que la mer était
» basse, et que les chaloupes ne pouvaient entrer dans
» l'anse sans échouer : effectivement, elles touchèrent à
» demi-portée de fusil du rivage, dont nous n'approchâmes
» qu'en les poussant sur le fond avec les avirons. Cette
» baie s'était présentée au capitaine sous un point de vue
» plus favorable, parce que la mer était moins basse quand
» il en avait fait la reconnaissance.

» A notre arrivée, les sauvages qui bordaient la côte
» au nombre de sept à huit cents, jetèrent dans la mer,
» en signe de paix, plusieurs branches de l'arbre dont les
» insulaires de la mer du Sud tirent leur boisson enivrante.
» En abordant, M. DE LANGLE donna des ordres pour
» que chaque embarcation fût gardée par un soldat armé
» et un matelot, tandis que les équipages des chaloupes
» s'occuperaient à faire de l'eau, sous la protection d'une
» double haie de fusiliers qui s'étendrait des chaloupes
» à l'aiguade. Les futailles remplies, on les embarqua
» tranquillement ; les insulaires se laissaient assez contenir
» par les soldats armés : il y avait parmi eux un certain

1787.
DÉCEMBRE.

» nombre de femmes et de filles très-jeunes, qui s'offraient
» à nous de la manière la plus indécente, et dont les
» avances ne furent pas universellement rejetées; nous n'y
» vîmes que quelques enfans.

» Vers la fin du travail, le nombre des naturels augmenta
» encore, et ils devinrent plus incommodes. Cette circons-
» tance détermina M. DE LANGLE à renoncer au projet
» qu'il avait eu d'abord de traiter de quelques vivres; il
» donna ordre de se rembarquer sur-le-champ; mais
» auparavant, et ce fut, je crois, la première cause de
» notre malheur, il fit présent de quelques rassades à des
» espèces de chefs, qui avaient contribué à tenir les insu-
» laires un peu écartés : nous étions pourtant certains que
» cette police n'était qu'un jeu; et si ces prétendus chefs
» avaient en effet de l'autorité, elle ne s'étendait que sur
» un très-petit nombre d'hommes. Ces présens distribués à
» cinq ou six individus, excitèrent le mécontentement de
» tous les autres; il s'éleva dès-lors une rumeur générale,
» et nous ne fûmes plus maîtres de les contenir : cependant
» ils nous laissèrent monter dans nos chaloupes; mais une
» partie de ces insulaires entra dans la mer pour nous
» suivre, tandis que les autres ramassaient des pierres sur
» le rivage.

» Comme les chaloupes étaient échouées un peu loin
» de la grève, il fallut nous mettre dans l'eau jusqu'à la
» ceinture pour y arriver; et dans ce trajet, plusieurs
» soldats mouillèrent leurs armes : c'est dans cette situation

» critique que commença la scène d'horreur dont je vais
» parler. A peine étions-nous montés dans les chaloupes,
» que M. DE LANGLE donna ordre de les déchouer et de
» lever le grappin : plusieurs insulaires des plus robustes
» voulurent s'y opposer, en retenant le cablot. Le capitaine,
» témoin de cette résistance, voyant le tumulte augmenter,
» et quelques pierres arriver jusqu'à lui, essaya, pour inti-
» mider les sauvages, de tirer un coup de fusil en l'air ;
» mais, bien loin d'en être effrayés, ils firent le signal d'une
» attaque générale : bientôt une grêle de pierres lancées
» avec autant de force que de vîtesse fond sur nous ; le
» combat s'engage de part et d'autre, et devient général :
» ceux dont les fusils sont en état de tirer, renversent
» plusieurs de ces forcenés ; mais les autres Indiens n'en sont
» nullement troublés, et semblent redoubler de vigueur ;
» une partie d'entr'eux s'approche de nos chaloupes, tandis
» que les autres, au nombre de six à sept cents, continuent
» la lapidation la plus effrayante et la plus meurtrière.

» Au premier acte d'hostilité, je m'étais jeté à la mer
» pour passer dans le canot de l'ASTROLABE, qui était
» dépourvu d'officiers : la circonstance me donna des forces
» pour le petit trajet que j'avais à faire, et, malgré ma
» faiblesse et quelques coups de pierres que je reçus dans
» ce moment, je montai dans le canot sans aucun secours.
» Je vis avec désespoir qu'il ne s'y trouvait presque pas
» une arme qui ne fût mouillée, et qu'il ne me restait
» d'autre parti à prendre, que de tâcher de le mettre à

Dd ij

» flot en dehors du ressif, le plutôt possible. Cependant,
» le combat continuait, et les pierres énormes lancées par
» les sauvages, blessaient toujours quelques-uns de nous :
» à mesure qu'un blessé tombait à la mer du côté des
» sauvages, il était achevé à l'instant, à coups de pagaie
» ou de massue.

» M. DE LANGLE fut la première victime de la férocité
» de ces barbares, auxquels il n'avait fait que du bien. Dès
» le commencement de l'attaque, il fut renversé sanglant
» de dessus le traversin de la chaloupe, où il était monté,
» et il tomba à la mer avec le capitaine d'armes et le maître
» charpentier, qui se trouvaient à ses côtés : la fureur avec
» laquelle les insulaires s'acharnèrent sur le capitaine, sauva
» ces deux-ci, qui vinrent à bout de gagner le canot ;
» ceux qui étaient dans les chaloupes, subirent bientôt le
» même sort que notre malheureux chef, à l'exception
» cependant de quelques-uns qui, en s'esquivant, purent
» gagner le ressif, d'où ils nagèrent vers les canots. En
» moins de quatre minutes, les insulaires se rendirent
» maîtres des deux chaloupes, et j'eus la douleur de voir
» massacrer nos infortunés compagnons, sans pouvoir leur
» porter aucun secours. Le canot de l'ASTROLABE était
» encore en dedans du ressif, et je m'attendais, à chaque
» instant, à lui voir éprouver le sort des chaloupes : mais
» l'avidité des insulaires le sauva ; le plus grand nombre se
» précipita dans ces chaloupes, et les autres se contentèrent
» de nous jeter des pierres : plusieurs néanmoins vinrent

» nous attendre dans la passe et sur les ressifs. Quoique
» la houle fût forte et le vent debout, nous parvînmes
» cependant, malgré leurs pierres, et les blessures dange-
» reuses de beaucoup d'entre nous, à quitter cet endroit
» funeste, et à joindre en dehors M. MOUTON, commandant
» le canot de la BOUSSOLE : celui-ci, en jetant à la mer
» ses pièces à eau, avait allégé son canot, pour faire place
» à ceux qui atteignaient son bord. J'avais recueilli dans
» celui de l'ASTROLABE, MM. BOUTIN et COLINET, ainsi
» que plusieurs autres personnes. Ceux qui s'étaient sauvés
» dans les canots étaient tous plus ou moins blessés ; ainsi
» les canots se trouvaient sans défense, et il était impossible
» de songer à rentrer dans une baie, dont nous étions
» trop heureux d'être sortis, pour aller faire tête à mille
» barbares en fureur : c'eût été nous exposer, sans utilité,
» à une mort certaine.

» Nous fîmes donc route pour revenir à bord des deux
» frégates qui, à trois heures, au moment du massacre,
» avaient pris le bord du large : on ne s'y doutait seulement
» pas que nous courussions le moindre danger ; la brise
» était fraîche, et les frégates étaient fort loin au vent,
» circonstance fâcheuse pour nous, et sur-tout pour ceux
» dont les blessures exigeaient un pansement prompt : à
» quatre heures, elles reprirent le bord de terre. Dès que
» nous fûmes en dehors des ressifs, je mis à la voile au
» plus près pour m'éloigner de la côte, et je fis jeter à
» la mer tout ce qui pouvait retarder la marche du canot,

1787.
DÉCEMBRE.

» qui était rempli de monde. Heureusement, les insulaires,
» occupés du pillage des chaloupes, ne songèrent point à
» nous poursuivre : nous n'avions pour toute défense que
» quatre ou cinq sabres, et deux ou trois coups de fusil à
» tirer, faible ressource contre deux ou trois cents barbares,
» armés de pierres et de massues, et qui montent des
» pirogues très-légères, avec lesquelles ils se tiennent à la
» distance qui leur convient. Quelques-unes de ces pirogues
» se détachèrent de la baie peu après notre sortie ; mais
» elles firent voile le long de la côte, d'où l'une d'elles partit
» pour aller avertir celles qui étaient restées à bord des
» frégates : en passant, cette pirogue eut l'insolence de
» nous faire des signes menaçans ; ma position m'obligeait à
» suspendre ma vengeance, et à réserver pour notre défense
» les faibles moyens qui nous restaient.

» Quand nous fûmes au large, je fis nager debout au
» vent, vers les frégates ; nous mîmes un mouchoir rouge à
» la tête du mât, et en approchant, nous tirâmes nos trois
» derniers coups de fusil ; M. Mouton fit aussi, avec deux
» mouchoirs, le signal de demander du secours : mais l'on
» ne nous aperçut que lorsque nous fûmes près du bord.
» Alors l'Astrolabe, qui était la frégate la plus voisine,
» arriva sur nous ; j'y déposai, à quatre heures et demie,
» les plus blessés ; M. Mouton en fit autant, et nous nous
» rendîmes, sur-le-champ, à bord de la Boussole, où
» j'appris au général cette triste nouvelle : sa surprise fut
» extrême, d'après les précautions que sa prudence lui avait

» inspirées, et la juste confiance qu'il avait dans celle de
» M. DE LANGLE; je ne puis comparer sa désolation qu'à
» celle que j'éprouvais moi-même. Ce désastre nous rappela
» vivement celui du 13 juillet 1786, et acheva de répandre
» l'amertume sur notre voyage; trop heureux encore, dans
» cette circonstance malheureuse, que la plus grande partie
» de ceux qui étaient à terre se fût sauvée : si l'ardeur du
» pillage n'eût arrêté, ou fixé un moment la fureur des
» sauvages, aucun de nous n'eût échappé.

» Il est impossible d'exprimer la sensation que ce funeste
» événement causa sur les deux frégates; la mort de M. DE
» LANGLE, qui avait la confiance et l'amitié de son
» équipage, mit, à bord de l'ASTROLABE, tout le monde
» au désespoir; les insulaires qui se trouvaient le long du
» bord, lorsque j'y arrivai, et qui ignoraient cet événement,
» furent sur le point d'être immolés à la vengeance de nos
» matelots, que nous eûmes la plus grande peine à contenir.
» L'affliction générale qui régna à bord, est le plus bel
» éloge funèbre qu'on puisse faire du capitaine. Pour moi,
» j'ai perdu en lui un ami bien plus qu'un commandant, et
» l'intérêt qu'il me témoignait, me le fera regretter toute
» ma vie; trop heureux si j'avais pu lui donner des marques
» de mon attachement et de ma reconnaissance, en me
» sacrifiant pour lui ! Mais ce brave officier, plus exposé
» que les autres, fut la première proie des bêtes féroces
» qui nous assaillirent. Dans l'état de faiblesse où me tenait
» ma convalescence, j'avais été à terre sans armes et sous

» la sauve-garde des autres; toutes les munitions étaient
» épuisées ou mouillées, lorsque j'arrivai au canot, et je ne
» pus qu'y donner des ordres malheureusement trop inutiles.

» Je serais injuste envers ceux qui eurent comme moi
» le bonheur de se sauver, si je ne déclarais qu'ils se
» conduisirent avec toute la bravoure et le sang-froid
» possibles. MM. BOUTIN et COLINET, qui, malgré leurs
» graves blessures, avaient conservé la même force de tête,
» voulurent bien m'aider de leurs conseils, qui me furent
» très-utiles; je fus encore parfaitement secondé par
» M. GOBIEN, qui fut le dernier à quitter la chaloupe, et
» dont l'exemple, l'intrépidité et les discours, ne contri-
» buèrent pas peu à rassurer ceux des matelots qui auraient
» pu éprouver quelques craintes. Les officiers mariniers,
» matelots et soldats, exécutèrent, avec autant de zèle
» que de ponctualité, les ordres qui leur furent donnés.
» M. MOUTON n'eut également qu'à se louer de l'équipage
» du canot de la BOUSSOLE.

» Toutes les personnes qui étaient à terre peuvent attester,
» comme moi, qu'aucune violence, qu'aucune imprudence
» de notre part, ne précéda l'attaque des sauvages. Notre
» capitaine avait donné, à cet égard, les ordres les plus
» stricts, et personne ne s'en écarta ».

Signé VAUJUAS.

ÉTAT

ÉTAT *des individus massacrés par les Sauvages de l'île Maouna, le 11 décembre 1787.*

L'ASTROLABE.

M. DE LANGLE............ Capitaine de vaisseau, commandant.

YVES HUMON...........⎫
JEAN REDELLEC.........⎬
FRANÇOIS FERET........⎬ Matelots.
LAURENT ROBIN........⎬
Un Chinois.............⎭

LOUIS DAVID........... Canonnier servant.
JEAN GERAUD.......... Domestique.

LA BOUSSOLE.

M. LAMANON............. Physicien et naturaliste.
PIERRE TALIN.......... Maître canonnier.
ANDRÉ ROTH...........⎫
JOSEPH RAYES.........⎬ Canonniers servans.

Les autres personnes de l'expédition ont toutes été plus ou moins grièvement blessées.

CHAPITRE XXV.

Départ de l'île Maouna. — Description de l'île d'Oyolava. — Échanges avec ses habitans. — Vue de l'île de Pola. — Nouveaux détails sur les mœurs, les arts, les usages des naturels de ces îles, et sur les productions de leur sol. — Rencontre des îles des Cocos et des Traîtres.

1787.
DÉCEMBRE.
14.

LE 14 décembre, je fis route vers l'île d'Oyolava, dont nous avions eu connaissance cinq jours avant d'atteindre le mouillage qui nous fut si funeste. M. DE BOUGAINVILLE en avait reconnu de très-loin la partie méridionale indiquée sur le plan qu'il a donné de cet archipel : cette île est séparée de celle de Maouna ou *du Massacre*, par un canal d'environ neuf lieues; et l'île de Taïti peut à peine lui être comparée pour la beauté, l'étendue, la fertilité et l'immense population. Parvenus à la distance de trois lieues de sa pointe du Nord-Est, nous fûmes environnés d'une innombrable quantité de pirogues, chargées de fruits à pain, de cocos, de bananes, de cannes à sucre, de pigeons, de poules-sultanes, mais de très-peu de cochons. Les habitans de cette île ressemblaient beaucoup à ceux de l'île Maouna, qui nous avaient si horriblement trahis ; leur costume, leurs traits, leur taille gigantesque, en différaient si peu, que nos matelots crurent reconnaître plusieurs des assassins, et j'eus beaucoup de peine à les empêcher de tirer sur eux : mais j'étais certain que leur colère les aveuglait; et une vengeance que je n'avais pas cru pouvoir me permettre, sur des pirogues de l'île même de Maouna, au moment où j'appris cet affreux événement, ne pouvait être licitement exercée quatre jours après, dans une autre île, à quinze lieues du champ de bataille. Je parvins donc à appaiser cette fermentation, et nous continuâmes nos échanges : il y régna beaucoup plus de tranquillité et de bonne foi qu'à l'île Maouna, parce que les plus petites injustices étaient punies par des coups, ou réprimées par des paroles et des gestes menaçans. A quatre heures après midi, nous mîmes en panne par le travers du village le plus étendu peut-être qui soit dans aucune île de la mer du Sud, ou plutôt vis-à-vis une très-grande plaine couverte de maisons depuis la cime des montagnes jusqu'au bord de la mer : ces montagnes sont à peu près au milieu de l'île, d'où le terrain s'incline en pente douce, et présente aux vaisseaux un amphithéâtre couvert d'arbres, de cases et de verdure; on voyait la fumée s'élever du sein de ce village, comme du milieu d'une grande ville; la mer était couverte de pirogues qui toutes cherchaient à s'approcher de nos bâtimens; plusieurs n'étaient pagayées que par des curieux, qui n'ayant rien à nous vendre, faisaient le tour de nos vaisseaux, et paraissaient n'avoir d'autre objet que de jouir du spectacle que nous leur donnions.

La présence des femmes et des enfans qui se trouvaient

1787.
Décembre.

parmi eux, pouvait faire présumer qu'ils n'avaient aucune mauvaise intention; mais nous avions de trop puissans motifs pour ne plus nous fier à ces apparences, et nous étions disposés à repousser le plus petit acte d'hostilité, d'une manière qui eût rendu les navigateurs redoutables à ces insulaires. Je suis assez porté à croire que nous sommes les premiers qui ayons commercé avec ces peuples : ils n'avaient aucune connaissance du fer; ils rejetèrent constamment celui que nous leur offrîmes, et ils préféraient un seul grain de rassade à une hache, ou à un clou de six pouces; ils étaient riches des biens de la nature, et ne recherchaient dans leurs échanges que des superfluités et des objets de luxe. Parmi un assez grand nombre de femmes, j'en remarquai deux ou trois d'une physionomie agréable, et qu'on croirait avoir servi de modèle au dessin de la *porteuse de présens* du troisième Voyage de Cook; leurs cheveux ornés de fleurs, et d'un ruban vert, en forme de bandeau, étaient tressés avec de l'herbe et de la mousse; leur taille était élégante, la forme de leurs bras arrondie, et dans les plus justes proportions; leurs yeux, leur physionomie, leurs gestes, annonçaient de la douceur, tandis que ceux des hommes peignaient la surprise et la férocité.

A l'entrée de la nuit, nous continuâmes notre route en prolongeant l'île, et les pirogues retournèrent vers la terre; le rivage, couvert de brisans, ne présentait point d'abri à nos vaisseaux, parce que la mer du Nord-Est s'élève et bat avec fureur contre la côte du Nord sur laquelle nous naviguions. Si j'avais eu dessein de mouiller, j'aurais probablement trouvé un excellent abri dans la partie de l'Ouest : en général, entre les Tropiques, ce n'est presque jamais que sous le vent des îles que les navigateurs doivent chercher des ancrages. Je restai en calme plat toute la journée du lendemain; il y eut beaucoup d'éclairs, suivis de coups de tonnerre et de pluie. Nous ne fûmes accostés que par très-peu de pirogues, ce qui me fit croire qu'on avait appris à Oyolava notre événement de l'île Maouna; cependant comme il était possible que l'orage et les éclairs eussent retenu les pirogues dans leurs ports, mon opinion pouvait n'être qu'une conjecture; mais elle acquit beaucoup de probabilité le 17. En effet, lorsque nous fûmes le long de l'île de Pola, que nous rangeâmes beaucoup plus près que la précédente, nous ne fûmes visités par aucune pirogue : je jugeai alors que ces peuples n'avaient pas encore fait assez de progrès dans la morale, pour savoir que la peine ne devait retomber que sur les coupables, et que la punition des seuls assassins eût suffi à notre vengeance. L'île de Pola, un peu moins grande que celle d'Oyolava, mais aussi belle, n'en est séparée que par un canal d'environ quatre lieues, coupé lui-même par deux îles assez considérables, dont une, fort basse et très-boisée, est probablement habitée. La côte du Nord de Pola, comme celle des autres îles de cet archipel, est inabordable pour les vaisseaux; mais, en doublant la pointe Ouest de cette

1787.
DÉCEMBRE.

17.

île, on trouve une mer calme et sans brisans, qui promet d'excellentes rades.

Nous avions appris des insulaires de Maouna, que l'archipel des Navigateurs est composé de dix îles; savoir: Opoun, la plus à l'Est; Léoné, Fanfoué, Maouna, Oyolava, Calinassé, Pola, Shika, Ossamo, et Ouera.

Nous ignorons la position des trois dernières : les Indiens, sur le plan qu'ils tracèrent de cet archipel, les placèrent dans le Sud d'Oyolava; mais si elles avaient eu la position qu'ils leur assignèrent, il est certain, d'après la route de M. DE BOUGAINVILLE, que ce navigateur en aurait eu connaissance. Malgré la patience et la sagacité de M. BLONDELAS, qui s'était particulièrement attaché à tirer quelques éclaircissemens géographiques des insulaires, il ne put parvenir à former aucune conjecture sur leur gisement ; mais la suite de notre navigation nous a appris que deux de ces trois îles pouvaient être celles des Cocos et des Traîtres [a], placées, d'après les observations du capitaine WALLIS, 1^d $15'$ trop à l'Ouest.

Opoun, la plus méridionale comme la plus orientale de ces îles, est par 14^d $7'$ de latitude Sud, et par 171^d $27'$ $7''$ de longitude occidentale. Un coup d'œil sur le plan *(Atlas, n.° 64)* fera connaître la position respective de ces îles, leur grandeur, et leur distance relative : un point de chacune d'elles est assujetti à des déterminations exactes de

---

[a] WALLIS a nommé ces îles *Boscawen* et *Keppel*. (N. D. R.)

latitude et de longitude, marquées sur ce même plan, et déduites du résultat de plusieurs distances de la lune au soleil, qui ont servi à corriger l'erreur de nos horloges marines. Plusieurs géographes attribuent à ROGGEWEIN la découverte de ces îles, auxquelles, selon eux, il donna, en 1721, le nom d'*îles Beauman;* mais, ni les détails historiques sur ces peuples, ni la position géographique que l'historien du Voyage de ROGGEWEIN [b] assigne à ces îles, ne s'accordent avec cette opinion. Voici comme il s'explique à ce sujet :

« Nous découvrîmes trois îles à la fois, sous le 12.ᵉ
» degré de latitude; elles paraissaient très-agréables à la vue :
» nous les trouvâmes garnies de beaux arbres fruitiers, et
» de toutes sortes d'herbes, de légumes et de plantes; les
» insulaires qui venaient au-devant de nos vaisseaux, nous
» offraient toutes sortes de poissons, des cocos, des bananes
» et d'autres fruits excellens : il fallait que ces îles fussent
» bien peuplées, puisqu'à notre arrivée, le rivage était
» rempli de plusieurs milliers d'hommes et de femmes; la
» plupart de ceux-là portaient des arcs avec des flèches.
» Tous ceux qui habitent ces îles sont blancs, et ne
» diffèrent des Européens qu'en ce que quelques-uns
» d'entr'eux ont la peau brûlée par l'ardeur du soleil : ils

---

[b] La relation historique du Voyage de ROGGEWEIN, rapportée par le président DESBROSSES, a été écrite en langue française, en 1739, par un Allemand, natif de Meckelbourg, sergent-major des troupes embarquées sur la flotte de ROGGEWEIN.

» paraissaient bonnes gens, vifs et gais dans leurs conver-
» sations, doux et humains les uns envers les autres; et
» dans leurs manières, on ne pouvait apercevoir rien de
» sauvage; ils n'avaient pas non plus le corps peint comme
» ceux des îles que nous avions découvertes auparavant; ils
» étaient vêtus, depuis la ceinture jusqu'au talon, de franges
» d'une étoffe de soie artistement tissue; ils avaient la tête
» couverte d'un chapeau pareil, très-fin et très-large,
» pour les garantir de l'ardeur du soleil. Quelques-unes
» de ces îles avaient dix, quatorze, et jusqu'à vingt milles
» de circuit : nous les appelâmes *îles de Beauman,* du nom
» du capitaine du vaisseau Tienhoven, qui les avait vues
» le premier. Il faut avouer (ajoute l'auteur) que c'est la
» nation la plus humanisée et la plus honnête que nous
» ayons rencontrée dans les îles de la mer du Sud. Toutes
» les côtes de ces îles sont d'un bon ancrage; on y mouille
» sur treize jusqu'à vingt brasses d'eau ».

On verra dans la suite de ce chapitre, que ces détails n'ont presque aucun rapport avec ceux que nous avons à donner sur les peuples des îles des Navigateurs : comme la position géographique ne s'y rapporte pas davantage, et qu'il existe une carte allemande, sur laquelle la route de ROGGEWEIN est tracée, et qui place ces îles par 15^d, je suis fondé à croire que les îles Beauman ne sont pas les mêmes que celles auxquelles M. DE BOUGAINVILLE a donné le nom d'*îles des Navigateurs ;* il me paraît cependant nécessaire de leur conserver cette dénomination, si l'on ne veut

veut porter dans la géographie une confusion très-nuisible au progrès de cette science. Ces îles, situées vers le 14.ᵉ degré de latitude Sud, et entre les 171 et 175 degrés de longitude occidentale, forment un des plus beaux archipels de la mer du Sud, aussi intéressant par ses arts, ses productions et sa population, que les îles de la Société ou celles des Amis, dont les voyageurs anglais nous ont donné une description qui ne laisse rien à désirer. Quant à la moralité de ces peuples, quoique nous ne les ayons vus qu'un instant, nous avons appris, par nos malheurs, à bien connaître leur caractère, et nous ne craignons pas d'assurer qu'on chercherait en vain à exciter, par des bienfaits, la reconnaissance de ces ames féroces, qui ne peuvent être contenues que par la crainte.

Ces insulaires sont les plus grands et les mieux faits que nous ayons encore rencontrés ; leur taille ordinaire est de cinq pieds neuf, dix ou onze pouces ; mais ils sont moins étonnans encore par leur taille que par les proportions colossales des différentes parties de leur corps. Notre curiosité, qui nous portait à les mesurer très-souvent, leur fit faire des comparaisons fréquentes de leurs forces physiques avec les nôtres : ces comparaisons n'étaient pas à notre avantage, et nous devons peut-être nos malheurs à l'idée de supériorité individuelle qui leur est restée de ces différens essais. Leur physionomie me parut souvent exprimer un sentiment de dédain, que je crus détruire en ordonnant de faire devant eux usage de nos armes; mais mon objet n'aurait pu être rempli qu'en les faisant diriger sur des victimes humaines; car, autrement, ils prenaient le bruit pour un jeu, et l'épreuve pour une plaisanterie.

Parmi ces insulaires, un très-petit nombre est au-dessous de la taille que j'ai indiquée; j'en ai fait mesurer qui n'avaient que cinq pieds quatre pouces, mais ce sont les nains du pays; et quoique la taille de ces derniers semble se rapprocher de la nôtre, cependant leurs bras forts et nerveux, leurs poitrines larges, leurs jambes, leurs cuisses, offrent encore une proportion très-différente : on peut assurer qu'ils sont aux Européens ce que les chevaux danois sont à ceux des différentes provinces de France.

Les hommes ont le corps peint ou tatoué, de manière qu'on les croirait habillés, quoiqu'ils soient presque nus; ils ont seulement autour des reins une ceinture d'herbes marines, qui leur descend jusqu'aux genoux, et les fait ressembler à ces fleuves de la fable qu'on nous dépeint entourés de roseaux. Leurs cheveux sont très-longs; ils les retroussent souvent autour de la tête, et ajoutent ainsi à la férocité de leur physionomie : elle exprime toujours, ou l'étonnement, ou la colère; la moindre dispute entr'eux est suivie de coups de bâton, de massue, ou de pagaie, et souvent, sans doute, elle coûte la vie aux combattans; ils sont presque tous couverts de cicatrices qui ne peuvent être que la suite de ces combats particuliers. La taille des femmes est proportionnée à celle des hommes; elles sont grandes, sveltes, et ont de la grace; mais elles perdent, avant la fin de leur printemps, cette douceur d'expression, ces formes élégantes, dont la nature n'a pas brisé l'empreinte chez ces peuples barbares, mais qu'elle paraît ne leur laisser qu'un instant et à regret : parmi un très-grand nombre de femmes, que j'ai été à portée de voir, je n'en ai distingué que trois de jolies ; l'air grossièrement effronté des autres, l'indécence de leurs mouvemens, et l'offre rebutante qu'elles faisaient de leurs faveurs, les rendaient bien dignes d'être les mères ou les femmes des êtres féroces qui nous environnaient. Comme l'histoire de notre voyage peut ajouter quelques feuillets à celle de *l'Homme*, je n'en écarterai pas des tableaux qui pourraient sembler indécens dans tout autre ouvrage, et je rapporterai que le très-petit nombre de jeunes et jolies insulaires dont j'ai déjà parlé, eut bientôt fixé l'attention de quelques Français, qui, malgré ma défense, avaient cherché à former des liaisons avec elles : les regards de nos Français exprimaient des désirs qui furent bientôt devinés ; de vieilles femmes se chargèrent de la négociation ; l'autel fut dressé dans la case du village la plus apparente ; toutes les jalousies furent baissées, et les curieux écartés : la victime fut placée entre les bras d'un vieillard, qui, pendant la cérémonie, l'exhortait à modérer l'expression de sa douleur ; les matrones chantaient et hurlaient, et le sacrifice fut consommé en leur présence et sous les auspices du vieillard qui servait d'autel et de prêtre. Toutes les femmes et les enfans du village étaient autour de la maison, soulevant légèrement les jalousies, et cherchant les plus petites ouvertures entre les nattes, pour jouir de ce spectacle. Quoi qu'en ayent pu dire les voyageurs qui nous ont précédés, je suis convaincu qu'au moins dans les îles des Navigateurs, les jeunes filles, avant d'être mariées, sont maîtresses de leurs faveurs, et que leur complaisance ne les déshonore pas; il est même plus que vraisemblable qu'en se mariant, elles n'ont aucun compte à rendre de leur conduite passée : mais je ne doute pas qu'elles ne soient obligées à plus de réserve, lorsqu'elles ont un mari.

Ces peuples ont certains arts qu'ils cultivent avec succès: j'ai déjà parlé de la forme élégante qu'ils donnent à leurs cases : ils dédaignent, avec quelque raison, nos instrumens de fer; car ils façonnent parfaitement leurs ouvrages, avec des haches, faites d'un basalte très-fin et très-compact, et ayant la forme d'herminettes. Ils nous vendirent, pour quelques grains de verre, de grands plats de bois à trois pieds, d'une seule pièce, et tellement polis, qu'ils semblaient être enduits du vernis le plus fin : il eût fallu plusieurs jours à un bon ouvrier d'Europe, pour exécuter un de ces ouvrages qui, par le défaut d'instrumens convenables, devait leur coûter plusieurs mois de travail; ils n'y mettaient cependant presque aucun prix, parce qu'ils en attachent peu à l'emploi de leur temps. Les arbres à fruits et les racines nourrissantes, qui croissent spontanément autour d'eux, assurent leur subsistance, celle de leurs cochons, de leurs chiens et de leurs poules; et si quelquefois ils se livrent au travail, c'est pour se procurer des jouissances plus agréables qu'utiles. Ils fabriquent des nattes extrêmement fines et quelques étoffes-papier : je remarquai deux ou trois de ces insulaires, qui me parurent être des chefs; ils avaient, au lieu d'une ceinture d'herbes, une pièce de toile qui les enveloppait comme une jupe; le tissu en est fait avec un vrai fil, tiré sans doute de quelque plante ligneuse, comme l'ortie ou le lin ; elle est fabriquée sans navette, et les fils sont absolument passés comme ceux des nattes. Cette toile, qui réunit la souplesse et la solidité des nôtres, est très-propre pour les voiles de leurs pirogues; elle nous parut avoir une grande supériorité sur l'étoffe-papier des îles de la Société et des Amis, qu'ils fabriquent aussi ; ils nous en vendirent plusieurs pièces ; mais ils en font peu de cas et très-peu d'usage. Les femmes préfèrent à cette étoffe les nattes fines dont j'ai parlé.

Nous n'avions d'abord reconnu aucune identité entre leur langage et celui des peuples des îles de la Société et des Amis, dont nous avions les vocabulaires ; mais un plus mûr examen nous apprit qu'ils parlaient un dialecte de la même langue. Un fait qui peut conduire à le prouver, et qui confirme l'opinion des Anglais sur l'origine de ces peuples, c'est qu'un jeune domestique manillois, né dans la province de Tagayan au Nord de Manille, entendait et nous expliquait la plus grande partie des mots des insulaires : on sait que le tagayan, le talgale, et généralement toutes les langues des Philippines, dérivent du malais; et cette langue, plus répandue que ne le furent celles des Grecs et des Romains, est commune aux peuplades nombreuses qui habitent les îles de la mer du Sud. Il me paraît démontré que ces différentes nations proviennent de colonies malaises, qui, à des époques extrêmement reculées, firent la conquête de ces îles; et peut-être les Chinois et les Egyptiens, dont on vante tant l'ancienneté, sont-ils des peuples modernes, en comparaison de ceux-ci. Quoi qu'il en soit, je suis convaincu que les indigènes des Philippines, de Formose, de la nouvelle Guinée, de la nouvelle Bretagne, des Hébrides, des îles des Amis, &c., dans l'hémisphère Sud, et ceux des Carolines, des Mariannes, des îles Sandwich, dans l'hémisphère Nord, étaient cette race d'hommes crépus que l'on trouve encore dans l'intérieur de l'île Luçon et de l'île Formose : ils ne purent être subjugués dans la nouvelle Guinée, dans la nouvelle Bretagne, aux Hébrides; mais vaincus dans les îles plus à l'Est, trop petites pour qu'ils pussent y trouver une retraite dans le centre, ils se mêlèrent avec les peuples conquérans, et il en est résulté une race d'hommes très-noirs, dont la couleur conserve encore quelques nuances de plus que celle de certaines familles du pays, qui, vraisemblablement, se sont fait un point d'honneur de ne pas se mésallier. Ces deux races, très-distinctes, ont frappé nos yeux aux îles des Navigateurs, et je ne leur attribue pas d'autre origine.

Les descendans des Malais ont acquis dans ces îles une vigueur, une force, une taille et des proportions, qu'ils ne tiennent pas de leurs pères, et qu'ils doivent, sans doute, à l'abondance des subsistances, à la douceur du climat, et à l'influence de différentes causes physiques, qui ont agi constamment et pendant une longue suite de générations. Les arts qu'ils avaient peut-être apportés, se seront perdus par le défaut de matières et d'instrumens propres à les exercer; mais l'identité de langage, semblable au fil d'Ariane, permet à l'observateur de suivre tous les détours de ce nouveau labyrinthe. Le gouvernement féodal s'y est aussi conservé : ce gouvernement, que de petits tyrans peuvent regretter, qui a souillé l'Europe pendant quelques siècles, et dont les restes gothiques subsistent encore dans nos lois et sont les médailles qui attestent notre ancienne barbarie; ce gouvernement, dis-je, est le plus propre à maintenir la férocité des mœurs, parce que les plus petits intérêts y suscitent des guerres de village à village, et ces sortes de guerres se font sans magnanimité, sans courage; les surprises, les trahisons, y sont employées tour à tour; et dans ces malheureuses contrées, au lieu de guerriers généreux, on ne trouve que des assassins. Les Malais sont encore aujourd'hui la nation la plus perfide de l'Asie, et leurs enfans n'ont pas dégénéré, parce que les mêmes causes ont préparé et produit les mêmes effets. On objectera, peut-être, qu'il a dû être très-difficile aux Malais de remonter de l'Ouest vers l'Est, pour arriver dans ces différentes îles ; mais les vents de l'Oüest sont au moins aussi fréquens que ceux de l'Est, aux environs de l'Equateur, dans une zone de sept à huit degrés au Nord et au Sud, et ils sont si variables, qu'il n'est guère plus difficile de naviguer vers l'Est que vers l'Ouest. D'ailleurs, ces différentes conquêtes n'ont pas eu lieu à la même époque; ces peuples se sont étendus peu à peu, et ont introduit de proche en proche cette forme de gouvernement, qui existe encore dans la presqu'île de Malaca, à Java, Sumatra, Bornéo, et dans toutes les contrées soumises à cette barbare nation.

Parmi quinze ou dix-huit cents insulaires que nous eûmes occasion d'observer, trente, au moins, s'annoncèrent à nous comme des chefs ; ils exerçaient une espèce de police, et donnaient de grands coups de bâton ; mais l'ordre qu'ils avaient l'air de vouloir établir, était transgressé en moins d'une minute : jamais souverains ne furent moins obéis; jamais l'insubordination et l'anarchie n'excitèrent plus de désordres.

C'est avec raison que M. DE BOUGAINVILLE les a nommés *les Navigateurs ;* tous leurs voyages se font en pirogue, et ils ne vont jamais à pied d'un village à l'autre. Ces villages sont tous situés dans des anses sur les bords de la mer, et n'ont de sentiers que pour pénétrer dans l'intérieur du pays. Les îles que nous avons visitées étaient couvertes, jusqu'à la cime, d'arbres chargés de fruits, sur lesquels reposaient des pigeons-ramiers, des tourterelles vertes,

vertes, couleur de rose, et de différentes couleurs; nous y avons vu des perruches charmantes, une espèce de merle, et même des perdrix : ces insulaires soulagent l'ennui de leur oisiveté, en apprivoisant des oiseaux; leurs maisons étaient pleines de pigeons-ramiers, qu'ils échangèrent avec nous par centaines ; ils nous vendirent aussi plus de trois cents poules-sultanes du plus beau plumage.

Leurs pirogues sont à balancier, très-petites, et ne contiennent assez ordinairement que cinq ou six personnes; quelques-unes cependant peuvent en contenir jusqu'à quatorze, mais c'est le plus petit nombre : elles ne paraissent pas, au surplus, mériter l'éloge que les voyageurs ont fait de la célérité de leur marche; je ne crois pas que leur vîtesse excède sept nœuds à la voile; et, à la pagaie, elles ne pouvaient nous suivre lorsque nous faisions quatre milles par heure. Ces Indiens sont si habiles nageurs, qu'ils semblent n'avoir de pirogues que pour se reposer : comme au moindre faux mouvement elles se remplissent, ils sont obligés, à chaque instant, de se jeter à la mer, pour soulever sur leurs épaules ces pirogues submergées, et en vider l'eau. Ils les accolent quelquefois deux à deux, au moyen d'une traverse en bois, dans laquelle ils pratiquent un étambrai pour placer leur mât; de cette manière, elles chavirent moins, et ils peuvent conserver leurs provisions pour de longs voyages. Leurs voiles, de natte, ou de toile nattée, sont à livarde, et ne méritent pas une description particulière.

Ils ne pêchent qu'à la ligne ou à l'épervier; ils nous

vendirent des filets, et des hameçons de nacre et de coquille blanche très-artistement travaillés ; ces instrumens ont la forme de poissons volans, et servent d'étui à un hameçon d'écaille de tortue assez fort pour résister aux thons, aux bonites et aux dorades. Ils échangeaient les plus gros poissons contre quelques grains de verre, et on voyait, à leur empressement, qu'ils ne craignaient pas de manquer de subsistances.

Les îles de cet archipel que j'ai visitées, m'ont paru volcaniques ; toutes les pierres du rivage, sur lequel la mer brise avec une fureur qui fait rejaillir l'eau à plus de cinquante pieds, ne sont que des morceaux de lave, de basalte roulé, ou de corail dont l'île entière est environnée. Ces coraux laissent au milieu de presque toutes les anses, un passage étroit, mais suffisant pour des pirogues, ou même pour des canots et des chaloupes, et forment ainsi de petits ports pour la marine des insulaires, qui d'ailleurs ne laissent jamais leurs pirogues sur l'eau : en arrivant, ils les remisent auprès de leurs maisons, et les placent à l'ombre sous des arbres ; elles sont si légères, que deux hommes peuvent les porter aisément sur leurs épaules.

L'imagination la plus riante se peindrait difficilement des sites plus agréables que ceux de leurs villages ; toutes les maisons sont bâties sous des arbres à fruit, qui entretiennent dans ces demeures une fraîcheur délicieuse ; elles sont situées au bord d'un ruisseau qui descend des montagnes, et le long duquel est pratiqué un sentier qui s'enfonce dans l'intérieur de l'île. Leur architecture a pour objet principal de les préserver de la chaleur, et j'ai déjà dit qu'ils savaient y joindre l'élégance : ces maisons sont assez grandes pour loger plusieurs familles ; elles sont entourées de jalousies qui se lèvent du côté du vent et se ferment du côté du soleil. Les insulaires dorment sur des nattes très-fines, très-propres, et parfaitement à l'abri de l'humidité. Nous n'avons aperçu aucun morai, et nous ne pouvons rien dire de leurs cérémonies religieuses.

Les cochons, les chiens, les poules, les oiseaux et le poisson, abondent dans ces îles; elles sont couvertes aussi de cocotiers, de goyaviers, de bananiers, et d'un autre arbre qui produit une grosse amande qu'on mange cuite, et à laquelle nous avons trouvé le goût du marron : les cannes à sucre y croissent spontanément sur le bord des rivières; mais elles sont aqueuses, et moins sucrées que celles de nos colonies : cette différence vient sans doute de ce qu'elles se multiplient à l'ombre, sur un terrain trop gras et qui n'a jamais été travaillé; on y trouve aussi des souches dont les racines approchent beaucoup de celles de l'igname ou du camagnoc.

Quelque dangereux qu'il fût de s'écarter dans l'intérieur de l'île, MM. DE LA MARTINIÈRE et COLIGNON suivirent plus les impulsions de leur zèle que les règles de la prudence; et lors de la descente qui nous fut si fatale, ils s'avancèrent dans les terres pour faire des découvertes en botanique. Les Indiens exigeaient un grain de verre pour chaque plante que M. DE LA MARTINIÈRE ramassait, et ils menaçaient de l'assommer lorsqu'il refusait de payer cette rétribution : poursuivi à coups de pierres, au moment du massacre, il gagna nos canots à la nage, son sac de plantes sur le dos, et parvint ainsi à les conserver. Nous n'avions aperçu jusqu'alors d'autre arme que des massues ou *patow-patow ;* mais M. BOUTIN m'assura qu'il avait vu dans leurs mains plusieurs paquets de flèches, sans aucun arc : je suis porté à croire que ces flèches ne sont que des lances qui leur servent à darder le poisson; leur effet serait bien moins dangereux dans les combats que celui des pierres de deux ou trois livres qu'ils lancent avec une adresse et une vigueur inconcevables. Ces îles sont extrêmement fertiles, et je crois leur population très-considérable : celles de l'Est, Opoun, Léoné, Fanfoué, sont petites, les deux dernières sur-tout n'ont qu'environ cinq milles de circonférence; mais Maouna, Oyolava et Pola, doivent être comptées parmi les plus grandes et les plus belles îles de la mer du Sud. Les relations des différens voyageurs n'offrent rien à l'imagination qui puisse être comparé à la beauté et à l'immensité du village sous le vent duquel nous mîmes en panne sur la côte du Nord d'Oyolava; quoiqu'il fût presque nuit lorsque nous y arrivâmes, nous fûmes en un instant environnés de pirogues, que la curiosité ou le désir de commercer avec nous, avait fait sortir de leurs ports; plusieurs n'apportaient rien, et venaient seulement jouir d'un coup d'œil nouveau pour elles : il y en avait d'extrêmement petites qui ne contenaient qu'un seul homme; ces dernières étaient très-ornées; comme elles tournaient autour des bâtimens sans faire aucun commerce, nous les appelions les cabriolets; elles en avaient les inconvéniens, car le plus petit choc des autres pirogues les faisait chavirer à chaque instant. Nous vîmes aussi de très-près la grande et superbe île de Pola; mais nous n'eûmes aucune relation avec ses habitans : en tournant cette dernière île dans sa partie occidentale, nous aperçûmes une mer tranquille, qui paraissait promettre de bons mouillages, au moins tant que les vents seraient du Nord au Sud par l'Est; mais la fermentation était encore trop grande dans nos équipages, pour que je me décidasse à y mouiller. Après l'événement qui nous était arrivé, je ne pouvais prudemment envoyer nos matelots à terre, sans armer chaque homme d'un fusil, et chaque canot d'un pierrier; et alors, le sentiment de leur force, augmenté par le désir de la vengeance, les eût portés peut-être à réprimer à coups de fusil le plus petit acte d'injustice commis par les insulaires : d'ailleurs, dans ces mauvais mouillages, un bâtiment est exposé à se perdre, lorsqu'il n'a pas un bateau capable de porter une ancre sur laquelle il puisse se touer. C'est d'après ces considérations, que je me déterminai, comme je l'ai dit, à ne mouiller qu'à la baie Botanique, en me bornant à parcourir dans ces divers archipels, les routes qui pouvaient me conduire à de nouvelles découvertes.

Lorsque nous eûmes doublé la côte occidentale de l'île de Pola, nous n'aperçûmes plus aucune terre; nous n'avions

1787.
DÉCEMBRE.

1787.
DÉCEMBRE.

20.

pu voir les trois îles que les insulaires avaient nommées Shika, Ossamo, Ouera, et qu'ils avaient placées dans le Sud d'Oyolava. Je fis mes efforts pour gouverner au Sud-Sud-Est ; les vents d'Est-Sud-Est me contrarièrent d'abord ; ils étaient très-faibles, et nous ne faisions que huit à dix lieues par jour : ils passèrent enfin au Nord, et successivement au Nord-Ouest, ce qui me permit de faire prendre de l'Est à ma route, et j'eus connaissance, le 20, d'une île ronde, précisément au Sud d'Oyolava, mais à près de quarante lieues. M. DE BOUGAINVILLE, qui avait passé entre ces deux îles, n'avait pas aperçu la première, parce qu'il était quelques lieues trop au Nord : le calme ne me permit pas de l'approcher ce même jour ; mais le lendemain, je l'accostai à deux milles, et je vis au Sud deux autres îles, que je reconnus bien parfaitement pour être les îles des Cocos et des Traîtres de SCHOUTEN. L'île des Cocos a la forme d'un pain de sucre très-élevé ; elle est couverte d'arbres jusqu'à la cime, et son diamètre est à peu près d'une lieue : elle est séparée de l'île des Traîtres par un canal d'environ trois milles, coupé lui-même par un îlot que nous vîmes à la pointe du Nord-Est de cette dernière île ; celle-ci est basse et plate, et a seulement, vers le milieu, un morne assez élevé ; un canal de cent cinquante toises d'ouverture la divise en deux parties : SCHOUTEN n'a pas eu occasion de le voir, parce qu'il faut se trouver pour cela dans l'aire de vent où ce passage est ouvert, et nous ne l'aurions pas même soupçonné, si nous n'eussions prolongé l'île de très-près dans cette partie. Nous ne doutâmes plus que ces trois îles, dont deux seulement méritent ce nom, ne fussent du nombre des dix qui, d'après le récit des sauvages, composent l'archipel des Navigateurs. Comme il ventait très-grand frais du Nord-Ouest, que le temps avait très-mauvaise apparence, et qu'il était tard, nous fûmes peu surpris de ne voir venir à bord aucune pirogue, et je me décidai à passer la nuit bord sur bord, afin de reconnaître ces îles le lendemain, et de commercer avec les insulaires pour en tirer quelques rafraîchissemens. Le temps fut à grains, et les vents ne varièrent que du Nord-Ouest au Nord-Nord-Ouest. J'avais aperçu quelques brisans sur la pointe du Nord-Ouest de la petite île des Traîtres, ce qui me fit louvoyer un peu au large. Au jour, je rapprochai cette dernière île, qui, étant basse et plus étendue que celle des Cocos, me parut devoir être plus peuplée; et à huit heures du matin, je mis en panne à l'Ouest-Sud-Ouest, à deux milles d'une large baie de sable, qui est dans la partie occidentale de la grande île des Traîtres, et où je ne doutai pas qu'il n'y eût un mouillage, à l'abri des vents d'Est. Vingt pirogues environ se détachèrent à l'instant de la côte, et s'approchèrent des frégates pour faire des échanges; plusieurs étaient sorties du canal qui divise l'île des Traîtres : elles étaient chargées des plus beaux cocos que j'eusse encore vus, d'un très-petit nombre de bananes, et de quelques ignames; une seule avait un petit cochon

1787.
DÉCEMBRE.

et trois ou quatre poules. On s'apercevait que ces Indiens avaient déjà vu des Européens ou en avaient entendu parler; ils s'approchèrent sans crainte, firent leur commerce avec assez de bonne foi, et ne refusèrent jamais, comme les naturels de l'archipel des Navigateurs, de donner leurs fruits avant d'en avoir reçu le paiement; ils acceptèrent les morceaux de fer et les clous avec autant d'empressement que les rassades. Ils parlaient d'ailleurs la même langue, et avaient le même air de férocité : leur costume, leur tatouage, et la forme de leurs pirogues, étaient aussi les mêmes, et l'on ne pouvait douter que ce ne fût le même peuple : ils en différaient cependant en ce que tous avaient les deux phalanges du petit doigt de la main gauche coupées, et je n'avais aperçu aux îles des Navigateurs, que deux individus qui eussent souffert cette amputation; ils étaient aussi beaucoup moins grands et moins gigantesques: cette différence vient sans doute de ce que le sol de ces îles, moins fertile, y est aussi moins propre à l'accroissement de l'espèce humaine. Chaque île que nous apercevions nous rappelait un trait de perfidie de la part des insulaires : les équipages de ROGGEWEIN avaient été attaqués et lapidés aux îles de la Récréation, dans l'Est de celles des Navigateurs; ceux de SCHOUTEN, à l'île des Traîtres, qui était à notre vue, et au Sud de l'île de Maouna, où nous avions été nous-mêmes assassinés d'une manière si atroce. Ces réflexions avaient changé nos manières d'agir à l'égard des Indiens; nous réprimions par la force les plus petits vols

vols et les plus petites injustices; nous leur montrions, par l'effet de nos armes, que la fuite ne les sauverait pas de notre ressentiment; nous leur refusions la permission de monter à bord, et nous menacions de punir de mort ceux qui oseraient y venir malgré nous. Cette conduite était cent fois préférable à notre modération passée; et si nous avons quelque regret à former, c'est d'être arrivés chez ces peuples avec des principes de douceur et de patience : la raison et le bon sens disent qu'on a le droit d'employer la force contre l'homme dont l'intention bien connue serait d'être votre assassin, s'il n'était retenu par la crainte.

Le 23, à midi, pendant que nous faisions le commerce de cocos avec les Indiens, nous fûmes assaillis d'un fort grain de l'Ouest-Nord-Ouest, qui dispersa les pirogues; plusieurs chavirèrent, et après s'être relevées, elles nagèrent avec force vers la terre : le temps était menaçant; nous fîmes cependant le tour de l'île des Traîtres, pour en découvrir toutes les pointes, et en lever le plan avec exactitude. M. Dagelet avait fait, à midi, de très-bonnes observations de latitude, et, dans la matinée, il avait observé la longitude des deux îles, ce qui l'avait mis en état de rectifier la position que leur avait assignée le capitaine Wallis. A quatre heures, je signalai la route au Sud-Sud-Est, vers l'archipel des Amis; je me proposais d'en reconnaître les îles que le capitaine Cook n'a pas eu l'occasion d'explorer, et qui, d'après sa relation, doivent être au Nord d'Inahomooka.

CHAPITRE XXVI.

Départ des îles des Navigateurs. — Nous dirigeons notre route vers celles des Amis. — Rencontre de l'île Vavao et de différentes îles de cet archipel, très-mal placées sur les cartes. — Les habitans de Tongataboo s'empressent de venir à bord et de lier commerce avec nous. — Nous mouillons à l'île Norfolk. — Description de cette île. — Arrivée à Botany-Bay.

1787.
Décembre.

La nuit qui suivit notre départ de l'île des Traîtres fut affreuse ; les vents passèrent à l'Ouest très-grand frais, avec beaucoup de pluie : comme l'horizon n'avait pas une lieue d'étendue au coucher du soleil, je restai en travers jusqu'au jour, le cap au Sud-Sud-Ouest ; les vents d'Ouest continuèrent avec force, et furent accompagnés d'une pluie abondante.

Tous ceux qui avaient des symptômes de scorbut, souffraient extrêmement de l'humidité : aucun individu de l'équipage n'était attaqué de cette maladie ; mais les officiers, et particulièrement nos domestiques, commençaient à en ressentir les atteintes ; j'en attribuai la cause à la disette de vivres frais, moins sensible pour nos matelots que pour les domestiques, qui n'avaient jamais navigué, et qui n'étaient pas accoutumés à cette privation. Le nommé David, cuisinier des officiers, mourut le 10, d'une hydropisie scorbutique : depuis notre départ de Brest, personne, sur la BOUSSOLE, n'avait succombé à une mort naturelle; et si nous n'avions fait qu'un voyage ordinaire autour du monde, nous aurions pu être de retour en Europe sans avoir perdu un seul homme. Les derniers mois d'une campagne, sont, à la vérité, les plus difficiles à soutenir ; les corps s'affaiblissent avec le temps ; les vivres s'altèrent : mais si dans la longueur des voyages de découvertes, il est des bornes qu'on ne peut passer, il importe de connaître celles qu'il est possible d'atteindre ; et je crois qu'à notre arrivée en Europe, l'expérience à cet égard sera complète. De tous les préservatifs connus contre le scorbut, je pense que la mélasse et le sprucebeer sont les plus efficaces : nos équipages ne cessèrent d'en boire dans les climats chauds ; on en distribuait chaque jour une bouteille par personne, avec une demi-pinte de vin et un petit coup d'eau-de-vie, étendus dans beaucoup d'eau ; ce qui leur faisait trouver les autres vivres supportables. La quantité de porcs que nous nous étions procurée à Maouna, n'était qu'une ressource passagère ; nous ne pouvions, ni les saler, parce qu'ils étaient trop petits, ni les conserver, faute de vivres pour les nourrir : je pris le parti d'en faire distribuer deux fois par jour à l'équipage; alors les enflures des jambes, et tous les symptômes de scorbut, disparurent : ce nouveau régime fit sur notre physique l'effet d'une longue relâche, ce qui

1787.
DÉCEMBRE.

prouve que les marins ont un besoin moins pressant de l'air de terre, que d'alimens salubres.

Les vents de Nord-Nord-Ouest nous suivirent au-delà de l'archipel des Amis; ils étaient toujours pluvieux, et souvent aussi forts que les vents d'Ouest qu'on rencontre l'hiver sur les côtes de Bretagne : nous savions très-bien que nous étions dans la saison de l'hivernage, et conséquemment des orages et des ouragans; mais nous ne nous étions pas attendus à éprouver des temps aussi constamment mauvais. Le 27 décembre, nous découvrîmes l'île de Vavao, dont la pointe septentrionale nous restait, à midi, précisément à l'Ouest; notre latitude était de 18^d 34'. Cette île, que le capitaine Cook n'avait jamais visitée, mais dont il avait eu connaissance par le rapport des habitans des îles des Amis, est une des plus considérables de cet archipel; elle est à peu près égale, en étendue, à celle de Tongataboo; mais elle a sur elle un avantage, c'est que, plus élevée, elle ne manque point d'eau douce; elle est au centre d'un grand nombre d'autres îles, qui doivent porter les noms dont le capitaine Cook a donné la liste, mais qu'il nous serait difficile de classer. Nous ne pourrions sans injustice nous attribuer l'honneur de cette découverte, qui est due au pilote Maurelle, et qui ajoute à l'archipel des Amis un nombre d'îles presque aussi considérable que celui qui avait déjà été exploré par le capitaine Cook.

27.

Je m'étais procuré à la Chine l'extrait d'un journal de

ce pilote espagnol, qui partit de Manille, en 1781, chargé d'une commission pour l'Amérique ; il se proposait d'y arriver par l'hémisphère austral, en faisant à peu près la route de M. DE SURVILLE, et cherchant à gagner les latitudes élevées, où il comptait avec raison rencontrer des vents d'Ouest. Ce navigateur ne connaissait pas les nouvelles méthodes de déterminer les longitudes, et il n'avait jamais lu aucune des relations des voyageurs modernes ; il naviguait d'après les anciennes cartes françaises de BÉLIN, et suppléait par la plus grande exactitude dans ses estimes et dans ses relèvemens, à l'imperfection de ses méthodes, de ses instrumens et de ses cartes. Il côtoya, comme M. DE SURVILLE, la nouvelle Irlande, aperçut plusieurs petites îles, dont MM. DE BOUGAINVILLE, CARTERET et SURVILLE, avaient déjà eu connaissance ; il en découvrit trois ou quatre nouvelles ; et se croyant près des îles Salomon, il rencontra d'abord au Nord de Vavao une île, qu'il appela *la Margoura*, parce qu'elle ne lui offrit aucun des rafraîchissemens dont il commençait à avoir besoin : il n'eut pas occasion de voir, à l'Est de la première, une seconde île que nous avons parfaitement reconnue, et qu'on ne peut apercevoir que de trois ou quatre lieues, parce qu'elle est très-plate ; et il arriva enfin à Vavao, où il mouilla dans un port assez commode, dans lequel il se procura de l'eau et une quantité assez considérable de vivres. Les détails de sa relation étaient si vrais qu'il était impossible de méconnaître les îles des Amis, et même

1787.
DÉCEMBRE.

de se méprendre sur le portrait de POULAHO, qui, chef principal de toutes ces îles, habite indifféremment dans plusieurs, mais paraît faire sa résidence plus particulière à Vavao : je n'entrerai pas dans d'autres détails sur ce voyage, dont je ne fais mention que par un motif de justice pour le pilote MAURELLE. Il avait nommé le groupe de Vavao *îles de Majorca*, du nom du vice-roi de la nouvelle Espagne, et celui d'Hapaee *îles de Galves*, du nom du frère du ministre des Indes : mais persuadé qu'il est infiniment préférable de conserver les noms du pays, j'ai cru devoir les employer dans le plan de M. BERNIZET. Ce plan a été dressé d'après des latitudes et des longitudes déterminées par M. DAGELET, bien plus exactes que celles du navigateur espagnol, qui portait ces îles six degrés environ trop à l'Ouest ; cette erreur, copiée de siècle en siècle, et consacrée par les géographes, eût donné naissance à un nouvel archipel, qui n'aurait eu de réalité que sur les cartes.

Nous courûmes différens bords dans la journée du 27, pour approcher l'île Vavao, d'où les vents d'Ouest-Nord-Ouest nous éloignaient un peu. Ayant poussé pendant la nuit ma bordée au Nord, afin d'étendre ma vue douze ou quinze lieues au-delà de l'île, j'eus connaissance de celle de la Margoura de MAURELLE, qui me restait à l'Ouest ; et l'ayant approchée, je vis une seconde île très-plate, couverte d'arbres : l'île de la Margoura est, au contraire, assez élevée, et il est vraisemblable qu'elles sont habitées l'une et l'autre. Après que nous eûmes fait tous nos relèvemens, j'ordonnai d'arriver vers l'île de Vavao, qu'on n'apercevait que du haut des mâts : elle est la plus considérable de l'archipel des Amis ; les autres îles éparses au Nord ou à l'Ouest, ne peuvent être comparées à cette dernière. Vers midi, j'étais à l'entrée du port dans lequel le navigateur MAURELLE avait mouillé ; il est formé par de petites îles assez élevées, qui laissent entr'elles des passages étroits, mais très-profonds, et mettent les vaisseaux parfaitement à l'abri des vents du large. Ce port, très-supérieur à celui de Tongataboo, m'aurait infiniment convenu pour y passer quelques jours ; mais le mouillage est à deux encablures de terre, et dans cette position, une chaloupe est souvent nécessaire pour porter une ancre au large et s'éloigner de la côte. A chaque instant, j'étais tenté de renoncer au plan que j'avais formé, en partant de Maouna, de ne faire aucune relâche jusqu'à Botany-Bay ; mais la raison et la prudence m'y ramenaient. Je voulus former du moins des liaisons avec les insulaires ; je mis en panne assez près de terre ; aucune pirogue ne s'approcha des frégates : le temps était si mauvais et le ciel si menaçant que j'en fus peu surpris ; et comme à chaque minute l'horizon se chargeait davantage, je fis moi-même route avant la nuit à l'Ouest, vers l'île Latté, que j'apercevais, et qui est assez élevée pour être vue de vingt lieues par un temps clair : ce nom de Latté est compris dans la liste des îles des Amis, donnée par le capitaine COOK ;

1787.
DÉCEMBRE.

et il avait été assigné à cette même île par le navigateur MAURELLE, dans son journal, d'après le rapport des insulaires de Vavao, qui lui dirent en outre qu'elle était habitée, et qu'on pouvait y mouiller. On peut reconnaître ici combien il est important pour la géographie de conserver les noms du pays : car si, comme les anciens voyageurs, ou comme MAURELLE lui-même, nous eussions eu sept ou huit degrés d'erreur en longitude, nous aurions pu supposer, en rencontrant cette île, que nous étions à une grande distance de l'archipel des Amis; la conformité du langage, des mœurs et du costume, n'eût pas suffi pour lever nos doutes, parce qu'on sait que tous ces peuples se ressemblent, quoique fort éloignés les uns des autres ; au lieu que l'identité de nom, et la plus légère description de la figure de l'île et de son étendue, formaient une preuve certaine de l'identité de lieu.

La nuit suivante fut affreuse ; les ténèbres qui nous environnaient étaient si épaisses, qu'il était impossible de rien distinguer autour de nous : dans cet état, il eût été très-imprudent de faire route au milieu de tant d'îles ; et je pris le parti de courir de petits bords jusqu'au point du jour ; mais il fut encore plus venteux que la nuit : le baromètre avait baissé de trois lignes, et si un ouragan pouvait être plus fort, il ne pouvait s'annoncer par un temps de plus mauvaise apparence. Je fis route néanmoins vers l'île Latté ; je l'approchai à deux milles, bien certain cependant qu'aucune pirogue ne hasarderait de se mettre

en

en mer : je fus chargé, sous cette île, d'un grain qui me força de porter vers les îles Kao et Toofoa, dont nous devions être assez près, quoique la brume ne nous permît pas de les distinguer. Ces deux îles étaient indiquées les premières sur le plan du capitaine Cook; il avait passé dans le canal de deux milles de largeur qui les sépare l'une de l'autre, et en avait parfaitement déterminé la latitude et la longitude; il nous importait extrêmement d'y comparer les longitudes de nos montres : je me proposais, à la vérité, d'approcher assez Tongataboo, pour achever entièrement cette comparaison. M. Dagelet regardait avec raison l'observatoire de Tongataboo comme celui de Greenwich, puisque sa détermination était le résultat de plus de dix mille distances, prises dans l'espace de quatre ou cinq mois, par l'infatigable Cook. A cinq heures du soir, un éclairci nous donna connaissance de l'île Kao, dont la forme est celle d'un cône très-élevé, et qu'on pourrait apercevoir de trente lieues par un temps clair; l'île Toofoa, quoique aussi très-haute, ne se montra point, et resta dans le brouillard. Je passai la nuit, comme la précédente, bord sur bord, mais sous le grand hunier et la misaine seulement, car il ventait si frais, que nous ne pouvions porter d'autres voiles. Le lendemain, le jour fut assez clair; et au lever du soleil, nous eûmes connaissance des deux îles Kao et Toofoa. J'approchai celle de Toofoa à une demi-lieue, et je m'assurai qu'elle était inhabitée, au moins dans les trois quarts de sa circonférence; car j'en vis les bords d'assez près pour distinguer les pierres du rivage. Cette île est très-montueuse, très-escarpée, et couverte d'arbres jusqu'à la cime ; elle peut avoir quatre lieues de tour : je pense que les insulaires de Tongataboo et des autres îles des Amis y abordent souvent dans la belle saison, pour y couper des arbres, et vraisemblablement y fabriquer leurs pirogues ; car ils manquent de bois dans leurs îles plates, où ils n'ont conservé d'autres arbres que ceux qui, comme le coco, portent des fruits propres à leur subsistance. En prolongeant l'île, nous vîmes plusieurs glissoires, par où les arbres coupés sur le penchant des montagnes, roulent jusqu'au bord de la mer ; mais il n'y avait ni cabanes ni défrichés dans le bois, rien enfin qui annonçât une habitation. Continuant ainsi notre route vers les deux petites îles de Hoonga-tonga et de Hoonga-hapaee, nous mîmes l'île Kao par le milieu de l'île Toofoa, de sorte que la première ne paraissait être que le sommet de la seconde, et nous la relevâmes ainsi au Nord 27 degrés Est. L'île Kao est environ trois fois plus élevée que l'autre, et ressemble au soupirail d'un volcan ; sa base nous parut avoir moins de deux milles de diamètre. Nous observâmes aussi sur la pointe du Nord-Est de l'île Toofoa, du côté du canal qui la sépare de Kao, un pays absolument brûlé, noir comme du charbon, dénué d'arbres et de toute verdure, et qui vraisemblablement aura été ravagé par des débordemens de lave. Nous eûmes connaissance, l'après-midi, des deux îles de Hoonga-tonga et de

Hoonga-hapaee : elles sont comprises dans une carte des îles des Amis, insérée dans le troisième Voyage de Cook; mais on n'y trouve point un banc de ressifs, très-dangereux, de deux lieues d'étendue, dont la direction est à peu près Nord quart Nord-Ouest et Sud quart Sud-Est ; sa pointe septentrionale est à cinq lieues au Nord de Hoongahapaee, et sa pointe méridionale à trois lieues au Nord de Hoonga-tonga, formant avec les deux îles un détroit de trois lieues : nous le rangeâmes à une très-grande lieue dans l'Ouest, et nous aperçûmes ses brisans qui s'élevaient comme des montagnes ; mais il est possible que dans un temps plus calme, il marque moins, et alors il serait beaucoup plus dangereux. Les deux petites îles de Hoongatonga et de Hoonga-hapaee ne sont que de gros rochers inhabitables, assez élevés pour être aperçus de quinze lieues : leur forme changeait à chaque instant, et la vue qu'il eût été possible d'en tracer n'aurait pu convenir que dans un point bien déterminé ; elles me parurent être d'une égale étendue, et avoir chacune moins d'une demi-lieue de tour; un canal d'une lieue sépare ces deux îles situées Est-Nord-Est et Ouest-Sud-Ouest : elles sont placées à dix lieues au Nord de Tongataboo; mais comme cette dernière île est basse, il faut être à moitié de cette distance pour pouvoir la reconnaître. Nous l'aperçûmes du haut des mâts, le 31 décembre, à six heures du matin; on ne voyait d'abord que la cime des arbres qui paraissaient croître dans la mer : à mesure que nous nous approchions, le terrain s'élevait,

1787.
DÉCEMBRE.

31.

mais de deux ou trois toises seulement; bientôt nous reconnûmes la pointe de Van-Diemen, et le banc des Brisans, qui est au large de cette pointe; elle nous restait, à midi, à l'Est, à environ deux lieues. Comme les vents étaient au Nord, je fis gouverner sur la côte méridionale de l'île, qui est très-saine, et dont on peut s'approcher à trois portées de fusil. La mer brisait avec fureur sur toute la côte, mais ces brisans étaient à terre, et nous apercevions au delà les vergers les plus rians; toute l'île paraissait cultivée; les arbres bordaient les champs, qui étaient du plus beau vert; il est vrai que nous étions alors dans la saison des pluies, car, malgré la magie de ce coup d'œil, il est plus que vraisemblable que, pendant une partie de l'année, il doit régner sur une île si plate une horrible sécheresse : on n'y voyait pas un seul monticule, et la mer elle-même n'a pas, dans un temps calme, une surface plus égale.

Les cases des insulaires n'étaient pas rassemblées en village, mais éparses dans les champs, comme les maisons de campagne dans nos plaines les mieux cultivées. Bientôt sept ou huit pirogues furent lancées à la mer, et s'avancèrent vers nos frégates : mais ces insulaires, plus cultivateurs que marins, les manœuvraient avec timidité; ils n'osaient approcher de nos bâtimens, quoiqu'ils fussent en panne, et que la mer fût très-belle; ils se jetaient à la nage, à huit ou dix toises de nos frégates, tenant dans chaque main des noix de cocos, qu'ils échangeaient de bonne foi contre des morceaux de fer, des clous, ou de petites haches. Leurs pirogues ne différaient en rien de celles des habitans des îles des Navigateurs, mais aucune n'avait de voiles, et il est vraisemblable qu'ils n'auraient pas su les manœuvrer. La plus grande confiance s'établit bientôt entre nous ; ils montèrent à bord, nous leur parlâmes de POULAHO, de FÉENOU ; nous avions l'air d'être de vieilles connaissances qui se revoient et s'entretiennent de leurs amis. Un jeune insulaire nous donna à entendre qu'il était fils de FÉENOU, et ce mensonge, ou cette vérité, lui valut plusieurs présens ; il faisait un cri de joie en les recevant, et cherchait à nous faire comprendre par signes, que si nous allions mouiller sur la côte, nous y trouverions des vivres en abondance, et que les pirogues étaient trop petites pour nous les apporter en pleine mer. En effet, il n'y avait ni poules ni cochons sur ces embarcations ; leur cargaison consistait en quelques bananes et cocos ; et, comme la plus petite lame faisait chavirer ces frêles bâtimens, les animaux eussent été noyés avant que d'être arrivés à bord. Ces insulaires étaient bruyans dans leurs manières ; mais leurs traits n'avaient aucune expression de férocité ; et, ni leur taille, ni la proportion de leurs membres, ni la force présumée de leurs muscles, n'auraient pu nous imposer, quand même ils n'eussent pas connu l'effet de nos armes ; leur physique, sans être inférieur au nôtre, ne paraissait avoir aucun avantage sur celui de nos matelots : du reste, leur langage, leur tatouage, leur costume, tout annonçait en eux une origine commune avec les habitans de l'archipel des Navigateurs, et il est évident que la différence qui existe dans les proportions individuelles de ces peuples, ne provient que de l'aridité du sol, et des autres causes physiques du territoire et du climat de l'archipel des Amis. Des cent cinquante îles qui composent cet archipel, le plus grand nombre ne consiste qu'en rochers inhabités et inhabitables, et je ne craindrais pas d'avancer que la seule île d'Oyolava l'emporte en population, en fertilité, et en forces réelles, sur toutes ces îles réunies, où les insulaires sont obligés d'arroser de leurs sueurs les champs qui fournissent à leur subsistance. C'est peut-être à ce besoin de l'agriculture qu'ils doivent les progrès de leur civilisation, et la naissance de quelques arts qui compensent la force naturelle qui leur manque, et les garantissent de l'invasion de leurs voisins. Nous n'avons cependant vu chez eux d'autre arme que des *patow-patow;* nous leur en achetâmes plusieurs, qui ne pesaient pas le tiers de ceux que nous nous étions procurés à Maouna, et dont les habitans des îles des Amis n'auraient pas eu la force de se servir.

La coutume de se couper les deux phalanges du petit doigt est aussi répandue chez ces peuples qu'aux îles des Cocos et des Traîtres; et cette marque de douleur pour la perte d'un parent ou d'un ami, est presque inconnue aux îles des Navigateurs. Je sais que le capitaine Cook pensait que les îles des Cocos et des Traîtres faisaient partie de celles des Amis; il appuyait son opinion sur le rapport de POULÀHO, qui avait eu connaissance du commerce que le capitaine WALLIS avait fait dans ces deux îles, et qui même possédait dans son trésor, avant l'arrivée du capitaine COOK, quelques morceaux de fer provenant des échanges de la frégate le Dauphin avec les habitans de l'île des Traîtres. J'ai cru, au contraire, que ces deux îles étaient comprises dans les dix qui nous avaient été nommées par les insulaires de Maouna, parce que je les ai trouvées précisément dans l'aire de vent désignée par eux, et plus à l'Est que ne les avait indiquées le capitaine WALLIS; et j'ai pensé qu'elles pouvaient former, avec l'île de la Belle-Nation de QUIROS, le groupe complet du plus beau et du plus grand archipel de la mer du Sud : mais je conviens que les insulaires des îles des Cocos et des Traîtres ressemblent beaucoup plus, par leur stature et leurs formes extérieures, aux habitans des îles des Amis, qu'à ceux des îles des Navigateurs, dont ils sont à peu près à égale distance. Après avoir expliqué ainsi les motifs de mon opinion, il m'en coûte peu de me ranger, dans toutes les occasions, à celle du capitaine COOK, qui avait fait de si longs séjours dans les différentes îles de la mer du Sud.

Toutes nos relations avec les habitans de Tongataboo se réduisirent à une simple visite, et l'on en fait rarement de si éloignées ; nous ne reçûmes d'eux que les mêmes rafraîchissemens qu'on offre à la campagne, en collation, à des voisins : mais M. DAGELET eut l'occasion de vérifier la marche de nos horloges. Le grand nombre d'observations

1787.
DÉCEMBRE.

faites, comme je l'ai dit, à Tongataboo, par le capitaine COOK, ne lui laissait aucun doute sur l'exactitude de la position de l'observatoire de la Résolution, et il crut devoir en faire, en quelque sorte, un premier méridien, en y rapportant les positions relatives de tout l'archipel des Amis, et même des autres îles que nous avions visitées dans l'hémisphère Sud. Le résultat de ses observations, obtenues par un très-grand nombre de distances de la lune au soleil, différait de moins de sept minutes de celui du capitaine COOK : ainsi, M. DAGELET, en admettant les longitudes de ce célèbre navigateur, suivait aussi les siennes ; et il s'était convaincu que les comparaisons sur des points déterminés pouvaient bien augmenter la confiance dans les montres, mais qu'elles n'étaient point nécessaires à leur vérification, une suite de distances de la lune au soleil, prises dans des circonstances favorables, ne laissant rien à désirer à cet égard. On peut conclure de la conformité de nos déterminations, qu'en supposant que nous n'eussions eu aucune connaissance des navigations du capitaine COOK, l'archipel des Navigateurs et le groupe des îles Vavao n'auraient pas moins eu sur nos cartes, à cinq ou six minutes près, les mêmes positions géographiques.

1788.
JANVIER.
1.er

Le 1.er janvier, à l'entrée de la nuit, ayant perdu tout espoir d'obtenir, en louvoyant ainsi au large, assez de vivres pour compenser au moins notre consommation, je pris le parti d'arriver à l'Ouest-Sud-Ouest, et de courir sur Botany-Bay, en prenant une route qui n'eût encore

été

été suivie par aucun navigateur. Il n'entrait point dans mon plan de reconnaître l'île Plistard, découverte par TASMAN, et dont le capitaine COOK avait déterminé la position; mais les vents, ayant passé du Nord à l'Ouest-Sud-Ouest, me forcèrent de prendre la bordée du Sud, et le 2 au matin, j'aperçus cette île, dont la plus grande largeur est d'un quart de lieue; elle est fort escarpée, n'a que quelques arbres sur la côte du Nord-Est, et ne peut servir de retraite qu'à des oiseaux de mer.

1788.
JANVIER.

2.

Cette petite île, ou plutôt ce rocher, nous restait à l'Ouest, à dix heures et demie du matin ; sa latitude, observée à midi par M. DAGELET, fut trouvée de 22^d 22′, c'est-à-dire, quatre minutes plus Nord que la latitude assignée par le capitaine COOK, qui, l'ayant déterminée d'après des relèvemens éloignés, pouvait avoir commis quelque erreur.

Les calmes nous procurèrent beaucoup trop d'occasions de vérifier et de rectifier nos observations; nous restâmes pendant trois jours en vue de ce rocher. Le soleil, que nous avions au zénith, entretenait ces calmes, plus ennuyeux cent fois pour les marins, que les vents contraires. Nous attendions, avec la plus vive impatience, les brises du Sud-Est, que nous espérions trouver dans ces parages, et qui devaient nous conduire à la nouvelle Hollande. Les vents avaient constamment pris de l'Ouest depuis le 17 décembre; et, quel que fût leur degré de force, ils ne variaient que du Nord-Ouest au Sud-Ouest; ainsi les vents

1788.
JANVIER.
6.

8.

13.

alizés sont bien peu fixes dans ces parages : ils soufflèrent cependant de l'Est, le 6 janvier, et varièrent jusqu'au Nord-Est; le temps devint très-couvert, et la mer fort grosse; ils continuèrent ainsi, avec beaucoup de pluie et un horizon fort peu étendu, jusqu'au 8 : nous eûmes alors des brises fixes, mais très-fortes, du Nord-Est au Sud-Est; le temps fut très-sec et la mer extrêmement agitée. Comme nous avions doublé la latitude de toutes les îles, les vents avaient repris leur cours, qui avait été absolument interrompu depuis la Ligne jusqu'au 26.e degré Sud; la température était aussi beaucoup changée, et le thermomètre avait baissé de 6 degrés, soit parce que nous avions dépassé le soleil, ou, ce qui est plus vraisemblable, parce que ces fortes brises de l'Est, et un ciel blanchâtre, arrêtaient son influence, car il n'était qu'à quatre degrés de notre zénith, et ses rayons avaient bien peu d'obliquité. Le 13, nous eûmes connaissance de l'île Norfolk, et des deux îlots qui sont à sa pointe méridionale : la mer était si grosse, et depuis si long-temps, que j'eus peu d'espoir de rencontrer un abri sur la côte du Nord-Est, quoique les vents fussent, dans ce moment, au Sud; cependant, en approchant, je trouvai une mer plus tranquille, et je me décidai à laisser tomber l'ancre à un mille de terre, par vingt-quatre brasses, fond de sable dur, mêlé de très-peu de corail. Je n'avais d'autre objet que d'envoyer reconnaître le sol et les productions de cette île par nos naturalistes et nos botanistes, qui, depuis notre départ du Kamtschatka, avaient eu bien peu d'occasions d'ajouter de nouvelles observations à leurs journaux. Nous voyions cependant la mer briser avec fureur autour de l'île ; mais je me flattais que nos canots trouveraient quelque abri derrière de grosses roches qui bordaient la côte. Cependant, comme nous avions appris, à nos dépens, qu'il ne faut jamais s'écarter des règles de la prudence, je chargeai M. DE CLONARD, capitaine de vaisseau, le second officier de l'expédition, du commandement de quatre petits canots envoyés par les deux frégates, et je lui enjoignis de ne pas risquer le débarquement, sous quelque prétexte que ce pût être, si nos biscayennes couraient le moindre risque d'être chavirées par la lame. Son exactitude et sa prudence ne me laissaient aucune crainte ; et cet officier, que je destinais à prendre le commandement de l'ASTROLABE, dès que nous arriverions à Botany-Bay, méritait mon entière confiance. Nos frégates étaient mouillées par le travers de deux pointes situées sur l'extrémité Nord du côté du Nord-Est de l'île, vis-à-vis de l'endroit où nous supposions que le capitaine COOK avait débarqué : nos canots firent route vers cette espèce d'enfoncement ; mais ils y trouvèrent une lame qui déferlait sur de grosses roches, avec une fureur qui en rendait l'approche impossible. Ils côtoyèrent le rivage à une demi-portée de fusil, en remontant vers le Sud-Est, et firent ainsi une demi-lieue, sans trouver un seul point où il fût possible de débarquer. Ils voyaient l'île entourée d'une muraille formée par la lave qui avait coulé du sommet de la montagne, et qui, s'étant refroidie dans sa chute, avait laissé, en beaucoup d'endroits, une espèce de toit avancé de plusieurs pieds sur le côté de l'île. Quand le débarquement eût été possible, on n'aurait pu pénétrer dans l'intérieur qu'en remontant, pendant quinze ou vingt toises, le cours très-rapide de quelques torrens qui avaient formé des ravines. Au-delà de ces barrières naturelles, l'île était couverte de pins, et tapissée de la plus belle verdure; nous y aurions vraisemblablement rencontré quelques plantes potagères, et cet espoir augmentait encore notre désir de visiter une terre où le capitaine Cook avait débarqué avec la plus grande facilité : il est vrai qu'il s'était trouvé dans ces parages par un beau temps soutenu depuis plusieurs jours, tandis que nous avions constamment navigué dans des mers si grosses, que depuis huit jours, nos sabords et nos fenêtres n'avaient pas été ouverts. Je suivis du bord, avec ma lunette, le mouvement des canots; et voyant qu'à l'entrée de la nuit ils n'avaient pas trouvé de lieu commode pour débarquer, je fis le signal de ralliement, et bientôt après je donnai l'ordre d'appareiller : j'aurais peut-être perdu beaucoup de temps à attendre un instant plus favorable, et la reconnaissance de cette île ne valait pas ce sacrifice. Comme je me disposais à mettre à la voile, un signal de l'Astrolabe, qui m'apprenait que le feu était à son bord, me jeta dans les plus vives inquiétudes. J'expédiai sur-le-champ un canot pour voler à son secours ; mais il était à peine à moitié chemin, qu'un second signal me marqua que le feu était éteint, et bientôt après, M. DE Monti me dit de son bord, avec le porte-voix, qu'une caisse d'acide, ou d'autres liqueurs chimiques, appartenant au père RECEVEUR, et placée sous le gaillard, avait pris feu d'elle-même, et répandu une fumée si épaisse sous les ponts, qu'il avait été très-difficile de découvrir le foyer de l'incendie : on était parvenu à jeter cette caisse dans la mer, et l'accident n'avait pas eu d'autres suites. Il est vraisemblable que quelque flacon d'acide s'étant cassé dans l'intérieur de la caisse, avait occasionné cet incendie, qui s'était communiqué aux flacons d'esprit-de-vin cassés ou mal bouchés. Je m'applaudis d'avoir ordonné, dès le commencement de la campagne, qu'une pareille caisse appartenant à M. l'abbé MONGÈS, fût placée en plein air sur le gaillard d'avant de ma frégate, où le feu n'était point à craindre.

L'île Norfolk, quoique très-escarpée, n'est guère élevée de plus de soixante-dix ou quatre-vingts toises au-dessus du niveau de la mer ; les pins dont elle est remplie sont vraisemblablement de la même espèce que ceux de la nouvelle Calédonie, ou de la nouvelle Zélande. Le capitaine COOK dit qu'il y trouva beaucoup de choux-palmistes ; et le désir de nous en procurer n'était pas un des moindres motifs de l'envie que nous avions eue d'y relâcher : il est probable que les palmiers qui donnent ces choux, sont très-petits, car nous n'aperçûmes aucun arbre de cette espèce. Comme cette île n'est pas habitée, elle est couverte

1788.
JANVIER.

d'oiseaux de mer, et particulièrement de paille-en-queue, qui ont tous leur longue plume rouge ; on y voyait aussi beaucoup de foux et de goëlettes, mais pas une frégate. Un banc de sable, sur lequel il y a vingt à trente brasses d'eau, s'étend à trois ou quatre lieues au Nord et à l'Est de cette île, et peut-être même tout autour ; mais nous ne sondâmes pas dans l'Ouest. Pendant que nous étions au mouillage, nous prîmes sur le banc quelques poissons rouges, de l'espèce qu'on nomme *capitaine* à l'Ile de France, ou *sarde*, et qui nous procurèrent un excellent repas. A huit heures du soir, nous étions sous voile ; je fis route à l'Ouest-Nord-Ouest, et je laissai arriver successivement jusqu'au Sud-Ouest quart d'Ouest, faisant petites voiles, et sondant sans cesse sur ce banc, où il était possible qu'il se rencontrât quelque haut fond ; mais le sol en était, au contraire, extrêmement uni, et l'eau augmenta pied à pied, à mesure que nous nous éloignâmes de l'île : à onze heures du soir, une ligne de soixante brasses ne rapporta plus de fond ; nous étions alors dans l'Ouest-Nord-Ouest à dix milles de la pointe la plus septentrionale de l'île Norfolk. Les vents s'étaient fixés à l'Est-Sud-Est, par grains un peu brumeux, mais le temps était très-clair dans les intervalles des grains. Au jour, je forçai de voiles vers Botany-Bay, qui n'était plus éloignée de nous que de trois cents lieues ; le 14 au soir, après le coucher du soleil, je fis signal de mettre en panne, et de sonder, en filant deux cents brasses de ligne : le plateau de l'île Norfolk

14.

m'avait fait croire que le fond pouvait se continuer jusqu'à la nouvelle Hollande ; mais cette conjecture était fausse, et nous continuâmes notre route avec une erreur de moins dans l'esprit, car je tenais beaucoup à cette opinion. Les vents de l'Est-Sud-Est au Nord-Est furent fixes, jusqu'à vue de la nouvelle Hollande ; nous faisions beaucoup de chemin le jour, et très-peu la nuit, parce que nous n'avions été précédés par aucun navigateur dans la route que nous parcourions.

1788.
JANVIER.

Le 17, par 31^d 28' de latitude Sud, et 159^d 15' de longitude orientale, nous fûmes environnés d'une innombrable quantité de goëlettes, qui nous faisaient soupçonner que nous passions auprès de quelque île ou rocher ; et il y eut plusieurs paris pour la découverte d'une nouvelle terre avant notre arrivée à Botany-Bay, dont nous n'étions cependant qu'à cent quatre-vingts lieues : ces oiseaux nous suivirent jusqu'à quatre-vingts lieues de la nouvelle Hollande, et il est assez vraisemblable que nous avions laissé derrière nous quelque îlot ou rocher, qui sert d'asile à ces sortes d'oiseaux, car ils sont beaucoup moins nombreux auprès d'une terre habitée. Depuis l'île de Norfolk jusqu'à la vue de Botany-Bay, nous sondâmes tous les soirs, en filant deux cents brasses, et nous ne commençâmes à trouver fond qu'à huit lieues de la côte, par quatre-vingt-dix brasses. Nous en eûmes connaissance le 23 janvier ; elle était peu élevée, et il n'est guère possible de l'apercevoir de plus de douze lieues. Les vents

17.

23.

1788.
JANVIER.

24.

26.

devinrent alors très-variables, et nous éprouvâmes, comme le capitaine COOK, des courans qui nous portèrent, chaque jour, quinze minutes au Sud de notre estime; en sorte que nous passâmes la journée du 24 à louvoyer à la vue de Botany-Bay, sans pouvoir doubler la pointe Solander qui nous restait à une lieue au Nord; les vents soufflaient avec force de cette partie, et nos bâtimens étaient trop mauvais voiliers pour vaincre à la fois la force du vent et des courans : mais nous eûmes, ce même jour, un spectacle bien nouveau pour nous depuis notre départ de Manille, ce fut celui d'une flotte anglaise, mouillée dans Botany-Bay, dont nous distinguions les flammes et les pavillons.

Des Européens sont tous compatriotes à cette distance de leur pays, et nous avions la plus vive impatience de gagner le mouillage : mais le temps fut si brumeux le lendemain, qu'il nous fut impossible de reconnaître la terre, et nous n'atteignîmes le mouillage que le 26, à neuf heures du matin; je laissai tomber l'ancre à un mille de la côte du Nord, sur un fond de sept brasses de bon sable gris, par le travers de la seconde baie. Au moment où je me présentais dans la passe, un lieutenant et un midshipman anglais furent envoyés à mon bord par le capitaine HUNTER, commandant la frégate anglaise le Sirius; ils m'offrirent de sa part tous les services qui dépendraient de lui, ajoutant néanmoins, qu'étant sur le point d'appareiller pour remonter vers le Nord, les circonstances ne lui permettraient de nous donner ni vivres, ni munitions, ni voiles;

voiles; de sorte que leurs offres de service se réduisaient à des vœux pour le succès ultérieur de notre voyage. J'envoyai un officier pour faire mes remercîmens au capitaine HUNTER, qui était déjà à pic, et avait ses huniers hissés; je lui fis dire que mes besoins se bornaient à de l'eau et du bois, dont nous ne manquerions pas dans cette baie, et que je savais que des bâtimens destinés à former une colonie à une si grande distance de l'Europe, ne pouvaient être d'aucun secours à des navigateurs. Nous apprîmes du lieutenant que la flotte anglaise était commandée par le commodore PHILLIP, qui, la veille, avait appareillé de Botany-Bay, sur la corvette le Spey, avec quatre vaisseaux de transport, pour aller chercher vers le Nord un lieu plus commode à son établissement. Le lieutenant anglais paraissait mettre beaucoup de mystère au plan du commodore PHILLIP, et nous ne nous permîmes de lui faire aucune question à ce sujet: mais nous ne pouvions douter que l'établissement projeté ne fût très-près de Botany-Bay, car plusieurs canots et chaloupes étaient à la voile pour s'y rendre; et il fallait que le trajet fût bien court, pour que l'on eût jugé inutile de les embarquer sur les bâtimens. Bientôt les matelots du canot anglais, moins discrets que leur officier, apprirent aux nôtres qu'ils n'allaient qu'au port Jakson, seize milles au Nord de la pointe Banks, où le commodore PHILLIP avait reconnu lui-même un très-bon havre qui s'enfonçait de dix milles vers le Sud-Ouest; les bâtimens pouvaient y mouiller à portée de pistolet de

1788.
JANVIER.

terre, dans une mer aussi tranquille que celle d'un bassin. Nous n'eûmes, par la suite, que trop d'occasions d'avoir des nouvelles de l'établissement anglais, dont les déserteurs nous causèrent beaucoup d'ennui et d'embarras.[a]

[a] ICI se termine le Journal de LA PÉROUSE. Je ne répéterai point ce que j'ai dit dans le discours préliminaire sur le sort de cet illustre infortuné. Je crois avoir complétement réfuté les assertions absurdes sur les probabilités de son existence. J'y renvoie le lecteur, et je l'engage à lire dans le quatrième volume, la dernière lettre qu'il a écrite de Botany-Bay, au ministre de la marine. Il y rend compte de la route qu'il va tenir avant d'arriver à l'Ile de France ; et d'après les combinaisons simples qu'elle offre aux navigateurs, il n'est plus possible de se livrer à aucun espoir sur son retour. (N. D. R.)

TABLES

DE LA ROUTE DE LA BOUSSOLE,

PENDANT LES ANNÉES

1785, 1786, 1787, 1788,

DEPUIS

SON DÉPART D'EUROPE JUSQU'À BOTANY-BAY.

Nota. Ces Tables indiquent la position du vaisseau à midi ; la déclinaison de l'aiguille aimantée, observée le matin ou le soir du même jour, et distinguée par la lettre A lorsqu'elle est le résultat d'une observation d'azimuth ; le degré du thermomètre de RÉAUMUR, et la hauteur du baromètre, au lever du soleil ; enfin, l'inclinaison de l'aiguille aimantée, aux époques où elle a pu être observée.

VOYAGE

ÉPOQUE, 1785.	LATITUDE, Nord.	LONGITUDE estimée, Occidentale.	LONGITUDE occidentale, par la montre N.° 19.	LONGITUDE occidentale, par les distances de la ☾ au ☉.	DÉCLINAISON de l'aiguille, Ouest.
	D. M. S.	D. M. S.	D. M. S.	D. M. S.	D. M. S.
Août. 1.	48. 11. 00.	7. 33. 00.	Point du départ.	....	....
2.	47. 08. 38.	9. 03. 30.	....	....	....
3.	46. 55. 49.	10. 23. 00.	....	....	....
4.	45. 33. 19.	11. 23. 00.	D. M. S.	....	21. 14. 00.
5.	44. 15. 00.	11. 53. 00.	11. 04. 00.	....	21. 00. 00.
6.	43. 23. 22.	12. 37. 00.	11. 42. 00.	....	22. 40. A.
7.	41. 19. 00.	14. 01. 00.	....	....	....
8.	38. 59. 00.	15. 43. 00.	14. 45. 00.	....	22. 40. 00.
9.	36. 52. 00.	16. 16. 00.	15. 19. 00.	....	18. 55. 00.
10.	34. 40. 00.	16. 42. 00.	....	....	....
11.	33. 02. 00.	17. 13. 00.	16. 21. 00.	....	19. 00. 00.
12.	32. 57. 00.	18. 37. 00.	17. 45. 00.	....	....
13.	32. 59. 00.	19. 23. 00.	....	....	....
14.	A Madère..	....	....	....	....
15.	Ibidem.....	....	....	....	....
Départ de Madère. 16.	32. 31. 00.	19. 15. 00.	....	....	16. 00. 00.
17.	31. 28. 00.	19. 08. 00.	....	....	16. 00. 00.
18.	30. 18. 00.	18. 22. 00.	18. 10. 00.	....	....
19.	28. 32. 00.	18. 52. 00.	....	....	16. 03. 00.
20.	A Ténériffe.	....	....	....	....
21.	Ibidem.....	....	....	....	....
22.	Ibid.......	....	....	....	....
23.	Ibid.......	....	....	....	....
24.	Ibid.......	....	....	....	....
25.	Ibid.......	....	....	....	....
26.	Ibid.......	....	....	....	....
27.	Ibid.......	....	....	....	....

ÉPOQUE, 1785.	INCLINAISON de l'aiguille.	THERM.	BAROMÈTRE.	VENTS, ÉTAT DU CIEL ET REMARQUES.
	D. M. S.	D.	P. L.	
Août. 1.	....	11 ½.	28. 02,0.	E. Le temps couvert, de la pluie.
2.	....	14.	27. 11,0.	S. S. E. bon frais, nébuleux.
3.	....	12 ¾.	27. 07,5.	S. par rafales, couvert, de la pluie.
4.	....	14.	27. 10,5.	N. E. petit frais, beau.
5.	....	14 ½.	28. 04,0.	N. O. petit frais, beau.
6.	....	15.	28. 04,0.	N. N. E. petit frais, nuageux.
7.	....	15.	28. 04,0.	N. E. bon frais, nuageux.
8.	....	15.	28. 02,5.	Idem.
9.	....	15 ½.	28. 04,2.	N. E. bon frais, beau.
10.	....	16 ⅓.	28. 03,0.	N. E. petit frais, beau.
11.	....	17.	28. 02,8.	N. N. E. petit frais, beau.
12.	....	17.	28. 02,8.	N. N. E. petit frais, nébuleux. A 8 heures du soir, vu les îles Désertes.
13.	....	18.	28. 04,0.	E. S. E. petit frais, beau. A 8 heures du soir, mouillé dans la rade de Funchal, île de Madère.
14.	....	.....	....	S. E. très-faible, nuageux.
15.	....	.....	....	S. E. faible, beau.
16.	....	.....	....	E. petit frais, beau. A 9 heures du matin, appareillé de Madère. Pris pour point du départ la latitude et la longitude ci-contre.
17.	....	.....	....	E. petit frais, beau.
18.	....	.....	....	N. E. bon frais. Vu les îles Salvage.
19.	....	18.	28. 05,5.	N. E. bon frais. A 4 heures du matin, vu les îles Canaries, dans le S. S. O. à 2 lieues. A 1 heure après midi, mouillé dans la rade de Sainte-Croix, île de Ténériffe.
20.	....	.....	....	N. N. E. petit frais, beau.
21.	....	.....	....	Idem.
22.	....	.....	....	Idem.
23.	....	.....	....	Idem.
24.	....	.....	....	N. E. bon frais, beau.
25.	....	.....	....	N. N. E. petit frais, beau.
26.	....	.....	....	Idem.
27.	....	.....	....	Idem.

ÉPOQUE, 1785.	LATITUDE, Nord.	LONGITUDE estimée, Occidentale.	LONGITUDE occidentale, par la montre N.º 19.	LONGITUDE occidentale, par les distances de la ☾ au ☉.	DÉCLINAISON de l'aiguille, Ouest.
	D. M. S.	D. M. S.	D. M. S.	D. M. S.	D. M. S.
Août. 28.	A Ténériffe.	....	....	....	15. 52. 00.
29.	Ibidem.....	....	....	....	....
30.	28. 21. 00.	18. 31. 00. Point du départ.	....	....	15. 52. A.
31.	27. 11. 00.	18. 43. 00.	....	....	15. 38. 00.
Septembre. 1.	25. 37. 00.	19. 09. 00.	....	....	15. 10. 00.
2.	23. 56. 00.	19. 09. 00.	....	....	15. 05. 00.
3.	22. 13. 00.	20. 31. 00.	....	....	....
4.	21. 18. 00.	20. 58. 00.	....	....	....
5.	19. 26. 00.	21. 36. 00.	22. 18. 40.	....	....
6.	17. 34. 00.	21. 57. 00.	....	....	12. 07. 00.
7.	16. 16. 00.	22. 01. 00.	22. 34. 00.	....	....
8.	15. 17. 00.	22. 04. 00.	....	....	8. 11. 00.
9.	14. 58. 00.	22. 10. 00.	....	....	....
10.	14. 12. 00.	22. 11. 00.	....	....	8. 49. 00.
11.	13. 57. 00.	22. 21. 00.	....	....	....
12.	13. 07. 00.	22. 32. 00.	....	....	....
13.	12. 09. 00.	22. 38. 00.	22. 10. 00.	....	7. 45. 00.
14.	11. 02. 00.	22. 42. 00.	21. 58. 00.	....	10. 23. 00.
15.	10. 22. 00.	22. 43. 00.	....	....	10. 16. 00.
16.	9. 10. 00.	22. 10. 00.	....	....	....
17.	8. 30. 00.	21. 33. 00.	19. 47. 00.	....	....
18.	7. 37. 00.	20. 56. 00.	18. 56. 27.	....	12. 04. 00.
19.	7. 03. 00.	20. 51. 00.	18. 53. 00.	....	12. 12. 00.
20.	6. 07. 00.	20. 48. 00.	....	....	....
21.	5. 21. 00.	20. 31. 00.	....	....	11. 15. 00.
22.	4. 42. 00.	19. 44. 00.	....	....	....
23.	3. 41. 00.	19. 21. 00.	16. 10. 00.	16. 22. 00.	12. 30. 00.
24.	2. 54. 00.	18. 47. 00.	....	....	13. 47. 00.
25.	2. 22. 00.	18. 00. 00.	14. 28. 12.	....	....
26.	1. 39. 00.	18. 46. 00.	15. 37. 15.	15. 46. 15.	13. 26. 00.
27.	1. 17. 00.	19. 24. 00.	....	....	13. 36. 00.

DE LA PÉROUSE.

ÉPOQUE, 1785.	INCLINAISON de l'aiguille.	THERM.	BAROMÈTRE.	VENTS, ÉTAT DU CIEL ET REMARQUES.
	D. M. S.	D.	P. L.	
Août. 28.	....	......	....	E. N. E. petit frais, beau.
29.	....	......	....	N. N. E. petit frais, beau.
30.	....	......	....	N. N. E. bon frais, beau. Pris pour point du départ la latitude et la longitude portées à la colonne du 30, jour de notre départ de Sainte-Croix.
31.	....	19.	28. 03,5.	N. N. E. petit frais, beau.
Septembre. 1.	....	18.	28. 03,0.	N. E. bon frais, beau.
2.	....	18 ¾.	28. 03,0.	N. N. E. petit frais, nébuleux.
3.	....	19.	28. 03,0.	N. E. petit frais, beau.
4.	....	19.	28. 04,0.	N. petit frais, beau.
5.	....	20.	28. 03,0.	N. E. petit frais, beau.
6.	....	20.	28. 02,8.	N. E. bon frais, beau.
7.	....	20 ¼.	28. 02,8.	*Idem.*
8.	....	22.	28. 02,3.	E. calme, orageux.
9.	....	22.	28. 02,1.	S. S. E. calme, orageux.
10.	....	22 ½.	28. 02,1.	E. très-faible, beau.
11.	....	21.	28. 02,3.	S. S. E. calme, orageux.
12.	....	20 ⅘.	28. 02,8.	S. S. E. petit frais, orageux.
13.	....	19.	28. 03,0.	N. N. E. petit frais, orageux.
14.	20. 00. 00.	21 ⅘.	28. 02,5.	N. petit frais, beau.
15.	....	21.	28. 02,1.	N. N. O. petit frais, beau.
16.	....	21.	28. 02,6.	S. O. petit frais, nébuleux.
17.	....	20 ½.	28. 02,4.	S. O. bon frais, nuageux.
18.	....	20 ¼.	28. 02,0.	S. O. petit frais, nuageux.
19.	....	21.	28. 02,8.	O. N. O. faible, beau.
20.	....	19.	28. 02,5.	N. O. petit frais, nébuleux.
21.	....	20.	28. 02,7.	S. S. O. petit frais, de la pluie. Vu des oiseaux.
22.	....	20.	28. 03,0.	S. S. O. bon frais, de la pluie.
23.	....	20.	28. 03,1.	S. O. par grains, couvert.
24.	....	20 ⅓.	28. 03,3.	S. O. petit frais, beau.
25.	....	20.	28. 03,2.	S. S. E. petit frais, de la pluie.
26.	....	20.	28. 03,2.	S. petit frais, nuageux.
27.	....	20.	28. 03,0.	*Idem.*

ÉPOQUE, 1785.	LATITUDE, Nord.	LONGITUDE estimée, Occidentale.	LONGITUDE occidentale, par la montre N.° 19.	LONGITUDE occidentale, par les distances de la ☽ au ☉.	DÉCLINAISON de l'aiguille, Ouest.
	D. M. S.	D. M. S.	D. M. S.	D. M. S.	D. M. S.
Septemb. 28.	0. 50. 00.	20. 12. 00.	17. 31. 00.	....	....
29.	0. 11. 00.	21. 02. 00.	18. 33. 00.	....	....
	LATITUDE, Sud.				
30.	0. 42. 00.	21. 47. 00.	19. 12. 00.	....	....
Octobre. 1.	1. 43. 00.	22. 10. 00.	19. 41. 00.	....	9. 50. 00.
2.	3. 00. 00.	22. 38. 00.	20. 21. 42.	....	9. 59. 00.
3.	4. 17. 00.	23. 03. 00.	21. 03. 00.	....	9. 19. 00.
4.	5. 37. 00.	23. 32. 00.	21. 41. 31.	....	8. 18. 00.
5.	6. 50. 00.	24. 00. 00.	22. 12. 18.	....	8. 43. 00.
6.	8. 05. 00.	24. 26. 00.	23. 01. 30.	....	8. 44. 00.
7.	9. 29. 00.	24. 54. 00.	23. 38. 36.	....	8. 44. A.
8.	10. 57. 00.	25. 25. 00.	....	....	5. 50. A.
9.	12. 14. 00.	25. 56. 00.	....	....	5. 30. 00.
10.	13. 23. 00.	26. 18. 00.	25. 22. 36.	....	5. 14. 00.
11.	14. 29. 00.	26. 40. 00.	25. 46. 32.	25. 23. 32.	4. 07. 00.
12.	15. 46. 00.	27. 02. 00.	26. 30. 30.	26. 12. 30.	3. 34. 00.
13.	17. 03. 00.	27. 24. 00.	27. 14. 00.	....	5. 14. 00.
14.	18. 39. 00.	28. 04. 00.	28. 09. 02.	....	3. 01. 00.
15.	20. 23. 00.	28. 51. 00.	28. 52. 20.	....	1. 46. A.
16.	20. 38. 00.	30. 33. 00.	30. 37. 00.	....	1. 01. A.
					Est.
17.	20. 39. 00.	31. 24. 00.	....	....	0. 57. 00.
18.	20. 39. 00.	31. 24. 00.	31. 19. 00.	....	1. 00. 00.
19.	21. 01. 00.	33. 15. 00.	....	....	....
20.	20. 33. 00.	34. 34. 00.	....	....	....
21.	20. 34. 00.	35. 21. 00.	....	....	1. 42. A.
22.	20. 28. 00.	36. 33. 00.	....	....	1. 54. 00.
23.	20. 29. 00.	37. 53. 00.	37. 32. 40.	....	....
24.	21. 27. 00.	38. 38. 00.	....	....	3. 32. 00.
25.	23. 26. 00.	40. 03. 00.	39. 57. 00.	....	4. 00. 00.
26.	24. 11. 00.	41. 14. 00.	40. 56. 20.	41. 06. 20.	4. 40. 00.
27.	25. 03. 00.	42. 01. 00.	41. 26. 30.	41. 45. 30.	4. 55. 00.

ÉPOQUE, 1785.	INCLINAISON de l'aiguille.	THERM.	BAROMÈTRE.	VENTS, ÉTAT DU CIEL ET REMARQUES.
	D. M. S.	D.	P. L.	
Septemb. 28.	18. 00. Nord.	19 $\frac{1}{2}$.	28. 02,5.	S. S. E. bon frais, par grains, de la pluie.
29.	17. 00. 00.	19 $\frac{1}{2}$.	28. 02,5.	S. S. E. bon frais, de la pluie.
30.	17. 00. 00.	19.	28. 03,0.	S. E. bon frais, nuageux.
Octobre. 1.	16. 00. 00.	19.	28. 03,0.	S. E. petit frais, beau.
2.	....	19.	28. 03,3.	S. E. bon frais, beau.
3.	....	19.	28. 03,5.	S. E. $\frac{1}{4}$ E. bon frais, beau.
4.	10. 30. 00.	19.	28. 03,6.	S. S. E. bon frais, beau.
5.	8. 30. 00.	19.	28. 03,5.	S. E. bon frais, beau.
6.	7. 00. 00.	19.	28. 03,2.	S. E. par grains, nébuleux.
7.	3. 30. 00.	19 $\frac{1}{2}$.	28. 03,6.	E. S. E. bon frais, nébuleux.
8.	00, à 8 heures du matin.	19 $\frac{1}{3}$.	28. 04,4.	E. S. E. par grains, nuageux.
9.	0. 13. Sud.	18 $\frac{1}{3}$.	28. 04,0.	E. S. E. bon frais, nuageux.
10.	0. 30. 00.	18 $\frac{1}{2}$.	28. 03,6.	S. E. $\frac{1}{4}$ E. bon frais, brumeux.
11.	2. 30. 00.	18.	28. 03,8.	S. E. petit frais, nébuleux.
12.	4. 00. 00.	18.	28. 04,7.	Idem.
13.	5. 30. 00.	17 $\frac{1}{3}$.	28. 04,3.	E. S. E. bon frais, couvert.
14.	8. 30. 00.	17.	28. 04,8.	E. N. E. bon frais, beau.
15.	12. 15. 00.	17 $\frac{1}{2}$.	28. 03,9.	N. E. bon frais, beau.
16.	13. 45. 00.	17 $\frac{1}{2}$.	28. 03,3.	N. petit frais. Vu les îles de Martin-Vas, à l'Ouest 34^d Nord, à environ 10 lieues.
17.	....	.....	....	N. N. O. petit frais, beau. A 6 heures du matin du 17, vu l'île de la Trinité, à l'Ouest 17^d Nord, à environ 8 lieues.
18.	15. 00. 00.	14 $\frac{3}{10}$.	28. 02,5.	N. N. O. petit frais, nébuleux.
19.	14. 30. 00.	18 $\frac{1}{20}$.	28. 02,9.	S. S. E. bon frais, beau.
20.	....	17.	28. 02,7.	S. E. bon frais, couvert.
21.	17. 15. 00.	17.	28. 02,3.	S. E. petit frais, de la pluie.
22.	....	17.	28. 03,0.	S. S. E. bon frais, beau.
23.	13. 30. 00.	16 $\frac{1}{2}$.	28. 04,6.	S. E. petit frais, beau.
24.	13. 45. 00.	16.	28. 03,6.	E. N. E. petit frais, beau.
25.	17. 00. 00.	16 $\frac{1}{2}$.	28. 00,6.	N. E. bon frais, de la pluie.
26.	....	16 $\frac{1}{2}$.	28. 01,1.	O. N. O. grand frais, de la pluie et du tonnerre.
27.	20. 00. 00.	17.	28. 00,2.	O. N. O. bon frais, nuageux.

ÉPOQUE, 1785.	LATITUDE, Sud.	LONGITUDE estimée, Occidentale.	LONGITUDE occidentale, par la montre N.° 19.	LONGITUDE occidentale, par les distances de la ☾ au ☉.	DÉCLINAISON de l'aiguille, Est.
	D. M. S.	D. M. S.	D. M. S.	D. M. S.	D. M. S.
Octobre. 28.	24. 45. 00.	42. 22. 00.	41. 53. 52.	……….	4. 55. 00.
29.	24. 49. 00.	43. 19. 00.	……….	……….	……….
30.	25. 32. 00.	44. 55. 00.	……….	……….	6. 30. 00.
31.	25. 57. 00.	45. 43. 00.	……….	……….	……….
Novembre. 1.	26. 48. 00.	47. 01. 00.	46. 41. 00.	……….	9. 05. 00.
2.	27. 33. 00.	48. 05. 00.	……….	……….	9. 50. 00.
3.	27. 30. 00.	49. 13. 00.	……….	……….	……….
4.	27. 11. 00.	49. 14. 00.	……….	……….	11. 30. 00.
5.	26. 51. 00.	49. 35. 00.	49. 49. 00.	……….	12. 12. 00.
6.	27. 20. 00.	49. 42. 00.	……….	……….	12. 12. 00.
7.	à Ste. Catherine.	……….	……….	……….	……….
8.	……….	……….	……….	……….	……….
9.	……….	……….	……….	……….	……….
10.	……….	……….	……….	……….	……….
11.	……….	……….	……….	……….	……….
12.	……….	……….	……….	……….	……….
13.	……….	……….	……….	……….	……….
14.	……….	……….	……….	……….	……….
15.	……….	……….	……….	……….	……….
16.	……….	……….	……….	……….	……….
17.	……….	……….	……….	……….	……….
18.	……….	……….	……….	……….	……….

ÉPOQUE, 1785.	INCLINAISON de l'aiguille.	THERM.	BAROMÈTRE.	VENTS, ÉTAT DU CIEL ET REMARQUES.
	D. M. S.	D.	P. L.	
Octobre. 28.	20. 00. 00.	17.	28. 02,0.	O. N. O. bon frais, nuageux.
29.	20. 30. 00.	16 ½.	28. 02,0.	O. S. O. petit frais, beau.
30.	....	16 ¾.	28. 01,0.	E. N. E. petit frais, beau. Vu des albatros.
31.	....	17 ½.	28. 00,7.	S. E. petit frais, de la pluie.
Novembre. 1.	....	16 3/10.	28. 02,2.	S. E. bon frais, brumeux.
2.	....	15 ½.	28. 01,2.	N. N. E. petit frais, beau.
3.	....	15.	28. 01,1.	S. S. E. petit frais, orageux, de la pluie.
4.	....	14 ½.	27. 09,8.	S. S. E. petit frais, nébuleux. A 3 heures après midi, vu le continent du Brésil à l'Ouest 15^d Sud, à environ 10 lieues de distance.
5.	29. 30. 00.	14 ¾.	28. 02,0.	S. petit frais, beau. Trouvé le fond à 37 et 40 brasses, sable vaseux.
6.	....	.....	....	N. N. E. bon frais, beau. A 4 heures après midi, mouillé à Sainte-Catherine, par 7 brasses, fond de sable vaseux.
7.	....	15 ½.	28. 01,0.	S. bon frais, beau.
8.	....	.....	....	S. variable au N. E. bon frais, beau.
9.	....	.....	....	N. N. E. petit frais, beau. Changé de mouillage.
10.	....	.....	....	N. N. E. bon frais, beau.
11.	....	.....	....	N. N. E. variable à l'E. S. E. bon frais, orageux, de la pluie.
12.	....	.....	....	E. S. E. variable au Sud, bon frais, brumeux.
13.	....	.....	....	S. petit frais, nébuleux.
14.	....	.....	....	N. variable au N. E. très-faible, beau.
15.	....	.....	....	S. orageux, du tonnerre.
16.	....	.....	....	N. N. E. petit frais, beau.
17.	....	.....	....	N. orageux, des éclairs et du tonnerre.
18.	....	.....	....	N. presque calme, orageux.

VOYAGE

ÉPOQUE, 1785.	LATITUDE, Sud.	LONGITUDE estimée, Occidentale.	LONGITUDE occidentale, par la montre N.° 19.	LONGITUDE occidentale, par les distances de la ☾ au ☉.	DÉCLINAISON de l'aiguille, Est.
	D. M. S.	D. M. S.	D. M. S.	D. M. S.	D. M. S.
Novemb. 19.	27. 21. 00.	50. 00. 00.	Point de départ de Ste. Catherine. La longitude est celle qu'a donnée la montre N.° 19.	....	12. 00. 00.
20.	27. 27. 00.	49. 15. 00.	....	....	11. 00. 00.
21.	27. 59. 00.	48. 33. 00.	....	48. 53. 00.	10. 00. 00.
22.	28. 52. 00.	48. 02. 00.	....	....	11. 16. 00.
23.	30. 50. 00.	46. 50. 00.	....	47. 40. 00.	9. 00. 00.
24.	31. 34. 00.	46. 20. 00.	....	46. 43. 30.	7. 31. 00.
25.	32. 35. 00.	45. 38. 00.	45. 38. 00.	....	7. 20. 00.
26.	33. 36. 00.	44. 32. 00.	....	....	7. 20. 00.
27.	35. 03. 00.	43. 19. 00.	....	....	8. 07. A.
28.	35. 24. 00.	43. 39. 00.	44. 10. 00.	....	7. 10. 00.
29.	35. 44. 00.	42. 53. 00.	42. 59. 00.	....	8. 21. 00.
30.	36. 26. 44.	41. 58. 00.	41. 41. 00.	....	8. 52. 00.
Décembre. 1.	37. 38. 00.	40. 21. 00.	39. 29. 00.	....	....
2.	38. 36. 00.	39. 30. 00.	....	....	....
3.	40. 01. 00.	37. 58. 00.	....	....	....
4.	40. 49. 00.	37. 02. 00.	....	....	7. 32. 00.
5.	42. 31. 00.	36. 51. 00.	....	....	7. 34. 00.
6.	43. 48. 00.	36. 26. 00.	....	....	8. 32. A.
7.	44. 34. 00.	35. 38. 00.	33. 09. 00.	34. 10. 00.	6. 59. 00.
8.	45. 03. 00.	35. 28. 00.	....	....	....
9.	44. 13. 00.	35. 45. 00.	34. 44. 00.	35. 50. 00.	....
10.	44. 44. 00.	36. 39. 00.	....	....	8. 27. 00.
11.	44. 51. 00.	37. 11. 00.	34. 09. 00.	....	....
12.	44. 38. 00.	38. 02. 00.	....	....	....
13.	45. 19. 00.	38. 52. 00.	....	....	8. 33. 00.
14.	44. 00. 00.	39. 10. 00.	....	....	9. 20. 00.
15.	43. 27. 00.	40. 16. 00.	36. 26. 00.	....	8. 32. 00.
16.	44. 13. 00.	41. 34. 00.	....	....	....
17.	44. 42. 00.	41. 49. 00.	38. 06. 00.	....	10. 47. 00.
18.	44. 53. 00.	42. 55. 00.	39. 25. 00.	....	11. 52. 00.
19.	44. 35. 00.	44. 32. 00.	....	....	11. 56. 00.

ÉPOQUE, 1785.	INCLINAISON de l'aiguille.			THERM.	BAROMÈTRE.		VENTS, ÉTAT DU CIEL ET REMARQUES.
	D.	M.	S.	D.	P.	L.	
Novemb. 19.	30.	30.	00.	.....	....		S. S. O. très-faible, beau. Appareillé à 5 heures du matin. A 11 heures, calme. Mouillé à 2 lieues au N. du premier mouillage. A 2 heures après midi, appareillé.
20.	....			17 $\frac{3}{10}$.	28.	02,0.	S. O. bon frais, nuageux.
21.	....			15 $\frac{1}{2}$.	28.	02,3.	S. O. bon frais, beau.
22.	....			16 $\frac{1}{2}$.	28.	01,0.	N. E. calme, beau.
23.	....			15 $\frac{1}{2}$.	28.	00,0.	N. E. bon frais, beau.
24.	33.	00.	00.	16 $\frac{4}{5}$.	28.	02,0.	S. E. petit frais, nébuleux.
25.	....			17 $\frac{3}{100}$.	28.	02,0.	N. E. petit frais, nébuleux.
26.	....			15.	28.	01,2.	N. E. variable à l'E. S. E. très-faible, beau.
27.	....			14.	28.	00,1.	E. petit frais, de la pluie.
28.	....			13 $\frac{5}{10}$.	27.	11,7.	S. par grains, nuageux.
29.	41.	00.	00.	13 $\frac{4}{5}$.	28.	02,2.	O. petit frais.
30.	....			14.	28.	03,1.	N. N. O. très-faible, beau.
Décembre. 1.	43.	00.	00.	14.	28.	03,1.	O. N. O. bon frais, beau.
2.	....			13 $\frac{3}{10}$.	27.	11,5.	S. S. O. bon frais, de la pluie.
3.	43.	30.	00.	11 $\frac{3}{10}$.	27.	11,5.	Idem.
4.	....			10.	28.	00,1.	S. O. bon frais, beau.
5.	....			10 $\frac{1}{2}$.	28.	02,0.	O. N. O. bon frais, beau.
6.	....			8 $\frac{4}{5}$.	27.	10,3.	S. O. bon frais, couvert.
7.	50.	00.	00.	6 $\frac{4}{5}$.	27.	11,6.	Idem.
8.	....			7 $\frac{1}{2}$.	27.	11,5.	N. O. faible, beau.
9.	....			9.	27.	10,5.	O. N. O. par grains, de la pluie.
10.	....			9.	27.	09,2.	N. bon frais, beau.
11.	....			5.	27.	05,0.	S. O. par rafales, de la pluie.
12.	....			7.	28.	00,7.	N. N. O. bon frais, de la pluie.
13.	....			7.	27.	10,4.	S. O. $\frac{1}{4}$ O. par grains, de la pluie.
14.	51.	00.	00.	7.	28.	01,6.	N. O. petit frais, beau.
15.	....			8.	28.	04,2.	O. S. O. bon frais, nuageux.
16.	....			9 $\frac{1}{2}$.	27.	10,7.	N. N. E. très-faible, nuageux.
17.	....			7.	28.	02,0.	O. petit frais, beau.
18.	....			7 $\frac{3}{10}$.	28.	00,8.	O. N. O. petit frais, brumeux.
19.	....			10.	28.	01,7.	Idem.

ÉPOQUE, 1785.	LATITUDE, Sud.	LONGITUDE estimée, Occidentale.	LONGITUDE occidentale, par la montre N.° 19.	LONGITUDE occidentale, par les distances de la ☾ au ☉.	DÉCLINAISON de l'aiguille, Est.
	D. M. S.	D. M. S.	D. M. S.	D. M. S.	D. M. S.
Décemb. 20.	44. 47. 00.	45. 35. 00.	42. 25. 24.	…………	12. 16. 00.
21.	44. 50. 00.	46. 20. 00.	…………	…………	…………
22.	44. 44. 00.	46. 50. 00.	44. 08. 00.	44. 41. 00.	12. 53. 00.
23.	43. 26. 00.	46. 58. 00.	…………	…………	12. 39. 00.
24.	43. 26. 00.	47. 37. 00.	…………	…………	12. 58. 00.
25.	42. 23. 00.	48. 10. 00.	…………	…………	…………
26.	42. 23. 00.	48. 37. 00.	…………	…………	…………
27.	42. 42. 00.	49. 17. 00.	47. 50. 00.	…………	13. 50. 00.
28.	42. 02. 00.	49. 59. 00.	47. 59. 00.	…………	…………
29.	41. 45. 00.	51. 06. 00.	48. 57. 24.	…………	14. 47. 00.
30.	42. 09. 00.	51. 58. 00.	49. 20. 00.	…………	14. 17. 00.
31.	42. 19. 00.	53. 07. 00.	…………	…………	…………
1786. Janvier. 1.	41. 33. 21.	53. 27. 00.	51. 05. 00.	…………	15. 29. 00.
2.	41. 29. 00.	54. 19. 00.	52. 11. 00.	…………	…………
3.	42. 34. 41.	55. 50. 00.	53. 20. 00.	…………	16. 45. 00.
4.	42. 44. 41.	56. 50. 00.	54. 42. 00.	55. 47. 00.	16. 11. 00.
5.	43. 38. 21.	58. 11. 00.	55. 44. 00.	57. 04. 00.	17. 44. 00.
6.	44. 44. 00.	59. 00. 00.	…………	…………	17. 09. 00.
7.	44. 55. 00.	59. 51. 00.	57. 23. 00.	…………	17. 21. 00.
8.	45. 31. 21.	60. 48. 00.	58. 17. 00.	59. 17. 00.	18. 18. 20.
9.	46. 48. 00.	61. 48. 00.	59. 47. 00.	…………	18. 45. 00.
10.	47. 47. 00.	62. 17. 00.	…………	…………	…………
11.	48. 12. 22.	62. 44. 00.	60. 26. 00.	…………	21. 26. 00.
12.	47. 58. 21.	63. 22. 00.	61. 15. 00.	…………	20. 19. 20.
13.	46. 50. 20.	64. 20. 00.	…………	…………	22. 24. 00.
14.	47. 59. 50.	65. 44. 00.	…………	…………	22. 00. 00.
15.	48. 55. 20.	66. 59. 00.	…………	…………	21. 46. 00.
16.	49. 40. 30.	67. 07. 00.	64. 43. 00.	…………	20. 16. 00.
17.	50. 04. 50.	68. 01. 00.	…………	…………	21. 25. 30.
18.	49. 56. 22.	68. 41. 00.	66. 43. 00.	…………	21. 20. 00.
19.	50. 14. 43.	69. 27. 00.	67. 39. 00.	…………	21. 54. 40.
20.	50. 57. 02.	70. 45. 00.	68. 48. 00.	69. 46. 00.	21. 22. A.
21.	51. 35. 20.	71. 08. 00.	…………	…………	22. 47. 00.

ÉPOQUE, 1785.	INCLINAISON de l'aiguille.	THERM.	BAROMÈTRE.	VENTS, ÉTAT DU CIEL ET REMARQUES.
	D. M. S.	D.	P. L.	
Décemb. 20.	....	9.	28. 00,4.	O. N. O. petit frais, brumeux.
21.	....	9.	28. 00,4.	O. N. O. petit frais, nébuleux.
22.	....	9 $\frac{1}{2}$.	28. 00,2.	N. O. petit frais, nébuleux.
23.	....	10.	27. 10,0.	O. S. O. petit frais, beau.
24.	....	10.	28. 00,4.	Idem.
25.	....	10.	27. 07,1.	S. O. petit frais, de la pluie.
26.	....	9.	28. 00,3.	S. S. O. par rafales, beau.
27.	....	9 $\frac{1}{2}$.	28. 00,3.	S. S. E. calme, de la pluie.
28.	....	10 $\frac{1}{2}$.	27. 11,0.	S. E. presque calme, beau.
29.	....	10.	27. 11,4.	N. O. très-faible, beau.
30.	....	10.	28. 00,2.	S. S. O. par grains, de la pluie.
31.	50. 00. 00.	12.	28. 01,4.	O. N. O. bon frais, nuageux.
1786. Janvier. 1.	....	12.	28. 00,4.	S. O. petit frais, beau.
2.	51. 00. 00.	14.	28. 02,6.	N. N. O. bon frais, beau.
3.	51. 45. 00.	14.	27. 11,0.	O. bon frais, beau.
4.	....	10 $\frac{1}{2}$.	28. 00,6.	N. N. E. petit frais, beau.
5.	....	12.	27. 09,6.	N. N. O. bon frais, nuageux.
6.	....	12.	27. 09,2.	O. S. O. calme, beau.
7.	....	10.	27. 11,6.	N. O. par grains, nuageux.
8.	55. 30. 00.	10.	27. 06,9.	S. O. bon frais, beau.
9.	....	9 $\frac{1}{2}$.	27. 06,7.	O $\frac{1}{4}$ N. O. petit frais, beau.
10.	57. 00. 00.	8.	27. 05,9.	S. O. $\frac{1}{4}$ O. bon frais, nébuleux.
11.	....	10.	27. 11,0.	S. O. bon frais, beau.
12.	59. 15. 00.	8 $\frac{1}{2}$.	27. 08,4.	S. S. O. très-faible, beau.
13.	....	8.	28. 02,0.	S. S. O. par rafales, beau.
14.	....	10.	27. 08,9.	S. O. petit frais, beau.
15.	59. 30. 00.	10 $\frac{1}{2}$.	27. 05,8.	O. N. O. bon frais, beau.
16.	....	9.	27. 09,6.	N. O. petit frais, beau.
17.	52. 15. 00.	7 $\frac{3}{10}$.	28. 01,9.	S. S. E. bon frais, beau.
18.	....	9.	28. 04,9.	S. petit frais, beau.
19.	....	9.	28. 05,0.	N. E. petit frais, beau.
20.	51. 00. 00.	8 $\frac{1}{2}$.	28. 02,2.	N. O. très-faible, beau.
21.	....	9.	28. 00,9.	S. S. E. petit frais, beau. A 4 heures du matin, vu la côte des Patagons.

ÉPOQUE, 1786.	LATITUDE, Sud.	LONGITUDE estimée, Occidentale.	LONGITUDE occidentale, par la montre N.º 19.	LONGITUDE occidentale, par les distances de la ☾ au ☉.	DÉCLINAISON de l'aiguille, Est.
	D. M. S.	D. M. S.	D. M. S.	D. M. S.	D. M. S.
Janvier. 22.	52. 21. 26.	70. 58. 00.	68. 55. 00.	69. 38. 00.	22. 49. A.
23.	53. 39. 42.	70. 17. 00.	68. 06. 00.	68. 06. 00.	20. 10. A.
24.	54. 35. 00.	69. 03. 00.	66. 41. 00.	68. 04. 00.	21. 00. 00.
	54. 57. 00.	67. 57. 00.	Point du départ.	....	....
25.	55. 48. 00.	68. 00. 00.	....	....	21. 00. 00.
26.	57. 13. 00.	68. 25. 00.	66. 36. 00.	....	....
27.	57. 59. 00.	69. 17. 00.	....	....	20. 30. 00.
28.	57. 58. 00.	70. 58. 00.	68. 18. 00.	....	....
29.	58. 22. 00.	72. 07. 00.	....	....	....
30.	57. 54. 00.	72. 27. 00.	....	....	22. 30. 00.
31.	58. 23. 00.	72. 43. 00.	....	....	....
Février. 1.	58. 03. 00.	73. 26. 00.	71. 25. 00.	....	23. 28. 00.
2.	58. 24. 00.	74. 37. 00.	....	....	25. 38. 40.
3.	58. 50. 40.	76. 17. 00.	....	....	25. 00. 00.
4.	58. 50. 00.	76. 42. 00.	....	....	24. 30. 00.
5.	59. 48. 22.	77. 23. 00.	....	....	....
6.	60. 38. 00.	78. 32. 00.	77. 21. 00.	....	....
7.	59. 20. 00.	80. 26. 00.	78. 41. 00.	....	....
8.	58. 38. 00.	81. 42. 00.	79. 52. 00.	....	....
9.	57. 21. 00.	84. 36. 00.	82. 38. 00.	....	....
10.	56. 01. 00.	86. 23. 00.	....	....	20. 50. 00.
11.	53. 39. 00.	87. 23. 00.	84. 10. 00.	....	....
12.	53. 05. 00.	87. 55. 00.	84. 14. 00.	....	22. 29. 00.
13.	51. 17. 00.	88. 01. 00.	....	....	20. 08. 00.
14.	49. 58. 00.	87. 58. 00.	....	....	....
15.	48. 03. 00.	87. 38. 00.	....	....	....

ÉPOQUE, 1786.		INCLINAISON de l'aiguille.	THERM.	BAROMÈTRE.	VENTS, ÉTAT DU CIEL ET REMARQUES.
		D. M. S.	D.	P. L.	
Janvier.	22.	62. 00. 00.	10 ½.	28. 02,3.	N. petit frais, beau. Le cap Beau-temps, à l'Ouest 26d Sud, à environ 5 lieues de distance.
	23.	....	8 ½.	28. 02,4.	O. petit frais, beau. La terre le plus à vue restait au Sud 5d Ouest, à environ 5 lieues de distance.
	24.	63. 00. 00.	10.	28. 01,3.	N. O. petit frais, beau. Le cap Saint-Vincent nous restait à l'Est 11d Sud, à environ 4 lieues de distance.
....		....	......	....	Départ du détroit de le Maire.
	25.	63. 30. 00.	9.	27. 08,3.	S. O. bon frais, beau.
	26.	....	6.	27. 07,0.	O. par grains, nuageux.
	27.	64. 45. 00.	4 ½.	27. 03,2.	O. S. O. bon frais, brumeux; la mer grosse.
	28.	....	4 ½.	27. 04,0.	S. S. E. par rafales, nuageux.
	29.	67. 30. 00.	4 ½.	27. 04,7.	O. bon frais, de la pluie.
	30.	....	5.	27. 04,8.	O. S. O. bon frais, nuageux.
	31.	66. 30. 00.	6.	27. 06,3.	O. ¼ N. O. très-faible, de la brume.
Février.	1.	66. 15. 00.	6.	27. 07,7.	O. petit frais, nuageux.
	2.	68. 00. 00.	6.	27. 04,1.	N. bon frais, humide.
	3.	....	6.	27. 04,1.	N. bon frais, nuageux.
	4.	....	4 ½.	27. 01,4.	O. par grains, de la pluie.
	5.	70. 00. 00.	4 ¼.	27. 05,6.	O. N. O. bon frais, de la pluie.
	6.	....	4 ½.	26. 11,6.	O. petit frais, couvert.
	7.	72. 15. 00.	3 ⅘.	27. 04,2.	S. O. bon frais, de la neige.
	8.	....	3 ⅘.	27. 01,2.	S. E. par rafales, nuageux.
	9.	71. 30. 00.	5.	27. 04,7.	S. S. O. par rafales, nuageux.
	10.	....	4 ½.	27. 05,4.	S. O. bon frais, beau.
	11.	....	5 ½.	27. 09,0.	*Idem.*
	12.	68. 00. 00.	4 ⅘.	27. 09,0.	S. O. bon frais, nuageux.
	13.	67. 30. 00.	5 ½.	27. 06,6.	S. O. par rafales, de la pluie.
	14.	....	5 ½.	27. 10,9.	O. bon frais, de la pluie.
	15.	64. 30. 00.	7.	27. 08,7.	*Idem.*

ÉPOQUE, 1786.	LATITUDE, Sud.	LONGITUDE estimée, Occidentale.	LONGITUDE occidentale, par la montre N.° 19.	LONGITUDE occidentale, par les distances de la ☾ au ☉.	DÉCLINAISON de l'aiguille, Est.
	D. M. S.	D. M. S.	D. M. S.	D. M. S.	D. M. S.
Février. 16.	45. 17. 00.	87. 18. 00.	82. 22. 00.	....	17. 30. 00.
17.	43. 25. 00.	86. 27. 00.	81. 24. 00.	....	....
18.	42. 13. 00.	85. 55. 00.	80. 36. 00.	....	14. 27. 00.
19.	41. 04. 00.	84. 55. 00.	79. 20. 00.	80. 25. 00.	14. 10. 00.
20.	39. 54. 00.	83. 31. 00.	77. 42. 00.	78. 32. 00.	14. 23. A.
21.	39. 08. 00.	81. 56. 00.	76. 17. 00.	77. 18. 00.	14. 29. 00.
22.	37. 51. 00.	80. 50. 00.	75. 13. 00.	76. 10. 00.	15. 44. 00.
23.	36. 42. 00.	80. 15. 00.	75. 00. 00.	75. 53. 00.	15. 30. 00.
	Latitude de l'observatoire à Talcaguana.		Longitude de l'observatoire à Talcaguana.		
24.	36. 43. 26.	....	75. 30. 00.	....	....
25.	Idem......	....	Idem......	....	....
26.	Idem......	....	....	....	....
27.	Idem......	....	....	....	....
28.	Idem......	....	....	....	....
Mars. 1.	Idem......	....	....	....	....
2.	Idem......	....	....	....	....
3.	Idem......	....	....	....	....
4.	Idem......	....	....	....	....
5.	Idem......	....	....	....	....
6.	Idem......	....	....	....	....
7.	Idem......	....	....	....	....
8.	Idem......	....	....	....	....
9.	Idem......	....	....	....	....
10.	Idem......	....	....	....	....

ÉPOQUE, 1786.	INCLINAISON de l'aiguille.	THERM.	BAROMÈTRE.	VENTS, ÉTAT DU CIEL ET REMARQUES.
	D. M. S.	D.	P. L.	
Février. 16.	63. 00. 00.	7.	27. 09,8.	S. S. O. bon frais, beau.
17.	60. 30. 00.	9 $\frac{1}{2}$.	28. 01,5.	O. bon frais, brumeux.
18.	58. 00. 00.	10 $\frac{1}{2}$.	28. 01,5.	O. petit frais, beau.
19.	57. 45. 00.	12.	28. 01,5.	S. O. bon frais, beau.
20.	54. 45. 00.	13 $\frac{3}{10}$.	28. 02,8.	O. S. O. petit frais, beau.
21.	....	13.	28. 03,0.	S. S. O. petit frais, beau. Vu la terre, de l'avant.
22.	52. 00. 00.	13.	28. 03,0.	S. bon frais, beau. A 8 heures du matin, la côte du Chili, que l'on avait vue le 21, restait à l'E. N. E. à environ 6 lieues.
23.	50. 00. 00.	12 $\frac{1}{2}$.	28. 01,6.	S. bon frais, beau. Les Mamelles de Biobio restaient à l'E. 20^d Sud. A 6 heures du soir, la sonde a rapporté le fond à 16, 15 et 14 brasses. A 8 heures du soir, mouillé dans la baie de Talcaguana, par 11 brasses, fond de sable vaseux ou d'argile.
24.	....	9 $\frac{1}{2}$.	28. 01,6.	S. S. O. très-faible. Appareillé, et mouillé plus avant dans la baie, par 6 brasses $\frac{1}{2}$, fond de sable vaseux.
25.	....	......	....	O. variable à l'O. S. O. petit frais, beau.
26.	50. 45. 00.	......	....	S. O. petit frais, beau.
27.	....	......	....	S. S. O. petit frais, beau.
28.	....	......	....	*Idem.*
Mars. 1.	....	......	....	*Idem.*
2.	....	......	....	S. O. petit frais, beau.
3.	....	......	....	*Idem.*
4.	....	......	....	*Idem.*
5.	....	......	....	*Idem.*
6.	....	......	....	*Idem.*
7.	....	......	....	S. S. O. petit frais, beau.
8.	....	......	....	*Idem.*
9.	....	......	....	S. O. petit frais, beau.
10.	....	......	....	*Idem.*

ÉPOQUE, 1786.	LATITUDE, Sud.	LONGITUDE estimée, Occidentale.	LONGITUDE occidentale, par la montre N.° 19.	LONGITUDE occidentale, par les distances de la ☾ au ☉.	DÉCLINAISON de l'aiguille, Est.
	D. M. S.	D. M. S.	D. M. S.	D. M. S.	D. M. S.
Mars. 11.	36. 43. 26.	....	75. 30. 00.	....	15. 15. 00. Observée à l'observatoire, avec les compas N.°s 1, 2 et 3.
12.	Idem......	....	....	....	....
13.	Idem......	....	....	....	....
14.	Idem......	....	....	....	....
15.	Idem......	....	....	....	....
16.	Idem......	....	....	....	....
17.	Idem......	....	....	....	....
Départ de Talcaguana. 18.	Point du départ. 36. 26. 52.	75. 34. 25.	....	....	15. 14. 00.
19.	35. 28. 25.	76. 44. 00.	....	....	....
20.	33. 44. 00.	78. 57. 00.	....	....	14. 11. 00.
21.	32. 31. 37.	81. 21. 00.	....	....	....
22.	31. 28. 00.	83. 34. 00.	....	....	....
23.	30. 03. 27.	86. 01. 00.	85. 52. 00.	85. 39. 27.	16. 50. A.
24.	29. 45. 10.	87. 54. 00.	87. 44. 00.	87. 33. 00.	14. 00. 00.
25.	29. 12. 00.	89. 34. 00.	89. 12. 30.	89. 14. 59.	10. 02. 10.
26.	28. 31. 10.	91. 15. 00.	90. 52. 00.	....	9. 00. 00.
27.	27. 55. 40.	93. 27. 00.	....	....	7. 50. 00.
28.	27. 32. 40.	95. 52. 00.	....	....	....
29.	27. 16. 00.	97. 51. 00.	97. 49. 00.	....	6. 15. 00.
30.	27. 07. 00.	99. 36. 00.	99. 11. 00.	....	6. 22. 30.
31.	27. 01. 00.	101. 37. 00.	101. 01. 00.	....	5. 05. 00.
Avril. 1.	27. 03. 38.	103. 37. 00.	103. 02. 00.	....	6. 31. 00.
2.	27. 09. 09.	105. 55. 00.	105. 17. 00.	....	5. 44. 00.
3.	27. 04. 31.	107. 41. 00.	107. 19. 00.	....	....
4.	27. 11. 58.	109. 30. 00.	108. 49. 00.	....	....
5.	27. 04. 53.	109. 46. 00.	....	....	....
6.	27. 02. 08.	109. 41. 00.	109. 22. 00.	....	....
7.	26. 58. 00.	110. 01. 00.	109. 53. 00.	....	....

ÉPOQUE, 1786.	INCLINAISON de l'aiguille.	THERM.	BAROMÈTRE.	VENTS, ÉTAT DU CIEL ET REMARQUES.
	D. M. S.	D.	P. L.	
Mars. 11.	....	......	....	S. S. O. petit frais, beau.
12.	....	......	....	S. O. petit frais, beau.
13.	....	......	....	S. S. O. très-faible, beau.
14.	....	......	....	N. petit frais, brumeux.
15.	....	......	....	N. variable au N. N. O., nuageux.
16.	....	......	....	N. bon frais, de la pluie.
17.	....	......	....	S. S. E. très-faible, beau.
18.	....	11 $\frac{1}{10}$	28. 02,4.	S. bon frais. A 1 heure de l'après-midi, appareillé de Talcaguana, à la côte du Chili.
19.	....	......	28. 03,4.	S. bon frais, beau.
20.	49. 00. 00.	11 $\frac{3}{10}$	28. 02,8.	S. S. O. bon frais, beau.
21.	48. 00. 00.	13.	28. 04,3.	S. bon frais, beau.
22.	....	13 $\frac{4}{7}$	28. 04,6.	S. S. E. bon frais, beau.
23.	....	14 $\frac{3}{10}$	28. 04,0.	E. bon frais, couvert, de la pluie.
24.	....	15.	28. 02,9.	S. S. E. bon frais, beau.
25.	46. 00. 00.	14.	28. 02,4.	S. E. bon frais, de la pluie.
26.	....	15 $\frac{1}{7}$.	28. 04,0.	S. E. bon frais, beau.
27.	44. 00. 00.	16 $\frac{1}{2}$.	28. 05,2.	E. S. E. bon frais, nuageux.
28.	....	16.	28. 05,1.	E. bon frais, nuageux.
29.	....	17.	28. 04,7.	E. bon frais, nébuleux.
30.	42. 30. 00.	16 $\frac{1}{2}$.	28. 03,9.	E. S. E. petit frais, de la pluie.
31.	43. 00. 00.	17.	28. 04,0.	S. E. bon frais, beau.
Avril. 1.	42. 45. 00.	17 $\frac{1}{2}$.	28. 04,3.	Idem.
2.	....	18.	28. 04,7.	E. bon frais, nuageux.
3.	42. 00. 00.	18.	28. 04,8.	N. E. bon frais, beau.
4.	....	19.	28. 03,0.	N. petit frais, beau.
5.	....	19.	28. 02,6.	N. petit frais, nuageux.
6.	....	19.	28. 00,7.	O. N. O. grand frais, de la pluie.
7.	....	18.	28. 02,0.	S. E. petit frais, de la pluie.

VOYAGE

ÉPOQUE, 1786.	LATITUDE, Sud.	LONGITUDE estimée, Occidentale.	LONGITUDE occidentale, par la montre N.º 19.	LONGITUDE occidentale, par les distances de la ☽ au ☉.	DÉCLINAISON de l'aiguille, Est.
	D. M. S.	D. M. S.	D. M. S.	D. M. S.	D. M. S.
Avril. 8.	27. 08. 00.	111. 16. 00.	110. 56. 00.	....	....
9.	27. 08. 50. Latitude de l'île de Pâque au mouillage.	112. 18. 00.	111. 51. 00. Longitude de l'île de Pâque au mouillage.	....	....
10.	27. 09. 00.	....	111. 55. 37.	....	3. 10. A.
11.	26. 24. 00.	112. 06. 00.	111. 51. 00.	....	2. 25. 40
12.	25. 00. 28.	111. 59. 00.	111. 51. 52.	....	3. 11. 00
13.	23. 22. 00.	111. 57. 00.	111. 47. 20.	....	3. 58. 00
14.	21. 47. 00.	111. 51. 00.	111. 54. 00.	....	3. 40. 00
15.	20. 34. 10.	111. 45. 00.	111. 52. 00.	....	4. 32. 00
16.	19. 04. 07.	111. 50. 00.	112. 14. 00.	....	4. 46. 00
17.	17. 30. 00.	112. 18. 00.	112. 55. 00.	....	4. 19. 50
18.	16. 01. 00.	112. 31. 00.	113. 06. 00.	....	4. 52. 00
19.	14. 08. 00.	112. 29. 00.	113. 16. 00.	....	4. 50. 00
20.	12. 15. 00.	112. 25. 00.	113. 31. 00.	113. 15. 34.	5. 05. A.
21.	10. 07. 00.	112. 23. 00.	113. 28. 00.	113. 25. 16.	4. 23. 00
22.	8. 18. 53.	112. 39. 00.	114. 10. 30.	....	....
23.	6. 37. 00.	112. 56. 00.	114. 40. 00.	114. 34. 37.	....
24.	5. 26. 10.	113. 23. 00.	115. 43. 00.	....	....
25.	4. 16. 40.	114. 09. 00.	116. 48. 40.	....	3. 35. 00
26.	3. 21. 00.	114. 53. 00.	117. 49. 00.	....	3. 09. 00
27.	2. 15. 00.	115. 26. 00.	118. 26. 00.	....	2. 21. 00
28.	0. 54. 00. LATITUDE, Nord.	116. 02. 00.	118. 45. 00.	....	2. 06. 00
29.	0. 18. 00.	116. 33. 00.	118. 00. 00.	....	2. 58. A.
30.	1. 40. 30.	117. 11. 00.	119. 07. 00.	....	1. 01. 00
Mai. 1.	2. 59. 00.	118. 00. 00.	119. 53. 00.	....	....
2.	4. 06. 30.	118. 54. 00.	120. 35. 00.	....	....
3.	5. 07. 05.	119. 32. 00.	121. 14. 00.	....	0. 44. 00

ÉPOQUE, 1786.	INCLINAISON de l'aiguille.			THERM.	BAROMÈTRE.	VENTS, ÉTAT DU CIEL ET REMARQUES.
	D.	M.	S.	D.	P. L.	
Avril. 8.	....			17.	28. 01,6.	N. E. bon frais, beau, nuageux. A 3 heures après midi, vu l'île de Pâque dans l'O. ¼ S. O. à environ 12 lieues de distance.
9.	....			17 ½.	28. 06,0.	S. S. E. bon frais, beau. A 1 heure après midi, mouillé à l'île de Pâque, par 36 brasses, fond de sable gris fin.
10.	....			17 ½.	28. 02,0.	S. S. E. petit frais, beau. A 8 heures du soir du 10, appareillé de l'île de Pâque.
11.	41.	00.	00.	17.	28. 03,5.	S. S. E. petit frais, beau.
12.	40.	45.	00.	17 ½.	28. 03,9.	E. S. E. petit frais, beau. Vu l'île de Pâque, de 20 lieues.
13.	38.	30.	00.	17 ½.	28. 03,6.	S. E. bon frais, beau.
14.	34.	00.	00.	17 ½.	28. 02,9.	S. E. petit frais, beau.
15.	33.	00.	00.	18 ½.	28. 03,0.	E. S. E. petit frais, beau.
16.	32.	00.	00.	19.	28. 03,6.	E. N. E. petit frais, beau.
17.	27.	00.	00.	19.	28. 03,6.	N. E. bon frais, nuageux.
18.	....			18.	28. 03,3.	E. N. E. bon frais, beau.
19.	....			19.	28. 02,4.	E. bon frais, nuageux.
20.	20.	00.	00.	19 ⅓.	28. 02,7.	E. S. E. bon frais, beau.
21.	....			19 ⅘.	28. 02,3.	E. bon frais, beau.
22.	12.	30.	00.	20.	28. 02,2.	E. S. E. bon frais, beau.
23.	11.	00.	00.	21.	28. 01,8.	S. E. bon frais, beau.
24.	7.	00.	00.	20 ³⁄₁₀.	28. 02,1.	S. S. E. petit frais, beau.
25.	6.	30.	00.	20 ½.	28. 03,1.	S. E. petit frais, beau.
26.	2.	45.	00.	20 ½.	28. 02,2.	E. S. E. petit frais, beau.
27.	2.	20.	00.	20 ⅔.	28. 01,8.	E. bon frais, beau.
28.	1.	00.	00.	20 ⅔.	28. 01,9.	S. S. E. petit frais, beau.
29.	0.	00.	00.	19 ⁴⁄₇.	28. 01,9.	S. E. petit frais, beau.
30.	0.	20.	00.	21.	28. 01,4.	Idem.
Mai. 1.	1.	00.	00.	21.	28. 01,3.	Idem.
2.	1.	50.	00.	21.	28. 01,0.	Idem.
3.	....			21.	28. 01,4.	Idem.

VOYAGE

ÉPOQUE, 1786.	LATITUDE, Nord.	LONGITUDE estimée, Occidentale.	LONGITUDE occidentale, par la montre N.° 19.	LONGITUDE occidentale, par les distances de la ☾ au ☉.	DÉCLINAISON de l'aiguille, Est.
	D. M. S.	D. M. S.	D. M. S.	D. M. S.	D. M. S.
Mai. 4.	5. 49. 00.	119. 46. 00.	121. 02. 00.	....	1. 02. 00.
5.	6. 10. 50.	119. 55. 00.	....	....	1. 35. 00.
6.	7. 05. 50.	120. 50. 00.	121. 46. 00.	....	....
7.	8. 16. 36.	121. 33. 00.	122. 55. 00.	....	....
8.	9. 25. 00.	122. 11. 00.	123. 54. 00.	....	3. 17. 00.
9.	10. 44. 00.	123. 25. 00.	125. 34. 00.	....	....
10.	11. 52. 13.	124. 36. 00.	127. 01. 00.	....	2. 28. 00.
11.	13. 34. 30.	125. 39. 00.	128. 19. 30.	....	....
12.	14. 46. 10.	126. 46. 00.	129. 38. 00.	....	....
13.	16. 20. 50.	127. 59. 00.	131. 51. 00.	....	....
14.	17. 48. 00.	129. 13. 00.	132. 35. 00.	....	....
15.	19. 11. 00.	130. 27. 00.	134. 01. 00.	....	4. 00. 07.
16.	19. 51. 00.	132. 22. 00.	135. 50. 00.	....	....
17.	19. 59. 00.	133. 34. 00.	137. 36. 00.	....	....
18.	20. 03. 00.	135. 09. 00.	139. 00. 00.	....	6. 38. 00.
19.	20. 03. 30.	136. 51. 00.	140. 52. 00.	140. 48. 00.	6. 51. 00.
20.	19. 58. 00.	138. 33. 00.	142. 31. 00.	142. 20. 00.	....
21.	19. 57. 00.	140. 12. 00.	144. 11. 00.	144. 01. 45.	8. 20. 00.
22.	20. 02. 50.	142. 16. 00.	146. 24. 00.	....	9. 00. 00.
23.	20. 07. 00.	143. 52. 00.	148. 07. 00.	....	9. 18. 00.
24.	20. 47. 10.	145. 54. 00.	150. 26. 00.	....	....
25.	20. 58. 30.	148. 05. 00.	152. 36. 00.	....	....
26.	21. 00. 20.	150. 04. 00.	154. 34. 00.	....	9. 20. 00.
27.	21. 03. 40.	151. 54. 00.	156. 12. 00.	....	....
28.	20. 50. 30.	152. 56. 00.	157. 19. 00.	....	....
29.	20. 34. 30.	153. 56. 00. / 158. 19. Long. du relèvement fait à midi d'après la carte de COOK.	158. 25. 00.	....	8. 40. 00.
30.	Au mouillage à l'île Mowée, depuis 5 heures et demie du soir, le 29, jusqu'à 3 heures de l'après-midi, le 30.	....	....	....	8. 34. A. / 8. 51. 00. Observées au mouillage.

ÉPOQUE, 1786.	INCLINAISON de l'aiguille.	THERM.	BAROMÈTRE.	VENTS, ÉTAT DU CIEL ET REMARQUES.
	D. M. S.	D.	P. L.	
Mai. 4.	5. 00. 00.	21.	28. 01,5.	S. E. petit frais, beau.
5.	....	21 $\frac{1}{2}$.	28. 01,4.	E. N. E. très-faible, beau.
6.	6. 00. 00.	21 $\frac{3}{10}$.	28. 01,4.	N. E. petit frais, beau.
7.	....	21.	28. 01,4.	E. petit frais, de la pluie.
8.	10. 00. 00.	21 $\frac{1}{2}$.	28. 01,8.	N. E. petit frais, nuageux.
9.	13. 00. 00.	21.	28. 02,4.	N. E. bon frais, nuageux.
10.	18. 00. 00.	20.	28. 02,7.	N. E. bon frais, beau.
11.	21. 00. 00.	20.	28. 02,7.	Idem.
12.	23. 00. 00.	19 $\frac{1}{2}$.	28. 02,2.	N. E. bon frais, nuageux.
13.	28. 00. 00.	19 $\frac{1}{2}$.	28. 03,3.	Idem.
14.	29. 00. 00.	16 $\frac{1}{2}$.	28. 03,6.	Idem.
15.	....	16 $\frac{1}{2}$.	28. 03,4.	E. N. E. par rafales, nuageux.
16.	33. 00. 00.	16 $\frac{3}{10}$.	28. 03,6.	N. E. bon frais, beau. Vu un tronc d'arbre.
17.	31. 00. 00.	17 $\frac{1}{2}$.	28. 03,5.	E. N. E. petit frais, variable au N.E., beau.
18.	....	17.	28. 03,8.	E. N. E. petit frais, beau.
19.	33. 00. 00.	16.	28. 03,6.	E. bon frais, orageux, de la pluie.
20.	....	17 $\frac{4}{5}$.	28. 03,3.	E. N. E. bon frais, beau.
21.	32. 30. 00.	17 $\frac{1}{10}$.	28. 03,4.	E. bon frais, beau.
22.	....	17 $\frac{1}{2}$.	28. 03,6.	E. N. E. bon frais, beau.
23.	....	16 $\frac{4}{5}$.	28. 04,3.	E. bon frais, beau.
24.	31. 30. 00.	18.	28. 04,2.	Idem.
25.	32. 30. 00.	19.	28. 03,8.	E. N. E. bon frais, beau.
26.	....	18.	28. 04,6.	Idem.
27.	....	18.	28. 04,6.	E. bon frais, beau.
28.	33. 00. 00.	18.	28. 04,2.	E. petit frais, nuageux. A 8 heures du matin, vu les îles Sandwich.
29.	28. 00. 00.	18.	28. 04,4.	E. N. E. petit frais, beau. Prolongeant à 1 lieue l'île Mowée, celle de Tahoorowa restait à l'Ouest 15^d Sud, à 5 ou 6 lieues de distance.
30.	....	19.	28. 04,5.	E. variable à l'E. S. E. bon frais. Mouillé à 5 heures $\frac{1}{2}$ du soir, le 29, dans la baie, à la partie S. E. de l'île Mowée, par 25 brasses, fond de sable gris fin.

TOME III.

ÉPOQUE, 1786.	LATITUDE, Nord.	LONGITUDE estimée, Occidentale.	LONGITUDE occidentale, par la montre N.° 19.	LONGITUDE occidentale, par les distances de la ☾ au ☉.	DÉCLINAISON de l'aiguille, Est.
	D. M. S.	D. M. S.	D. M. S.	D. M. S.	D. M. S.
Mai. 31.	21. 14. 36.	159. 34. 00.	159. 41. 00. Longitude prise pour celle du point de départ.	....	....
Juin. 1.	22. 52. 50.	159. 59. 00.	160. 21. 00.	....	....
2.	24. 48. 50.	160. 05. 00.	160. 21. 40.	160. 16. 45.	8. 42. 00.
3.	26. 29. 00.	160. 25. 00.	161. 00. 00.	....	....
4.	28. 02. 05.	160. 45. 00.	161. 15. 00.	....	10. 27. 00.
5.	29. 08. 40.	160. 45. 00.	161. 15. 00.	....	11. 00. 00.
6.	30. 46. 50.	160. 22. 00.	160. 40. 00.	....	11. 14. 50.
7.	32. 14. 40.	159. 56. 00.	161. 30. 00.	....	....
8.	33. 53. 50.	159. 24. 00.	159. 31. 00.	....	11. 40. A.
9.	34. 57. 00.	159. 03. 00.	....	....	....
10.	35. 51. 00.	158. 43. 00.	....	....	....
11.	37. 02. 00.	158. 34. 00.	....	....	....
12.	38. 02. 00.	158. 15. 00.	....	....	....
13.	39. 19. 00.	157. 47. 00.	....	....	....
14.	41. 17. 00.	157. 03. 00.	156. 15. 00.	....	....
15.	43. 12. 00.	155. 48. 00.	154. 54. 00.	....	....
16.	44. 59. 20.	154. 25. 00.	....	....	....
17.	46. 52. 00.	152. 58. 00.	....	....	....
18.	48. 22. 00.	152. 04. 00.	149. 42. 00.	....	....
19.	50. 05. 00.	151. 10. 00.	148. 29. 00.	....	22. 50. A.
20.	51. 50. 06.	150. 17. 00.	147. 27. 00.	148. 04. 00.	22. 38. A.
21.	53. 17. 20.	149. 31. 00.	....	....	24. 49. 00.
22.	55. 41. 30.	147. 48. 00.	145. 08. 00.	....	25. 30. 00.
23.	57. 46. 00.	146. 00. 00.	143. 42. 00.	....	27. 40. A.
24.	59. 22. 00.	145. 03. 00.	143. 04. 15.	....	....

ÉPOQUE, 1786.	INCLINAISON de l'aiguille.	THERM.	BAROMÈTRE.	VENTS, ÉTAT DU CIEL ET REMARQUES.
	D. M. S.	D.	P. L.	
Mai. 31.	20. 00. 00.	20.	28. 04,6.	S. E. variable à l'E. S. E. et E. N. E. bon frais. Appareillé le 30, à 3 heures après midi, de Mowée.
Juin. 1.	34. 00. 00.	18.	28. 05,4.	N. E. variable à l'E. N. E. bon frais. Le 31, à 6 heures du soir., l'île Wohaoo restait au Sud, à environ 7 lieues de distance.
2.	38. 00. 00.	....	28. 05,8.	E. N. E. bon frais, beau.
3.	38. 00. 00.	18 ½	28. 06,1.	Idem.
4.	....	18.	28. 05,4.	E. N. E. bon frais, par rafales, de la pluie.
5.	....	19.	28. 04,5.	E. N. E. variable au S. E. petit frais, beau.
6.	44. 30. 00.	17.	28. 02,3.	S. E. variable au S. bon frais, beau.
7.	....	16 ½	28. 02,2.	S. O. par rafales, beaucoup de pluie.
8.	49. 30. 00.	16 ½	28. 04,4.	S. bon frais, nuageux.
9.	....	15.	28. 05,2.	S. variable à l'O. N. O. bon frais, de la pluie.
10.	53. 30. 00.	15.	28. 04,5.	S. petit frais, de la brume et de la pluie.
11.	51. 30. 00.	12.	28. 05,1.	S. variable à l'E. N. E. bon frais, de la pluie.
12.	....	12.	28. 04,3.	E. variable au S. O. petit frais, de la pluie.
13.	53. 30. 00.	12 ½	28. 05,1.	S. S. O. bon frais, de la pluie et de la brume.
14.	56. 30. 00.	11 ½	28. 03,0.	S. O. bon frais, très-brumeux.
15.	59. 00. 00.	8.	28. 01,4.	O. bon frais, beau.
16.	60. 00. 00.	7 ⅕	28. 01,1.	O. N. O. bon frais, nébuleux.
17.	61. 15. 00.	7.	28. 02,0.	O. bon frais, nuageux.
18.	64. 00. 00.	5 ⁴⁄₇	28. 01,5.	O. variable au S. O. par rafales, de la pluie.
19.	66. 30. 00.	5 ½	27. 01,4.	O. S. O. bon frais, par rafales, de la pluie par intervalles.
20.	67. 45. 00.	5 ³⁄₁₀	27. 09,7.	O. N. O. bon frais, couvert.
21.	....	5 ½	28. 01,2.	O. variable au S. E. bon frais, nuageux.
22.	72. 00. 00.	5 ½	28. 01,2.	E. bon frais, couvert. Vu plusieurs morceaux d'arbres, et des baleines.
23.	74. 00. 00.	6 ½	28. 02,9.	E. S. E. bon frais, nuageux. Vu beaucoup d'oiseaux, et du goëmon.
24.	74. 00. 00.	11.	28. 00,9.	E. S. E. bon frais, beau. A 5 heures du matin, vu la côte de l'Amérique septentrionale, et, à midi, relevé le mont S.t-Élie, au Nord, 32ᵈ O. du compas.

ÉPOQUE, 1786.	LATITUDE, Nord.	LONGITUDE estimée, Occidentale.	LONGITUDE occidentale, par la montre N.° 19.	LONGITUDE occidentale, par les distances de la ☾ au ☉.	DÉCLINAISON de l'aiguille, Est.
	D. M. S.	D. M. S.	D. M. S.	D. M. S.	D. M. S.
Juin. 25.	59. 33. 30.	142. 52. 00.	142. 37. 00.	....	....
26.	59. 40. 50.	143. 23. 00.	142. 41. 00.	....	31. 14. A.
27.	59. 18. 00.	142. 41. 00.	....	....	32. 19. 00.
28.	59. 20. 00.	142. 35. 00.	142. 35. 00.	....	....
29.	59. 20. 30.	142. 02. 00.	....	....	....
30.	58. 54. 00.	141. 43. 00.	141. 21. 00.	....	32. 34. A.
Juillet. 1.	59. 07. 00.	141. 03. 00.	140. 52. 00.	....	31. 22. A.
2.	58. 38. 20.	140. 28. 00.	....	....	30. 34. 00.
3.	{ 58. 38. 10. Latitude du mouillage. }	140. 22. 00.	{ 139. 46. 00. Longitude du mouillage. }	....	....
4.	{ Au mouillage dans le Port des Français. }	....	....	....	....

ÉPOQUE, 1786.	INCLINAISON de l'aiguille.	THERM.	BAROMÈTRE.	VENTS, ÉTAT DU CIEL ET REMARQUES.
	D. M. S.	D.	P. L.	
Juin. 25.	....	7 ½	28. 00,8.	S. S. O. variable à l'Est, très-faible, brumeux. Sondé par 80 brasses, fond de sable vaseux.
26.	74. 00. 00.	6.	28. 01,2.	O. S. O. calme, beau. Le mont S.ᵗ-Élie restait à l'O. 42ᵈ N. Sondé par 45 brasses, fond de vase.
27.	....	5 ⅘	27. 08,6.	N. N. E. très-faible, brumeux, de la pluie. Le 26, à deux heures de l'après-midi, mouillé par 50 brasses, fond de vase. A huit heures du soir dudit jour, appareillé. Le 27, à midi, la terre était cachée par la brume.
28.	....	7.	27. 11,5.	E. N. E. variable à l'E. S. E. très-faible. Les terres les plus proche de nous restaient au N. 15ᵈ O. à 6 lieues de distance.
29.	....	7.	27. 11,5.	E. variable au S. S. O. bon frais, brumeux. La terre la plus proche nous restait au N. 4ᵈ O. à environ six lieues de distance.
30.	....	6.	28. 00,6.	S. S. O. faible, brumeux. Le cap Beautemps restait au N. 78ᵈ E.
Juillet. 1.	76. 00. 00.	7.	28. 02,5.	S. O. petit frais, beau. Le 30, à dix heures du soir, mouillé par 32 brasses, fond de vase; et appareillé à onze heures du matin, le premier juillet.
2.	....	7 1/10.	28. 03,8.	O. calme. Relevé le mont Beau-temps au N. 6ᵈ E.
3.	....	5 ½.	28. 02,0.	O. petit frais, beau. Le 2, à huit heures du soir, mouillé à l'entrée d'un port qui nous restait au N. 39ᵈ O. à un quart de lieue. A neuf heures du même soir, appareillé; et le 3, à six heures du matin, mouillé dans le port par six brasses, fond de sable.
4.	....	6.	27. 09,8.	N. O. bon frais. Dans le jour, changé de mouillage : l'île du Cénotaphe restait à l'E. 27ᵈ N; l'entrée du port, au S. 20ᵈ E.

ÉPOQUE, 1786.	LATITUDE, Nord.	LONGITUDE estimée, Occidentale.	LONGITUDE occidentale, par la montre N.° 19.	LONGITUDE occidentale, par les distances de la ☾ au ☉.	DÉCLINAISON de l'aiguille, Est.
	D. M. S.	D. M. S.	D. M. S.	D. M. S.	D. M. S.
Juillet. 5.	Au mouillage dans l'anse du N. O. du Port des Français.	. . . .	. . . .	. . . .	. . . .
6.	Au mouillage dans le fond du Port des Français.	. . . .	. . . .	. . . .	. . . .
7.	Ibidem.	. . . .	. . . .	. . . .	. . . .
8.	Ibid.	. . . .	. . . .	. . . .	. . . .
9.	Ibid.	. . . .	. . . .	. . . .	. . . .
10.	Ibid.	. . . .	. . . .	. . . .	. . . .
11.	Ibid.	. . . .	. . . .	. . . .	. . . .
12.	Ibid.	. . . .	. . . .	. . . .	. . . .
13.	Ibid.	. . . .	. . . .	. . . .	. . . .
14.	Ibid.	. . . .	. . . .	. . . .	. . . .
15.	Ibid. . . . . . . 58. 39. 15. Latitude de l'observatoire.	. . . .	. . . .	. . . .	. . . .
16.	. . . .	. . . .	. . . .	. . . .	. . . .
17.	. . . .	. . . .	. . . .	. . . .	. . . .
18.	Au mouillage dans le Port des Français.	. . . .	. . . .	. . . .	. . . .
19.	Ibid.	. . . .	. . . .	. . . .	. . . .
20.	Ibid.	. . . .	. . . .	. . . .	. . . .

DE LA PÉROUSE.

ÉPOQUE, 1786.	INCLINAISON de l'aiguille.	THERM.	BAROMÈTRE.	VENTS, ÉTAT DU CIEL ET REMARQUES.
	D. M. S.	D.	P. L.	
Juillet. 5.	74. 15. 00.	8.	28. 01,2.	S. O. variable au N. O. très-faible. Changé de mouillage pour nous tirer de l'ouvert de l'entrée du port.
6.	....	6.	28. 01,8.	E. S. E. Appareillé, et mouillé au fond du port par 13 brasses, fond de vase : le milieu de l'île du Cénotaphe restait au S. E. à une demi-encablure ; l'entrée du port par la pointe S. O. de l'île, au S. 15ᵈ Ouest.
7.	....	8 ⅕.	28. 02,2.	E. variable au S. E. petit frais, beau.
8.	....	7 ½.	28. 02,1.	O. N. O. faible, beau.
9.	....	8.	27. 10,5.	Calme, de la pluie.
10.	....	....	....	N. O. faible, nébuleux.
11.	....	....	....	O. N. O. très-faible, beau.
12.	....	....	....	E. N. E. très-faible, beau.
13.	....	....	....	E. petit frais, beau.
14.	....	....	....	O. N. O. faible, beau.
15.	....	....	....	O. variable à l'O. S. O. faible. A quatre heures du matin, appareillé pour nous rendre à l'ouvert du port. A huit heures du matin, mouillé par 46 brasses, fond de vase.
16.	....	....	....	E. N. E. très-faible. A quatre heures du matin, appareillé ; et à dix heures, mouillé, en attendant la marée, par 15 brasses, fond de vase.
17.	....	8.	27. 10,5.	E. petit frais, de la pluie. Dans la nuit, le vent par rafales. L'entrée du port restait au S. ¼ S. O.
18.	....	11.	27. 08,3.	E. N. E. bon frais, par rafales, de la pluie.
19.	....	7 ½.	27. 11,5.	E. S. E. par rafales, nébuleux, de la pluie.
20.	....	5.	28. 03,6.	E. petit frais, variable au N. O., nébuleux.

ÉPOQUE, 1786.	LATITUDE, Nord.	LONGITUDE estimée, Occidentale.	LONGITUDE occidentale, par la montre N.° 19.	LONGITUDE occidentale, par les distances de la ☾ au ☉.	DÉCLINAISON de l'aiguille, Est.
	D. M. S.	D. M. S.	D. M. S.	D. M. S.	D. M. S.
Juillet. 21.	Au mouillage à l'ouvert du Port des Français.	....	....	....	....
22.	Ibidem.....	....	....	....	....
23.	Ibid.......	....	....	....	....
24.	Ibid.......	....	....	....	....
25.	Ibid.......	....	....	....	....
26.	Ibid.......	....	....	....	....
27.	Ibid.......	....	....	....	....
28.	Ibid.......	....	....	....	....
29.	Ibid.......	....	....	....	....
30.	Ibid.......	....	....	....	....
31.	Ibid.......	....	....	....	....
Août. 1.	58. 22. 25.	139. 46. 00. Pris pour point de départ 58ᵈ 26′ 25″ de latitude N, et 139ᵈ 50′ de longitude occidentale, méridien de Paris.	....	....	31. 00. 00.
2.	58. 24. 00.	139. 40. 00.	....	....	....
3.	58. 12. 00.	139. 30. 50.	....	....	30. 20. 00.
4.	57. 47. 00.	138. 39. 00.	....	....	....
5.	57. 24. 00.	138. 00. 00.	....	....	....
6.	57. 18. 00.	138. 13. 00.	138. 32. 00.	....	28. 37. 00.

ÉPOQUE, 1786.	INCLINAISON de l'aiguille.	THERM.	BAROMÈTRE.	VENTS, ÉTAT DU CIEL ET REMARQUES.
	D. M. S.	D.	P. L.	
Juillet. 21.	....	6 $\frac{4}{5}$.	28. 02,8.	O. N. O. très-faible. A 8 heures du matin, appareillé ; et, à 11 heures du matin, mouillé dans l'anse du N. O. par 9 brasses d'eau, fond de sable fin. L'entrée du port restait au S. 30^d E.; le milieu de l'île du Cénotaphe, au N. 43^d E. à 2 lieues de distance.
22.	....	6 $\frac{4}{5}$.	28. 04,3.	O. N. O. beau, petit frais. La marée n'était point sensible, à ce mouillage.
23.	....	7.	28. 03,1.	O. S. O. très-faible, beau.
24.	73. 30. 00.	7.	28. 02,5.	E. S. E. variable au N. E. petit frais, beau.
25.	....	7 $\frac{4}{5}$.	28. 03,7.	E. S. E. petit frais, nébuleux.
26.	....	8.	28. 01,6.	E. N. E. petit frais, de la pluie.
27.	....	7 $\frac{4}{5}$.	27. 11,5.	E. variable au N. E. bon frais, de la pluie.
28.	....	6.	27. 11,8.	N. E. petit frais, de la pluie.
29.	....	5 $\frac{1}{2}$.	28. 00,6.	N. E. calme, de la pluie.
30.	....	6.	28. 01,9.	O. N. O. petit frais. Mis en appareillage.
31.	....	5.	28. 02,2.	O. N. O. très-faible, beau.
Août. 1.	....	8.	28. 02,5.	O. N. O. petit frais, beau. Le 31, à 4 heures après midi, appareillé. Le 1.er août, à midi, l'entrée du Port des Français restait au N. 10^d Ouest, à 4 lieues environ.
2.	....	......	....	N. O. variable au S. S. O. très-faible, beau. Le mont Beau-temps, au N. 19^d O.; l'entrée du Port des Français, au N. 10^d O.
3.	....	......	....	O. très-faible, nébuleux. L'entrée de la baie de Cross-Sound, au N. 48^d E. à environ 8 lieues de distance.
4.	....	......	....	E. variable au S. S. O. par le S., très-faible. La terre la plus proche nous restait au N. 45^d E. à environ 6 lieues de distance.
5.	....	9.	28. 02,6.	E. très-faible, de la brume.
6.	....	8 $\frac{4}{5}$.	28. 01,0.	O. N. O. très-faible, beau. L'entrée du port de los Remedios nous restait à l'Est 32^d N. à environ 6 lieues.

ÉPOQUE, 1786.	LATITUDE, Nord.	LONGITUDE estimée, Occidentale.	LONGITUDE occidentale, par la montre N.° 19.	LONGITUDE occidentale, par les distances de la ☽ au ☉.	DÉCLINAISON de l'aiguille, Est.
	D. M. S.	D. M. S.	D. M. S.	D. M. S.	D. M. S.
Août. 7.	56. 30. 00.	137. 19. 00.	137. 25. 00.	....	28. 20. 00.
8.	55. 41. 00.	136. 40. 00.	136. 48. 00.	....	28. 46. A.
9.	54. 46. 08.	135. 49. 00.	136. 06. 40.	....	....
10.	54. 23. 00.	135. 27. 00.	135. 03. 25.	....	....
11.	54. 12. 29.	135. 21. 00.	135. 14. 10.	....	....
12.	54. 06. 00.	136. 11. 00.	....	....	30. 14. 00.
13.	54. 04. 00.	136. 15. 00.	....	....	....
14.	53. 50. 00.	135. 51. 00.	135. 46. 00.	....	....
15.	53. 50. 21.	135. 40. 00.	135. 59. 10.	....	....
16.	53. 20. 00.	136. 17. 00.	....	....	....
17.	53. 12. 00.	136. 07. 00.	136. 35. 37.	....	27. 54. 00.
18.	52. 35. 11.	134. 21. 00.	134. 01. 25.	....	27. 56. 00.
19.	52. 03. 20.	134. 01. 00.	134. 01. 00.	....	25. 38. 00.
20.	51. 40. 00.	133. 19. 00.	133. 33. 00.	....	24. 08. A.

ÉPOQUE, 1786.	INCLINAISON de l'aiguille.	THERM.	BAROMÈTRE.	VENTS, ÉTAT DU CIEL ET REMARQUES.
	D. M. S.	D.	P. L.	
Août 7.	73. 30. 00.	9 ⁴⁄₅.	28. 01,4.	N. O. très-faible, beau. Le mont Hyacinte restait au Nord 56ᵈ O., et le cap Tschirikow, à l'Est 23ᵈ S.
8.	....	9.	28. 03,4.	O. beau, petit frais. Le cap Tschirikow restait au N. 38ᵈ O. à environ 3 lieues.
9.	....	10.	28. 03,1.	O. bon frais, nébuleux. Le milieu de l'île San-Carlos nous restait au N. 27ᵈ E. à environ 2 lieues.
10.	....	9 ½.	28. 02,4.	O. N. O. bon frais, de la brume très-épaisse.
11.	....	9 ½.	28. 02,3.	N. N. O. petit frais, de la brume.
12.	....	8 ⁴⁄₅.	28. 01,3.	Idem.
13.	....	9.	28. 01,8.	S. très-faible, de la brume.
14.	....	9 ½.	28. 03,8.	S. variable à l'E. S. E., de la brume très-épaisse. Vu dans la journée la terre, à 8 à 10 lieues de distance.
15.	....	9 ⁴⁄₇.	28. 03,6.	E. petit frais, nébuleux. A 10 heures du matin, vu la terre du N. E. à l'E. à 10 lieues environ. A midi, de la brume.
16.	....	10 ½.	28. 01,3.	E. petit frais, nébuleux. Vu dans le jour la terre, à 8 à 10 lieues. De la brume par intervalles.
17.	....	10.	28. 00,4.	N. E. très-faible, nébuleux. A 5 heures et demie du matin, la terre nous restait du N. E. ¼ E. à l'E. S. E. à environ 8 lieues. A midi, de la brume.
18.	78. 00. 00.	10 ³⁄₁₀.	28. 00,9.	N. O. petit frais, beau. L'entrée du port de la Touche, au N. 21ᵈ E. à quatre lieues environ de distance.
19.	....	11.	28. 01,6.	N. O. variable au S. O. faible, nébuleux. La terre la plus près de nous restait au N. 18ᵈ E. à 5 lieues de distance.
20.	....	11.	28. 01,3.	N. O. variable à l'O. petit frais, beau. Le cap Hector nous restait au N. 1ᵈ E., et les îles Kerouart, au N. 5ᵈ E.; distance du cap, 3 lieues; et des îles, 2 lieues et demie. A 7 heures du soir, sondé par 100 brasses, fond de roche.

ÉPOQUE, 1786.	LATITUDE, Nord.	LONGITUDE estimée, Occidentale.	LONGITUDE occidentale, par la montre N.° 19.	LONGITUDE occidentale, par les distances de la ☾ au ☉.	DÉCLINAISON de l'aiguille, Est.
	D. M. S.	D. M. S.	D. M. S.	D. M. S.	D. M. S.
Août. 21.	52. 01. 00.	132. 48. 00.	132. 50. 11.	....	24. 03. A.
22.	55. 22. 00.	131. 38. 00.	....	....	....
23.	51. 47. 00.	132. 05. 00.	131. 43. 30.	....	24. 31. 00.
24.	51. 01. 00.	131. 23. 00.	131. 27. 25.	....	....
25.	49. 58. 31.	129. 58. 00.	130. 05. 30.	....	24. 10. 00.
26.	49. 16. 00.	129. 25. 00.	129. 37. 00.	....	22. 18. 00.
27.	48. 59. 00.	129. 46. 00.	....	....	....
28.	48. 37. 00.	128. 45. 00.	128. 55. 00.	....	19. 38. 00.
29.	48. 39. 00.	127. 57. 00.	128. 04. 22.	....	19. 31. 00.
30.	48. 39. 00.	127. 39. 00.	....	....	....
31.	47. 58. 00.	127. 45. 00.	127. 58. 00.	....	....
Septembre. 1.	46. 39. 00.	126. 20. 00.	126. 44. 45.	126. 37. 06.	18. 53. 00.

ÉPOQUE, 1786.	INCLINAISON de l'aiguille.	THERM.	BAROMÈTRE.	VENTS, ÉTAT DU CIEL ET REMARQUES.
	D. M. S.	D.	P. L.	
Août. 21.	72. 50. 00.	11.	28. 00,9.	O. variable au S. S. O. bon frais, beau. Le cap Hector nous restait au S. 59^d O., distant de 6 lieues environ; l'île la plus au large des îles Kerouart, au S. 48^d O. à la distance de 6 lieues et demie.
22.	....	10.	28. 03,2.	S. variable au S. E. bon frais, nébuleux. Vu la terre à 11 heures du matin, et relevé la partie le plus à vue au N. 75^d Est; la terre le plus à l'Ouest, au N. 15^d O. à 6 lieues environ de distance. A midi, de la brume.
23.	....	11.	28. 03,1.	S. E. grand frais, brumeux. A 5 heures et demie du matin, vu une chaîne d'îles; donné le nom de *cap Fleurieu* à celle le plus à l'Ouest qui nous restait au N. 25^d E. à 9 lieues de distance. A midi, de la brume.
24.	66. 45. 00.	11 $\frac{1}{2}$.	28. 03,7.	O. N. O. petit frais, brumeux. Les îles Sartine nous restaient au S. 65^d E. à 3 lieues environ de distance.
25.	....	12.	28. 03,2.	O. N. O. petit frais, beau, variable au N. O. La pointe Boisée nous restait au N. 33^d O.
26.	....	12 $\frac{7}{10}$.	28. 00,3.	E. S. E. très-faible, de la brume.
27.	....	12.	28. 00,1.	O. S. O. calme, de la brume très-épaisse.
28.	68. 30. 00.	12 $\frac{1}{2}$.	28. 00,2.	N. petit frais, brumeux.
29.	68. 15. 00.	12 $\frac{1}{2}$.	28. 02,5.	O. N. O. bon frais, nébuleux. Le 28, à 2 heures de l'après-midi, vu la terre dans le N. jusqu'à l'E. N. E. à environ 6 lieues; peu après, temps brumeux. Le 29, à 10 heures du matin, sondé à 45 et 35 brasses, fond de sable gris.
30.	....	12 $\frac{1}{2}$.	28. 02,1.	S. S. O. bon frais, nébuleux, de la pluie. Sondé à 90 brasses, fond de vase. De la brume.
31.	....	12.	28. 01,3.	N. O. bon frais, de la brume très-épaisse.
Septembre. 1.	....	11.	28. 01,7.	O. N. O. très-faible; au coucher du soleil, bon frais. Le 1er, à midi, vu la terre dans l'E. à 12 lieues environ.

ÉPOQUE, 1786.	LATITUDE, Nord.	LONGITUDE estimée, Occidentale.	LONGITUDE occidentale, par la montre N.º 19.	LONGITUDE occidentale, par les distances de la ☾ au ☉.	DÉCLINAISON de l'aiguille, Est.
	D. M. S.	D. M. S.	D. M. S.	D. M. S.	D. M. S.
Septembre. 2.	45. 57. 00.	125. 58. 00.	126. 30. 00.	....	17. 07. 00.
3.	45. 55. 00.	126. 17. 00.	126. 16. 00.	....	....
4.	44. 41. 00.	126. 31. 00.	126. 38. 00.	....	....
5.	43. 00. 00.	126. 34. 00.	126. 48. 00.	....	15. 00. A.
6.	41. 27. 21.	126. 17. 00.	....	....	15. 50. 00.
7.	40. 48. 30.	126. 23. 00.	126. 59. 45.	....	15. 33. 00.
8.	39. 53. 45.	126. 50. 00.	127. 07. 30.	....	14. 24. 00.
9.	39. 01. 45.	126. 29. 00.	....	....	....
10.	38. 15. 45.	126. 18. 00.	....	....	....
11.	37. 02. 00.	125. 45. 00.	126. 14. 45.	....	....
12.	36. 56. 30.	124. 05. 00.	124. 52. 00.	....	....
13.	36. 42. 00.	123. 53. 00.	123. 47. 00.	....	....
14.	36. 51. 00.	123. 16. 00.	123. 45. 45.	124. 33. 46.	12. 55. 00.
15.	....	....	....	....	11. 57. 00.
16.	Au mouillage, dans la baie de Monterey, depuis le 15, à une heure après midi.	....	....	....	....
17.	Ibidem	....	....	....	....
18.	Ibid	....	....	....	....

ÉPOQUE, 1786.	INCLINAISON de l'aiguille.	THERM.	BAROMÈTRE.	VENTS, ÉTAT DU CIEL ET REMARQUES.
	D. M. S.	D.	P. L.	
Septembre. 2.	··········	11.	28. 03,8.	N. très-faible, beau. Le cap Rond nous restait au S. 84ᵈ E. à 6 lieues.
3.	··········	11.	28. 04,4.	S. S. O. presque calme, beau. Le cap Rond nous restait au S. 81ᵈ E. à 5 lieues.
4.	··········	12.	28. 03,5.	N. N. O. bon frais, brumeux.
5.	61. 30. 00.	12.	28. 02,2.	N. petit frais, de la brume. Vu la terre dans ce jour et le précédent.
6.	··········	11 $\frac{3}{10}$.	28. 01,6.	N. N. O. bon frais, de la brume. A 10 heures du matin, on ne voyait plus la terre.
7.	··········	10 $\frac{4}{5}$.	28. 02,6.	N. O. petit frais, de la brume.
8.	··········	12.	28. 02,4.	N. N. O. bon frais, beau. A 10 heures, vu la terre, qu'on a relevée à l'E. à environ 8 lieues.
9.	··········	12.	28. 00,4.	N. N. O. bon frais, couvert.
10.	57. 00. 00.	11 $\frac{1}{2}$.	28. 00,6.	N. O. petit frais, couvert.
11.	56. 45. 00.	12.	28. 00,6.	N. O. bon frais, couvert.
12.	57. 00. 00.	10 $\frac{1}{2}$.	28. 00,5.	N. O. bon frais, nébuleux.
13.	··········	12.	28. 00,5.	N. O. bon frais, de la brume.
14.	57. 30. 00.	12.	28. 00,5.	N. O. petit frais, nébuleux, de la brume par intervalles. La terre à vue le plus à l'E. nous restait au S. 39ᵈ E.; celle le plus à l'O., au N. 20ᵈ O. : distance de la plus proche terre, environ 3 lieues.
15.	··········	······	········	N. O. variable au S. O., beau. A 6 heures du soir, mouillé par 46 brasses, fond de vase : le mouillage au fond de la baie de Monterey nous restait au S. 5ᵈ O. à 2 lieues. Le 15, à 11 heures du matin, appareillé.
16.	··········	······	········	O. bon frais, beau. A 1 heure après midi, mouillé par 12 brasses, fond de sable fin : le lieu de débarquement à terre restait au S. 10ᵈ O.; le présidio, au S. 6ᵈ E. : nous n'étions distans de la terre que d'un quart de lieue.
17.	··········	······	········	O. N. O. bon frais, beau.
18.	··········	······	········	Idem.

ÉPOQUE, 1786.	LATITUDE, Nord.	LONGITUDE estimée, Occidentale.	LONGITUDE occidentale, par la montre N.° 19.	LONGITUDE occidentale, par les distances de la ☾ au ☉.	DÉCLINAISON de l'aiguille, Est.
	D. M. S.	D. M. S.	D. M. S.	D. M. S.	D. M. S.
Septemb. 19.	Au mouillage dans la baie de Monterey.	....	....	....	....
20.	Ibident.....	....	....	....	....
21.	Ibid........	....	....	....	....
22.	Ibid........	....	....	....	....
23.	Ibid........	....	....	....	....
24.	36. 38. 00. Départ de Monterey.	123. 44. 00.	123. 45. 45. Par sa marche, depuis Talcaguana.	123. 34. 00. Longitude du point du départ.	11. 24. 00.
25.	36. 43. 00.	123. 50. 00.	....	....	....
26.	36. 41. 00.	124. 23. 00.	123. 24. 00.	....	12. 59. 00.
27.	35. 44. 12.	125. 07. 00.	....	....	....
28.	34. 12. 00.	126. 39. 00.	....	....	....
29.	32. 44. 00.	128. 52. 00.	127. 49. 22.	128. 23. 52.	....
30.	30. 58. 00.	130. 55. 00.	....	....	9. 19. 00.
Octobre. 1.	29. 24. 00.	132. 34. 00.	....	....	9. 46. 00.
2.	28. 39. 00.	134. 00. 00.	....	....	9. 30. 00.
3.	28. 09. 51.	135. 13. 00.	....	....	9. 35. 00.
4.	27. 54. 00.	135. 49. 00.	134. 50. 00.	....	8. 39. 00.
5.	27. 28. 58.	136. 16. 00.	135. 29. 00.	....	9. 14. 00.
6.	27. 35. 00.	137. 34. 00.	136. 55. 00.	....	10. 20. A.
7.	27. 55. 00.	138. 36. 00.	....	....	....
8.	28. 03. 00.	139. 57. 00.	....	....	8. 27. 00.
9.	27. 59. 38.	141. 21. 00.	140. 31. 00.	....	8. 24. 00.
10.	27. 59. 48.	143. 03. 00.	....	....	9. 13. 00.
11.	27. 53. 00.	144. 42. 00.	143. 42. 00.	....	....
12.	27. 52. 00.	145. 12. 00.	....	....	....
13.	27. 51. 00.	145. 32. 00.	144. 52. 00.	....	8. 38. 00.

Nota. La longitude occidentale de Monterey, d'après toutes les distances prises le long de la côte, et rapportées à ce port par la montre N.° 19, est de 124ᵈ 03′ 00″.

ÉPOQUES, 1786.	INCLINAISON de l'aiguille.			THERM.	BAROMÈTRE.		VENTS, ÉTAT DU CIEL ET REMARQUES.
	D.	M.	S.	D.	P.	L.	
Septemb. 19.	....			......	....		O. S. O. petit frais, beau.
20.	....			......	....		O. bon frais, beau.
21.	....			......	....		O. N. O. petit frais, beau.
22.	....			......	....		O. N. O. variable au S. O. petit frais, beau.
23.	....			......	....		O. N. O. bon frais, beau.
24.	....			......	....		N. O. presque calme. Le 24, à quatre heures du matin, appareillé. A 9 heures, calme ; mouillé par 30 brasses, fond de vase : le Fort restait au S. 27^d E. à 2 lieues.
25.	....			......	....		O. N. O. variable au S. Le 24, à 1 heure après midi, appareillé. Le 25, à midi, relevé le Fort à l'E. 7^d S. à 5 lieues de distance ; la pointe des Cyprès, par le Fort, à l'E. 7^d S.
26.	....			......	....		O. N. O. bon frais, beau.
27.	51.	50.	00.	13.	....		O. N. O. bon frais, nébuleux.
28.	....			13.	....		N. O. bon frais, brumeux.
29.	50.	30.	00.	13 $\frac{1}{5}$.	....		N. bon frais, beau.
30.	....			14 $\frac{1}{5}$.	....		N. N. E. bon frais, nuageux.
Octobre. 1.	....			14 $\frac{1}{2}$.	....		N. bon frais, beau.
2.	....			15.	....		N. E. petit frais, beau.
3.	....			15.	....		Idem, nébuleux.
4.	43.	30.	00.	15 $\frac{4}{5}$.	....		O. N. O. très-faible, beau.
5.	....			15 $\frac{1}{2}$.	....		N. O. très-faible, beau.
6.	....			15 $\frac{1}{2}$.	....		E. N. E. petit frais, beau.
7.	42.	00.	00.	16.	....		Idem.
8.	....			16.	....		Idem.
9.	....			17.	....		E. S. E. bon frais, nébuleux.
10.	....			17.	....		Idem.
11.	41.	30.	00.	17.	....		Idem.
12.	....			16 $\frac{3}{10}$.	....		S. très-faible, nébuleux.
13.	41.	00.	00.	16 $\frac{3}{10}$.	....		S. très-faible, brumeux.

ÉPOQUE, 1786.	LATITUDE, Nord.	LONGITUDE estimée, Occidentale.	LONGITUDE occidentale, par la montre N.° 19.	LONGITUDE occidentale, par les distances de la ☾ au ☉.	DÉCLINAISON de l'aiguille, Est.
	D. M. S.	D. M. S.	D. M. S.	D. M. S.	D. M. S.
Octobre. 14.	27. 44. 16.	146. 36. 00.	146. 01. 00.	147. 44. 25.	....
15.	27. 52. 16.	148. 14. 00.	148. 04. 00.	....	9. 24. 00.
16.	27. 54. 36.	148. 14. 00.	....	....	9. 28. 00.
17.	27. 49. 00.	148. 46. 00.	148. 08. 00.	149. 26. 00.	....
18.	27. 44. 15.	149. 49. 00.	....	....	9. 34. 00.
19.	28. 02. 00.	149. 11. 00.	....	....	9. 40. 00.
20.	27. 37. 00.	149. 48. 00.	....	....	8. 57. 00.
21.	27. 44. 13.	149. 48. 00.	149. 42. 00.	....	....
22.	28. 07. 00.	151. 21. 00.	....	....	8. 57. 00.
23.	28. 04. 00.	151. 42. 00.	150. 51. 00.	....	....
24.	27. 46. 00.	153. 42. 00.	152. 51. 00.	....	10. 14. 00.
25.	27. 27. 30.	153. 56. 00.	....	....	....
26.	27. 24. 00.	154. 41. 00.	153. 57. 00.	155. 14. 07.	10. 11. 00.
27.	27. 00. 00.	{ 155. 17. 00. } Long. corr. par des observ. de distances.	....	....	....
28.	26. 52. 00.	158. 38. 00.	....	....	9. 18. 00.
29.	27. 09. 11.	159. 11. 00.	157. 23. 00.	....	....
30.	26. 20. 00.	159. 04. 00.	157. 22. 00.	....	....
31.	26. 27. 00.	159. 23. 00.	....	....	....
Novembre. 1.	25. 40. 00.	160. 50. 00.	....	....	9. 20. 00.
2.	24. 30. 00.	163. 05. 00.	161. 00. 02.	....	....
3.	24. 04. 00.	165. 02. 00.	....	....	....
4.	23. 29. 00.	166. 38. 00.	164. 40. 00.	....	9. 01. A.
5.	23. 35. 00.	167. 25. 00.	165. 40. 00.	....	9. 37. A.

ÉPOQUE, 1786.	INCLINAISON de l'aiguille.	THERM.	BAROMÈTRE.	VENTS, ÉTAT DU CIEL ET REMARQUES.
	D. M. S.	D.	P. L.	
Octobre. 14.	....	17 $\frac{3}{10}$.	28. 03,8.	S. E. petit frais, beau.
15.	41. 00. 00.	17 $\frac{4}{5}$.	28. 03,2.	S. E. bon frais, nébuleux.
16.	....	17 $\frac{1}{2}$.	28. 03,2.	Calme, la fraîcheur du S. S. E., nébuleux.
17.	....	18.	28. 03,8.	Calme, du tonnerre et de la pluie.
18.	....	18.	28. 04,4.	Calme, orageux.
19.	....	17.	28. 03,1.	S. O. petit frais, nébuleux.
20.	41. 00. 00.	17.	28. 03,2.	N. E. variable au S. O. par l'E., très-faible, de la pluie.
21.	....	17.	28. 01,2.	S. S. O. très-faible, beau. Vu beaucoup d'oiseaux.
22.	....	17.	28. 00,2.	Calme, de la pluie.
23.	....	17 $\frac{1}{2}$.	28. 02,9.	S. S. O. variable au N. E. par l'O., très-faible, de la pluie.
24.	....	17 $\frac{4}{5}$.	28. 01,7.	N. variable au S. par l'E., grand frais, de la pluie.
25.	40. 30. 00.	16 $\frac{4}{5}$.	28. 02,5.	N. très-faible, beau.
26.	....	17.	28. 02,6.	N. N. O. beau, calme. Vu des hirondelles de mer.
27.	....	18 $\frac{1}{2}$.	28. 02,1.	S. S. E. bon frais, de la pluie.
28.	....	19 $\frac{1}{2}$.	28. 01,6.	S. S. E. bon frais, par rafales, nuageux.
29.	....	18.	28. 01,1.	S. S. O. orageux, de la pluie.
30.	37. 30. 00.	17 $\frac{1}{2}$.	28. 01,4.	O. S. O. petit frais, beau.
31.	....	18 $\frac{3}{10}$.	28. 02,3.	E. S. E. très-faible, beau.
Novembre. 1.	....	18.	28. 03,2.	E. S. E. bon frais, beau.
2.	36. 00. 00.	18 $\frac{1}{2}$.	28. 02,3.	E. bon frais, beau.
3.	....	20.	28. 02,1.	E. variable au S. E. bon frais. Vu beaucoup d'oiseaux.
4.	34. 30. 00.	20.	28. 02,6.	E. par grains. Vu des oiseaux.
5.	34. 00. 00.	20.	28. 02,5.	E. N. E. bon frais. Le 4, à 5 heures du soir, vu dans l'O. une île à laquelle il a été donné le nom de *Necker*: le 5 à midi, cette île nous restait à l'E. 8^d N. à quatre lieues de distance.

ÉPOQUE, 1786.	LATITUDE, Nord.	LONGITUDE estimée, Occidentale.	LONGITUDE occidentale, par la montre N.° 19.	LONGITUDE occidentale, par les distances de la ☾ au ☉.	DÉCLINAISON de l'aiguille, Est.
	D. M. S.	D. M. S.	D. M. S.	D. M. S.	D. M. S.
Novembre. 6.	23. 37. 45.	168. 39. 00.	166. 47. 00.	....	9. 36. 00.
7.	23. 33. 30.	169. 20. 00.	....	....	8. 57. 00.
8.	22. 52. 00.	170. 28. 00.	....	....	....
9.	21. 31. 00.	172. 32. 00.	....	....	8. 38. 00.
10.	21. 11. 00.	174. 22. 00.	173. 55. 00.	....	....
11.	21. 06. 50.	175. 33. 00.	175. 19. 00.	176. 46. 45.	....
12.	21. 13. 00.	175. 59. 00.	175. 57. 47.	177. 25. 40.	8. 47. 00.
13.	21. 07. 50.	177. 53. 00.	....	....	9. 30. 00.
14.	20. 47. 00.	178. 14. 00.	176. 50. 00.	....	10. 06. 00.
15.	20. 30. 50.	178. 32. 00.	177. 14. 42.	178. 43. 48.	....
		LONGITUDE orientale.	LONGITUDE orientale.	LONGITUDE orientale.	
16.	20. 13. 00.	179. 27. 00.	179. 06. 00.	....	12. 09. 00.
17.	20. 06. 00.	177. 45. 00.	179. 13. 00.	....	....
18.	19. 54. 00.	176. 51. 00.	178. 35. 00.	....	12. 12. 00.
19.	19. 28. 00.	176. 12. 00.	178. 00. 00.	....	13. 00. 00.
20.	19. 36. 00.	175. 15. 00.	176. 56. 00.	....	12. 14. 00.
21.	19. 57. 00.	174. 18. 00.	176. 04. 00.	....	11. 27. 00.
22.	20. 08. 03.	173. 36. 00.	175. 11. 00.	....	12. 14. 00.
23.	19. 30. 00.	172. 42. 00.	174. 11. 00.	....	11. 52. 00.
24.	19. 41. 00.	172. 03. 00.	....	....	12. 30. 00.
25.	20. 39. 00.	171. 02. 00.	172. 32. 00.	....	12. 27. 00.
26.	20. 29. 29.	169. 58. 00.	171. 30. 00.	170. 05. 00.	13. 24. 00.
27.	20. 43. 54.	168. 18. 00.	170. 01. 00.	168. 42. 00.	12. 36. 00.
28.	20. 18. 05.	166. 38. 00.	168. 09. 00.	166. 47. 00.	11. 42. 00.
29.	20. 38. 39.	165. 04. 00.	166. 28. 00.	164. 54. 00.	12. 12. 00.
30.	20. 26. 11.	163. 41. 00.	165. 02. 00.	....	10. 35. 00.
Décembre. 1.	20. 50. 40.	163. 01. 00.	164. 25. 00.	....	12. 34. 00.
2.	21. 34. 13.	162. 28. 00.	....	....	12. 32. 00.
3.	20. 47. 11.	162. 01. 00.	....	....	....

DE LA PÉROUSE.

ÉPOQUE, 1786.	INCLINAISON de l'aiguille.			THERM.	BAROMÈTRE.		VENTS, ÉTAT DU CIEL ET REMARQUES.
	D.	M.	S.	D.	P.	L.	
Novembre. 6.	....			20.	28.	02,4.	E. N. E. bon frais, beau. A une heure et demie du matin, vu des brisans très-près de nous, que nous avons relevés depuis le N. jusqu'au S. O. par l'O. : à midi, un îlot à la pointe du N. O. des brisans, nous restait au N. du monde, à environ 2 lieues.
7.	....			19 4/5.	28.	01,8.	Calme, beau. Vu beaucoup d'oiseaux.
8.	....			17.	28.	01,2.	N. par rafales, nuageux.
9.	....			15.	28.	01,2.	N. N. O. par rafales, nuageux.
10.	....			16.	28.	02,1.	N. bon frais, nuageux.
11.	....			17.	28.	01,3.	O. petit frais, beau.
12.	....			19 3/10.	28.	00,5.	S. S. O. bon frais, beau.
13.	....			18 1/2.	27.	11,9.	O. bon frais, de la pluie.
14.	....			19.	28.	00,9.	O. N. O. petit frais, nébuleux.
15.	....			19 3/10.	28.	01,4.	O. N. O. petit frais, beau.
16.	....			19.	28.	02,2.	N. E. par rafales, nuageux.
17.	....			19 1/2.	28.	02,6.	N. petit frais, beau.
18.	....			20.	28.	02,1.	N. N. O. petit frais, beau.
19.	....			20.	28.	02,0.	N. O. bon frais, nuageux.
20.	....			20 1/2.	28.	02,1.	N. O. variable au N. E. petit frais, beau.
21.	....			20.	28.	02,1.	S. petit frais, beau.
22.	....			21.	28.	01,8.	O. N. O. bon frais, nébuleux.
23.	....			19.	28.	01,8.	Idem.
24.	....			20.	28.	01,5.	S. S. O. bon frais, nuageux; la mer grosse.
25.	....			21.	28.	00,3.	O. S. O. par rafales, grand frais, nuageux.
26.	....			21 1/5.	28.	02,1.	N. bon frais, nuageux.
27.	....			20.	28.	02,9.	N. E. par grains, nuageux.
28.	....			19.	28.	03,2.	E. N. E. petit frais, beau.
29.	....			19.	28.	02,9.	E. S. E. petit frais, beau.
30.	....			19 1/4.	28.	02,6.	Idem.
Décembre. 1.	....			19 1/2.	28.	01,3.	S. S. O. faible, beau.
2.	....			20 1/5.	28.	01,8.	O. petit frais, nébuleux.
3.	....			19.	28.	01,3.	O. N. O. grand frais, par rafales, de la pluie.

VOYAGE

ÉPOQUE, 1786.	LATITUDE, Nord.	LONGITUDE estimée, Orientale.	LONGITUDE orientale, par la montre N.° 19.	LONGITUDE orientale, par les distances de la ☾ au ☉.	DÉCLINAISON de l'aiguille, Est.
	D. M. S.	D. M. S.	D. M. S.	D. M. S.	D. M. S.
Décembre. 4.	20. 46. 21.	160. 24. 00.	161. 54. 00.	....	9. 59. 00.
5.	20. 59. 21.	158. 19. 00.	159. 50. 00.	....	10. 44. 00.
6.	20. 58. 10.	156. 24. 00.	158. 05. 00.	....	11. 18. A.
7.	21. 23. 00.	155. 54. 00.	....	....	....
8.	21. 19. 00.	154. 42. 00.	155. 51. 00.	....	9. 14. 00.
9.	20. 49. 00.	152. 40. 00.	153. 36. 00.	....	8. 24. 00.
10.	20. 56. 35.	150. 49. 00.	....	....	8. 00. 00.
11.	20. 46. 00.	148. 58. 00.	150. 05. 00.	148. 34. 00.	7. 13. 00.
12.	20. 28. 21.	147. 05. 00.	148. 10. 00.	146. 33. 00.	5. 49. 00.
13.	20. 21. 19.	145. 55. 00.	146. 46. 49.	....	....
14.	20. 15. 00.	144. 33. 00.	145. 16. 00.	....	....
15.	19. 43. 00.	144. 03. 00.	144. 46. 00.	....	6. 14. 00.
	19. 45. 00. Latitude de l'Assomption, prise pour point du départ.	143. 15. 00. Longitude de l'Assomption, prise pour point du départ.			
16.	20. 02. 00.	141. 51. 00.	143. 21. 00.	....	....
17.	19. 53. 00.	140. 38. 00.	142. 04. 00.	....	5. 33. 00.
18.	20. 02. 00.	139. 34. 00.	140. 58. 00.	....	4. 58. 00.
19.	19. 48. 43.	139. 02. 00.	140. 28. 00.	....	5. 01. 00.
20.	19. 38. 53.	137. 53. 00.	138. 55. 00.	....	4. 07. 00.
21.	19. 36. 30.	136. 16. 00.	137. 37. 00.	....	3. 01. 00.
22.	19. 58. 00.	134. 43. 00.	136. 19. 00.	....	3. 00. 00.
23.	20. 08. 23.	133. 07. 00.	....	....	2. 11. 00.
24.	20. 41. 19.	130. 26. 00.	....	....	....
25.	20. 34. 25.	128. 26. 00.	129. 48. 00.	127. 43. 00.	1. 53. 00.
26.	20. 23. 19.	125. 32. 00.	....	....	0. 45. 00. Ouest.
27.	21. 13. 00.	123. 25. 00.	125. 03. 45.	123. 20. 54.	0. 33. 00.
28.	21. 08. 00.	121. 32. 00.	122. 48. 00.	120. 57. 28.	0. 41. 00.
29.	21. 15. 00.	120. 40. 00.	121. 43. 00.	119. 44. 00.	0. 12. 00.

ÉPOQUE, 1786.	INCLINAISON de l'aiguille.			THERM.	BAROMÈTRE.	VENTS, ÉTAT DU CIEL ET REMARQUES.
	D.	M.	S.	D.	P. L.	
Décembre 4.	....			19 $\frac{1}{3}$.	28. 02,0.	N. bon frais, nébuleux.
5.	....			19 $\frac{1}{3}$.	28. 02,4.	N. E. bon frais, beau; la mer grosse.
6.	....			19 $\frac{1}{2}$.	28. 02,1.	E. au S. E. bon frais, beau.
7.	....			18 $\frac{4}{5}$.	28. 01,8.	S. O. très-faible, nébuleux.
8.	....			18 $\frac{1}{2}$.	28. 02,5.	N. E. bon frais, nébuleux.
9.	....			18.	28. 03,5.	E. N. E. bon frais, nuageux.
10.	....			19.	28. 03,5.	E. bon frais, beau.
11.	....			19 $\frac{4}{5}$.	28. 03,3.	E. S. E. bon frais, beau.
12.	....			20.	28. 02,9.	Idem.
13.	....			20 $\frac{1}{5}$.	28. 02,8.	S. O. très-faible, nébuleux.
14.	....			19.	28. 02,5.	N. E. grand frais, par rafales, nuageux.
15.	....			19 $\frac{4}{5}$.	28. 02,4.	N. E. bon frais, nuageux. A une heure de l'après-midi, vu l'île de l'Assomption dans le S. O. $\frac{1}{4}$ O. à environ 10 lieues de distance. Le 15, à midi, l'île de l'Assomption nous restait à l'E. 13^d N. à deux tiers de lieue; les îles Mangs restaient au N. 30^d O. à 6 lieues.
16.	....			20.	28. 02,1.	E. N. E. bon frais, beau.
17.	....			19 $\frac{3}{10}$.	28. 02,0.	E. petit frais, beau.
18.	....			20 $\frac{1}{5}$.	28. 01,5.	O. N. O. très-faible, nébuleux.
19.	....			20.	28. 01,8.	N. O. très-faible, nuageux.
20.	....			18 $\frac{1}{2}$.	28. 02,1.	N. O. petit frais, beau; la lame, du Nord.
21.	....			17 $\frac{1}{2}$.	28. 02,3.	N. N. E. bon frais, beau.
22.	....			19.	28. 02,5.	E. N. E. bon frais, beau.
23.	....			19.	28. 03,2.	N. E. bon frais, beau.
24.	....			18 $\frac{1}{2}$.	28. 03,4.	N. E. grand frais, beau.
25.	....			18.	28. 03,2.	E. variable au N. bon frais, beau.
26.	....			16.	28. 04,7.	N. N. E. grand frais, nuageux.
27.	....			14.	28. 04,3.	E. bon frais, nébuleux, de la pluie.
28.	....			16 $\frac{1}{2}$.	28. 04,0.	E. bon frais, par grains, nuageux.
29.	....			17 $\frac{1}{2}$.	28. 03,4.	E. N. E. bon frais, beau. A midi, celle des îles Bashées la plus au N. nous restait au S. 40^d O. à environ 3 lieues.

ÉPOQUE, 1786.	LATITUDE, Nord.	LONGITUDE estimée, Orientale.	LONGITUDE orientale, par la montre N.º 19.	LONGITUDE orientale, par les distances de la ☾ au ☉.	DÉCLINAISON de l'aiguille, Ouest.
	D. M. S.	D. M. S.	D. M. S.	D. M. S.	D. M. S.
Décemb. 30.	21. 18. 40.	118. 40. 00.	120. 25. 00.	....	0. 23. 00.
31.	22. 20. 00.	116. 19. 00.	....	....	....
1787. Janvier. 1.	22. 19. 00.	113. 54. 00.	115. 55. 00.	....	0. 30. 00.
2. Au mouillage à la côte de Chine.	22. 10. 00.	112. 29. 00.	....	....	....
3.	A Macao..	....	....	....	....
6.	Ibidem.....	....	....	....	....
7.	Ibid......	....	....	....	....
8.	Ibid......	....	....	....	....
8.	Ibid......	....	....	....	....
9.	Ibid......	....	....	....	....
10.	Ibid......	....	....	....	....
11.	Ibid......	....	....	....	....
12.	Ibid......	....	....	....	....
13.	Ibid......	....	....	....	....
14.	Ibid......	....	....	....	....
15.	Ibid......	....	....	....	....
16.	Ibid......	....	....	....	....
17.	Ibid......	....	....	....	....
18.	Ibid......	....	....	....	....
19.	Ibid......	....	....	....	....
20.	Ibid......	....	....	....	....
21.	Ibid......	....	....	....	....

ÉPOQUE, 1786.	INCLINAISON de l'aiguille.	THERM.	BAROMÈTRE.	VENTS, ÉTAT DU CIEL ET REMARQUES.
	D. M. S.	D.	P. L.	
Décemb. 30.	....	18 $\frac{4}{5}$.	28. 34,0.	E. variable, au N. N. E. bon frais ; le temps nuageux. Au lever du soleil, nous avons vu une des îles Bashées dans l'E. 34^d S.
31.	....	17.	28. 01,8.	N. N. E. grand frais, par rafales, nébuleux.
1787. Janvier. 1.	....	14 $\frac{2}{7}$.	28. 04,4.	N. N. E. et N. E. grand frais, nuageux.
2.	....	12.	28. 04,8.	E. N. E. bon frais, nuageux. A 5 heures du matin, vu la Piedra-Blanca, au N. N. E. à 2 lieues ; à midi, on voyait beaucoup d'îles ; relevé la grande Lamma au S. 65^d O. à 5 lieues ; à 7 heures du soir, mouillé par 14 brasses, fond de vase, à 12 lieues de Macao, qui restait à l'O. 1^d S.
3.	....	12 $\frac{1}{2}$.	28. 04,5.	N. bon frais, par rafales. A une heure de l'après-midi, mouillé par 5 brasses et demie, fond de vase, à une lieue et demie de Macao, qui restait à l'O. 1^d Sud.
6.	....	......	....	N. N. E. bon frais. A 11 heures et demie, le vent au N.
7.	....	......	....	N. E. bon frais, beau.
8.	....	......	....	N. E. bon frais.
8.	....	......	....	Changé de date, et pris la date à l'Est du méridien de Paris.
9.	....	......	....	E. faible, beau.
10.	....	......	....	E. N. E. bon frais, beau.
11.	....	......	....	E. bon frais, beau.
12.	....	......	....	N. E. bon frais, beau.
13.	....	......	....	E. N. E. bon frais, beau.
14.	....	......	....	N. E. petit frais, nébuleux.
15.	....	......	....	N. E. par rafales, nébuleux.
16.	....	......	....	N. E. bon frais, nébuleux.
17.	....	......	....	N. N. E. grand frais, nébuleux.
18.	....	......	....	N. E. bon frais, beau.
19.	....	......	....	N. N. E. bon frais, beau.
20.	....	......	....	N. N. E. grand frais, beau.
21.	....	......	....	N. grand frais, beau.

EPOQUE, 1787.	LATITUDE, Nord.	LONGITUDE estimée, Orientale.	LONGITUDE orientale, par la montre N.° 19.	LONGITUDE orientale, par les distances de la ☾ au ☉.	DÉCLINAISON de l'aiguille, Ouest.
	D. M. S.	D. M. S.	D. M. S.	D. M. S.	D. M. S.
Janvier. 22.	à Macao.	....	....	....	....
23.	Ibidem	....	....	....	....
24.	Ibid........	....	....	....	....
25.	Ibid........	....	....	....	....
26.	Ibid........	....	....	....	....
27.	Ibid........	....	....	....	....
28.	Ibid.	....	....	....	....
29.	Ibid........	....	....	....	....
30.	Ibid......	....	....	....	....
31.	Ibid.......	....	....	....	....
Février. 1.	Ibid........	....	....	....	....
2.	Ibid.......	....	....	....	....
3.	Ibid.......	....	....	....	....
4.	Ibid......	....	....	....	....
5.	21. 59. 39.	111. 39. 00.	....	....	....
6.	21. 59. 00.	112. 26. 00.	....	....	0. 32. 00.
7.	22. 06. 00.	112. 39. 00.	....	....	....
8.	21. 36. 00.	112. 50. 00.	....	....	....
9.	20. 55. 00.	113. 27. 00.	....	....	0. 15. 00.
10.	19. 57. 00.	114. 44. 00.	....	....	....
11.	18. 52. 00.	115. 41. 00.	....	....	0. 50. 00.
12.	18. 31. 00.	115. 57. 00.	....	....	....
13.	18. 15. 00.	116. 27. 00.	....	....	....
14.	18. 11. 00.	117. 20. 00.	....	....	....
15.	18. 15. 00.	117. 24. 00.	....	....	0. 36. 00.
16.	17. 54. 00.	118. 00. 00.	....	....	0. 02. 00.
17.	17. 40. 00.	117. 52. 00.	....	....	....
18.	18. 01. 00.	117. 41. 00.	118. 16. 00.	....	....

ÉPOQUE, 1787.	INCLINAISON de l'aiguille.			THERM.	BAROMÈTRE.		VENTS, ÉTAT DU CIEL ET REMARQUES.
	D.	M.	S.	D.	P.	L.	
Janvier. 22.	....			......	....		N. N. E. bon frais, beau.
23.	....			......	....		Idem.
24.	....			......	....		Calme, de la pluie.
25.	....			......	....		N. N. E. bon frais, beau.
26.	....			......	....		E. petit frais, beau.
27.	....			......	....		N. N. E. bon frais, beau.
28.	....			......	....		N. E. petit frais, beau.
29.	....			......	....		N. E. bon frais, beau.
30.	....			......	....		E. N. E. bon frais, beau.
31.	....			......	....		N. N. E. petit frais, nébuleux.
Février. 1.	....			......	....		N. petit frais, nébuleux.
2.	....			......	....		Idem.
3.	....			......	....		N. E. bon frais, nébuleux.
4.	....			......	....		N. petit frais, beau.
5.	....			12.	28. 01,4.		N. bon frais. A 7 heures du matin appareillé; à midi, relevé la grande Ladrone au N. 32^d O.
6.	....			11 $\frac{1}{2}$.	28. 01,7.		N. bon frais, beau.
7.	....			13 $\frac{1}{2}$.	28. 01,6.		N. E. bon frais, beau.
8.	....			16.	28. 02,1.		N. E. bon frais, nébuleux.
9.	....			17.	28. 02,3.		E. N. E. bon frais, beau.
10.	....			18.	28. 02,6.		N. N. E. par rafales, nuageux.
11.	....			18 $\frac{1}{2}$.	28. 02,2.		N. E. bon frais, beau.
12.	....			20 $\frac{1}{2}$.	28. 02,1.		Idem.
13.	....			21.	28. 01,5.		E. N. E. bon frais, beau.
14.	....			21 $\frac{1}{2}$.	28. 01,2.		E. S. E. faible, beau.
15.	....			22.	28. 01,2.		S. S. E. très-faible, beau.
16.	....			22.	28. 00,7.		O. S. O. très-faible, beau. A midi, l'île Bantai restait à l'E. 37^d S. à 6 lieues de distance.
17.	....			21.	28. 00,8.		S. O. petit frais, beau. A midi, l'île Bantai restait à l'E. 19^d S, à 5 lieues.
18.	....			28.	28. 01,3.		O. S. O. très-faible, beau. L'île Bantai restait à l'E. 33^d S.

VOYAGE

ÉPOQUE, 1787.		LATITUDE, Nord.	LONGITUDE estimée, Orientale.	LONGITUDE orientale, par la montre N.° 19.	LONGITUDE orientale, par les distances de la ☾ au ☉.	DÉCLINAISON de l'aiguille, Ouest.
		D. M. S.	D. M. S.	D. M. S.	D. M. S.	D. M. S.
Février.	19.	17. 40. 00.	117. 54. 00.	118. 01. 00.	....	....
	20.	15. 44. 00.	117. 28. 00.	....	....	....
	21.	14. 49. 00.	117. 25. 00.	....	....	....
	22.	14. 30. 00.	117. 52. 00.	....	....	....
	23.	14. 23. 00.	118. 13. 00.	....	....	....
	24.	Au mouillage dans le port de Mirabelle.	....	....	....	....
	25.	Ibidem.....	....	....	....	....
	26.	Au mouillage dans la baie de Manille.	....	....	....	....
	27.	Au mouillage dans le port de Cavite.	....	118. 50. 00. à l'observatoire de Cavite.	....	....
	28.	Ibidem.....	....	....	....	....
Mars.	1.	Ibid.......	....	....	....	....
	2.	Ibid.......	....	....	....	....
	3.	Ibid.......	....	....	....	....
	4.	Ibid.......	....	....	....	....

ÉPOQUE, 1787.	INCLINAISON de l'aiguille.	THERM.	BAROMÈTRE.	VENTS, ÉTAT DU CIEL ET REMARQUES.
	D. M. S.	D.	P. L.	
Février. 19.	....	21.	28. 01,9.	N. bon frais, beau. A midi, l'île Bantaï restait au S. 57ᵈ E.
20.	....	21 ½.	28. 02,0.	E. bon frais, beau. A midi, la pointe Capones restait au N. 75ᵈ E.
21.	....	22 ½.	28. 02,0.	E. petit frais, beau. La pointe Capones restait au N. 75ᵈ E.
22.	....	21 ⅘.	28. 01,2.	N. E. bon frais, beau. Relevé la pointe Mirabelle au S. 82ᵈ E.; l'île Mirabelle par son milieu, S. 88ᵈ E.
23.	....	22.	28. 02,5.	E. petit frais, beau. Les Porcos restaient au N. 52ᵈ E., et la Moha, au N. 87ᵈ E.
24.	....	.....	....	E. N. E. bon frais. A 5 heures ½ du soir, le 23, mouillé dans le port de Mirabelle. Même vent jusqu'au 24, à midi.
25.	....	21 ½.	28. 01,9.	N. E. bon frais, beau. A 8 heures du matin, appareillé.
26.	....	23.	28. 01,9.	E. N. E. petit frais. Louvoyant pour aller à Cavite. A 6 heures du soir, le 25, mouillé dans la baie de Manille. La Moha restait au S. 50ᵈ E. Appareillé à 5 heures du matin, le 26. A midi, Cavite restait à l'E. 8ᵈ N.
27.	....	.....	....	N. N. E. variable à l'E. N. E. bon frais, beau. A 7 heures du soir, mouillé à une lieue de Cavite, dans le N. 65ᵈ O., par 11 brasses, fond de vase. A 5 heures du matin, le 27, appareillé; et à 8 heures, mouillé dans le port de Cavite, à deux encablures de terre.
28.	....	.....	....	E. N. E. bon frais, beau. Le fort de Cavite nous restait au N. ¼ N. E., et nous étions mouillés par 3 brasses ½ de mer haute.
Mars. 1.	....	.....	....	Calme, beau.
2.	....	.....	....	N. bon frais, beau.
3.	....	.....	....	N. N. E. bon frais, beau.
4.	....	.....	....	N. E. bon frais, beau.

ÉPOQUE, 1787.	LATITUDE, Nord.	LONGITUDE estimée, Orientale.	LONGITUDE orientale, par la montre N.° 19.	LONGITUDE orientale, par les distances de la ☾ au ☉.	DÉCLINAISON de l'aiguille, Ouest.
	D. M. S.	D. M. S.	D. M. S.	D. M. S.	D. M. S.
Mars. 5.	Au mouillage dans le port de Cavite.	....	....	....	....
6.	Ibidem.....	....	....	....	....
7.	Ibid.......	....	....	....	....
8.	Ibid.......	....	....	....	....
9.	Ibid.......	....	....	....	....
10.	Ibid.......	....	....	....	....
11.	Ibid.......	....	....	....	....
12.	Ibid.......	....	....	....	....
13.	Ibid.......	....	....	....	....
14.	Ibid.......	....	....	....	....
15.	Ibid.......	....	....	....	....
16.	Ibid.......	....	....	....	....
17.	Ibid.......	....	....	....	....
18.	Ibid.......	....	....	....	....
19.	Ibid.......	....	....	....	....
20.	Ibid.......	....	....	....	....
21.	Ibid.......	....	....	....	....
22.	Ibid.......	....	....	....	....
23.	Ibid.......	....	....	....	....
24.	Ibid.......	....	....	....	....
25.	Ibid.......	....	....	....	....
26.	Ibid.......	....	....	....	....
27.	Ibid.......	....	....	....	....
28.	Ibid.......	....	....	....	0. 33. 00.
29.	Ibid.......	....	....	....	....
30.	Ibid.......	....	....	....	....
31.	Ibid.......	....	....	....	....
Avril. 1.	Ibid.......	....	....	....	....
2.	Ibid.......	....	....	....	....
3.	Ibid.......	....	....	....	....
4.	Ibid.......	....	....	....	....

ÉPOQUE, 1787.	INCLINAISON de l'aiguille.	THERM.	BAROMÈTRE.	VENTS, ÉTAT DU CIEL ET REMARQUES.
	D. M. S.	D.	P. L.	
Mars. 5.	....	.....	....	N. E. bon frais, beau.
6.	....	.....	....	E. N. E. bon frais, beau.
7.	....	.....	....	N. E. bon frais, beau.
8.	....	24.	28. 01,7.	Idem.
9.	....	24.	28. 01,9.	E. N. E. bon frais, beau.
10.	....	.....	....	N. E. bon frais, beau.
11.	....	.....	....	Idem.
12.	....	.....	....	E. N. E. bon frais, beau. Dans la journée, changé de mouillage, et mouillé par 4 brasses, fond de vase. Le fort de Cavite restait au N. 16ᵈ E.
13.	....	.....	....	E. N. E. bon frais, beau.
14.	....	.....	....	N. E. bon frais, beau.
15.	....	.....	....	N. bon frais, beau.
16.	....	.....	....	N. N. E. bon frais, beau.
17.	....	.....	....	E. N. E. variable au N. bon frais, beau.
18.	....	.....	....	E. petit frais, beau.
19.	....	.....	....	E. N. E. bon frais, beau.
20.	....	.....	....	N. N. E. bon frais, beau.
21.	....	.....	....	Idem.
22.	....	.....	....	N. E. bon frais, beau.
23.	....	.....	....	Idem.
24.	....	.....	....	E. N. E. bon frais, beau.
25.	....	.....	....	N. E. bon frais, beau.
26.	....	.....	....	Idem.
27.	....	.....	....	N. bon frais, beau.
28.	11. 05. 00.	.....	....	N. N. O. bon frais, beau.
29.	....	.....	....	N. E. bon frais, beau.
30.	....	.....	....	E. N. E. bon frais, beau.
31.	....	.....	....	Idem.
Avril. 1.	....	.....	....	Idem.
2.	....	.....	....	N. E. bon frais, beau.
3.	....	.....	....	E. N. E. bon frais, beau.
4.	....	.....	....	N. E. bon frais, beau.

ÉPOQUE, 1787.	LATITUDE, Nord.	LONGITUDE estimée, Orientale.	LONGITUDE orientale, par la montre N.° 19.	LONGITUDE orientale, par les distances de la ☾ au ☉.	DÉCLINAISON de l'aiguille, Est.
	D. M. S.	D. M. S.	D. M. S.	D. M. S.	D. M. S.
Avril. 5.	à Cavite...	....	....	....	....
6.	Ibidem......	....	....	....	....
7.	Ibid.......	....	....	....	....
8.	Ibid.......	....	....	....	....
9.	Ibid.......	....	....	....	....
10.	Ibid.......	....	....	....	....
11.	14. 24. 00.	....	117. 58. 00.	....	....
12.	15. 42. 00.	117. 36. 00.	....	....	....
13.	16. 23. 00.	117. 02. 00.	117. 20. 00.	....	....
14.	16. 47. 00.	117. 09. 00.	117. 42. 00.	....	....
15.	17. 01. 00.	117. 07. 00.	117. 41. 00.	....	....
16.	17. 28. 00.	117. 09. 00.	118. 00. 00.	....	....
17.	18. 09. 00.	116. 59. 00.	117. 44. 00.	....	....
18.	19. 28. 00.	117. 00. 00.	117. 38. 00.	....	....
19.	20. 59. 00.	117. 39. 00.	117. 39. 00.	....	....
20.	21. 24. 00.	117. 47. 00.	117. 20. 00.	....	....
21.	21. 38. 00.	117. 17. 00.	....	....	....
22.	22. 02. 00.	117. 13. 00.	117. 14. 00.	....	....
23.	22. 02. 00.	117. 38. 00.	....	....	....
24.	22. 24. 00.	118. 07. 00.	118. 01. 00.	117. 58. 30.	....
25.	22. 47. 00.	117. 16. 00.	117. 07. 00.	....	....
26.	22. 56. 00.	116. 45. 00.	116. 39. 00.	....	....

ÉPOQUE, 1787.	INCLINAISON de l'aiguille.			THERM.	BAROMÈTRE.	VENTS, ÉTAT DU CIEL ET REMARQUES.
	D.	M.	S.	D.	P. L.	
Avril 5.	....			......	....	N. E. bon frais, beau.
6.	....			......	....	Idem.
7.	....			......	....	Idem.
8.	....			......	....	N. E. bon frais. Nous nous sommes toués à environ 3 encablures dans le N. E. ¼ E. Le fort de Cavite restait au N. 60ᵈ E.
9.	....			......	....	N. E. bon frais. Nous nous sommes toués dans le N. de trois grelins; et alors le fort Cavite restait au N. 88ᵈ E.
10.	....			......	....	N. E. bon frais, beau. Nous nous sommes disposés à partir.
11.	....			21.	28. 02,5.	N. N. E. bon frais, beau. A midi, appareillé. Le fort Cavite restait au N. 90ᵈ E. à ⅓ de lieue.
12.	....			20 ⅘	28. 02,5.	O. N. O. très-faible, beau. La pointe N. de l'île des Deux-Sœurs restait au N. 46ᵈ E. distante d'une lieue.
13.	....			21.	28. 03,2.	N. petit frais, beau. La pointe Bolmao restait à l'E. 27ᵈ N.
14.	....			21.	28. 01,5.	E. S. E. calme. La terre la plus N. à la vue, restait au S. 63ᵈ E.
15.	....			20 ½	28. 01,6.	Calme, beau.
16.	....			21.	28. 02,0.	N. petit frais. A midi, calme.
17.	....			21.	28. 02,9.	N. N. O. petit frais, beau.
18.	....			21.	28. 01,5.	E. N. E. bon frais, beau.
19.	....			21 ½	28. 01,8.	E. petit frais, beau.
20.	....			18.	28. 01,6.	N. N. E. très-faible, beau.
21.	....			17 ⅓	28. 03,2.	E. petit frais, beau.
22.	....			16 ½	28. 03,0.	N. N. E. bon frais, beau.
23.	....			16 ½	28. 03,1.	N. petit frais, beau.
24.	....			16 ½	28. 03,0.	N. N. O. très-faible, beau.
25.	....			16 ½	28. 03,1.	N. N. E. bon frais, beau.
26.	....			16.	28. 05,4.	N. N. E. bon frais, beau. Dans les susdits jours, nous avons navigué sur un banc où la sonde rapportait de 22 à 12 brasses, fond de sable et roche.

ÉPOQUE, 1787.	LATITUDE, Nord.	LONGITUDE estimée, Orientale.	LONGITUDE orientale, par la montre N.° 19.	LONGITUDE orientale, par les distances de la ☾ au ☉.	DÉCLINAISON de l'aiguille, Est.
	D. M. S.	D. M. S.	D. M. S.	D. M. S.	D. M. S.
Avril. 27.	22. 32. 00.	117. 42. 00.	117. 59. 00.	118. 16. 00.	....
28.	22. 52. 00.	117. 49. 00.	117. 42. 00.	....	....
29.	23. 24. 00.	....	117. 45. 00.	....	....
30.	22. 09. 00.	....	117. 55. 30.	....	....
Mai. 1.	21. 45. 00.	....	118. 19. 20.	....	....
2.	21. 44. 00.	....	119. 22. 00.	....	....
3.	21. 57. 00.	Latit. et long. de la pointe E. de la grande île Botol ou Tabaco-xima.	119. 29. 00.	....	....
	21. 45. 00.	119. 33. 00.	119. 29. 00.		
4.	22. 14. 00.	120. 11. 00.	120. 13. 00.	....	....
5.	22. 40. 00.	120. 29. 00.	120. 37. 00.	....	....
6.	24. 28. 00.	Latitude et longitude de la pointe N. de l'île Kumi.	120. 49. 00.	....	....
	24. 30. 00.	120. 32. 00.	120. 47. 00.		
7.	25. 44. 00.	Latitude et longitude de l'île du Sud.	121. 14. 00.		
	25. 55. 00.	Latitude et longitude de l'île du Nord.	121. 27. 00.	....	0. 53. 00.
	26. 03. 00.	121. 02. 00.	121. 22. 00.		

ÉPOQUE, 1787.	INCLINAISON de l'aiguille.	THERM.	BAROMÈTRE.	VENTS, ÉTAT DU CIEL ET REMARQUES.
	D. M. S.	D.	P. L.	
Avril. 27.	....	18.	28. 03,0.	N. N. O. très-faible, beau. Le port Zélande restait à l'E. 3ᵈ S. à 3 lieues.
28.	....	18.	28. 02,5.	N. N. O. très-faible. A 4 heures du soir, le 27, mouillé par 17 brasses, fond de vase; et appareillé, le 28, à 4 heures du matin. Le port Zélande restait au S. 35ᵈ Est, à 4 lieues. A midi, calme.
29.	....	......	....	N. N. E. grand frais, par rafales, nuageux. A 7 heures du soir, le 28, mouillé par 37 brasses, fond de vase. Appareillé, les vents au N. N. E.
30.	....	......	....	N. E. petit frais, beau. A 6 heures du soir, les îles Pescadores les plus S. restaient au N. 64ᵈ O. à environ 2 lieues.
Mai. 1.	....	......	....	E. S. E. petit frais, beau. L'île Lamay restait au N. 38ᵈ E. à 6 lieues.
2.	....	......	....	S. E. variable au N. par l'E. petit frais, de l'orage et de la pluie. A midi, l'île de Botol ou Tabaco-xima restait au N. 7ᵈ O. à 5 lieues.
3.	....	20.	28. 03,0.	N. E. petit frais, beau. L'île de Botol ou Tabaco-xima restait au N. 8ᵈ O. à 3 lieues de distance.
4.	....	20.	28. 01,4.	N. E. variable à l'E, bon frais, beau. A 6 heures du soir, le 3, Botol Tabaco-xima restait au N. 47ᵈ O. à une lieue.
5.	....	19.	28. 02,7.	E. S. E. très-faible, beau.
6.	....	19 $\frac{1}{2}$.	28. 01,2.	S. E. faible, beau. A midi, la pointe N. E. de l'île Kumi restait à l'E. 14ᵈ S., et la pointe S. E. restait au S. 28ᵈ E. à $\frac{2}{3}$ de lieue de distance.
7.	....	19 $\frac{4}{5}$.	28. 01,3.	S. E. bon frais, beau. A 8 heures du matin, l'île Hoapinsu, ou l'île du Sud, était par celle du Nord, et je l'ai relevée au N. 48ᵈ E., distant de la 1.ʳᵉ de $\frac{2}{3}$ de lieue, et de la 2.ᵉ de 6 lieues. A midi, l'île Hoapinsu restait au S. 20ᵈ O. à 8 lieues; l'île du Nord, au S. 22ᵈ E. à 4 lieues.

S s ij

ÉPOQUE, 1787.	LATITUDE, Nord.	LONGITUDE estimée, Orientale.	LONGITUDE orientale, par la montre N.° 19.	LONGITUDE orientale, par les distances de la ☾ au ☉.	DÉCLINAISON de l'aiguille, Est.
	D. M. S.	D. M. S.	D. M. S.	D. M. S.	D. M. S.
Mai. 8.	27. 07. 00.	121. 06. 00.	121. 18. 00.	....	....
9.	27. 43. 00.	120. 30. 00.	121. 15. 00.	....	1. 37. 00.
10.	28. 19. 00.	120. 55. 00.	....	....	1. 39. 00.
11.	28. 36. 00.	121. 09. 00.	....	....	....
12.	28. 41. 00.	121. 10. 00.	....	....	....
13.	29. 27. 00.	121. 16. 00.	....	....	....
14.	29. 46. 00.	121. 05. 00.	121. 59. 00.	....	....
15.	30. 01. 00.	121. 56. 00.	....	....	....
16.	30. 29. 00.	121. 47. 00.	....	....	....
17.	30. 47. 00.	121. 46. 00.	....	....	....
18.	31. 15. 00.	122. 05. 00.	121. 42. 00.	....	....
19.	31. 47. 00.	122. 04. 00.	122. 00. 00.	....	....
20.	32. 08. 00.	122. 10. 00.	....	....	....

ÉPOQUE, 1787.	INCLINAISON de l'aiguille.	THERM.	BAROMÈTRE.	VENTS, ÉTAT DU CIEL ET REMARQUES.
	D. M. S.	D.	P. L.	
Mai. 8.	....	19 ½.	27. 11,5.	S. S. O. bon frais, beau.
9.	....	16.	27. 11,3.	S. S. O. variable au N. N. E. bon frais.
10.	....	16.	28. 00,4.	S. S. O. petit frais, brumeux. Sondé par 55 et 50 brasses, fond de sable.
11.	....	15.	28. 00,1.	S. S. O. variable à l'O. N. O. petit frais, beau ; le temps très-brumeux. Sondé par 55 et 45 brasses, fond de vase.
12.	....	14.	28. 00,2.	S. S. E. très-faible, brumeux. A 6 heures ½ du soir, mouillé par 45 brasses, fond de vase.
13.	....	15.	27. 11,5.	O. S. O. petit frais, brumeux. Sondé par 45 à 50 brasses, fond de vase.
14.	....	14.	28. 00,6.	S. S. O. très-faible, de la brume. A 7 heures du soir, le 13, mouillé par 42 brasses fond de vase : toujours de la brume.
15.	....	13 ⅓.	28. 00,6.	S. S. O. petit frais. A 1 heure, le 14, appareillé. A 10 heures du soir, le même jour, mouillé par 39 brasses, fond de vase : de la brume très-épaisse. A 10 heures du matin, le 15, appareillé, les vents à l'E. N. E. petit frais, beau.
16.	....	13 ⅓.	28. 00,6.	E. N. E. petit frais, nébuleux. La sonde a rapporté de 45 à 24 brasses, fond de vase.
17.	....	12.	28. 00,5.	E. N. E. très-faible, de la brume. Sondé par 36 et 40 brasses.
18.	....	12 ½.	28. 00,7.	E. très-faible. Sondé par 36 et 25 brasses, fond de sable. A 2 heures ½ du matin, mouillé par 25 brasses. A 10 heures, appareillé ; à midi, vent à l'E. très-faible, nébuleux.
19.	....	12 ½.	28. 00,8.	E. très-faible. A 8 heures ½ du soir, le 18, mouillé par 32 brasses, fond de sable. Appareillé à six heures du matin, le 19, le vent à l'E. bon frais, nébuleux.
20.	....	11 ½.	27. 11,2.	N. très-faible, brumeux. A six heures ½ du soir, le 19, mouillé par 25 brasses, fond de sable. A 6 heures, appareillé, le vent au N. faible, le courant faisant trois nœuds par heure.

ÉPOQUE, 1787.	LATITUDE, Nord.	LONGITUDE estimée, Orientale.	LONGITUDE orientale, par la montre N.° 19.	LONGITUDE orientale, par les distances de la ☾ au ☉.	DÉCLINAISON de l'aiguille, Est.
	D. M. S.	D. M. S.	D. M. S.	D. M. S.	D. M. S.
Mai. 21.	32. 34. 00.	123. 45. 00.	123. 50. 00.	....	....
22.	32. 59. 00.	124. 16. 00.	124. 21. 00.	124. 06. 00.	....
23.	33. 40. 00.	125. 13. 00.	125. 27. 00.	....	....
24.	34. 23. 00.	126. 07. 00.	126. 27. 00.	....	....
25.	34. 31. 00.	126. 46. 00.	126. 48. 00.	....	1. 45. 00.
26.	35. 29. 00.	127. 25. 00.	127. 35. 00.	127. 12. 30.	....
27.	36. 23. 00.	128. 07. 00.	....	....	....
28.	36. 41. 00.	128. 17. 00.	128. 11. 00.	....	1. 54. 00.
29.	37. 09. 00.	128. 42. 00.	128. 59. 00.	....	2. 11. 00.
	37. 25. 00.	Latit. de la pointe S. de l'île Dagelet.	129. 02. 00.	Long. de la pointe S. de l'île Dagelet.	
30.	38. 12. 00.	129. 47. 00.	129. 45. 00.	....	1. 44. 00.
31.	38. 22. 00.	130. 34. 00.	130. 41. 00.	....	....
Juin. 1.	38. 12. 00.	131. 27. 00.	131. 35. 00.	....	....
2.	37. 38. 00.	132. 10. 00.	132. 13. 00.	....	0. 36. 00.
3.	37. 17. 00.	132. 34. 00.	132. 32. 00.	....	0. 20. 00.
4.	37. 13. 00.	133. 17. 00.	....	....	....
5.	38. 07. 00.	133. 32. 00.	133. 38. 00.	....	....

ÉPOQUE, 1787.	INCLINAISON de l'aiguille.	THERM.	BAROMÈTRE.	VENTS, ÉTAT DU CIEL ET REMARQUES.
	D. M. S.	D.	P. L.	
Mai. 21.	....	10 ½	27. 11,3.	N. N. O. bon frais, nuageux. Sondé par 36 et 44 brasses.
22.	45. 05. 00.	11 ½	28. 00,6.	O. S. O. petit frais. À midi, la pointe O. de l'île Quelpaert restait au N. 16^d O. à 4 lieues.
23.	....	13 ½	28. 01,1.	S. O. faible, beau. Relevé les îles les plus S. à la vue, au N. 14^d; les plus O., au N. 9^d O. à 5 lieues.
24.	....	13.	27. 10,0.	N. petit frais, beau; belle mer. La côte de la Corée la plus au S. à la vue, restait à l'O. 35^d N.; la plus au N., au N. 27^d E. à 3 lieues.
25.	....	12.	27. 11,0.	E. N. E. faible, beau. La côte de la Corée la plus au N. à la vue, restait au N. 20^d E. Je prolongeai cette côte à 2 lieues.
26.	44. 00. 00.	12 ½	27. 11,1.	S. O. bon frais, beau. La pointe la plus N. de la Corée restait au N. 20^{d}O. à 2 lieues. Sondé par 75 brasses.
27.	....	12.	27. 09,3.	N. N. E. petit frais, orageux; de la brume qui nous empêchait de voir la terre.
28.	45. 30. 00.	11.	27. 11,4.	N. O. petit frais, nébuleux. La terre de la Corée la plus au N. à la vue, restait au N. 52^d O. à 8 lieues. Mis le cap à l'E. pour reconnaître les îles du Japon.
29.	....	11.	28. 00,9.	S. bon frais, beau. Vu une île, à 3 heures après midi, le 28 : elle restait au N. 15^d E. à 15 lieues. À midi, le milieu de cette île, appelée île *Dagelet*, restait au N. 17^d E. à 4 lieues.
30.	....	12.	28. 01,4.	S. S. E. bon frais, beau. Perdu de vue l'île Dagelet, à 6 heures du matin.
31.	....	11 ½	28. 01,4.	S. S. E. bon frais, beau.
Juin. 1.	....	12 ½	28. 01,9.	S. S. E. petit frais, beau.
2.	....	13 ½	28. 00,6.	S. variable au N. E. petit frais, beau.
3.	....	12 ½	28. 01,2.	N. E. variable au S. E. petit frais, brumeux.
4.	....	13.	27. 11,8.	S. faible, brumeux.
5.	47. 00. 00.	12.	28. 00,6.	S. petit frais, brumeux.

ÉPOQUE, 1787.	LATITUDE, Nord.	LONGITUDE estimée, Orientale.	LONGITUDE orientale, par la montre N.° 19.	LONGITUDE orientale, par les distances de la ☾ au ☉.	DÉCLINAISON de l'aiguille, Est.
	D. M. S.	D. M. S.	D. M. S.	D. M. S.	D. M. S.
Juin. 6.	37. 40. 00.	133. 33. 00.	134. 49. 00.	....	....
	37. 51. 00.	Latit. de la pointe de Jootsi-sima.	135. 20. 00.	Long. de la pointe de Jootsi-sima.	
	37. 36. 00.	Latitude d'une île qui est dans l'Ouest de cette pointe.	135. 14. 00.	Long. de l'île qui est dans l'Ouest de cette pointe.	
	37. 18. 00.	Latit. de la pointe du S. la plus à vue du Japon.	135. 05. 00.	Long. de la pointe du S. la plus à vue du Japon.	
7.	38. 28. 00.	134. 40. 00.	134. 55. 00.	....	....
8.	39. 20. 00.	133. 31. 00.	133. 39. 00.	....	0. 07. 00. Ouest.
9.	40. 04. 00.	132. 04. 00.	....	....	0. 35. 00.
10.	40. 49. 00.	131. 55. 00.	131. 40. 00.	130. 53. 36.	0. 03. 00. Est.
11.	41. 55. 00.	131. 48. 00.	131. 45. 00.	131. 06. 00.	1. 06. 00.
12.	42. 35. 00.	132. 15. 00.	132. 23. 00.	....	0. 19. 00.
13.	42. 49. 00.	132. 43. 00.	132. 41. 00.	....	2. 33. 00.
14.	43. 31. 00.	133. 45. 00.	133. 56. 00.	....	....
15.	43. 53. 00.	134. 21. 00.	....	....	....
16.	43. 57. 00.	134. 33. 00.	134. 28. 00.	....	....
17.	44. 12. 00.	134. 32. 00.	....	....	....
18.	44. 10. 00.	134. 47. 00.	....	....	....
19.	44. 30. 00.	134. 52. 00.	135. 13. 00.	....	....

DE LA PÉROUSE.

ÉPOQUE, 1787.	INCLINAISON de l'aiguille.	THERM.	BAROMÈTRE.	VENTS, ÉTAT DU CIEL ET REMARQUES.
	D. M. S.	D.	P. L.	
Juin. 6.	....	13.	28, 00,9.	S. O. bon frais, nébuleux. A 10 heures, vu le Japon : à midi, la pointe la plus N. restait à l'E. 9^d S.
7.	....	11.	28. 01,2.	S. E. petit frais, nébuleux. Je prolongeai la côte du Japon, et passai dans l'E. de l'île Jootsi-sima, qui restait, à 4 heures le 6, E. et O., et la pointe du même nom, au S. 66^d E.
8.	....	13 $\frac{1}{2}$.	28. 01,3.	S. S. O. bon frais, brumeux.
9.	....	10.	27. 07,4.	S. S. O. bon frais, par rafales, de la brume; beaucoup de pluie.
10.	47. 03. 00.	10.	27. 07,7.	S. O. faible, de la brume.
11.	48. 05. 00.	9 $\frac{1}{2}$.	27. 07,2.	S. S. O. variable à l'O. bon frais. A 10 heures du matin, le 10, vu la côte du Nord de la Corée, dans le N. A midi, nous en étions éloignés de 12 lieues.
12.	....	7.	27. 08,4.	N. E. petit frais, de la brume. A midi, la terre la plus à vue au N., restait au N. 29^d E., et la plus à l'Ouest, au N. 65^d O. à 5 lieues.
13.	53. 00. 00.	8.	28. 00,3.	S. O. faible, beau. La terre qui à midi restait au N., était à 2 lieues. Sondé à cette distance, par 120 brasses, fond de vase.
14.	....	8.	28. 01,0.	S. S. O. petit frais, beau. Je prolongeai la côte de Tartarie à 2 ou 3 lieues.
15.	55. 00. 00.	9.	28. 00,2.	S. S. E. petit frais, de la brume. Toujours à la vue de terre.
16.	....	8.	27. 11,9.	S. S. O. faible, de la brume.
17.	55. 00. 00.	7 $\frac{1}{2}$.	27. 10,6.	E. très-faible, de la brume par intervalles.
18.	....	8.	27. 09,2.	S. S. O. petit frais, de la brume très-épaisse.
19.	....	8.	27. 10,5.	S. S. O. bon frais, de la brume.

Tt

ÉPOQUE, 1787.	LATITUDE, Nord.	LONGITUDE estimée, Orientale.	LONGITUDE orientale, par la montre N.º 19.	LONGITUDE orientale, par les distances de la ☾ au ☉.	DÉCLINAISON de l'aiguille, Est.
	D. M. S.	D. M. S.	D. M. S.	D. M. S.	D. M. S.
Juin. 20.	44. 44. 00.	134. 59. 00.	135. 21. 00.	135. 05. 00.	....
21.	44. 46. 00.	135. 35. 00.	....	....	....
22.	45. 01. 00.	135. 48. 00.	135. 42. 00.	....	....
23.	45. 10. 00.	135. 37. 00.	135. 19. 00.	....	....
24.	45. 13. 00.	Lat. du mouillage.	135. 09. 00.	Longitude du mouillage.	....
25.	Au mouillage dans la baie de Ternaï.	....	....	....	....
26.	....	....	....	....	....
27.	45. 13. 00.	135. 15. 00.	135. 15. 00.	135. 15. 00.	1. 42. 00. / 1. 10. 00.
28.	46. 08. 00.	136. 28. 00.	136. 24. 00.	....	1. 10. 00.
29.	46. 51. 00.	136. 54. 00.	137. 34. 00.	....	....
30.	47. 20. 00.	137. 33. 00.	137. 37. 00.	....	....
Juillet. 1.	47. 50. 00.	137. 34. 00.	137. 22. 00.	....	....
	47. 50. 00. Lat. du mouillage.	137. 22. 00.	137. 22. 00.	Longitude du mouillage.	....
2.	47. 52. 00. Lat. du mouillage.	137. 22. 30.	Longitude du mouillage.	....	....
	Au mouillage dans la baie de Suffren.				
3.	47. 51. 00. Latitude du mouillage.	137. 25. 00.	Longitude du mouillage.	....	....
4.	47. 51. 00. Latitude du mouillage.	137. 25. 00.	Longitude du mouillage.	....	....

ÉPOQUE, 1787.	INCLINAISON de l'aiguille.	THERM.	BAROMÈTRE.	VENTS, ÉTAT DU CIEL ET REMARQUES.
	D. M. S.	D.	P. L.	
Juin. 20.	....	7 ½.	27. 09,4.	N. E. faible, beau. Le mont de la Table restait au N. 8ᵈ O. à 4 lieues de la terre la plus près de nous.
21.	....	8.	27. 10,2.	S. S. O. très-faible, de la brume par intervalles. A midi, la terre la plus N. à la vue, restait au N. 20ᵈ E., et la plus près de nous, au N. 29ᵈ O.
22.	....	8.	27. 10,2.	N. E. bon frais, beau, de la brume très-épaisse.
23.	....	6.	27. 10,4.	Calme, beau. La terre la plus près de nous restait à l'O. 20ᵈ N. à 3 lieues.
24.	....	......	....	N. E. bon frais, beau. Au mouillage dans la baie de Ternai.
25.	....	8.	28. 00,7.	Calme, de la pluie dans la journée.
26.	....	8.	28. 00,7.	N. E. petit frais, beau.
27.	....	6.	28. 01,3.	O. N. O. petit frais, nébuleux. A 8 heures du matin, appareillé : la baie de Ternai restait au N. 20ᵈ E. à 3 lieues.
28.	58. 00. 00.	7 ½.	28. 01,7.	S. bon frais, beau. Les terres les plus près de nous restaient au N. 45ᵈ O. à 2 lieues.
29.	....	8 ½.	27. 11,7.	N. N. E. le temps couvert, petit frais.
30.	....	8.	28. 00,5.	O. S. O. petit frais, de la brume par intervalles. La terre la plus près de nous restait au N. 55ᵈ O. à 3 lieues.
Juillet. 1.	....	9.	28. 00,4.	S. petit frais. A 7 heures du soir, le 30, mouillé par 36 brasses, fond de vase, à 2 lieues de terre : de la brume.
2.	....	......	28. 00,4.	A 10 heures du matin, le 2, appareillé pour nous rapprocher de terre, le vent au S. ; de la brume. A midi, mouillé par 25 brasses, fond de sable et cailloux, à ¾ de lieue de terre.
3.	....	8.	28. 00,3.	N. E. petit frais. A 8 heures du matin, le 3, envoyé la biscayenne à terre ; mais elle n'a pas abordé, à cause de la brume.
4.	....	......	27. 11,3.	A huit heures du matin, le 4, appareillé. A midi, calme, de la brume.

ÉPOQUE, 1787.	LATITUDE, Nord.	LONGITUDE estimée, Orientale.	LONGITUDE orientale, par la montre N.º 19.	LONGITUDE orientale, par les distances de la ☾ au ☉.	DÉCLINAISON de l'aiguille, Est.
	D. M. S.	D. M. S.	D. M. S.	D. M. S.	D. M. S.
Juillet. 5.	47. 43. 00.	137. 28. 00.	137. 48. 00.	....	....
6.	48. 00. 00.	138. 20. 00.	139. 19. 00.	....	2. 54. 00.
7.	48. 31. 00.	139. 19. 00.	139. 11. 00.	....	2. 57. 00.
					2. 33. 00.
8.	48. 23. 00.	139. 32. 00.	139. 41. 00.	....	....
9.	48. 15. 00.	139. 38. 00.	139. 54. 00.	....	....
10.	48. 22. 00.	139. 53. 00.	139. 57. 00.	....	0. 46. 00.
11.	48. 04. 00.	140. 10. 00.	140. 16. 00.	139. 20. 00.	1. 00. 00.
12.	47. 53. 00.	140. 10. 00.	140. 25. 00.	....	0. 47. 00.
13.	47. 49. 00.	Latit. observée au mouillage de la baie de Langle.	140. 29. 00.	Longit. observée au mouillage de la baie de Langle.	0. 47. 00.
14.	48. 13. 00.	140. 00. 00.	....	....	....
15.	48. 27. 00.	139. 29. 00.	....	....	....

ÉPOQUE, 1787.	INCLINAISON de l'aiguille.	THERM.	BAROMÈTRE.	VENTS, ÉTAT DU CIEL ET REMARQUES.
	D. M. S.	*D.*	*P. L.*	
Juillet. 5.	62. 05. 00.	9.	27. 10,0.	Le 4, à 6 heures du soir, mouillé par 44 brasses, fond de sable fin.
6.	....	10.	27. 07,6.	A midi, appareillé, et prolongé la côte de Tartarie ; le vent au N. N. E. petit frais, de la brume.
7.	63. 00. 00.	9 ½.	27. 08,8.	S. bon frais. A 8 heures du matin, vu un pic très-élevé, et une pointe basse qui restait au N. 80^d E. à 10 lieues. La pointe du continent de la Tartarie, la plus N. à la vue, restait au N. à 9 lieues : le temps beau. A midi, le pic appelé *Lamanon* restait au N. 66^d E. à 12 lieues ; la terre la plus à vue, de la côte de Tartarie restait au N. 45^d O.
8.	63. 05. 00.	10.	27. 07,4.	Calme, le temps nébuleux. A midi, la pointe N. de l'île Ségalien qu'on avait à vue, restait N. 35^d E. ; le pic Lamanon, N. 44^d E. ; la terre la plus Sud, à l'E.
9.	....	9 ½.	27. 08,1.	S. S. O. petit frais, de la brume très-épaisse. Sondé par 62 brasses, fond de vase.
10.	....	10 ½.	27. 11,5.	S. le vent faible, de la brume.
11.	65. 03. 00.	10 ½.	27. 11,5.	S. S. O. bon frais, beau. A midi, l'entrée d'une baie restait au S. 33^d E. à 6 lieues, et la pointe la plus près de nous, au S. 83^d E. à 4 lieues.
12.	....	11.	27. 11,4.	S. bon frais, beau. Le pic Lamanon restait au N. 1^d E. ; l'entrée d'une baie, au N. 73^d E. à 3 lieues ; et la terre la plus près de nous, au S. 45^d E. à 2 lieues.
13.	....	13.	27. 10,5.	S. bon frais, beau. A 6 heures du soir, mouillé par 14 brasses dans la baie de Langle à la côte de l'île Ségalien ; le village restait à l'E. 24^d S. à ¾ de lieue.
14.	63. 05. 00.	13 ⅗.	27. 10,5.	S. S. O. bon frais. A 5 heures du matin, appareillé de la baie de Langle.
15.	....	11.	27. 10,7.	S. bon frais, de la brume.

ÉPOQUE, 1787.	LATITUDE, Nord.	LONGITUDE estimée, Orientale.	LONGITUDE orientale, par la montre N.° 19.	LONGITUDE orientale, par les distances de la ☾ au ☉.	DÉCLINAISON de l'aiguille, Est.
	D. M. S.	D. M. S.	D. M. S.	D. M. S.	D. M. S.
Juillet. 16.	48. 22. 00.	139. 09. 00.	....	....	....
17.	48. 20. 00.	138. 47. 00.	....	....	....
18.	48. 12. 00.	138. 42. 00.	....	....	....
19.	48. 59. 00.	Lat. du mouillage.	140. 32. 00.	Longitude du mouillage.	....
20. {	49. 26. 00.	140. 32. 00.	140. 32. 00.	140. 16. 00.	....
	49. 50. 00.	Lat. du mouillage.	140. 38. 00.	Longitude du mouillage.	
21.	49. 53. 00.	140. 31. 00.	....	....	....
22. {	50. 31. 00.	140. 26. 00.	140. 30. 00.	Longitude du mouillage.	....
	50. 33. 00.	Lat. du mouillage.	140. 32. 00.		
23.	50. 52. 00.	140. 31. 00.	140. 38. 00.	139. 59. 00.	....
24.	51. 29. 00.	140. 26. 00.	140. 29. 00.	....	0. 55. 00.

DE LA PÉROUSE.

ÉPOQUE, 1787.	INCLINAISON de l'aiguille.			THERM.	BAROMÈTRE.		VENTS, ÉTAT DU CIEL ET REMARQUES.
	D.	M.	S.	D.	P.	L.	
Juillet. 16.	....			12.	27.	11,3.	S. S. O. bon frais, de la brume.
17.	....			10.	27.	10,5.	S. bon frais, de la brume.
18.	....			11 $\frac{4}{7}$.	27.	10,6.	S. S. E. petit frais, de la brume.
19.	....			13.	27.	10,6.	S. S. E. bon frais, couvert. Le pic de Lamanon restait au N. 65^d E. à 4 lieues, et la pointe la plus près de nous, au N. 80^d E. à 2 lieues.
20.	64.	04.	00.	14.	27.	10,5.	S. petit frais. A 2 heures, le 19, mouillé par 20 brasses, fond de vase, à $\frac{1}{4}$ de lieue de terre, dans la baie d'Estaing. A 4 heures du matin, le 20, appareillé; le vent au S. bon frais, nébuleux.
21.	....			13.	27.	10,6.	S. petit frais, nébuleux. A 7 heures du soir, le 20, mouillé à 1 lieue de terre par 39 brasses, fond de sable fin. A 4 heures du matin, le 21, appareillé : à midi, la terre la plus près de nous restait au N. 11^d E. à 2 lieues.
22.	....			14.	27.	10,8.	S. petit frais, le temps nébuleux. La sonde rapportait le fond de 80 à 45 brasses, prolongeant la côte de l'île Ségalien. A midi, la terre la plus près de nous restait à l'E. 11^d N. à 2 lieues.
23.	....			14 $\frac{1}{2}$.	27.	11,2.	S. Presque calme, de la brume. A 2 heures $\frac{1}{2}$, mouillé à 1 lieue $\frac{1}{2}$ de terre, par les 42 brasses, fond de vase. A 5 heures du matin, appareillé; petit frais du S., beau. Notre mouillage, appelé *ruisseau des Saumons*, restait au S. 10^d E., et la terre la plus près de nous, à l'E. 22^d Sud à 1 lieue $\frac{1}{4}$.
24.	71.	00.	00.	14.	28.	00,2.	S. petit frais. Sondé par 39 brasses, 38, 35, 30 et 29, fond de sable, jusqu'à 4 heures après midi, le 23. A 9 heures, le fond avait diminué jusque par les 24 brasses. A 9 heures $\frac{1}{2}$, mouillé par 22 brasses, fond de sable. A 3 heures du matin, le 24, appareillé : à midi, la terre la plus près de nous restait à l'E. 20^d N. à 4 lieues, et la terre la plus au N., au N. 6^d E.

ÉPOQUE, 1787.	LATITUDE, Nord.	LONGITUDE estimée, Orientale.	LONGITUDE orientale, par la montre N.° 19.	LONGITUDE orientale, par les distances de la ☾ au ☉.	DÉCLINAISON de l'aiguille, Est.
	D. M. S.	D. M. S.	D. M. S.	D. M. S.	D. M. S.
Juillet. 25.	51. 29. 00.	139. 46. 00.	139. 47. 00.	....	....
26.	51. 40. 00. Latitude du mouillage.	140. 03. 00.	Longitude du mouillage.		
	51. 44. 00.	140. 02. 00.	....	....	....
27.	51. 32. 00.	140. 08. 00.	....	....	....
28.	51. 29. 00.	139. 51. 00.	....	....	....
29.	51. 29. 00. Latitude du mouillage dans la baie de Castries.	139. 41. 00.	Longitude du mouillage dans la baie de Castries.	....	....
30.	Ibidem.....	....	....	....	....
31.	Ibid.......	....	....	....	....
Août. 1.	Ibid.......	....	....	....	1. 50. 00.
2.	Ibid.......	....	....	....	....
3.	51. 19. 00.	140. 14. 00.	140. 07. 00.	....	1. 07. 00.

ÉPOQUE, 1787.	INCLINAISON de l'aiguille.	THERM.	BAROMÈTRE.	VENTS, ÉTAT DU CIEL ET REMARQUES.
	D. M. S.	D.	P. L.	
Juillet. 25.	....	13.	28. 00,7.	S. petit frais, nébuleux. Sondé par 15, 16, 18, 20 et 22 brasses, en approchant du milieu de la manche de Tartarie. A 7 heures ½ du soir, le 24, mouillé par 24 brasses, fond de vase. A 4 heures du matin, le 25, appareillé : de la brume, petit frais ; route à l'Ouest. Sondé par 22, 20 et 19 brasses jusqu'à 9 heures ½, que nous avons mouillé.
26.	....	13.	28. 00,6.	S. S. O. A 2 heures, appareillé, le cap au N.E., prolongeant la terre. A 7 heures ½, la sonde a rapporté 19 brasses, fond de sable : même heure, mouillé à 2 lieues de terre. A 10 heures du matin, le 26, appareillé, et louvoyé pour nous élever au Sud par un plus grand brassiage.
27.	....	12.	28. 00,3.	S. S. O. grand frais, un peu de brume. Le fond a augmenté progressivement de 8 à 9, 12, 14, 16, 18 et 21 brasses, fond de vase.
28.	....	12.	28. 00,3.	S. S. O. bon frais, beau. Sondé par 18, 16, 15, 14, 13 et 12 brasses. A 7 heures ½ du soir, mouillé dans la baie de Castries, le 27, par 11 brasses, fond de vase. Le 28, changé de mouillage, et mouillé par 5 brasses ½, fond de vase.
29.	....	12.	27. 11,0.	S. très-faible, de la brume.
30.	....	13.	27. 10,4.	E. S. E. très-faible.
31.	....	13.	27. 11,1.	S. S. E. beau, petit frais.
Août. 1.	....	......	27. 11,8.	S. très-faible, beau.
2.	....	....	....	E. N. E. très-faible, variable au S. E.
3.	....	13 ⅘	28. 00,9.	S. S. O. variable au S. S. E. très-faible. A 4 heures du soir, appareillé. A 8 heures du soir, le cap Clostercam restait au S. 18ᵈ O. Sondé par les 12 et 17 brasses. A midi, la terre la plus près restait au N. 35ᵈ E.

TOME III.

VOYAGE

ÉPOQUE, 1787.	LATITUDE, Nord.	LONGITUDE estimée, Orientale.	LONGITUDE orientale, par la montre N.° 19.	LONGITUDE orientale, par les distances de la ☾ au ☉.	DÉCLIN de l'aigᵗ Est.
	D. M. S.	D. M. S.	D. M. S.	D. M. S.	D. M
Août. 4.	50. 48. 00.	139. 27. 00.	139. 27. 00.	....	1. 07
5.	50. 35. 00.	139. 52. 00.	140. 16. 00.	....	....
6.	50. 18. 00.	139. 53. 00.	139. 50. 00.	....	....
7.	50. 06. 00.	140. 07. 00.	....	....	1. 08.
8.	49. 13. 00.	139. 41. 00.	139. 28. 00.	....	....
9.	48. 25. 00.	140. 55. 00.	140. 01. 00.	138. 53. 00.	1. 50.
10.	46. 45. 00.	140. 24. 00.	140. 11. 00.	138. 37. 00.	1. 27.
	46. 09. 00. Latitude du mouillage, à 7 heures ¼ du soir.	140. 17. 00.	Longitude du mouillage à 7 heures ¼ du soir.		
11.	45. 57. 00.	140. 32. 00.	140. 25. 00.	....	1. 23.
	45. 56. 00. Latitude du mouillage, à 1 heure après midi.	140. 25. 00.	Longitude du mouillage, à 1 heure après midi.		
12.	45. 40. 00.	140. 48. 00.	....	....	......
13.	45. 21. 00.	140. 03. 00.	141. 13. 00.	....	1. 37.

ÉPOQUE, 1787.	INCLINAISON de l'aiguille.	THERM.	BAROMÈTRE.	VENTS, ÉTAT DU CIEL ET REMARQUES.
	D. M. S.	D.	P. L.	
Août 4.	....	14 ½.	28. 00,9.	S. S. O. variable au S. S. E. très-faible, beau. Le fond a augmenté, en allant au Sud, jusqu'à 45 brasses. A midi, la terre restait à l'O. 11^d N. à 3 lieues.
5.	....	10.	27. 11,4.	S. bon frais, le temps brumeux.
6.	....	14.	27. 07,3.	S. bon frais, nébuleux.
7.	....	13.	27. 06,8.	S. S. O. grand frais, la mer grosse; temps nébuleux.
8.	....	15.	27. 10,2.	S. S. O. grand frais, variable au N. par l'Ouest, et E. N. E. très-faible, beau. Vu la côte de Tartarie au Sud 55^d Ouest, et au N. 38^d E.; le pic Lamanon, au S. 48^d E.
9.	....	13 ½.	27. 09,3.	N. grand frais, beau. Le pic Lamanon restait au N. 48^d E.; la pointe la plus S. à la vue, au S. 66^d E.
10.	....	13 ⅕.	27. 10,5.	N. grand frais, beau, la mer un peu grosse. Le milieu de l'île Monneron restait au S. 29^d O.; le pic Bernizet, au N. 32^d E.
11.	....	15.	27. 11,9.	N. grand frais, beau. A 7 heures ½ du soir, le 10, mouillé à deux lieues de la côte, par 40 brasses, fond de sable: le pic de Langle restait au S. 20^d O., l'île Monneron au N. 55^d O., et le cap Crillon à l'E. 18^d S. A 4 heures du matin, le 11, appareillé; le vent au N. très-faible. A 11 heures ½, calme: mouillé à 2 lieues de la pointe Crillon dans le N. 72^d O.; le pic de Langle restait au S. 30^d O.
12.	....	11.	28. 00,2.	Calme, beau. A midi ½, le 11, nous avons changé de mouillage; le cap Crillon restait au S. 83^d E., et le pic de Langle au S. 29^d O. A 8 heures du matin, le 12, appareillé, et passé le détroit qui sépare le Jesso de l'Oku-Jesso; le vent au N. E. petit frais, nébuleux.
13.	....	10 ⅖.	28. 00,4.	S. presque calme, beau. Le cap Aniva restait au N. 30^d E., et le pic de Langle au S. 81^d O.

ÉPOQUE, 1787.	LATITUDE, Nord.	LONGITUDE estimée, Orientale.	LONGITUDE orientale, par la montre N.° 19.	LONGITUDE orientale, par les distances de la ☾ au ☉.	DÉCLINAISON de l'aiguille, Est.
	D. M. S.	D. M. S.	D. M. S.	D. M. S.	D. M. S.
Août. 14.	47. 27. 00.	141. 43. 00.	....	....	2. 11. 00.
15.	46. 09. 00.	142. 44. 00.	142. 57. 00.	....	3. 00. 00.
16.	46. 20. 00.	143. 48. 00.	....	....	....
17.	46. 09. 00.	144. 18. 00.	144. 11. 00.	....	....
18.	45. 57. 00.	144. 52. 00.	144. 58. 00.	....	....
19.	46. 19. 00.	146. 07. 00.	146. 21. 00.	....	3. 32. 00.
20.	46. 27. 00.	148. 06. 00.	148. 09. 00.	....	5. 14. 00. / 5. 50. 00.
21.	47. 10. 00.	148. 50. 00.	148. 56. 00.	....	....
22.	47. 14. 00.	148. 47. 00.	....	....	5. 04. 00.
23.	47. 12. 00.	148. 49. 00.	148. 09. 00.	....	....
24.	47. 22. 00.	149. 24. 00.	149. 15. 00.	....	5. 27. 00.
25.	47. 28. 00.	149. 47. 00.	....	....	....
26.	47. 20. 00.	149. 48. 00.	....	....	....
27.	47. 11. 00.	150. 03. 00.	150. 03. 00.	....	....
28.	47. 07. 00.	149. 44. 00.	149. 44. 00.	....	4. 44. 00. / 4. 49. 00.
29.	46. 19. 00.	149. 59. 00.	....	....	....

ÉPOQUE, 1787.	INCLINAISON de l'aiguille.	THERM.	BAROMÈTRE.	VENTS, ÉTAT DU CIEL ET REMARQUES.
	D. M. S.	D.	P. L.	
Août. 14.	57. 00. 00.	11 ½.	28. 00,0.	S. E. petit frais, beau. A midi, le cap Aniva restait au N. 9ᵈ E.
15.	....	12 ½.	28. 01,6.	E. S. E. petit frais, beau. Le cap Aniva restait au S. 84ᵈ O.
16.	54. 00. 00.	12 ½.	28. 01,6.	E. S. E. bon frais, nébuleux, de la brume.
17.	....	12 ½.	27. 11,5.	E. S. E. variable au N. E., nébuleux.
18.	58. 00. 00.	12.	27. 11,2.	N. variable au S. S. E. par l'E. très-faible, de la brume par intervalles.
19.	....	13.	27. 09,8.	S. bon frais, nébuleux. Vu la terre ou l'île des États, qui me restait au S. 1ᵈ E.
20.	....	13.	27. 10,7.	S. O. bon frais, nuageux. Nous prolongions la terre des États.
21.	57. 00. 00.	10 ⅘.	27. 11,5.	S. E. très-faible, de la brume.
22.	....	12.	28. 00,4.	S. petit frais, variable à l'O. S. O., de la brume.
23.	....	13.	28. 01,1.	S. S. O. variable au Sud, faible, la brume très-épaisse.
24.	52. 05. 00.	10 ⅘.	27. 11,5.	S. petit frais, de la brume. Une des îles des Quatre-Frères restait au S. 2ᵈ O.
25.	....	10.	27. 11,2.	S. S. E. petit frais, de la brume.
26.	....	11.	27. 10,7.	S. S. E. variable au N.; à midi, à l'Ouest, très-faible, de la brume.
27.	....	9 ⅖.	27. 11,6.	O. S. O. petit frais. A 8 heures ½, la brume s'est dissipée; vu l'île Marakina, du N. 67ᵈ E. au S. 6ᵈ E.
28.	....	9 ⅕.	27. 01,8.	S. O. variable au N. par l'O. et N. N. E. A midi, presque calme, le temps couvert: la pointe N. E. de l'île Marakina restait au N. 73ᵈ E.; sa pointe S. O., au Sud 37ᵈ E.; une des îles des Quatre-Frères, au Sud 37ᵈ O.
29.	....	7.	28. 01,4.	E. variable au N. E. petit frais, couvert. Dirigeant notre route dans le détroit de la Boussole. A 4 heures du matin, le 29, la pointe Sud de Marakina restait au N. 30ᵈ E. à 5 lieues: de la brume.

ÉPOQUE, 1787.	LATITUDE, Nord.	LONGITUDE estimée, Orientale.	LONGITUDE orientale, par la montre N.° 19.	LONGITUDE orientale, par les distances de la ☾ au ☉.	DÉCLINAISON de l'aiguille, Est.
	D. M. S.	D. M. S.	D. M. S.	D. M. S.	D. M. S.
Août. 30.	45. 57. 00.	150. 48. 00.	151. 10. 00.	....	....
31.	46. 15. 00.	152. 18. 00.	....	....	....
Septembre. 1.	47. 03. 00.	153. 58. 00.	....	....	....
2.	48. 29. 00.	155. 38. 00.	155. 32. 00.	....	....
3.	49. 16. 00.	156. 24. 00.	156. 23. 00.	....	6. 03. 00.
4.	50. 23. 00.	156. 25. 00.	156. 52. 00.	156. 23. 00.	6. 04. 00.
5.	50. 56. 00.	157. 17. 00.	157. 40. 00.	157. 15. 00.	6. 53. 00.
6.	52. 26. 00.	157. 56. 00.	157. 36. 00.	157. 14. 00.	....
7.	52. 47. 00.	156. 54. 00.	156. 57. 00.	156. 42. 00.	....
8.	53. 01. 00.	Latitude de la baie d'Avatscha.	156. 42. 00.	Longitude de la baie d'Avatscha.	....
	Au mouillage d'Avatscha, depuis le 8 sept. 1787 jusqu'au 30.				

ÉPOQUE, 1787.	INCLINAISON de l'aiguille.	THERM.	BAROMÈTRE.	VENTS, ÉTAT DU CIEL ET REMARQUES.
	D. M. S.	D.	P. L.	
Août. 30.	....	8.	28. 01,4.	O. S. O. petit frais, couvert.
31.	....	10 ⁴⁄₅	28. 01,4.	*Idem*, très-faible, de la brume.
Septembre. 1.	....	12.	28. 01,0.	S. S. O. grand frais, de la brume.
2.	....	9 ⁹⁄₁₀	27. 11,8.	O. grand frais, brumeux.
3.	....	9.	28. 02,0.	O. N. O. très-faible, brumeux.
4.	....	10.	28. 02,5.	S. O. grand frais, nuageux.
5.	....	9 ⁴⁄₅	27. 11,8.	S. O. bon frais, de la brume.
6.	....	8 ⁴⁄₅	27. 09,3.	O. bon frais, nuageux. A 3 heures après midi, le 5, vu la terre de la presqu'île du Kamtschatka. A midi, le 6, le volcan restait au N. 38ᵈ O.
7.	....	7 ⁴⁄₅	27. 10,4.	N. O. petit frais, beau. L'entrée de la baie d'Avatscha restait au N. 50ᵈ O., et le volcan au N. 5.ᵈ O.
8.	....	.....	....	Calme; à 1 heure après midi, la brise du S. E. A 7 heures du soir, le 7, mouillé dans la baie d'Avatscha, par 7 brasses, fond de vase : le port de Saint-Pierre et de Saint-Paul restait au N. 44ᵈ E., et le volcan au N. 13ᵈ E.

ÉPOQUE, 1787.	LONGITUDE orientale, par la montre N.° 19.	CORRECTIONS.	LONGITUDE vraie, Orientale.	LATITUDE, Nord.	BAROMÈTRE.
	D. M. S.	D. M. S.	D. M. S.	D. M. S.	P. L.
Octobre. 1.	157. 00. 00.	0. 00. 00.	157. 00. 00.	51. 18. 00.	27. 05,3.
2.	157. 43. 15.	0. 00. 00.	157. 43. 00.	49. 44. 21.	27. 10,7.
3.	157. 46. 30.	0. 00. 00.	157. 46. 00.	47. 56. 34.	27. 09,1.
4.	158. 04. 00.	0. 00. 00.	158. 04. 00.	46. 26. 45.	27. 08,1.
5.	158. 31. 45.	0. 02. 00.	158. 49. 45.	44. 42. 30.	27. 10,4.
6.	159. 40. 30.	0. 04. 00.	159. 36. 30.	43. 16. 04.	28. 03,8.
7.	....	0. 06. 00.	....	....	28. 04,6.
8.	161. 55. 10.	0. 08. 00.	161. 47. 10.	43. 17. 08.	28. 00,7.
9.	162. 40. 10.	0. 10. 00.	162. 30. 10.	41. 23. 24.	28. 01,2.
10.	162. 41. 30.	0. 13. 00.	162. 28. 30.	40. 26. 28.	28. 02,3.
11.	163. 10. 45.	0. 16. 00.	162. 54. 45.	39. 41. 21.	27. 10,4.
12.	163. 35. 00.	0. 19. 00.	163. 16. 00.	38. 45. 51.	28. 02,1.
13.	164. 38. 00.	0. 22. 00.	164. 18. 00.	38. 46. 25.	28. 01,8.
14.	164. 39. 15.	0. 25. 00.	164. 14. 15.	38. 04. 49.	28. 04,5.
15.	166. 19. 00.	0. 28. 00.	165. 51. 00.	37. 36. 34.	28. 02,2.
16.	168. 05. 30.	0. 31. 00.	167. 34. 30.	37. 36. 55.	28. 01,7.
17.	170. 51. 30.	0. 34. 00.	170. 17. 30.	37. 27. 57.	28. 00,6.
18.	172. 10. 00.	0. 37. 00.	171. 33. 00.	37. 28. 37.	28. 02,3.
19.	173. 46. 20.	0. 40. 00.	173. 06. 20.	37. 24. 50.	27. 10,5.
20.	176. 15. 07.	0. 42. 00.	175. 32. 57.	37. 15. 17.	28. 04,0.
21.	178. 25. 00.	0. 45. 00.	177. 40. 00.	37. 04. 23.	27. 09,4.
22.	179. 40. 30.	0. 47. 45.	179. 31. 45.	37. 19. 00.	27. 10,8.
23.	179. 48. 15. Occidentale.	0. 49. 40.	179. 22. 05. Occidentale.	36. 06. 20.	28. 02,1.
24.	178. 20. 30.	0. 50. 25.	179. 10. 55.	35. 44. 51.	27. 11,7.
25.	177. 28. 15.	0. 51. 50.	178. 20. 05.	34. 55. 31.	28. 01,4.
26.	....	....	....	....	28. 00,3.
27.	175. 59. 15.	0. 53. 20.	176. 52. 35.	32. 37. 08.	28. 00,8.
28.	175. 15. 00.	0. 53. 40.	176. 08. 40.	31. 31. 21.	28. 01,4.
29.	175. 22. 00.	0. 54. 00.	176. 16. 00.	29. 37. 16.	28. 04,4.
30.	175. 47. 15.	0. 54. 15.	176. 41. 30.	27. 33. 27.	28. 03,1.
31.	176. 18. 00.	0. 54. 30.	177. 03. 30.	....	28. 01,6.
Novembre. 1.	174. 43. 30.	0. 54. 45.	175. 38. 15.	26. 26. 35.	28. 01,8.
2.	174. 42. 15.	0. 55. 00.	175. 37. 15.	26. 21. 23.	28. 02,0.
3.	174. 52. 45.	0. 55. 16.	175. 42. 01.	25. 12. 45.	28. 02,9.

DE LA PÉROUSE.

ÉPOQUE, 1787.	THERM.	DÉCLINAISON de l'aiguille, Est.	INCLINAISON de l'aiguille.	VENTS, ÉTAT DU CIEL ET REMARQUES.
	D.	D. M. S.	D. M. S.	
Octobre. 1.	5 ⅖.	....	....	O. S. O. bon frais, beau.
2.	4 ⅕.	....	....	Idem.
3.	5 ⁹⁄₁₀.	....	....	O. bon frais, beau.
4.	5 ⁹⁄₁₀.	....	....	N. N. E. grand frais, beau.
5.	5 ½.	....	43. 00. 00.	N. O. par rafales, de la pluie.
6.	8.	10. 54. 00.	....	O. S. O. idem.
7.	9 ⁹⁄₁₀.	....	....	S. idem.
8.	12.	....	....	S. O. idem, le temps couvert.
9.	11 ½.	....	....	N. O. idem.
10.	11 ½.	12. 23. 00.	36. 30. 00.	S. S. E. idem.
11.	11 ½.	....	....	S. E. petit frais, couvert.
12.	12.	13. 12. 00.	....	N. N. E. petit frais, beau.
13.	12 ⅘.	11. 01. 00.	....	S. faible, couvert.
14.	14 ⅒.	....	33. 30. 00.	S. S. O. bon frais, beau.
15.	16 ½.	....	....	Idem.
16.	16 ⅘.	12. 42. 00.	....	S. O. idem.
17.	15.	....	28. 50. 09.	N. N. O. grand frais, de la pluie.
18.	14.	....	....	E. petit frais, beau.
19.	14 ⁹⁄₁₀.	....	....	N. N. O. bon frais, beau.
20.	12 ⁹⁄₁₀.	....	....	O. idem, couvert.
21.	10 ⅖.	....	....	N. O. grand frais, idem.
22.	11.	....	....	S. E. faible, orageux.
23.	11.	....	....	N. O. bon frais, beau.
24.	16.	11. 50. 00.	....	S. idem, couvert.
25.	16 ³⁄₁₀.	12. 00. 00.	....	Idem.
26.	16 ⅘.	....	....	O. S. O. grand frais, de la pluie.
27.	17.	....	....	O. petit frais, beau.
28.	18.	....	....	N. N. O. grand frais.
29.	17.	....	....	N. E. bon frais, beau.
30.	18 ½.	....	....	E. idem, couvert.
31.	20.	....	....	S. par grains, idem.
Novembre. 1.	21.	....	....	S. O. faible, de la pluie.
2.	18 ⅒.	12. 08. 00.	....	Calme, beau.
3.	20 ½.	12. 09. 00.	....	E. petit frais, couvert.

ÉPOQUE, 1787.	LONGITUDE occidentale, par la montre N.° 19.	CORRECTIONS.	LONGITUDE vraie, Occidentale.	LATITUDE, Nord.	BAROMÈTRE.
	D. M. S.	D. M. S.	D. M. S.	D. M. S.	P. L.
Novembre. 4.	175. 03. 15.	0. 55. 32.	175. 58. 47.	23. 40. 30.	28. 03,5.
5.	175. 14. 00.	0. 55. 46.	176. 09. 46.	21. 39. 00.	28. 02,7.
6.	....	....	....	....	28. 02,2.
7.	175. 05. 30.	0. 56. 52.	176. 02. 22.	17. 54. 02.	28. 01,7.
8.	175. 06. 30.	0. 56. 50.	176. 03. 20.	16. 16. 00.	28. 02,8.
9.	175. 06. 45.	0. 57. 10.	176. 03. 55.	14. 48. 39.	28. 01,3.
10.	175. 08. 00.	0. 57. 24.	176. 05. 34.	12. 55. 38.	28. 01,0.
11.	....	....	....	....	28. 00,8.
12.	....	....	....	....	28. 00,0.
13.	....	....	....	....	28. 00,4.
14.	174. 28. 30.	0. 58. 45.	175. 27. 15.	7. 38. 00.	27. 11,2.
15.	....	....	....	....	27. 11,6.
16.	....	....	....	4. 31. 00.	28. 00,0.
17.	174. 08. 35.	1. 00. 29.	175. 09. 04.	3. 39. 50.	28. 00,2.
18.	174. 44. 45.	1. 01. 08.	175. 55. 53.	3. 08. 52.	28. 00,2.
19.	175. 20. 00.	1. 01. 50.	176. 21. 50.	2. 04. 28.	28. 00,4.
20.	175. 27. 00.	1. 02. 22.	176. 29. 22.	0. 53. 52.	28. 00,2.
				Sud.	
21.	175. 32. 30.	1. 03. 07.	176. 35. 37.	0. 34. 00.	....
22.	175. 06. 33.	1. 03. 54.	176. 10. 27.	1. 48. 00.	28. 00,4.
23.	174. 45. 45.	1. 04. 44.	175. 50. 29.	2. 47. 18.	28. 00,2.
24.	174. 10. 00.	1. 05. 36.	175. 15. 36.	3. 28. 13.	28. 00,4.
25.	173. 19. 15.	1. 06. 31.	174. 25. 46.	3. 47. 00.	28. 00,0.
26.	172. 45. 30.	1. 07. 29.	173. 52. 59.	3. 51. 56.	27. 11,6.
27.	172. 33. 00.	1. 08. 30.	173. 41. 30.	4. 16. 42.	27. 11,8.
28.	171. 52. 30.	1. 09. 34.	173. 02. 04.	5. 25. 06.	28. 00,3.
29.	171. 13. 45.	1. 10. 40.	172. 24. 25.	6. 16. 30.	28. 00,0.
30.	....	1. 11. 48.	....	....	28. 00,5.
Décembre. 1.	169. 26. 15.	1. 12. 57.	170. 39. 12.	8. 59. 00.	27. 11,4.
2.	168. 54. 30.	1. 14. 16.	170. 08. 48.	10. 26. 25.	27. 10,4.
3.	168. 51. 30.	1. 15. 31.	170. 07. 01.	11. 34. 47.	27. 11,1.
4.	168. 41. 00.	1. 16. 50.	169. 57. 50.	12. 10. 02.	27. 11,8.
5.	169. 08. 44.	1. 18. 09.	170. 26. 53.	12. 41. 50.	28. 00,5.
6.	169. 27. 30.	1. 19. 30.	170. 47. 00.	13. 19. 11.	28. 00,6.
7.	170. 06. 15.	1. 20. 52.	171. 27. 07.	14. 07. 20.	28. 00,7.

DE LA PÉROUSE.

ÉPOQUE, 1787.	THERM.	DÉCLINAISON de l'aiguille, Est.	INCLINAISON de l'aiguille.	VENTS, ÉTAT DU CIEL ET REMARQUES.
	D.	D. M. S.	D. M. S.	
Novembre. 4.	20.	....	....	E. N. E. bon frais, idem.
5.	20.	....	....	E. grand frais, idem.
6.	20.	....	....	E. N. E. idem, nuageux.
7.	20 1/10.	11. 30. 00.	....	Idem.
8.	20.	....	....	Idem.
9.	20 1/2.	....	....	E. idem.
10.	21.	....	....	E. idem.
11.	21.	11. 15. 00.	....	Idem.
12.	20 7/10.	....	....	E. S. E. idem, de la pluie.
13.	21.	10. 35. 00.	....	Idem.
14.	21.	....	10. 30. 00.	E. N. E. bon frais, beau.
15.	20 4/5.	9. 07. 00.	....	Idem, bon frais, de la pluie.
16.	21.	....	....	E. S. E. idem.
17.	21.	....	4. 30. 00.	Idem.
18.	20 1/2.	8. 30. 00.	....	Idem.
19.	21.	9. 13. 00.	....	Idem, beau.
20.	20 1/2.	9. 37. 00.	....	E. N. E. petit frais, beau.
21.	....	10. 06. 00.	....	Idem.
22.	20 1/2.	10. 44. 00.	....	Idem.
23.	20 7/10.	9. 44. 00.	....	N. E. bon frais, beau.
24.	21.	....	....	N. petit frais, beau.
25.	22.	....	6. 00. 00.	N. N. O. faible, beau.
26.	20 4/5.	9. 09. 00.	....	O. N. O. idem.
27.	21 3/10.	10. 07. 00.	....	N. N. E. idem.
28.	22.	....	....	N. bon frais, beau.
29.	21 1/2.	....	....	N. N. O. idem.
30.	19.	....	....	O. de l'orage.
Décembre. 1.	20.	....	....	N. O. grand frais, de la pluie.
2.	20 1/3.	....	....	O. S. O. idem, de l'orage.
3.	19 4/5.	9. 53. 00.	....	O. petit frais, beau.
4.	21.	8. 43. 00.	....	O. N. O. calme.
5.	21 2/5.	8. 55. 00.	....	E. S. E. petit frais, beau.
6.	21.	8. 45. 00.	....	Idem.
7.	20 1/2.	9. 42. 00.	....	Idem.

ÉPOQUE, 1787.	LONGITUDE occidentale, par la montre N.° 19.	CORRECTIONS.	LONGITUDE vraie, Occidentale.	LATITUDE, Sud.	BAROMÈTRE.
	D. M. S.	D. M. S.	D. M. S.	D. M. S.	P. L.
Décembre. 8.	170. 56. 15.	1. 22. 16.	172. 18. 31.	13. 58. 52.	28. 00,4.
9.	171. 06. 30.	1. 23. 40.	172. 30. 10.	14. 12. 41.	28. 00,2.
10.	....	....	....	....	28. 00,5.
11.	171. 20. 30.	1. 26. 34.	172. 47. 04.	14. 16. 47.	28. 00,3.
12.	171. 20. 45.	1. 28. 03.	172. 48. 48.	14. 12. 25.	28. 00,2.
13.	171. 28. 15.	1. 29. 33.	172. 57. 48.	14. 07. 00.	27. 11,8.
14.	171. 53. 00.	1. 31. 05.	173. 24. 05.	13. 51. 50.	27. 11,9.
15.	172. 16. 00.	1. 32. 38.	173. 48. 38.	13. 33. 27.	28. 00,3.
16.	172. 43. 30.	1. 34. 13.	174. 17. 43.	13. 20. 17.	....
17.	173. 14. 00.	1. 35. 40.	174. 49. 10.	13. 24. 19.	28. 00,3.
18.	173. 49. 08.	1. 37. 20.	175. 26. 28.	13. 58. 43.	28. 00,3.
19.	174. 08. 06.	1. 39. 10.	175. 47. 16.	14. 22. 04.	28. 00,2.
20.	174. 33. 15.	1. 40. 55.	176. 14. 10.	14. 47. 44.	28. 00,1.
21.	174. 46. 16.	1. 42. 40.	176. 28. 56.	15. 26. 28.	28. 00,1.
22.	174. 36. 15.	1. 44. 28.	176. 20. 37.	....	27. 11,3.
23.	174. 30. 00.	1. 46. 16.	176. 16. 16.	16. 03. 31.	27. 11,5.
24.	173. 33. 45.	1. 48. 06.	175. 21. 51.	17. 11. 35.	27. 11,4.
25.	173. 16. 30.	1. 49. 59.	175. 06. 29.	18. 11. 02.	27. 11,8.
26.	173. 29. 45.	1. 51. 55.	175. 21. 40.	....	28. 04,0.
27.	173. 52. 10.	1. 53. 53.	175. 46. 03.	18. 35. 19.	28. 00,0.
28.	174. 17. 25.	1. 55. 53.	176. 13. 18.	18. 25. 30.	27. 11,1.
29.	174. 55. 00.	1. 57. 56.	176. 52. 56.	18. 43. 00.	27. 10,4.
30.	175. 25. 45.	2. 00. 01.	177. 25. 46.	19. 55. 01.	27. 11,5.
31.	175. 36. 45.	2. 02. 07.	177. 38. 52.	21. 04. 34.	27. 11,4.
1788. Janvier. 1.	175. 42. 47.	2. 04. 14.	177. 47. 01.	21. 38. 35.	27. 11,4.
2.	175. 42. 00.	2. 06. 22.	177. 48. 22.	22. 25. 34.	27. 11,6.
3.	175. 55. 10.	2. 08. 30.	178. 03. 40.	22. 35. 44.	27. 11,8.
4.	176. 35. 00.	2. 10. 20.	178. 45. 20.	22. 19. 40.	28. 00,1.
5.	177. 38. 00.	2. 12. 28.	179. 50. 28.	22. 40. 35.	28. 00,4.
6.	....	....	....	23. 21. 32.	28. 00,6.
7.	Orientale.	....	Orientale.	....	27. 11,9.
8.	176. 49. 30.	2. 18. 29.	174. 31. 01.	25. 00. 31.	28. 00,2.
9.	174. 41. 15.	2. 20. 20.	172. 20. 55.	25. 51. 04.	28. 00,5.
10.	172. 46. 15.	2. 22. 06.	170. 24. 09.	26. 42. 26.	28. 00,4.

ÉPOQUE, 1787.	THERM.	DÉCLINAISON de l'aiguille, Est.	INCLINAISON de l'aiguille.	VENTS, ÉTAT DU CIEL ET REMARQUES.
	D.	D. M. S.	D. M. S.	
Décembre. 8.	20 $\frac{1}{10}$.	9. 31. 00.	....	E. petit frais, beau.
9.	21.	....	18. 30. 00.	E. faible.
10.	21.	....	....	E. petit frais, beau.
11.	20 $\frac{1}{2}$.	....	....	E. N. E. faible, beau.
12.	21.	9. 08. 00.	....	N. E. très-faible, beau.
13.	21 $\frac{1}{2}$.	8. 27. 00.	....	E. S. E. calme, idem.
14.	21 $\frac{1}{2}$.	....	....	E. N. E. petit frais, beau.
15.	21.	....	....	Calme.
16.	......	....	....	Idem.
17.	21.	....	....	E. N. E. petit frais, beau.
18.	20 $\frac{4}{5}$.	....	....	E. S. E. idem.
19.	21.	9. 13. 00.	....	Idem, très-faible.
20.	21.	....	....	Idem.
21.	21.	10. 53. 00.	....	N. E. faible, beau.
22.	21 $\frac{1}{2}$.	....	....	N. N. E. bon frais, beau.
23.	21.	....	....	N. N. O. par grains, de la pluie.
24.	20 $\frac{1}{5}$.	11. 38. 00.	....	O. N. O. bon frais.
25.	19.	....	....	N. N. O. petit frais, beau.
26.	19 $\frac{1}{2}$.	....	....	Idem.
27.	19.	....	....	N. nuageux.
28.	19.	....	29. 22. 30.	Idem, de la pluie.
29.	18 $\frac{4}{5}$.	....	....	N. N. E. petit frais, beau.
30.	19 $\frac{1}{2}$.	11. 30. 00.	....	N. N. O. bon frais.
31.	19 $\frac{1}{2}$.	10. 57. 00.	....	N. N. E. petit frais.
1788. Janvier. 1.	19 $\frac{1}{2}$.	11. 38. 00.	33. 00. 00.	S. S. O. très-faible.
2.	19 $\frac{1}{2}$.	10. 50. 00.	....	O. S. O. petit frais.
3.	19.	10. 27. 00.	34. 00. 00.	S. S. O. très-faible, beau.
4.	18 $\frac{4}{5}$.	10. 05. 00.	....	Idem, petit frais, beau.
5.	19 $\frac{4}{5}$.	....	....	N. E. idem.
6.	19.	....	....	Idem.
7.	17 $\frac{4}{5}$.	....	37. 00. 00.	E. N. E. bon frais.
8.	18.	....	....	Idem.
9.	18.	....	39. 00. 00.	Idem.
10.	18.	....	....	N. E. idem.

ÉPOQUE, 1788.	LONGITUDE orientale, par la montre N.° 19.	CORRECTIONS.	LONGITUDE vraie, Orientale.	LATITUDE, Sud.	BAROMÈTRE.
	D. M. S.	D. M. S.	D. M. S.	D. M. S.	P. L.
Janvier. 11.	171. 51. 30.	2. 23. 47.	169. 27. 43.	28. 00. 00.	27. 11,0.
12.	169. 47. 45.	2. 25. 22.	167. 22. 23.	28. 57. 29.	27. 08,5.
13.	168. 31. 40.	2. 26. 54.	166. 04. 46.	29. 01. 30.	27. 10,4.
14.	167. 11. 12.	2. 28. 26.	164. 42. 46.	29. 07. 23.	27. 11,9.
15.	165. 06. 23.	2. 29. 42.	162. 36. 31.	29. 26. 22.	28. 01,1.
16.	163. 11. 19.	2. 31. 00.	160. 40. 19.	30. 25. 48.	28. 01,7.
17.	161. 09. 47.	2. 32. 10.	158. 37. 37.	31. 27. 51.	28. 02,5.
18.	159. 22. 00.	2. 32. 50.	156. 49. 10.	32. 17. 09.	28. 01,6.
19.	157. 55. 23.	2. 32. 50.	155. 22. 33.	32. 48. 20.	28. 02,6.
20.	155. 51. 11.	2. 33. 35.	153. 17. 36.	33. 16. 35.	28. 03,6.
21.	154. 38. 00.	2. 34. 15.	152. 03. 45.	34. 01. 34.	28. 03,7.
22.	153. 59. 50.	2. 34. 35.	151. 25. 15.	34. 08. 33.	28. 03,4.
23.	152. 40. 00.	2. 35. 00.	150. 05. 00.	33. 43. 02.	28. 03,6.
24.	152. 43. 45.	2. 35. 25.	150. 08. 20.	34. 09. 24.	28. 01,8.

Nota. Par un milieu entre plusieurs suites de distances de la lune au soleil, j'ai déterminé l'erreur de la montre N.° 19, sur les longitudes observées; j'ai ensuite interpolé les variations que doivent subir les corrections journalières, pour en conclure les longitudes vraies.

Voici les constantes que donnent les observations des distances ou des suites rapportées à une époque fixe.............

D. M. S.
6 Octobre.. 0. 4. 0.
2 Novembre. 0. 55. 0.
18 .... 1. 01. 8.
4 Décembre. 1. 16. 50.
18 .... 1. 37. 20.
4 Janvier... 2. 08. 30.
16 .... 2. 31. 00.

C'est d'après cette série que j'ai conclu les longitudes vraies, journalières, qui nous ont servi pour notre longitude vraie d'arrivée à la nouvelle Hollande.

ÉPOQUE, 1788.	THERM.	DÉCLINAISON de l'aiguille, Est.			INCLINAISON de l'aiguille.			VENTS, ÉTAT DU CIEL ET REMARQUES.
	D.	D.	M.	S.	D.	M.	S.	
Janvier. 11.	15.	....			46.	45.	00.	N. N. E. bon frais, couvert.
12.	16 ⅔.	....			51.	34.	00.	O. petit frais, beau.
13.	16.	....			....			S. E. bon frais, beau.
14.	16.	....			....			E. S. E. *idem.*
15.	16 ½.	....			49.	33.	00.	E. N. E. *idem.*
16.	17 3/10.	9.	05.	00.	....			*Idem.*
17.	18.	9.	20.	00.	54.	00.	00.	N. E. *idem.*
18.	18.	10.	23.	00.	....			N. N. E. *idem.*
19.	18.	10.	07.	00.	55.	30.	00.	N. E. *idem.*
20.	18.	9.	32.	00.	....			*Idem.*
21.	18.	9.	42.	00.	....			E. N. E. petit frais, beau.
22.	18.	11.	23.	00.	56.	32.	00.	Calme, beau.
23.	18.	11.	22.	00.	....			S. E. bon frais, beau.
24.	17.	....			....			N. N. O. bon frais.

TABLES

DE LA ROUTE DE L'ASTROLABE,

PENDANT LES ANNÉES

1785, 1786, 1787,

DEPUIS

SON DÉPART D'EUROPE JUSQU'AU KAMTSCHATKA.

VOYAGE

ÉPOQUE, 1785.	LATITUDE, Nord.	LONGITUDE estimée, Occidentale.	LONGITUDE occidentale, par l'horloge N.° 18.	LONGITUDE occidentale, par les distances de la ☾ au ☉.	DÉCLINAISON de l'aiguille, Ouest.
	D. M. S.	D. M. S.	D. M. S.	D. M. S.	D. M. S.
Août. 7.	41. 18. 00.	14. 10. 00.	....	....	....
8.	38. 55. 11.	15. 41. 00.	15. 11. 39.	....	....
9.	36. 43. 32.	16. 34. 00.	15. 31. 27.	....	....
10.	34. 45. 36.	17. 04. 00.	16. 10. 16.	15. 11. 15.	....
11.	33. 06. 07.	17. 45. 00.	16. 38. 55.	15. 17. 30.	....
12.	32. 08. 07.	19. 20. 00.	18. 13. 30.	....	....
13.	32. 42. 09.	....	19. 11. 02.	....	18. 18. 00.
14.	....	....	....	....	....
15.	....	....	19. 31. 41.	....	....
16.	....	....	....	....	....
17.	31. 25. 09.	19. 07. 00.	18. 44. 21.	....	17. 40. 00.
18.	30. 16. 37.	18. 09. 00.	....	....	....
19.	28. 30. 28.	18. 29. 00.	....	....	....
20.	....	....	....	....	....
21.	....	....	....	....	....
22.	....	....	....	....	....
23.	....	....	....	....	....
24.	....	....	....	....	16. 45. 00.
25.	....	....	....	....	....
26.	....	....	....	....	16. 58. 00.
27.	....	....	....	18. 18. 30.	14. 32. 00.
28.	....	....	....	....	14. 56. 00.
29.	....	....	....	....	16. 07. 00.
30.	....	....	....	....	17. 05. 00.
31.	27. 06. 09.	18. 52. 00.	18. 45. 46.	....	19. 12. 00.

DE LA PÉROUSE. 355

ÉPOQUE, 1785.	INCLINAISON de l'aiguille.	THERM. intérieur, observé à midi.	BAROMÈTRE DE NAIRNE, observé à midi, jusqu'au 15 Août exclusivement; et depuis le 15 du même mois, à 9 heures du matin et à 3 h. après midi.		VENTS, ÉTAT DU CIEL ET REMARQUES.
			à 12 heures.	à 3 heures.	
	D. M. S.	D.	P. L. P.	P. L. P.	
Août. 7.	....	16,9.	28.03.10.$\frac{1}{3}$.	....	N. E. frais, beau.
8.	....	17,8.	28.03.03.$\frac{2}{3}$.	....	N. E. et N. N. E. bon frais, nébuleux.
9.	....	19,2.	28.02.09.	....	N. E. frais, beau.
10.	....	19,3.	28.03.03.$\frac{2}{3}$.	....	Idem.
11.	....	19,5.	28.02.09.	....	Idem.
12.	....	19,8.	28.03.03.$\frac{2}{3}$.	....	N. N. E. et N. faible, nébuleux.
13.	....	20,6.	Idem.....		N. E. faible, beau.
14.	....	21,0.	28.04.05.	....	N. E. variable au S. E. par l'Est, calme, beau.
			à 9 heures.		N. E. variable à l'E. N. E. et
15.	....	21,5.	28.03.10.$\frac{1}{3}$.	28.03.03.$\frac{2}{3}$.	au S. O. par le S. frais, nébuleux.
16.	....	21,3.	28.03.03.$\frac{2}{3}$.	28.03.10.$\frac{1}{3}$.	N. E. frais, beau.
17.	....	20,8.	28.04.11.$\frac{2}{3}$.	28.04.11.$\frac{2}{3}$.	N. N. E. frais, beau.
18.	....	20,2.	28.05.06.$\frac{1}{3}$.	28.05.06.$\frac{1}{3}$.	N. E. petit frais, beau.
19.	....	21,0.	28.04.05.	28.03.10.$\frac{1}{3}$.	N. N. E. frais, beau.
20.	....	19,8.	28.03.10.$\frac{1}{3}$.	28.03.03.$\frac{2}{3}$.	N. E. frais, de la pluie.
21.	....	21,8.	28.03.03.$\frac{2}{3}$.	Idem......	N. E. faible, de la pluie.
22.	....	22,2.	28.03.10.$\frac{1}{3}$.	28.03.10.$\frac{1}{3}$.	N. variable au N. E. faible, du brouillard.
23.	....	22,0.	28.04.05.	Idem......	N. E. variable à l'E. N. E. frais, beau.
24.	....	22,8.	Idem.....	Idem......	N. E. frais, beau.
25.	....	21,6.	28.03.10.$\frac{1}{3}$.	28.03.03.$\frac{2}{3}$.	N. E. petit frais, beau.
26.	....	22,2.	Idem.....	Idem......	N. E. très-faible, beau.
27.	58. 00. 00.	22,0.	28.04.05.	28.04.05.	E. variable à l'E. N. E. bon frais, beau.
28.	....	22,5.	28.04.11.$\frac{2}{3}$.	Idem......	E. N. E. variable au N. E. frais, beau.
29.	....	22,3.	28.04.05.	28.03.10.$\frac{1}{3}$.	N. E. faible, beau.
30.	....	23,5.	28.03.10.$\frac{1}{3}$.	28.02.09.	N. N. E. faible, beau.
31.	....	22,5.	28.03.03.$\frac{2}{3}$.	Idem......	N. E. frais, beau.

Y y ij

ÉPOQUE, 1785.	LATITUDE, Nord.	LONGITUDE estimée, Occidentale.	LONGITUDE occidentale, par l'horloge N.° 18.	LONGITUDE occidentale, par les distances de la ☾ au ☉.	DÉCLINAISON de l'aiguille, Ouest.
	D. M. S.	D. M. S.	D. M. S.	D. M. S.	D. M. S.
Septembre. 1.	25. 08. 36.	19. 21. 00.	19. 43. 33.	....	15. 35. 00.
2.	23. 54. 25.	19. 48. 00.	....	....	....
3.	22. 10. 31.	20. 38. 00.	20. 42. 23.	....	{ 14. 57. 00. 13. 38. 00.
4.	21. 19. 54.	21. 09. 00.	21. 17. 10.	....	....
5.	19. 32. 46.	21. 56. 00.	22. 13. 55.	....	....
6.	17. 37. 20.	22. 26. 00.	22. 23. 38.	....	12. 20. 00.
7.	16. 18. 47.	22. 20. 00.	22. 19. 28.	....	12. 31. 00.
8.	15. 43. 47.	22. 13. 00.	....	....	....
9.	14. 56. 34.	22. 18. 00.	22. 18. 34.	....	{ 11. 52. 00. 11. 40. 00.
10.	14. 11. 10.	22. 14. 00.	22. 10. 47.	22. 09. 59.	11. 30. 00.
11.	13. 57. 16.	22. 27. 00.	....	....	11. 31. 00.
12.	13. 11. 16.	22. 20. 00.	22. 02. 39.	....	....
13.	12. 12. 17.	22. 24. 00.	21. 56. 40.	22. 05. 24.	10. 59. 00.
14.	11. 04. 15.	22. 24. 00.	....	....	10. 40. 00.
15.	10. 07. 32.	22. 24. 00.	21. 31. 09.	....	10. 45. 00.
16.	9. 09. 52.	21. 36. 00.	19. 37. 27.	....	....
17.	8. 31. 27.	20. 46. 00.	18. 49. 00.	....	11. 00. 00.
18.	7. 38. 38.	20. 11. 00.	18. 41. 56.	....	10. 58. 00.

DE LA PÉROUSE.

ÉPOQUE, 1785.	INCLINAISON de l'aiguille.	THERM. intérieur, observé à midi.	BAROMÈTRE DE NAIRNE, observé à 9 heures du matin, et à 3 heures après midi.		VENTS, ÉTAT DU CIEL ET REMARQUES.
			à 9 heures.	à 3 heures.	
	D. M. S.	D.	P. L. P.	P. L. P.	
Septembre. 1.	....	23,0.	28.02.09.	Idem......	N. E. variable à l'E, petit frais, beau.
2.	....	22,3.	28.03.03.$\frac{2}{3}$.	28.02.02.$\frac{1}{3}$.	N. E. et E. N. E. bon frais, beau.
3.	....	22,2.	28.02.09.	Idem......	N. E. bon frais, brumeux.
4.	....	23,0.	Idem......	Idem......	N. E. variable au N. O. par le N. faible, nébuleux.
5.	....	22,8.	Idem......	Idem......	N. E. variable au N. N. E. frais, idem.
6.	....	23,5.	Idem......	28.01.07.$\frac{2}{3}$.	N. E. frais, brumeux et orageux.
7.	....	23,4.	28.02.02.$\frac{1}{3}$.	Idem......	N. E. petit frais, beau.
8.	....	25,0.	Idem......	Idem......	N. E. variable à l'E. S. E. par l'E. orageux.
9.	....	25,3.	Idem......	28.02.09.	S. S. E. variable au N. N. O. par l'E. presque calme, orageux.
10.	32.15.00.	25,5.	28.02.09.	28.02.02.$\frac{1}{3}$.	N. variable à l'E. S. E. par l'E. petit frais, beau.
11.	....	27,7.	28.03.03.$\frac{2}{3}$.	Idem......	E. variable au S. S. O. faible, orageux.
12.	....	24,8.	Idem......	28.02.09.	E. S. E. variable à l'O. N. O. par le S. faible, orageux.
13.	....	22,3.	Idem......	28.02.02.$\frac{1}{3}$.	S. variable au N. N. E. par l'O. petit frais, nébuleux.
14.	....	25,3.	28.02.09.	28.01.07.$\frac{2}{3}$.	N. N. E. variable au N. N. O. par le N. petit frais, beau.
15.	....	25,6.	Idem......	28.02.09.	N. N. O. et N. faible, nébuleux.
16.	....	25,0.	Idem......	28.01.07.$\frac{2}{3}$.	N. N. O. variable au S. O. par l'O. petit frais, nébuleux.
17.	....	24,8.	Idem......	28.02.02.$\frac{1}{3}$.	O. S. O. et S. S. O. frais, de la pluie.
18.	....	24,0.	Idem......	Idem......	S. O. variable au S. S. O. petit frais, beau.

ÉPOQUE, 1785.	LATITUDE, Nord.	LONGITUDE estimée, Occidentale.	LONGITUDE occidentale, par l'horloge N.º 18.	LONGITUDE occidentale, par les distances de la ☾ au ☉.	DÉCLINAISON de l'aiguille, Ouest.
	D. M. S.	D. M. S.	D. M. S.	D. M. S.	D. M. S.
Septemb. 19.	7. 12. 38.	20. 06. 00.	....	....	....
20.	6. 09. 50.	19. 58. 00.	18. 24. 01.	....	....
21.	5. 12. 50.	19. 29. 00.	17. 42. 45.	....	....
22.	4. 36. 50.	18. 34. 00.	16. 41. 32.	....	....
23.	3. 43. 00.	18. 02. 00.	16. 11. 15.	16. 11. 15.	....
24.	2. 46. 08.	17. 23. 00.	15. 00. 12.	....	....
25.	2. 20. 23.	16. 33. 00.	14. 04. 05.	....	....
26.	1. 40. 45.	17. 30. 00.	15. 15. 17.	15. 07. 00.	11. 31. 00.
27.	1. 23. 45.	18. 11. 00.	....	....	....
28.	0. 54. 31.	19. 08. 00.	17. 01. 17.	17. 43. 08.	....
29.	0. 11. 00.	20. 01. 00.	18. 02. 12.	....	....
	Sud.				
30.	0. 40. 39.	20. 39. 00.	18. 29. 11.	....	9. 36. 30.
Octobre. 1.	1. 40. 03.	21. 16. 00.	19. 00. 18.	....	9. 55. 00.
2.	2. 51. 47.	21. 49. 00.	19. 40. 36.	....	9. 40. 00.
3.	4. 21. 42.	22. 18. 00.	20. 25. 14.	....	8. 40. 00.
4.	5. 42. 20.	22. 48. 00.	20. 50. 10.	....	8. 32. 30.
5.	6. 51. 30.	23. 10. 00.	21. 21. 46.	....	7. 23. 00.
6.	8. 10. 35.	23. 37. 00.	22. 07. 10.	....	8. 13. 30.
7.	9. 34. 10.	24. 06. 00.	22. 41. 44.	23. 21. 00.	6. 40. 30.
8.	11. 04. 21.	24. 29. 00.	23. 18. 49.	24. 04. 25.	....
9.	12. 18. 58.	25. 00. 00.	23. 51. 59.	24. 28. 24.	5. 49. 00.
10.	13. 37. 00.	25. 26. 00.	24. 02. 37.	....	4. 43. 00.
11.	14. 37. 59.	25. 44. 00.	....	26. 09. 00.	4. 43. 00.
12.	15. 52. 01.	26. 14. 00.	25. 20. 41.	26. 59. 40.	4. 30. 00.
13.	17. 06. 54.	26. 58. 00.	26. 00. 26.	....	3. 30. 30.

DE LA PÉROUSE.

ÉPOQUE, 1785.	INCLINAISON de l'aiguille.	THERM. intérieur, observé à midi.	BAROMÈTRE DE NAIRNE, observé à 9 heures du matin, et à 3 heures après midi.		VENTS, ÉTAT DU CIEL ET REMARQUES.
	D. M. S.	D.	à 9 heures. P. L. P.	à 3 heures. P. L. P.	
Septemb. 19.	....	25,5.	28.03.03.$\frac{2}{3}$.	28.02.02.$\frac{1}{3}$.	O. S. O. variable au N. par l'O. faible, beau.
20.	....	24,2.	28.02.09.	Idem......	N. variable à l'O. petit frais, nébuleux.
21.	....	23,7.	Idem......	28.02.09.	N. O. variable au S. S. O. par l'O. petit frais, nébuleux.
22.	....	23,9.	28.03.03.$\frac{2}{3}$.	Idem......	O. S. O. et S. O. frais, nébuleux.
23.	....	23,6.	Idem......	28.02.02.$\frac{1}{3}$.	N. variable à l'O. S. O. par l'O. petit frais, nébuleux.
24.	....	24,0.	28.03.10.$\frac{1}{3}$.	28.02.09.	O. S. O. variable au S. O. faible, beau.
25.	9. 30. 00.	24,7.	28.03.03.$\frac{2}{3}$.	28.02.02.$\frac{1}{3}$.	S. O. variable au S. S. E. par le S. faible, nébuleux.
26.	....	23,0.	Idem......	Idem......	S. et S. S. E. frais, de la pluie.
27.	....	23,2.	28.02.09.	Idem......	S. S. O. et S. S. E. idem.
28.	....	23,0.	Idem......	28.01.07.$\frac{2}{3}$.	S. S. E. et S. E. bon frais, pluie.
29.	....	22,9.	28.03.03.$\frac{2}{3}$.	28.02.02.$\frac{1}{3}$.	S. E. frais, nébuleux.
30.	8. 15. 00.	22,2.	Idem......	Idem......	S. E. petit frais, beau.
Octobre. 1.	7. 00. 00.	22,0.	Idem......	Idem......	S. E. idem.
2.	6. 22. 30.	22,2.	Idem......	Idem......	S. E. variable à l'E. S. E. petit frais, beau.
3.	4. 15. 00.	22,0.	Idem......	Idem......	S. E. et E. S. E. idem.
4.	2. 00. 00.	22,0.	Idem......	28.02.09.	E. S. E. de la pluie.
5.	2. 00. 00.	21,8.	Idem......	28.02.02.$\frac{1}{3}$.	S. E. variable à l'E. S. E. petit frais, par grains, pluie.
6.	3. 15. 00.	22,3.	Idem......	28.02.09.	E. et E. S. E. petit frais, beau.
7.	6. 45. 00.	22,5.	Idem......	Idem......	E. petit frais, nébuleux.
8.	....	22,0.	28.03.10.$\frac{1}{3}$.	Idem......	E. S. E. et E. frais, beau.
9.	11. 00. 00.	21,4.	28.03.03.$\frac{2}{3}$.	Idem......	E. et E. S. E. petit frais, pluie.
10.	....	21,5.	Idem......	Idem......	E. et E. S. E. frais, par grains, de la pluie.
11.	15. 30. 00.	20,9.	28.03.10.$\frac{1}{3}$.	28.03.03.$\frac{2}{3}$.	E. S. E. et S. E. frais, idem.
12.	....	20,0.	Idem......	28.03.10.$\frac{1}{3}$.	E. S. E. et E. petit frais, par grains, de la pluie.
13.	....	19,4.	28.04.05.	28.03.03.$\frac{2}{3}$.	E. et E. S. E. frais, beau.

ÉPOQUE, 1785.	LATITUDE, Sud.	LONGITUDE estimée, Occidentale.	LONGITUDE occidentale, par l'horloge N.° 18.	LONGITUDE occidentale, par les distances de la ☽ au ☉.	DÉCLINAISON de l'aiguille, Ouest.
	D. M. S.	D. M. S.	D. M. S.	D. M. S.	D. M. S.
Octobre. 14.	18. 42. 26.	27. 43. 00.	26. 49. 08.	....	2. 33. 00.
15.	20. 27. 49.	28. 28. 00.	26. 48. 47.	....	1. 38. 00. Est.
16.	20. 43. 23.	30. 19. 00.	28. 53. 27.	....	1. 00. 00.
17.	20. 42. 27.	31. 11. 00.	29. 50. 42.	....	1. 28. 00.
18.	20. 41. 36.	31. 11. 00.	29. 54. 16.	....	1. 50. 00.
19.	21. 06. 36.	32. 29. 00.	....	....	1. 45. 00.
20.	20. 43. 36.	33. 44. 00.	....	....	....
21.	20. 48. 36.	34. 40. 00.	34. 00. 13.	....	2. 24. 00.
22.	20. 30. 11.	36. 10. 00.	34. 26. 17.	....	2. 24. 00.
23.	20. 29. 45.	37. 13. 00.	35. 43. 01.	37. 36. 20.	2. 16. 00.
24.	21. 25. 45.	38. 00. 00.	....	....	4. 36. 00.
25.	23. 27. 45.	39. 51. 00.	....	....	....
26.	24. 13. 56.	40. 50. 00.	39. 02. 54.	41. 03. 01.	....
27.	25. 05. 08.	41. 43. 00.	39. 35. 42.	41. 43. 32.	7. 06. 00.
28.	24. 47. 19.	42. 00. 00.	39. 33. 58.	41. 40. 36.	7. 09. 00.
29.	24. 47. 19.	42. 56. 00.	....	....	7. 14. 00.
30.	25. 25. 19.	44. 29. 00.	....	....	....
31.	25. 42. 19.	45. 10. 00.	....	....	....
Novembre. 1.	26. 50. 21.	46. 35. 00.	....	....	9. 05. 00.
2.	27. 39. 00.	47. 38. 00.	45. 32. 33.	....	9. 04. 00.

ÉPOQUE, 1785.	INCLINAISON de l'aiguille.	THERM. intérieur, observé à midi.	BAROMÈTRE DE NAIRNE, observé à 9 heures du matin, et à 3 heures après midi.		VENTS, ÉTAT DU CIEL ET REMARQUES.
			à 9 heures.	à 3 heures.	
	D. M. S.	D.	P. L. P.	P. L. P.	
Octobre 14.	23. 00. 00.	19,9.	28. 04. 05.	28. 03. 10.$\frac{2}{3}$.	E. et E. N. E. frais, beau.
15.	....	21,0.	28. 03. 10.$\frac{1}{3}$.	28. 03. 03.$\frac{2}{3}$.	E. et E. N. E. idem.
16.	....	21,0.	28. 03. 03.$\frac{2}{3}$.	28. 02. 02.$\frac{1}{3}$.	N. E. variable au N. frais, beau.
17.	26. 30. 00.	22,0.	28. 01. 07.$\frac{2}{3}$.	28. 01. 07.$\frac{2}{3}$.	N. variable au N. O. frais, nébuleux.
18.	....	22,0.	28. 02. 09.	28. 02. 02.$\frac{1}{3}$.	N. et N. N. O. petit frais, beau.
19.	28. 00. 00.	20,3.	28. 03. 03.$\frac{2}{3}$.	28. 02. 09.	N. variable au N. O. et au S. par l'O. petit frais, nébuleux.
20.	....	20,9.	28. 02. 09.	28. 02. 02.$\frac{1}{3}$.	S. variable à l'E. S. E. frais, pluie.
21.	....	19,6.	28. 02. 02.$\frac{1}{3}$.	Idem......	S. E. idem.
22.	....	.....	28. 03. 10.$\frac{1}{3}$.	28. 03. 03.$\frac{2}{3}$.	S. S. E. et S. frais, beau.
23.	....	19,1.	28. 04. 05.	28. 03. 10.$\frac{1}{3}$.	S. variable au S. S. E. petit frais, beau.
24.	....	19,0.	28. 03. 03.$\frac{2}{3}$.	28. 02. 09.	S. E. variable à l'E. S. E. frais, beau.
25.	....	19,8.	27. 11. 11.$\frac{2}{3}$.	27. 09. 09.	E. et E. N. E. frais, nébuleux.
26.	....	20,0.	27. 09. 02.$\frac{1}{3}$.	27. 11. 05.	E. N. E. variable à l'O. N. O. par le S. frais, orageux.
27.	....	20,0.	28. 00. 06.$\frac{1}{3}$.	28. 00. 06.$\frac{1}{3}$.	O. N. O. et N. petit frais, beau.
28.	....	20,5.	28. 02. 02.$\frac{1}{3}$.	28. 02. 02.$\frac{1}{3}$.	O. variable au S. O. faible, nébuleux.
29.	....	20,0.	28. 02. 09.	Idem......	S. variable à l'E. N. E. faible, beau.
30.	36. 15. 00.	21,5.	28. 01. 01.	27. 11. 11.$\frac{2}{3}$.	N. variable à l'E. S. E. faible, brumeux.
31.	....	21,5.	Idem......	28. 00. 06.$\frac{1}{3}$.	Idem.
Novembre 1.	....	20,6.	28. 01. 07.$\frac{2}{3}$.	28. 01. 01.	S. E. et E. S. E. petit frais, de la pluie.
2.	....	20,0.	28. 00. 06.$\frac{1}{3}$.	27. 11. 11.$\frac{2}{3}$.	E. variable au N. O. petit frais, beau.

ÉPOQUE, 1785.	LATITUDE, Sud.	LONGITUDE estimée, Occidentale.	LONGITUDE occidentale, par l'horloge N.° 18.	LONGITUDE occidentale, par les distances de la ☾ au ☉.	DÉCLINAISON de l'aiguille, Est.
	D. M. S.	D. M. S.	D. M. S.	D. M. S.	D. M. S.
Novembre. 3.	27. 30. 00.	49. 05. 00.	....	....	....
4.	27. 09. 00.	49. 05. 00.	....	....	....
5.	27. 00. 00.	49. 39. 00.	....	....	9. 55. 00.
6.	27. 18. 00.	....	....	....	....
7.	....	....	47. 15. 47.	....	....
8.	....	....	....	....	....
9.	....	....	....	....	....
10.	....	....	....	....	....
11.	....	....	....	....	....
12.	....	....	....	....	....
13.	....	....	....	....	....
14.	....	....	....	....	....
15.	....	....	....	....	....
16.	....	....	....	....	....
17.	....	....	....	....	....
18.	....	....	....	....	....
19.	....	....	....	....	....
20.	27. 39. 24.	49. 19. 0.	....	....	9. 19. 00.
21.	28. 03. 09.	48. 37. 08.	48. 22. 08.	47. 51. 31.	....
22.	28. 52. 00.	48. 10. 08.	....	....	8. 10. 00.

ÉPOQUE, 1785.	INCLINAISON de l'aiguille.	THERM. intérieur, observé à midi.	BAROMÈTRE DE NAIRNE, observé à 9 heures du matin, et à 3 heures après midi.		VENTS, ÉTAT DU CIEL ET REMARQUES.
	D. M. S.	D.	à 9 heures. P. L. P.	à 3 heures. P. L. P.	
Novembre 3.	....	19,5.	28.02.09.	28.02.09.	N. N. O. variable au S. S. E. par le S. petit frais, beau.
4.	....	19,0.	28.01.01.	28.01.01.	S. E. variable au S. faible, pluie.
5.	....	19,0.	28.02.02.$\frac{1}{3}$.	28.02.02.$\frac{1}{3}$.	S. S. E. et S. petit frais, pluie.
6.	....	19,0.	28.02.09.	Idem......	E. S. E. variable au N. petit frais, orageux.
7.	....	20,0.	....	....	S. et S. E. frais, nébuleux.
8.	....	19,0.	28.02.09.	28.02.09.	S. E. variable à l'E. N. E. faible, nébuleux.
9.	....	19,0.	....	....	N. E. petit frais, nébuleux.
10.	....	19,5.	....	....	N. variable au N. N. E. frais, pluie.
11.	....	20,3.	28.01.01.	....	E. variable à l'E. N. E. frais, idem.
12.	....	20,0.	Idem.....	28.00.06.$\frac{1}{3}$.	S. E. et E. S. E. petit frais, nébuleux.
13.	....	20,0.	....	....	S. variable à l'E. calme, idem.
14.	....	20,0.	....	28.00.06.$\frac{1}{3}$.	N. E. et E. N. E. petit frais, beau.
15.	....	21,0.	....	28.01.07.$\frac{2}{3}$.	N. N. E. variable au S. O. par l'E. très-faible, pluie.
16.	....	....	....	....	S. E. et E. petit frais, beau.
17.	39. 52. 30.	20,5.	28.02.02.$\frac{1}{3}$.	28.02.09.	E. variable au N. E. frais, orageux.
18.	38. 00. 00.	21,0.	Idem.....	28.01.01.	N. variable au N. N. O. faible, orageux.
19.	40. 15. 00.	21,5.	28.00.06.$\frac{1}{3}$.	Idem.....	E. N. E. variable au S. O. par l'E. calme, beau.
20.	....	20,5.	28.02.02.$\frac{1}{3}$.	28.01.07.$\frac{2}{3}$.	S. variable au S. S. O. frais, beau.
21.	....	19,0.	Idem.....	Idem.....	S. variable au S. O. petit frais, beau.
22.	....	19,5.	28.01.01.	28.00.06.$\frac{1}{3}$.	S. variable au N. E. frais, nébuleux.

VOYAGE

ÉPOQUE, 1785.	LATITUDE, Sud.	LONGITUDE estimée, Occidentale.	LONGITUDE occidentale, par l'horloge, N.° 18.	LONGITUDE occidentale, par les distances de la ☾ au ☉.	DÉCLINAISON de l'aiguille, Est.
	D. M. S.	D. M. S.	D. M. S.	D. M. S.	D. M. S.
Novemb. 23.	30. 59. 15.	46. 38. 38.	46. 34. 30.	46. 37. 11.	....
24.	31. 36. 44.	46. 10. 38.	46. 04. 32.	46. 05. 47.	....
25.	32. 37. 03.	45. 39. 08.	45. 34. 42.	45. 43. 25.	....
26.	33. 39. 06.	44. 45. 08.	....	....	10. 24. 00.
27.	35. 00. 06.	44. 10. 38.	....	....	....
28.	35. 23. 24.	44. 40. 23.	44. 19. 45.	....	9. 57. 00.
29.	35. 43. 13.	43. 57. 23.	....	....	9. 40. 00.
30.	36. 26. 48.	43. 08. 28.	42. 00. 47.	....	9. 31. 00.
Décembre. 1.	37. 41. 29.	41. 30. 46.	39. 56. 54.	....	....
2.	38. 38. 42.	40. 37. 16.	38. 28. 46.	....	....
3.	39. 55. 31.	39. 03. 46.	37. 00. 27.	....	8. 33. 00.
4.	40. 49. 11.	38. 01. 16.	36. 01. 31.	....	8. 28. 00.
5.	42. 34. 01.	37. 35. 46.	35. 16. 34.	....	....
6.	43. 49. 44.	37. 11. 46.	34. 31. 31.	....	....
7.	44. 41. 44.	36. 16. 46.	33. 43. 27.	34. 36. 19.	....
8.	45. 08. 35.	36. 15. 42.	33. 24. 30.	35. 11. 39.	7. 41. 00.
9.	44. 16. 36.	36. 19. 42.	33. 10. 42.	34. 17. 40.	7. 40. 00.
10.	44. 59. 39.	37. 10. 42.	....	....	....
11.	44. 49. 34.	37. 38. 36.	34. 37. 56.	....	....
12.	44. 32. 40.	38. 38. 06.	....	....	7. 46. 00.

ÉPOQUE, 1785.	INCLINAISON de l'aiguille.	THERM. intérieur, observé à midi.	BAROMÈTRE DE NAIRNE, observé à 9 heures du matin, et à 3 heures après midi.		VENTS, ÉTAT DU CIEL ET REMARQUES.
	D. M. S.	D.	à 9 heures. P. L. P.	à 3 heures. P. L. P.	
Novemb. 23.	....	20,0.	28.01.01.	28.00.06.$\frac{1}{3}$.	N. E. et E. N. E. frais, nébuleux.
24.	....	20,0.	28.02.02.$\frac{1}{3}$.	28.02.02.$\frac{1}{3}$.	N. E. variable au S. S. O. par le N. petit frais, brumeux.
25.	....	18,5.	Idem......	Idem......	E. S. E. variable au N. N. E. par l'E. petit frais, brumeux.
26.	....	18,0.	Idem......	28.01.07.$\frac{2}{3}$.	N. E. et E. N. E. faible, nébuleux.
27.	....	18,0.	27.11.05.	27.08.07.$\frac{2}{3}$.	E. N. E. et E. petit frais, pluie.
28.	....	17,5.	27.11.11.$\frac{2}{3}$.	28.00.06.$\frac{1}{3}$.	E. variable au S. bon frais, pluie.
29.	....	17,5.	28.02.09.	28.03.03.$\frac{2}{3}$.	S. S. O. variable à l'O. frais, nébuleux.
30.	....	18,0.	28.03.10.$\frac{1}{3}$.	Idem......	O. variable à l'O. N. O. petit frais, beau.
Décembre. 1.	50. 30. 00.	17,5.	28.03.03.$\frac{2}{3}$.	28.02.02.$\frac{1}{3}$.	O. N. O. petit frais, nébuleux.
2.	....	18,0.	28.01.07.$\frac{2}{3}$.	28.01.01.	N. O. et O. N. O. petit frais, brumeux.
3.	....	16,0.	27.09.09.	27.11.11.$\frac{2}{3}$.	N. O. variable à l'O. S. O. par grains, de la pluie.
4.	....	13,5.	28.01.07.$\frac{2}{3}$.	28.01.07.$\frac{2}{3}$.	S. O. et S. S. O. frais, nébuleux.
5.	....	14,0.	28.00.06.$\frac{1}{3}$.	27.11.05.	O. S. O. et O. frais, idem.
6.	....	13,0.	27.10.03.$\frac{2}{3}$.	27.10.03.$\frac{2}{3}$.	N. O. variable au S. O. par l'O. frais, peu brumeux.
7.	....	12,0.	28.00.06.$\frac{1}{3}$.	28.00.06.$\frac{1}{3}$.	O. S. O. et S. S. O. frais, nébuleux.
8.	....	11,5.	27.10.10.$\frac{1}{3}$.	27.09.09.	S. O. et O. frais, pluie.
9.	....	11,5.	27.11.11.$\frac{2}{3}$.	27.11.11.$\frac{2}{3}$.	O. et O. N. O. frais, idem.
10.	....	13,0.	27.08.07.$\frac{2}{3}$.	27.06.05.	O. N. O. et N. O. petit frais, brumeux.
11.	....	11,5.	27.07.06.$\frac{1}{3}$.	27.10.03.$\frac{2}{3}$.	N. N. O. variable au S. par l'O. grains et pluie.
12.	....	11,5.	27.09.09.	27.08.07.$\frac{2}{3}$.	S. S. O. variable au N. par l'O. bon frais, pluie.

ÉPOQUE, 1785.	LATITUDE, Sud.	LONGITUDE estimée, Occidentale.	LONGITUDE occidentale, par l'horloge N.° 18.	LONGITUDE occidentale, par les distances de la ☾ au ☉.	DÉCLINAISON de l'aiguille, Est.
	D. M. S.	D. M. S.	D. M. S.	D. M. S.	D. M. S.
Décemb. 13.	45. 20. 01.	39. 28. 06.	....	....	8. 43. 00.
14.	44. 00. 42.	39. 53. 00.	36. 03. 43.	....	8. 45. 00.
15.	43. 27. 39.	40. 57. 30.	36. 57. 05.	....	8. 29. 00.
16.	44. 17. 39.	42. 20. 30.	....	....	....
17.	44. 43. 33.	42. 34. 54.	....	....	10. 38. 00.
18.	44. 54. 38.	43. 55. 54.	40. 08. 51.	....	12. 15. 00.
19.	44. 34. 56.	45. 39. 39.	41. 54. 07.	....	13. 00. 00.
20.	44. 42. 35.	46. 48. 09.	....	....	13. 12. 00.
21.	44. 53. 30.	47. 50. 09.	44. 46. 12.	....	....
22.	44. 50. 16.	48. 23. 09.	44. 54. 46.	43. 59. 59.	13. 41. 00.
23.	43. 25. 29.	48. 20. 39.	45. 13. 04.	44. 31. 41.	....
24.	43. 25. 55.	48. 44. 24.	....	....	13. 45. 00.
25.	42. 26. 41.	49. 29. 24.	47. 09. 12.	46. 43. 07.	13. 55. 00.
26.	42. 31. 44.	49. 46. 54.	....	....	14. 00. 00.
27.	42. 20. 23.	50. 36. 24.	48. 22. 42.	....	14. 08. 00.
28.	42. 01. 29.	51. 36. 24.	49. 02. 59.	....	....
29.	41. 46. 17.	52. 40. 39.	....	....	15. 08. 00.

DE LA PÉROUSE. 367

ÉPOQUE, 1785.	INCLINAISON de l'aiguille.	THERM. intérieur, observé à midi.	BAROMÈTRE DE NAIRNE, observé à 9 heures du matin, et à 3 heures après midi.		VENTS, ÉTAT DU CIEL ET REMARQUES.
	D. M. S.	D.	à 9 heures. P. L. P.	à 3 heures. P. L. P.	
Décemb. 13.	....	12,0.	27.09.02.$\frac{1}{3}$.	27.09.09.	N. O. et N. bon frais, brumeux.
14.	....	11,0.	28.01.07.$\frac{2}{3}$.	28.02.02.$\frac{1}{3}$.	O. N. O. et O. S. O. petit frais, par grains, de la pluie.
15.	....	11,5.	28.03.03.$\frac{2}{3}$.	28.01.07.$\frac{2}{3}$.	O. S. O. et O. N. O. faible, le temps beau.
16.	....	13,0.	27.10.10.$\frac{1}{3}$.	27.11.05.	N. O. variable au S. O. par l'O. petit frais, brumeux.
17.	....	12,0.	28.01.07.$\frac{2}{3}$.	28.00.06.$\frac{1}{3}$.	O. variable au N. E. par le S. faible, nébuleux.
18.	....	12,5.	28.00.06.$\frac{1}{3}$.	28.01.01.	N. variable au S. O. par l'O. frais, pluie.
19.	....	11,5.	27.11.05.	27.11.11.$\frac{2}{3}$.	S. O. variable à l'E. S. E. par le S. petit frais, nébuleux.
20.	....	12,0.	27.10.10.$\frac{1}{3}$.	27.10.10.$\frac{1}{3}$.	S. E. variable à l'O. N. O. par l'O. faible, idem.
21.	....	13,0.	27.09.09.	27.09.09.	S. O. variable à l'O. N. O. par l'O. petit frais, brumeux.
22.	....	13,0.	27.10.03.$\frac{2}{3}$.	27.10.10.$\frac{1}{3}$.	N. O. variable à l'O. S. O. par l'O. petit frais, un peu brumeux.
23.	....	13,0.	27.11.11.$\frac{2}{3}$.	27.11.05.	S. O. et O. S. O. faible, beau.
24.	....	13,5.	27.08.07.$\frac{2}{3}$.	27.09.09.	O. S. O. et S. O. par grains, pluie.
25.	....	12,5.	28.00.06.$\frac{1}{3}$.	28.01.01.	S. O. et S. S. O. grand frais, nébuleux.
26.	....	13,0.	27.10.10.$\frac{1}{3}$.	27.10.03.$\frac{2}{3}$.	S. O. et N. O. par l'O. petit frais, nébuleux.
27.	....	13,0.	27.09.09.	27.09.09.	E. N. E. variable au S. E. par le S. petit frais, pluie.
28.	....	13,0.	27.10.03.$\frac{2}{3}$.	27.08.07.$\frac{2}{3}$.	S. S. O. et N. O. par l'O. faible, beau.
29.	....	13,0.	27.11.11.$\frac{2}{3}$.	28.00.06.$\frac{1}{3}$.	N. N. O. variable au S. S. O. par l'O. par grains, pluie.

ÉPOQUE, 1785.	LATITUDE, Sud.	LONGITUDE estimée, Occidentale.	LONGITUDE occidentale, par l'horloge N.° 18.	LONGITUDE occidentale, par les distances de la ☾ au ☉.	DÉCLINAISON de l'aiguille, Est.
	D. M. S.	D. M. S.	D. M. S.	D. M. S.	D. M. S.
Décemb. 30.	42. 11. 10.	53. 38. 24.	50. 32. 57.	....	....
31.	42. 22. 28.	54. 41. 24.	....	....	....
1786. Janvier. 1.	41. 33. 00.	55. 15. 39.	52. 32. 54.	....	15. 58. 00.
2.	41. 31. 13.	56. 24. 39.	53. 17. 07.	....	....
3.	42. 37. 11.	57. 57. 39.	54. 28. 12.	54. 31. 12.	16. 44. 00.
4.	42. 44. 48.	59. 15. 39.	55. 47. 04.	56. 00. 12.	....
5.	43. 38. 53.	60. 35. 09.	56. 49. 19.	57. 31. 12.	....
6.	44. 53. 19.	61. 18. 39.	57. 23. 32.	....	17. 29. 00.
7.	44. 55. 20.	61. 58. 24.	58. 25. 55.	....	18. 20. 00.
8.	45. 31. 37.	62. 50. 54.	59. 26. 03.	60. 12. 57.	19. 00. 00.
9.	46. 45. 46.	64. 01. 09.	....	....	19. 30. 00.
10.	47. 47. 15.	64. 26. 39.	61. 00. 32.	....	20. 03. 00.
11.	48. 14. 30.	64. 40. 27.	61. 38. 30.	....	20. 24. 00.
12.	47. 58. 04.	65. 24. 27.	62. 30. 28.	....	20. 25. 00.
13.	46. 49. 51.	66. 33. 27.	63. 36. 34.	....	....
14.	47. 52. 02.	67. 57. 57.	64. 46. 46.	....	20. 50. 00.
15.	48. 56. 39.	68. 58. 27.	65. 50. 55.	....	21. 41. 00.
16.	49. 44. 41.	69. 07. 12.	66. 09. 53.	....	21. 58. 00.

DE LA PÉROUSE.

ÉPOQUE, 1785.	INCLINAISON de l'aiguille.	THERM. intérieur, observé à midi.	BAROMÈTRE DE NAIRNE, observé à 9 heures du matin, et à 3 heures après midi.		VENTS, ÉTAT DU CIEL ET REMARQUES.
	D. M. S.	D.	à 9 heures. P. L. P.	à 3 heures. P. L. P.	
Décemb. 30.	....	14,5.	27.10.03.$\frac{2}{3}$.	27.09.09.	S. variable au N.O. par l'O. frais, nébuleux.
31.	....	15,0.	27.08.07.$\frac{2}{3}$.	27.10.03.$\frac{2}{3}$.	N.O. variable au S.S.O. par l'O. frais, par grains, pluie.
1786. Janvier. 1.	....	14,5.	27.09.09.	27.11.11.$\frac{2}{3}$.	S.S.O. et S. bon frais, par grains, pluie.
2.	....	15,5.	28.02.02.$\frac{1}{3}$.	28.01.01.	S.S.O. variable au S.E. et au N. par l'O. faible, beau.
3.	....	16,0.	27.10.10.$\frac{1}{3}$.	27.11.05.	N. variable à l'O.S.O. par l'O. frais, nébuleux.
4.	....	16,0.	28.00.06.$\frac{1}{3}$.	Idem......	O. variable au S.E. par le N. petit frais.
5.	....	16,5.	27.10.03.$\frac{2}{3}$.	27.09.09.	N.N.E. variable au S.E. par l'O. faible, orageux.
6.	....	15,5.	27.07.06.$\frac{1}{3}$.	27.09.02.$\frac{2}{3}$.	E.N.E. variable à l'O.S.O. par l'O. par grains d'inégale force, pluie.
7.	....	14,0.	27.09.09.	27.08.07.$\frac{2}{3}$.	S.O. variable au N.N.O. par l'O. bon frais, nébuleux.
8.	....	13,0.	27.08.07.$\frac{2}{3}$.	27.09.09.	O.S.O. variable au S. frais, par grains, nébuleux.
9.	....	12,5.	27.05.10.$\frac{1}{3}$.	27.04.02.$\frac{1}{3}$.	O.S.O. et O.N.O. frais, nuageux.
10.	....	11,5.	Idem......	27.06.11.$\frac{2}{3}$.	N.O. et O.S.O. petit frais, nuageux.
11.	....	11,5.	27.07.06.$\frac{1}{3}$.	27.08.01.	O. et S.S.O. faible, beau.
12.	....	11,5.	27.08.07.$\frac{2}{3}$.	27.09.09.	O.S.O. et S. faible, beau.
13.	....	12,5.	28.02.02.$\frac{1}{3}$.	28.02.02.$\frac{1}{3}$.	S.O. frais, par grains, nuageux.
14.	....	11,5.	27.09.09.	27.10.03.$\frac{2}{3}$.	O.S.O. et N.O. frais, pluie.
15.	....	12,0.	27.08.01.	27.08.07.$\frac{2}{3}$.	O. variable au N.N.E. par le N. et à l'O.S.O. par l'O. petit frais, beau.
16.	....	11,5.	27.11.11.$\frac{2}{3}$.	28.00.06.$\frac{1}{3}$.	O. variable au S.O. par l'O. faible, beau.

TOME III.   Aaa

ÉPOQUE, 1786.	LATITUDE, Sud.	LONGITUDE estimée, Occidentale.	LONGITUDE occidentale, par l'horloge N.° 18.	LONGITUDE occidentale, par les distances de la ☾ au ☉.	DÉCLINAISON de l'aiguille, Est.
	D. M. S.	D. M. S.	D. M. S.	D. M. S.	D. M. S.
Janvier. 17.	50. 03. 49.	69. 55. 12.	67. 06. 37.	....	22. 11. 00.
18.	49. 57. 51.	70. 45. 12.	68. 01. 10.	....	22. 52. 00.
19.	50. 15. 50.	71. 39. 12.	68. 56. 17.	....	23. 27. 00.
20.	50. 57. 58.	72. 57. 42.	70. 29. 13.	68. 34. 12.	23. 18. 00.
21.	51. 33. 45.	73. 17. 27.	....	69. 17. 08.	22. 55. 00.
22.	52. 22. 06.	72. 54. 36.	70. 49. 02.	69. 31. 31.	22. 47. 00.
23.	53. 41. 22.	68. 31. 31.	69. 42. 52.	68. 39. 46.	....
24.	54. 32. 58.	67. 09. 31.	67. 58. 10.	66. 49. 43.	....
25.	56. 16. 33.	68. 07. 45.	67. 46. 44.	....	....
26.	57. 08. 20.	68. 35. 15.	67. 51. 07.	....	....
27.	57. 57. 26.	69. 32. 15.	67. 44. 39.	....	....
28.	57. 52. 13.	71. 43. 30.	70. 19. 10.	....	....
29.	58. 18. 21.	73. 12. 45.	70. 59. 46.	....	....
30.	57. 53. 10.	73. 47. 15.	71. 36. 44.	....	....
31.	58. 37. 43.	74. 13. 30.	....	....	....
Février. 1.	57. 58. 47.	75. 09. 45.	73. 03. 31.	....	....
2.	58. 22. 19.	76. 41. 15.	74. 21. 37.	....	27. 03. 00.
3.	58. 52. 25.	78. 53. 15.	76. 33. 19.	....	....

ÉPOQUE, 1786.	INCLINAISON de l'aiguille.	THERM. intérieur, observé à midi.	BAROMÈTRE DE NAIRNE, observé à 9 heures du matin, et à 3 heures après midi.		VENTS, ÉTAT DU CIEL ET REMARQUES.
	D. M. S.	D.	à 9 heures. P. L. P.	à 3 heures. P. L. P.	
Janvier. 17.	....	10, 5.	28.02.09.	28.03.03.$\frac{2}{3}$.	O. N. O. variable au S. S. E. par le S. petit frais, nuageux.
18.	....	10, 0.	28.03.10.$\frac{1}{3}$.	28.04.05.	S. S. E. variable au S. O. par le S. petit frais, beau.
19.	....	11, 0.	28.04.05.	28.03.10.$\frac{1}{3}$.	S. variable au N. E. par l'E. faible, nuageux.
20.	64. 30. 00.	12, 0.	28.02.02.$\frac{1}{3}$.	28.01.01.	N. E. et E. N. E. petit frais, beau.
21.	....	12, 5.	Idem......	28.02.09.	N. N. O. et S. S. E. par l'E. faible, idem.
22.	....	13, 0.	Idem......	28.01.07.$\frac{2}{3}$.	S. E. variable à l'O. N. O. par l'E. et le N. nuageux.
23.	....	11, 0.	28.03.03.$\frac{2}{3}$.	Idem......	N. O. variable au S. O. frais, nébuleux.
24.	68. 15. 00.	11, 0.	27.11.11.$\frac{2}{3}$.	27.10.10.$\frac{1}{3}$.	N. O. et N. N. O. frais, nuageux.
25.	....	11, 0.	27.08.01.	27.08.01.	N. N. O. et S. O. par l'O. petit frais, nuageux, pluie.
26.	....	10, 0.	27.07.06.$\frac{1}{3}$.	27.05.10.$\frac{1}{3}$.	S. O. et O. frais, nébuleux.
27.	....	9, 0.	27.04.02.$\frac{1}{3}$.	27.03.01.	O. S. O. et O. par grains, pluie.
28.	....	9, 0.	27.06.11.$\frac{2}{3}$.	27.09.02.$\frac{2}{3}$.	O. et O. N. O. variable au S. E. par le S. petit frais, nuageux.
29.	....	9, 0.	27.05.03.$\frac{2}{3}$.	27.04.09.	S. S. E. et O. S. O. par le S. frais, pluie.
30.	....	9, 0.	27.07.06.$\frac{1}{3}$.	27.07.06.$\frac{1}{3}$.	O. et O. S. O. par grains, nébuleux.
31.	....	9, 0.	27.08.01.	27.06.05.	O. S. O. et O. N. O. faible, pluie.
Février. 1.	....	9, 5.	27.08.07.$\frac{2}{3}$.	27.08.07.$\frac{2}{3}$.	O. et O. S. O. petit frais, peu brumeux.
2.	69. 37. 30.	9, 0.	27.08.01.	27.07.06.$\frac{1}{3}$.	O. et O. N. O. faible, nuageux, pluie.
3.	....	9, 0.	27.11.09. à midi. 26.10.01. à 1 heure $\frac{1}{2}$.	26.07.10.$\frac{2}{3}$. à 7 heures du soir. 26.11.02.$\frac{1}{3}$. à minuit.	O. N. O. et N. N. O. frais, pluie.

VOYAGE

ÉPOQUE, 1786.	LATITUDE, Sud.	LONGITUDE estimée, Occidentale.	LONGITUDE occidentale, par l'horloge N.° 18.	LONGITUDE occidentale, par les distances de la ☾ au ☉.	DÉCLINAISON de l'aiguille, Est.
	D. M. S.	D. M. S.	D. M. S.	D. M. S.	D. M. S.
Février. 4.	58. 48. 13.	79. 20. 15.	76. 27. 02.	....	27. 11. 00.
5.	59. 38. 10.	80. 27. 45.	77. 20. 23.	....	....
6.	60. 36. 56.	82. 00. 45.	79. 01. 29.	....	....
7.	59. 19. 45.	83. 42. 45.	80. 53. 27.	....	....
8.	58. 39. 54.	85. 01. 45.	81. 32. 13.	....	....
9.	57. 15. 04.	88. 12. 15.	84. 32. 24.	....	....
10.	56. 00. 05.	89. 09. 15.	85. 25. 42.	....	....
11.	53. 47. 17.	89. 43. 45.	86. 19. 45.	....	....
12.	53. 08. 26.	89. 45. 45.	86. 20. 42.	....	....
13.	51. 17. 23.	89. 22. 27.	86. 07. 01.	....	....
14.	49. 58. 05.	88. 58. 42.	86. 00. 55.	....	....
15.	48. 03. 09.	88. 20. 36.	85. 15. 30.	....	....
16.	45. 23. 38.	87. 39. 18.	84. 38. 40.	....	....
17.	43. 26. 47.	86. 40. 48.	83. 27. 32.	....	....
18.	42. 19. 02.	86. 02. 54.	82. 41. 02.	....	....
19.	41. 03. 45.	85. 01. 42.	81. 29. 24.	....	....
20.	40. 04. 19.	83. 39. 12.	80. 03. 20.	78. 38. 39.	17. 29. 30.
21.	39. 04. 54.	81. 49. 12.	78. 17. 27.	77. 09. 10.	15. 39. 00.
22.	37. 50. 47.	80. 40. 42.	77. 27. 33.	76. 27. 42.	15. 00. 30.

ÉPOQUE, 1786.	INCLINAISON de l'aiguille.	THERM. intérieur, observé à midi.	BAROMÈTRE DE NAIRNE, observé à 9 heures du matin, et à 3 heures après midi.		VENTS, ÉTAT DU CIEL ET REMARQUES.
			à 9 heures.	à 3 heures.	
	D. M. S.	D.	P. L. P.	P. L. P.	
Février. 4.	....	9, 5.	27.01.05.	27.02.06.$\frac{1}{3}$.	N. variable à l'O. S. O. bon frais, par grains, pluie.
5.	....	8, 5.	27.03.01.	27.01.11.$\frac{2}{3}$.	O. S. O. et N. O. par l'O. grains.
6.	....	8, 5.	27.09.03.$\frac{2}{3}$.	27.01.05.	O. et O. S. O. frais, pluie.
7.	....	8, 0.	27.03.01.	27.01.11.$\frac{2}{3}$.	S. O. et S. S. O. par grains, pluie.
8.	....	7, 5.	27.01.11.$\frac{2}{3}$.	27.03.01.	S. O. calme, ensuite à l'E. N. E. et E. S. E. nuageux.
9.	70. 11. 15.	7, 0.	27.04.02.$\frac{1}{3}$.	27.04.09.	E. S. E. variable au S. S. O. par grains, nuageux.
10.	....	7, 5.	27.04.09.	27.06.11.$\frac{2}{3}$.	S. S. E. variable au S. O. par le S. par grains d'inégale force, couvert, pluie.
11.	....	8, 5.	27.09.02.$\frac{1}{3}$.	27.09.09.	S. S. O. et O. S. O. frais, nuageux.
12.	....	9, 5.	27.06.11.$\frac{2}{3}$.	27.06.11.$\frac{2}{3}$.	S. O. variable au N. O. par l'O. petit frais, brumeux.
13.	....	9, 5.	27.08.01.	27.07.06.$\frac{1}{3}$.	S. O. et O. S. O. par grains de force inégale, un peu brumeux.
14.	....	9, 5.	27.10.10.$\frac{1}{3}$.	27.09.09.	O. S. O. et O. N. O. petit frais, pluie.
15.	....	10, 0.	27.08.01.	27.07.06.$\frac{1}{3}$.	O. N. O. et O. S. O. par grains, pluie.
16.	....	10, 5.	27.11.05.	28.01.01.	O. et S. O. bon frais, pluie.
17.	....	11, 5.	28.01.07.$\frac{2}{3}$.	28.02.02.$\frac{1}{3}$.	S. S. O. et O. N. O. par l'O. frais, un peu brumeux.
18.	62. 15. 00.	13, 0.	28.01.01.	28.00.06.$\frac{1}{3}$.	O. et S. O. petit frais, brumeux.
19.	....	14, 0.	28.01.07.$\frac{2}{3}$.	28.02.02.$\frac{1}{3}$.	S. S. O. et O. N. O. petit frais, du brouillard.
20.	59. 22. 30.	15, 5.	28.03.03.$\frac{2}{3}$.	28.03.10.$\frac{1}{3}$.	S. S. O. et O. N. O. frais, nuageux.
21.	....	15, 0.	Idem......	28.02.02.$\frac{1}{3}$.	S. O. variable au S. S. E. par le S. petit frais, nébuleux.
22.	....	15, 5.	28.02.02.$\frac{1}{3}$.	Idem......	S. S. E. variable au S. O. petit frais, beau.

VOYAGE

ÉPOQUE, 1786.	LATITUDE, Sud.	LONGITUDE estimée, Occidentale.	LONGITUDE occidentale, par l'horloge, N.° 18.	LONGITUDE occidentale, par les distances de la ☾ au ☉.	DÉCLINAISON de l'aiguille, Est.
	D. M. S.	D. M. S.	D. M. S.	D. M. S.	D. M. S.
Février. 23.	36. 42. 12.	79. 45. 42.	76. 30. 36.	75. 44. 51.	14. 49. 00.
24.	....	....	....	....	....
25.	....	....	....	....	....
26.	....	....	....	....	....
27.	....	....	....	....	....
28.	....	....	....	....	....
Mars. 1.	....	....	....	....	....
2.	....	....	....	....	....
3.	....	....	....	....	....
4.	....	....	....	....	....
5.	....	....	....	....	....
6.	....	....	....	....	....
7.	....	....	....	....	....
8.	....	....	....	....	....
9.	....	....	....	....	....
10.	....	....	....	....	....
11.	....	....	....	....	15. 20. 00.
12.	....	....	....	....	....
13.	....	....	....	....	....
14.	....	....	....	....	....
15.	....	....	....	....	....
16.	....	....	....	....	....
17.	....	....	....	....	....
18.	36. 37. 45.	75. 57. 45.	....	....	15. 20. 00.
19.	35. 29. 12.	77. 08. 45.	....	....	15. 13. 00.
20.	33. 40. 02.	79. 19. 00.	79. 06. 22.	....	14. 00. 00.
21.	32. 32. 44.	81. 39. 00.	81. 42. 11.	....	....

DE LA PÉROUSE.

ÉPOQUE, 1786.	INCLINAISON de l'aiguille.	THERM. intérieur, observé à midi.	BAROMÈTRE DE NAIRNE, observé à 9 heures du matin, et à 3 heures après-midi.		VENTS, ÉTAT DU CIEL ET REMARQUES.
	D. M. S.	D.	à 9 heures. P. L. P.	à 3 heures. P. L. P.	
Février. 23.	....	15,0.	28.01.07.$\frac{2}{3}$.	28.01.01.	S. et S. S. O. frais, beau.
24.	....	14,0.	28.02.02.$\frac{1}{3}$.	28.02.02.$\frac{1}{3}$.	S. S. O. variable au S. S. E. par le S. petit frais, nuageux.
25.	....	15,0.	Idem.....	....	S. variable au S. O. faible, beau.
26.	....	15,5.	28.01.07.$\frac{2}{3}$.	....	S. O. et S. petit frais, beau.
27.	....	16,5.	Idem.....	....	S. et S. S. O. calme, brumeux.
28.	....	16,0.	28.01.01.	28.01.01.	S. et S. O. calme, beau.
Mars. 1.	....	16,0.	28.02.02.$\frac{1}{3}$.	28.02.02.$\frac{1}{3}$.	S. et S. S. O. frais, beau.
2.	....	16,5.	28.03.03.$\frac{2}{3}$.	28.03.03.$\frac{2}{3}$.	S. S. O. calme, beau.
3.	....	16,0.	Idem.....	....	Idem.
4.	56. 00. 00.	15,0.	....	28.02.02.$\frac{1}{3}$.	S. S. O. et S. O. faible, beau.
5.	....	15,0.	28.02.02.$\frac{1}{3}$.	28.01.07.$\frac{2}{3}$.	S. S. O. et O. frais, beau.
6.	....	15,5.	....	....	S. O. faible, brumeux.
7.	....	16,0.	28.01.07.$\frac{2}{3}$.	....	S. S. O. et S. O. petit frais, beau.
8.	....	17,0.	....	....	Idem.
9.	....	16,0.	....	....	S. O. et O. S. O. petit frais, brumeux.
10.	....	15,0.	....	....	Idem.
11.	....	15,0.	....	....	S. S. O. et O. S. O. beau.
12.	....	15,0.	....	....	S. et S. S. O. faible, nuageux.
13.	....	15,5.	....	....	Idem.
14.	....	15,0.	28.01.07.$\frac{2}{3}$.	28.01.07.$\frac{2}{3}$.	N. et N. N. E. faible, brumeux.
15.	....	14,5.	....	....	Idem, nébuleux.
16.	....	14,5.	....	....	N. et N. O. frais, pluie.
17.	....	14,5.	....	....	S. et S. S. E. faible, brumeux.
18.	....	15,0.	28.02.09.	28.02.02.$\frac{1}{3}$.	S. O. et S. S. E. calme, nuageux.
19.	....	15,0.	28.01.07.$\frac{2}{3}$.	28.03.10.$\frac{1}{3}$.	O. S. O. variable au S. S. E. petit frais, nuageux.
20.	....	15,0.	28.03.10.$\frac{1}{3}$.	28.04.05.	S. O. et S. S. O. bon frais, nébuleux.
21.	....	16,0.	28.05.06.$\frac{1}{3}$.	28.05.06.$\frac{1}{3}$.	S. variable au S. S. E. bon frais, nuageux.

Époque, 1786.	Latitude, Sud.	Longitude estimée, Occidentale.	Longitude occidentale, par l'horloge N.° 18.	Longitude occidentale, par les distances de la ☾ au ☉.	Déclinaison de l'aiguille, Est.
	D. M. S.	D. M. S.	D. M. S.	D. M. S.	D. M. S.
Mars. 22.	31. 28. 53.	83. 52. 30.	....	....	....
23.	30. 31. 05.	86. 08. 30.	85. 44. 57.	85. 31. 52.	10. 40. 00.
24.	29. 47. 55.	87. 56. 24.	87. 28. 00.	87. 07. 35.	9. 33. 00.
25.	29. 12. 14.	89. 49. 54.	89. 00. 54.	88. 53. 52.	9. 22. 30.
26.	28. 34. 37.	91. 33. 24.	90. 36. 57.	90. 24. 30.	7. 55. 00.
27.	27. 52. 45.	94. 04. 54.	92. 51. 54.	....	7. 56. 00.
28.	27. 33. 25.	96. 41. 24.	95. 13. 01.	....	7. 52. 00.
29.	27. 17. 10.	98. 47. 24.	97. 05. 04.	....	7. 56. 30.
30.	27. 08. 33.	100. 36. 54.	99. 01. 27.	....	7. 14. 00.
31.	26. 59. 26.	102. 43. 54.	101. 01. 28.	....	7. 11. 30.
Avril. 1.	27. 06. 14.	104. 49. 09.	103. 03. 02.	....	7. 57. 00.
2.	27. 07. 06.	107. 15. 09.	105. 13. 56.	....	5. 28. 30.
3.	27. 07. 00.	109. 23. 24.	107. 18. 58.	107. 07. 52.	....
4.	27. 10. 36.	111. 14. 24.	109. 00. 04.	....	5. 09. 00.
5.	27. 04. 21.	111. 45. 24.	109. 19. 42.	....	....
6.	27. 02. 44.	111. 53. 54.	109. 12. 05.	....	....
7.	26. 57. 17.	112. 35. 54.	....	....	....
8.	27. 08. 29.	113. 39. 54.	111. 00. 34.	....	....
9.	27. 09. 42.	114. 25. 24.	111. 55. 07.	....	....
10.	27. 08. 42.	....	....	....	....
11.	26. 26. 02.	111. 58. 25.	....	....	3. 54. 30.
12.	25. 04. 49.	111. 56. 07.	111. 54. 10.	....	4. 00. 00.
13.	23. 19. 11.	111. 48. 22.	111. 54. 21.	....	4. 02. 00.

DE LA PÉROUSE.

ÉPOQUE, 1786.	INCLINAISON de l'aiguille.	THERM. intérieur, observé à midi.	BAROMÈTRE DE NAIRNE, observé à 9 heures du matin, et à 3 heures après midi.		VENTS, ÉTAT DU CIEL ET REMARQUES.
			à 9 heures.	à 3 heures.	
	D. M. S.	D.	P. L. P.	P. L. P.	
Mars. 22.	....	17,0.	28.05.06.$\frac{1}{3}$.	28.04.05.	S. et S. E. bon frais, nuageux.
23.	....	17,0.	28.04.05.	28.03.10.$\frac{1}{3}$.	S. variable à l'E. S. E. frais, nébuleux.
24.	....	18,0.	28.03.03.$\frac{1}{3}$.	28.02.09.	Idem, un peu brumeux.
25.	....	18,0.	28.03.03.$\frac{2}{3}$.	28.03.03.$\frac{2}{3}$.	E. S. E. et S. E. frais, nuageux.
26.	....	18,0.	28.04.05.	28.04.05.	Idem.
27.	....	18,5.	28.05.06.$\frac{1}{3}$.	28.05.06.$\frac{1}{3}$.	S. E. et E. petit frais, beau.
28.	....	19,0.	Idem......	28.04.11.$\frac{2}{3}$.	E. et E. S. E. bon frais, à grains, pluie.
29.	....	19,0.	28.04.11.$\frac{2}{3}$.	28.04.05.	Idem, nuageux.
30.	52. 56. 15.	19,5.	28.04.05.	28.03.10.$\frac{1}{3}$.	Idem.
31.	53. 00. 00.	19,5.	Idem......	28.04.05.	S. E. et S. S. E. petit frais, beau.
Avril. 1.	....	20,0.	28.04.11.$\frac{2}{3}$.	Idem......	E. S. E. frais, nuageux.
2.	....	20,0.	28.05.06.$\frac{1}{3}$.	28.04.11.$\frac{2}{3}$.	E. S. E. et E. N. E. par grains d'inégale force, nébuleux.
3.	....	21,0.	Idem......	28.04.05.	E. variable au N. E. frais, nuageux.
4.	....	21,5.	28.03.03.$\frac{2}{3}$.	28.02.09.	N. E. et N. N. O. par le N. petit frais, pluie.
5.	....	21,5.	28.02.09.	28.02.02.$\frac{1}{3}$.	N. N. O. et N. O. faible, nuageux.
6.	....	22,5.	28.01.01.	28.01.01.	N. N. O. et O. N. O. bon frais, nuageux.
7.	52. 07. 30.	21,0.	28.02.09.	28.02.02.$\frac{1}{3}$.	O. N. O. variable à l'E. S. E. par le S. faible, pluie.
8.	....	21,0.	28.01.01.	27.11.05.	S. E. variable au N. E. par l'E. petit frais, nuageux, pluie.
9.	....	21,0.	Idem......	28.01.01.	N. E. variable au S. E. par l'E. faible, nuageux.
10.	....	21,0.	....	....	S. E. et E. S. E. frais, beau.
11.	....	20,0.	28.04.05.	28.03.10.$\frac{2}{3}$.	S. S. E. et S. E. faible, beau.
12.	....	20,0.	....	28.04.05.	S. et S. E. petit frais, nuageux.
13.	54. 03. 45.	20,0.	28.04.05.	28.03.03.$\frac{2}{3}$.	S. E. et S. S. E. petit frais, beau.

TOME III.   Bbb

ÉPOQUE, 1786.	LATITUDE, Sud.	LONGITUDE estimée, Occidentale.	LONGITUDE occidentale, par l'horloge N.° 18.	LONGITUDE occidentale, par les distances de la ☾ au ☉.	DÉCLINAISON de l'aiguille, Est.
	D. M. S.	D. M. S.	D. M. S.	D. M. S.	D. M. S.
Avril. 14.	21. 50. 30.	111. 37. 28.	111. 56. 57.	....	4. 00. 00.
15.	20. 39. 02.	111. 31. 01.	112. 02. 25.	....	4. 39. 00.
16.	19. 05. 20.	111. 39. 43.	112. 14. 34.	....	4. 38. 00.
17.	17. 32. 49.	112. 04. 19.	112. 54. 05.	....	4. 19. 00.
18.	16. 03. 05.	112. 22. 19.	113. 09. 10.	....	4. 10. 00.
19.	14. 12. 07.	112. 26. 49.	113. 18. 54.	....	4. 08. 00.
20.	12. 13. 40.	112. 33. 40.	113. 30. 38.	113. 08. 56.	4. 19. 00.
21.	10. 10. 52.	112. 38. 37.	113. 50. 33.	113. 35. 57.	3. 58. 30.
22.	8. 22. 42.	112. 57. 49.	114. 16. 47.	113. 42. 02.	4. 06. 00.
23.	6. 40. 34.	113. 16. 19.	114. 59. 13.	114. 31. 03.	3. 50. 30.
24.	5. 28. 41.	113. 41. 10.	115. 45. 28.	....	3. 39. 00.
25.	4. 20. 16.	114. 24. 55.	116. 53. 43.	....	2. 54. 30.
26.	3. 20. 06.	115. 10. 13.	118. 07. 44.	....	2. 04. 00.
27.	2. 14. 44.	115. 44. 52.	118. 39. 57.	....	2. 50. 00.
28.	1. 00. 21. Nord.	116. 21. 55.	119. 05. 33.	....	3. 47. 00.
29.	0. 11. 40.	116. 47. 01.	119. 09. 49.	....	3. 50. 00.
30.	1. 36. 59.	117. 18. 28.	119. 28. 58.	....	4. 08. 00.
Mai. 1.	2. 54. 46.	118. 01. 52.	120. 18. 04.	119. 38. 50.	4. 28. 30.
2.	4. 03. 22.	118. 43. 10.	121. 03. 44.	121. 12. 42.	2. 47. 30.
3.	5. 09. 59.	119. 10. 25.	121. 33. 27.	121. 46. 09.	2. 39. 30.
4.	5. 45. 52.	119. 22. 49.	121. 24. 31.	....	3. 25. 00.
5.	6. 09. 52.	119. 37. 16.	....	....	3. 40. 00.
6.	7. 04. 28.	120. 20. 52.	122. 11. 31.	122. 32. 26.	3. 14. 00.
7.	8. 16. 54.	121. 08. 52.	123. 20. 45.	....	3. 49. 00.

DE LA PÉROUSE.

ÉPOQUE, 1786.	INCLINAISON de l'aiguille.	THERM. intérieur, observé à midi.	BAROMÈTRE DE NAIRNE, observé à 9 heures du matin, et à 3 heures après midi.		VENTS, ÉTAT DU CIEL ET REMARQUES.
	D. M. S.	D.	à 9 heures. P. L. P.	à 3 heures. P. L. P.	
Avril. 14.	....	21,0.	28.03.10.$\frac{1}{3}$.	28.03.03.$\frac{2}{3}$.	S. E. et S. S. E. petit frais, beau.
15.	....	21,0.	Idem......	Idem......	S. E. et E. nuageux.
16.	....	21,5.	28.04.05.	Idem......	E. et E. N. E. par grains, nuageux.
17.	....	22,0.	Idem......	Idem......	N. E. et E. N. E. frais, nébuleux.
18.	....	21,5.	28.03.10.$\frac{1}{3}$.	28.02.09.	E. N. E. et N. E. petit frais, nuageux.
19.	....	22,0.	Idem......	28.01.07.$\frac{2}{3}$.	N. E. et E. frais, nébuleux.
20.	....	22,5.	28.02.09.	28.02.02.$\frac{1}{3}$.	E. N. E. et E. S. E. frais, nuageux.
21.	....	23,0.	28.03.03.$\frac{2}{3}$.	Idem......	Idem.
22.	....	23,5.	28.02.09.	28.01.07.$\frac{2}{3}$.	E. et E. S. E. frais, beau.
23.	....	24,0.	Idem......	Idem......	E. S. E. et S. E. petit frais, beau.
24.	....	23,5.	28.02.02.$\frac{1}{3}$.	28.02.02.$\frac{1}{3}$.	S. E. et S. S. E. petit frais, beau.
25.	35. 52. 45.	24,5.	28.03.03.$\frac{2}{3}$.	Idem......	E. S. E. et S. E. idem.
26.	33. 30. 00.	24,5.	Idem......	28.01.07.$\frac{2}{3}$.	Idem.
27.	....	24,5.	28.02.09.	28.02.02.$\frac{1}{3}$.	S. E. et E. S. E. petit frais, nuageux.
28.	....	24,0.	Idem......	Idem......	Idem.
29.	27. 18. 45.	23,5.	Idem......	28.01.07.$\frac{2}{3}$.	E. S. E. et S. S. E. idem.
30.	....	23,5.	28.02.02.$\frac{1}{3}$.	28.01.01.	Idem, beau.
Mai. 1.	....	23,5.	28.01.07.$\frac{2}{3}$.	Idem......	S. E. et S. S. E. petit frais, nuageux.
2.	....	24,0.	Idem......	Idem......	Idem, nébuleux.
3.	....	24,5.	28.02.02.$\frac{1}{3}$.	Idem......	E. S. E. et S. E. faible, nuageux.
4.	....	24,5.	Idem......	Idem......	S. S. E. et E. S. E. faible, beau.
5.	....	25,0.	Idem......	28.01.07.$\frac{2}{3}$.	S. E. variable au N. par l'E., calme, nébuleux.
6.	....	25,0.	Idem......	28.01.01.	E. et E. N. E. par grains, nuageux.
7.	....	25,0.	28.02.09.	28.01.07.$\frac{2}{3}$.	N. E. variable au S. E. par l'E. petit frais, nuageux.

Bbb ij.

VOYAGE

ÉPOQUE, 1786.	LATITUDE, Nord.	LONGITUDE estimée, Occidentale.	LONGITUDE occidentale, par l'horloge N.° 18.	LONGITUDE occidentale, par les distances de la ☾ au ☉.	DÉCLINAISON de l'aiguille, Est.
	D. M. S.	D. M. S.	D. M. S.	D. M. S.	D. M. S.
Mai. 8.	9. 24. 58.	121. 42. 37.	124. 11. 20.	....	3. 30. 00.
9.	10. 43. 33.	122. 53. 07.	125. 57. 15.	....	4. 04. 00.
10.	11. 50. 55.	124. 07. 52.	127. 23. 33.	....	3. 57. 00.
11.	13. 32. 01.	125. 15. 22.	128. 45. 57.	....	....
12.	14. 45. 56.	126. 18. 22.	130. 08. 04.	....	3. 53. 00.
13.	16. 28. 11.	127. 33. 22.	131. 36. 32.	....	....
14.	18. 09. 29.	128. 51. 22.	133. 00. 53.	....	....
15.	19. 14. 16.	130. 23. 22.	134. 45. 37.	....	5. 51. 00.
16.	19. 49. 15.	131. 57. 07.	136. 10. 18.	....	8. 17. 00.
17.	20. 01. 07.	133. 22. 46.	137. 33. 30.	....	8. 20. 00.
18.	20. 00. 19.	135. 08. 31.	139. 21. 05.	....	8. 18. 00.
19.	20. 00. 40.	137. 02. 31.	141. 18. 47.	....	8. 11. 00.
20.	19. 59. 05.	138. 50. 01.	142. 58. 01.	141. 50. 08.	8. 27. 00.
21.	19. 55. 13.	140. 28. 46.	144. 49. 18.	143. 56. 00.	....
22.	20. 05. 02.	142. 28. 46.	146. 43. 29.	146. 18. 32.	8. 45. 00.
23.	20. 04. 29.	144. 15. 46.	148. 32. 51.	148. 24. 50.	....
24.	20. 44. 50.	146. 16. 16.	150. 39. 59.	....	8. 08. 00.
25.	20. 57. 28.	148. 20. 01.	152. 52. 12.	....	9. 33. 00.
26.	20. 59. 11.	150. 14. 01.	154. 48. 55.	....	9. 27. 00.
27.	20. 59. 54.	152. 05. 01.	156. 36. 50.	....	9. 28. 00.
28.	20. 48. 51.	153. 18. 30.	157. 43. 53.	....	9. 15. 00.
29.	20. 32. 57.	154. 27. 30.	158. 42. 42.	....	....
30.	....	....	....	....	....
31.	21. 14. 36.	159. 24. 30.	160. 06. 57.	....	8. 32. 00.
Juin. 1.	22. 54. 48.	159. 59. 00.	160. 37. 44.	160. 16. 25.	9. 34. 00.
2.	24. 48. 28.	160. 00. 45.	160. 48. 11.	160. 34. 24.	9. 27. 00.
3.	26. 29. 17.	160. 17. 30.	161. 23. 19.	161. 21. 34.	11. 00. 00.

ÉPOQUE, 1786.	INCLINAISON de l'aiguille.	THERM. intérieur, observé à midi.	BAROMÈTRE DE NAIRNE, observé à 9 heures du matin, et à 3 heures après midi.		VENTS, ÉTAT DU CIEL ET REMARQUES.
			à 9 heures.	à 3 heures.	
	D. M. S.	D.	P. L. P.	P. L. P.	
Mai. 8.	....	25,0.	28.02.02.$\frac{1}{3}$.	28.01.07.$\frac{2}{3}$.	E. et N. E. faible, nuageux.
9.	....	23,5.	28.02.09.	Idem.....	N. E. et N. N. E. petit frais, nuageux.
10.	....	22,5.	Idem.....	28.02.02.$\frac{1}{3}$.	Idem.
11.	....	22,5.	Idem.....	Idem.....	Idem.
12.	....	21,5.	28.03.03.$\frac{2}{3}$.	28.02.09.	Idem, nébuleux.
13.	....	20,5.	28.03.10.$\frac{1}{3}$.	Idem.....	Idem, frais.
14.	....	20,0.	Idem.....	Idem.....	N. E. et E. N. E. bon frais, nuageux.
15.	....	19,5.	Idem.....	28.03.03.$\frac{2}{3}$.	Idem.
16.	....	19,0.	Idem.....	Idem.....	Idem.
17.	....	19,0.	Idem.....	Idem.....	N. E. et E. petit frais, nébuleux.
18.	....	19,5.	28.04.05.	Idem.....	E. et E. N. E. idem.
19.	....	20,0.	28.03.10.$\frac{1}{3}$.	Idem.....	Idem, nuageux.
20.	....	20,0.	28.03.03.$\frac{2}{3}$.	28.02.09.	E. et E. N. E. petit frais, nuageux.
21.	....	20,0.	28.03.10.$\frac{1}{3}$.	28.03.03.$\frac{2}{3}$.	Idem.
22.	....	20,5.	Idem.....	28.03.10.$\frac{1}{3}$.	E. petit frais, beau.
23.	10. 11. 15.	20,5.	28.04.11.$\frac{2}{3}$.	28.04.05.	Idem, un peu nuageux.
24.	5. 30. 00.	20,5.	Idem.....	Idem.....	Idem.
25.	....	20,0.	28.04.05.	28.03.03.$\frac{2}{3}$.	Idem, nébuleux.
26.	....	20,5.	Idem.....	Idem.....	E. et E. N. E. frais, nuageux.
27.	....	20,5.	28.03.10.$\frac{1}{3}$.	Idem.....	Idem, pluie.
28.	....	21,0.	Idem.....	Idem.....	E. et E. S. E. petit frais, nuageux.
29.	....	21,5.	Idem.....	Idem.....	E. N. E. et E. S. E. petit frais, par grains, pluie.
30.	....	21,5.	Idem.....	28.02.09.	E. N. E. frais, beau.
31.	....	22,0.	28.04.05.	28.03.10.$\frac{1}{3}$.	E. S. E. et E. N. E. faible, beau.
Juin. 1.	....	22,0.	28.05.06.$\frac{1}{3}$.	28.04.11.$\frac{2}{3}$.	E. N. E. et N. E. frais, nuageux.
2.	....	22,0.	28.06.07.$\frac{2}{3}$.	28.05.06.$\frac{1}{3}$.	E. N. E. et E. frais, par grains, pluie.
3.	....	24,5.	28.04.11.$\frac{2}{3}$.	28.06.01.	E. et E. N. E. petit frais, nuageux.

VOYAGE

ÉPOQUE, 1786.	LATITUDE, Nord.	LONGITUDE estimée, Occidentale.	LONGITUDE occidentale, par l'horloge N.° 18.	LONGITUDE occidentale, par les distances de la ☾ au ☉.	DÉCLINAISON de l'aiguille, Est.
	D. M. S.	D. M. S.	D. M. S.	D. M. S.	D. M. S.
Juin. 4.	28. 02. 55.	160. 30. 30.	161. 27. 31.	161. 20. 28.	10. 57. 00.
5.	29. 10. 41.	160. 29. 21.	161. 32. 46.	....	11. 30. 00.
6.	30. 47. 01.	160. 04. 51.	160. 56. 37.	....	11. 44. 00.
7.	32. 16. 31.	159. 43. 21.	160. 16. 05.	....	12. 08. 00.
8.	33. 54. 48.	159. 12. 51.	160. 06. 03.	....	12. 40. 00.
9.	34. 57. 45.	158. 52. 12.	159. 13. 07.	....	....
10.	35. 46. 51.	158. 32. 12.	....	....	....
11.	36. 58. 33.	158. 12. 57.	....	....	....
12.	38. 01. 00.	157. 52. 03.	158. 01. 09.	....	....
13.	39. 13. 00.	157. 19. 03.	....	....	....
14.	41. 06. 09.	156. 17. 33.	155. 57. 49.	....	....
15.	43. 12. 07.	155. 13. 03.	155. 16. 56.	....	....
16.	45. 01. 01.	153. 25. 03.	153. 23. 27.	....	....
17.	46. 45. 34.	151. 43. 03.	151. 36. 11.	....	....
18.	48. 21. 49.	150. 38. 33.	150. 04. 09.	....	....
19.	50. 05. 38.	149. 34. 03.	149. 01. 02.	....	....
20.	51. 53. 05.	148. 31. 03.	147. 50. 05.	147. 50. 06.	23. 32. 00.
21.	53. 29. 26.	147. 41. 15.	147. 05. 02.	....	24. 58. 00.
22.	55. 43. 27.	145. 37. 36.	145. 45. 00.	....	23. 25. 00.
23.	57. 45. 55.	143. 54. 48.	144. 10. 51.	....	....

ÉPOQUE, 1786.	INCLINAISON de l'aiguille.	THERM. intérieur, observé à midi.	BAROMÈTRE DE NAIRNE, observé à 9 heures du matin, et à 3 heures après midi.		VENTS, ÉTAT DU CIEL ET REMARQUES.
	D. M. S.	D.	à 9 heures. P. L. P.	à 3 heures. P. L. P.	
Juin. 4.	....	21,0.	28.03.10.$\frac{1}{3}$.	28.05.06.$\frac{1}{3}$.	N. E. et E. N. E. petit frais, nuageux.
5.	....	20,5.	Idem......	28.03.03.$\frac{2}{3}$.	E. N. E. variable au S. E. par l'E. petit frais, beau.
6.	....	20,5.	28.03.03.$\frac{2}{3}$.	28.02.09.	E. S. E. variable au S. S. O. par le S. frais, nuageux.
7.	....	20,5.	28.03.10.$\frac{1}{3}$.	28.03.03.$\frac{2}{3}$.	S. S. O. variable au S. O. petit frais, nuageux, pluie.
8.	....	20,0.	Idem.....	28.03.10.$\frac{1}{3}$.	S. O et S. S. E. par le S. frais, brumeux.
9.	....	19,5.	28.05.06.$\frac{1}{3}$.	28.05.06.$\frac{1}{3}$.	S. S. O. variable au N. O. par l'O. petit frais, pluie.
10.	....	19,0.	Idem.....	28.04.11.$\frac{2}{3}$.	N. variable au S. S. E. par l'O. faible, brumeux.
11.	....	16,5.	28.04.05.	28.04.05.	S. variable au S. O. et à l'E. N. E. par l'E. petit frais, brumeux.
12.	....	16,5.	28.04.11.$\frac{2}{3}$.	....	E. N. E. et S. E. variable au S. O. par le S. faible, brumeux.
13.	....	16,5.	Idem.....	28.04.11.$\frac{2}{3}$.	S. et S. S. O. petit frais, brumeux.
14.	....	15,5.	28.03.10.$\frac{1}{3}$.	28.02.02.$\frac{1}{3}$.	Idem.
15.	....	13,5.	28.01.07.$\frac{2}{3}$.	28.01.01.	S. O. et O. S. O. petit frais, pluie.
16.	....	12,0.	Idem.....	28.01.07.$\frac{2}{3}$.	O. et N. O. par grains, pluie.
17.	....	11,0.	Idem.....	28.00.06.$\frac{1}{3}$.	O. N. O. et O. S. O. frais, pluie, nuageux.
18.	....	11,5.	27.10.10.$\frac{1}{3}$.	27.10.10.$\frac{1}{3}$.	O. et S. O. frais, nébuleux.
19.	....	10,0.	Idem.....	27.10.03.$\frac{2}{3}$.	O. N. O. et O. S. O. petit frais, nuageux.
20.	....	9,5.	27.09.09.	27.10.03.$\frac{1}{3}$.	S. O. et O. S. O. faible, nébuleux.
21.	....	10,0.	27.11.05.	27.11.11.$\frac{2}{3}$.	O. variable au S. S. E. par le S. petit frais, un peu brumeux.
22.	....	9,5.	28.02.02.$\frac{1}{3}$.	28.02.02.$\frac{1}{3}$.	S. S. E. et E. S. E. frais, nuageux.
23.	....	10,0.	Idem.....	Idem.....	Idem, nébuleux.

ÉPOQUE, 1786.	LATITUDE, Nord.	LONGITUDE estimée, Occidentale.	LONGITUDE occidentale, par l'horloge N.° 18.	LONGITUDE occidentale, par les distances de la ☾ au ☉.	DÉCLINAISON de l'aiguille, Est.
	D. M. S.	D. M. S.	D. M. S.	D. M. S.	D. M. S.
Juin. 24.	59. 22. 43.	141. 56. 54.	143. 35. 45.	....	....
25.	59. 28. 49.	141. 22. 12.	142. 38. 54.	....	31. 30. 00.
26.	59. 41. 33.	141. 07. 57.	142. 42. 37.	....	31. 24. 00.
27.	59. 18. 48.	142. 19. 00.	142. 44. 29.	....	31. 00. 00.
28.	59. 19. 32.	142. 36. 15.	142. 46. 15.	....	....
29.	59. 20. 05.	141. 58. 45.	....	....	....
30.	58. 54. 00.	141. 37. 18.	141. 45. 52.	140. 56. 59.	25. 30. 00.
Juillet. 1.	59. 07. 12.	140. 55. 48.	141. 26. 26.	....	....
2.	58. 38. 10.	140. 15. 58.	140. 15. 42.	....	25. 38. 00.
3.	58. 42. 52.	139. 59. 03.	139. 58. 01.	139. 55. 00.	....
4.	....	....	....	....	....
5.	....	....	....	....	....
6.	....	....	....	....	....
7.	....	....	....	....	....
8.	....	....	....	....	....
9.	....	....	....	....	....
10.	....	....	....	....	....
11.	....	....	....	....	....
12.	....	....	....	....	....
13.	....	....	....	....	....
14.	....	....	....	....	27. 00. 00. à la Méridienne.

DE LA PÉROUSE.

ÉPOQUE, 1786.	INCLINAISON de l'aiguille.			THERM. intérieur, observé à midi.	BAROMÈTRE DE NAIRNE, observé à 9 heures du matin, et à 3 heures après midi.		VENTS, ÉTAT DU CIEL ET REMARQUES.
					à 9 heures.	à 3 heures.	
	D.	M.	S.	D.	P. L. P.	P. L. P.	
Juin. 24.	....			10,5.	27.11.11.$\frac{2}{3}$.	27.11.05.	E. S. E. et E. N. E. petit frais, pluie.
25.	....			11,0.	28.01.07.$\frac{2}{3}$.	28.02.02.$\frac{1}{3}$.	S. et S. O. variable au S. E. par le S. brumeux.
26.	....			11,0.	27.10.10.$\frac{1}{3}$.	27.10.03.$\frac{2}{3}$.	S. E. variable à l'O. N. O. par le S. faible, brumeux.
27.	....			11,5.	27.08.01.	27.08.00.$\frac{2}{3}$.	O. N. O. variable à l'E. N. E. par le N. faible, nuageux.
28.	....			10,5.	27.10.03.$\frac{2}{3}$.	27.10.10.$\frac{1}{3}$.	E. et E. N. E. petit frais, pluie.
29.	....			11,0.	27.11.05.	27.11.11.$\frac{2}{3}$.	E. variable au S. O. par le S. faible, nuageux, pluie.
30.	....			10,0.	28.01.07.$\frac{2}{3}$.	28.02.09.	S. et S. S. O. faible, pluie.
Juillet. 1.	....			10,5.	28.03.10.$\frac{1}{3}$.	28.04.05.	S. variable à l'O. S. O. et à l'O. N. O. faible, brumeux.
2.	....			11,0.	28.02.02.$\frac{1}{3}$.	....	O. S. O. et S. O. faible, nuageux.
3.	....			10,5.	27.10.03.$\frac{2}{3}$.	....	O. et O. N. O. faible, beau.
4.	....			10,0.	....	....	O. N. O. et N. O. petit frais, beau.
5.	....			11,0.	....	....	O. N. O. et O. frais, nuageux.
6.	....			11,0.	....	....	E. et E. N. E. faible, brumeux.
7.	....			11,5.	....	....	N. E. et N. faible, beau.
8.	....			11,5.	....	....	N. E. et E. N. E. calme, brumeux.
9.	....			11,5.	....	....	S. O. faible, nuageux.
10.	....			11,0.	....	....	E. N. E. variable au S. par l'E., calme, brumeux.
11.	....			11,0.	....	....	N. E. et E. faible, brumeux.
12.	....			10,5.	....	....	N. E. et E. N. E. *idem*.
13.	....			11,0.	....	....	N. E. variable au S. O. par l'E. petit frais, peu brumeux.
14.	....			11,0.	....	....	N. E. variable au S. O. par l'E. petit frais, nuageux.

TOME III.

ÉPOQUE, 1786.	LATITUDE, Nord.	LONGITUDE estimée, Occidentale.	LONGITUDE occidentale, par l'horloge N.° 18.	LONGITUDE occidentale, par les distances de la ☾ au ☉.	DÉCLINAISON de l'aiguille, Est.
	D. M. S.	D. M. S.	D. M. S.	D. M. S.	D. M. S.
Juillet. 15.	....	....	....	....	....
16.	....	....	....	....	....
17.	....	....	....	....	....
18.	....	....	....	....	....
19.	....	....	....	....	....
20.	....	....	....	....	26. 55. 00.
21.	....	....	....	....	....
22.	....	....	....	....	....
23.	....	....	....	....	25. 47. 00.
24.	....	....	....	....	....
25.	....	....	....	....	....
26.	....	....	....	....	....
27.	....	....	....	....	....
28.	....	....	....	....	....
29.	....	....	....	....	....
30.	....	....	....	....	26. 43. 00.
31.	....	....	....	....	....
Août. 1.	58. 20. 16.	139. 59. 55.	....	....	26. 50. 00.
2.	58. 19. 02.	139. 54. 13.	....	....	26. 45. 00.
3.	57. 59. 29.	139. 51. 49.	....	....	26. 48. 00.
4.	57. 44. 50.	139. 08. 49.	....	....	....
5.	57. 17. 17.	138. 26. 19.	....	....	26. 34. 00.
6.	57. 20. 08.	138. 20. 19.	138. 39. 36.	....	25. 00. 00.
7.	56. 30. 17.	137. 05. 19.	137. 29. 10.	....	25. 07. 00.
8.	55. 41. 40.	136. 27. 19.	136. 48. 05.	....	....

ÉPOQUE, 1786.	INCLINAISON de l'aiguille.			THERM. intérieur, observé à midi.	BAROMÈTRE DE NAIRNE, observé à 9 heures du matin, et à 3 heures après midi.		VENTS, ÉTAT DU CIEL ET REMARQUES.
	D.	M.	S.	D.	à 9 heures. P. L. P.	à 3 heures. P. L. P.	
Juillet. 15.	....			11,0.	....	....	O. variable au N. E. par le N. faible, nébuleux.
16.	....			11,0.	....	....	O. frais, nuageux.
17.	....			11,0.	....	....	S. O. variable à l'O. N. O. par l'O. petit frais, brumeux.
18.	....			11,0.	....	....	E. et E. N. E. frais, nuageux, pluie.
19.	....			10,5.	....	....	E. N. E. et E. S. E. idem.
20.	....			10,0.	....	....	N. E. variable au S. E. par l'E. petit frais, peu brumeux.
21.	....			10,5.	....	....	O. N. O. et O. faible, nuageux, pluie.
22.	....			10,0.	....	....	O. et O. N. O. frais, beau.
23.	....			11,0.	....	....	O. N. O. variable au N. E. par le N. faible, nuageux.
24.	....			10,5.	....	....	N. O. et S. O. faible, nébuleux.
25.	....			10,5.	....	....	O. S. O. et O. frais, beau.
26.	....			10,5.	....	....	E. S. E. et S. E. frais, nuageux, pluie.
27.	....			11,5.	....	....	E. et E. S. E. très-faible, pluie.
28.	....			10,5.	....	....	N. E. et E. petit frais, pluie, nuageux.
29.	....			9,5.	28.01.07.¾	....	Idem.
30.	....			....	....	....	O. N. O. petit frais.
31.	....			....	....	....	O. N. O. très-faible, beau.
Août. 1.	....			....	....	....	O. N. O. petit frais, beau.
2.	....			....	....	....	N. O. et S. S. O. très-faible, beau.
3.	....			....	....	....	O. très-faible, nébuleux.
4.	....			....	....	....	E. variable au S. S. O. par le S. très-faible.
5.	....			....	....	....	E. très-faible, brumeux.
6.	....			....	....	....	O. N. O. très-faible, beau.
7.	....			....	....	....	N. O. idem.
8.	....			....	....	....	O. beau, petit frais.

ÉPOQUE, 1786.	LATITUDE, Nord.	LONGITUDE estimée, Occidentale.	LONGITUDE occidentale, par l'horloge N.° 18.	LONGITUDE occidentale, par les distances de la ☾ au ☉.	DÉCLINAISON de l'aiguille, Est.
	D. M. S.	D. M. S.	D. M. S.	D. M. S.	D. M. S.
Août. 9.	54. 47. 24.	135. 49. 04.	136. 09. 03.	....	....
10.	54. 21. 12.	135. 08. 04.	135. 42. 36.	....	....
11.	54. 09. 48.	135. 22. 34.	135. 49. 15.	....	....
12.	54. 01. 48.	136. 14. 19.	....	....	....
13.	53. 59. 28.	136. 05. 31.	....	....	....
14.	53. 49. 26.	135. 40. 31.	136. 18. 51.	....	....
15.	53. 50. 14.	135. 51. 46.	136. 08. 25.	....	....
16.	53. 20. 50.	136. 31. 31.	136. 53. 44.	....	....
17.	53. 15. 08.	136. 26. 16.	136. 41. 15.	137. 01. 51.	23. 39. 00.
18.	52. 34. 23.	134. 29. 16.	136. 46. 26.	....	23. 16. 00.
19.	52. 06. 58.	133. 59. 31.	134. 03. 53.	....	22. 26. 00.
20.	51. 39. 31.	133. 34. 31.	133. 41. 24.	....	21. 20. 00.
21.	52. 01. 41.	132. 49. 31.	133. 07. 23.	....	20. 58. 00.
22.	52. 15. 17.	131. 55. 31.	....	....	....
23.	51. 48. 08.	132. 31. 16.	131. 52. 36.	....	19. 30. 00.
24.	51. 02. 03.	132. 05. 07.	131. 39. 49.	....	21. 20. 00.
25.	49. 56. 21.	131. 09. 07.	130. 24. 34.	....	19. 47. 00.
26.	49. 22. 22.	130. 49. 01.	129. 58. 01.	....	19. 47. 00.
27.	49. 00. 58.	131. 10. 01.	....	....	20. 00. 00.
28.	48. 34. 32.	130. 07. 31.	128. 57. 33.	....	19. 12. 00.
29.	48. 36. 07.	129. 23. 01.	127. 51. 03.	....	....
30.	48. 31. 29.	129. 21. 22.	127. 54. 11.	....	17. 28. 00.
31.	48. 11. 05.	129. 34. 52.	127. 58. 18.	....	17. 28. 00.
Septembre. 1.	46. 37. 23.	128. 23. 22.	127. 00. 35.	127. 00. 55.	16. 55. 00.
2.	45. 55. 12.	127. 54. 52.	126. 35. 41.	126. 59. 19.	16. 35. 00.
3.	45. 55. 50.	127. 55. 28.	126. 38. 29.	....	16. 20. 00.

DE LA PÉROUSE. 389

ÉPOQUE, 1786.	INCLINAISON de l'aiguille.			THERM. intérieur, observé à midi.	BAROMÈTRE DE NAIRNE, observé à 9 heures du matin, et à 3 heures après midi.		VENTS, ÉTAT DU CIEL ET REMARQUES.
	D.	M.	S.	D.	à 9 heures. P. L. P.	à 3 heures. P. L. P.	
Août. 9.	....	..	..	....	....	....	O. bon frais, nébuleux.
10.	....	..	..	....	....	....	O. N. O. bon frais, brumeux.
11.	....	..	..	....	....	....	N. N. O. petit frais, brumeux.
12.	....	..	..	....	....	....	Idem.
13.	....	..	..	....	....	....	S. très-faible, brumeux.
14.	....	..	..	....	....	....	S. et E. S. E. très-brumeux.
15.	....	..	..	....	....	....	E. petit frais, nébuleux.
16.	....	..	..	....	....	....	Idem.
17.	....	..	..	....	....	....	N. E. très-faible, nébuleux.
18.	....	..	..	....	....	....	N. O. petit frais, beau.
19.	....	..	..	....	....	....	N. O. et S. O. faible, nébuleux.
20.	....	..	..	....	....	....	N. O. et O. petit frais, beau.
21.	....	..	..	....	....	....	O. et S. S. O. bon frais, beau.
22.	....	..	..	....	....	....	S. et S. E. bon frais, nébuleux.
23.	....	..	..	....	....	....	S. E. grand frais, brumeux.
24.	....	..	..	....	....	....	O. N. O. petit frais, brumeux.
25.	....	..	..	....	....	....	O. N. O. petit frais, beau.
26.	....	..	..	....	....	....	E. S. E. très-faible, brumeux.
27.	....	..	..	16,0.	28.01.01.	28.01.01.	N. variable à l'E. S. E. faisant le tour du compas en tourbillons, faible, orageux.
28.	....	..	..	15,5.	28.03.03.$\frac{2}{3}$.	28.03.03.$\frac{2}{3}$.	O. variable au N. E. par le N. petit frais, brumeux.
29.	....	..	..	15,0.	28.02.09.	28.02.09.	N. E. variable à l'O. N. O. par le N. petit frais, nuageux.
30.	....	..	..	14,5.	Idem......	Idem......	O. N. O. variable au S. S. E. par le S. petit frais, brumeux.
31.	....	..	..	15,0.	28.01.07.$\frac{2}{3}$.	28.01.07.$\frac{2}{3}$.	S. et S. O. calme, nuageux.
Septembre. 1.	....	..	..	14,5.	28.02.02.$\frac{1}{3}$.	28.02.09.	O. S. O. variable au N. O. par grains d'inégale force.
2.	....	..	..	14,5.	28.04.11.$\frac{2}{3}$.	28.04.11.$\frac{2}{3}$.	O. et O. N. O. petit frais, beau.
3.	....	..	..	15,0.	Idem......	28.04.05.	S. O. variable au S. E. par le S. calme, beau.

ÉPOQUE, 1786.	LATITUDE, Nord.	LONGITUDE estimée, Occidentale.	LONGITUDE occidentale, par l'horloge N.° 18.	LONGITUDE occidentale, par les distances de la ☽ au ☉.	DÉCLINAISON de l'aiguille, Est.
	D. M. S.	D. M. S.	D. M. S.	D. M. S.	D. M. S.
Septembre. 4.	44. 42. 22.	128. 09. 46.	126. 58. 15.	....	16. 14. 00.
5.	43. 00. 47.	128. 09. 16.	127. 01. 44.	....	15. 26. 00.
6.	41. 22. 20.	128. 07. 00.	....	....	....
7.	40. 48. 29.	128. 21. 46.	127. 23. 04.	....	15. 35. 00.
8.	39. 51. 11.	128. 24. 10.	127. 26. 27.	....	14. 00. 00.
9.	38. 59. 10.	127. 54. 55.	....	....	....
10.	38. 10. 46.	124. 40. 31.	....	....	....
11.	37. 01. 28.	127. 07. 31.	126. 30. 47.	....	....
12.	37. 02. 49.	125. 28. 46.	125. 02. 19.	....	....
13.	36. 38. 34.	124. 52. 31.	124. 06. 58.	....	11. 47. 00.
14.	36. 55. 08.	124. 45. 31.	123. 57. 23.	124. 30. 41.	11. 39. 00.
15.	....	....	....	....	....
16.	....	....	....	....	....
17.	....	....	....	....	....
18.	....	....	....	....	....
19.	....	....	....	....	....
20.	....	....	....	....	....
21.	....	....	....	....	....
22.	....	....	....	....	....
23.	....	....	....	....	....

DE LA PÉROUSE. 391

ÉPOQUE, 1786.	INCLINAISON de l'aiguille.	THERM. intérieur, observé à midi.	BAROMÈTRE DE NAIRNE, observé à 9 heures du matin, et à 3 heures après midi.		VENTS, ÉTAT DU CIEL ET REMARQUES.
			à 9 heures.	à 3 heures.	
	D. M. S.	D.	P. L. P.	P. L. P.	
Septembre. 4.	....	15,0.	28.04.05.	28.03.03.$\frac{2}{3}$.	S. S. O. variable au N. par l'O. frais, beau.
5.	....	14,5.	28.03.03.$\frac{2}{3}$	Idem......	N. et N. E. petit frais, nuageux.
6.	....	14,0.	Idem......	Idem......	N. et N.N.O. frais, brumeux.
7.	....	14,0.	Idem......	Idem......	Idem.
8.	....	14,5.	28.02.09.	28.01.07.$\frac{2}{3}$.	N. N. E. variable au N. O. par le N. petit frais, beau.
9.	....	15,0.	28.01.01.	28.01.01.	N. et N. N. E. petit frais, nuageux.
10.	....	15,5.	28.01.07.$\frac{2}{3}$.	28.01.07.$\frac{2}{3}$.	N.N.O. et O. faible, brumeux.
11.	....	15,0.	Idem......	Idem......	O. et N. O. petit frais, brumeux.
12.	....	15,0.	Idem......	28.01.01.	N. O. et N. joli frais, peu brumeux.
13.	....	14,0.	Idem......	28.00.06.$\frac{2}{3}$.	N. N. O. et N. O. petit frais, brumeux.
14.	....	14,5.	Idem......	28.01.01.	N. O. variable au N. N. E. par le N. petit frais, nébuleux.
15.	....	14,5.	Idem......	28.00.06.$\frac{2}{3}$.	O. et O. S. O. faible, peu brumeux.
16.	....	14,5.	....	....	O. S. O. et O. petit frais, beau.
17.	....	14,5.	....	....	S. variable à l'E. S. E. par rafales, beau.
18.	....	15,0.	....	....	S. E. variable au S. O. par le S. frais, beau.
19.	....	15,0.	....	....	S. O. et O. S. O. frais, nuageux, pluie.
20.	....	14,0.	....	....	N. N. E. variable à l'O. N. O. par le N. petit frais, beau.
21.	....	15,0.	....	....	S. O. et S. E. par le S. frais, beau.
22.	....	15,5.	....	....	N. O. variable à l'O. S. O. par l'O. petit frais, beau.
23.	....	15,5.	....	....	O. S. O. variable au S. E. par le S. faible, beau.

ÉPOQUE, 1786.	LATITUDE, Nord.	LONGITUDE estimée, Occidentale.	LONGITUDE occidentale, par l'horloge N.° 18.	LONGITUDE occidentale, par les distances de la ☾ au ☉.	DÉCLINAISON de l'aiguille, Est.
	D. M. S.	D. M. S.	D. M. S.	D. M. S.	D. M. S.
Septemb. 24.	....	....	....	....	11. 57. 00.
25.	36. 45. 47.	124. 18. 30.	123. 59. 51.	....	....
26.	36. 41. 20.	124. 52. 30.	124. 13. 23.	....	11. 46. 00.
27.	35. 45. 47.	125. 42. 30.	125. 11. 31.	....	....
28.	34. 14. 29.	127. 06. 48.	126. 42. 56.	....	....
29.	32. 45. 56.	128. 37. 26.	128. 33. 20.	128. 49. 19.	11. 43. 00.
30.	31. 02. 00.	130. 39. 12.	130. 15. 05.	....	....
Octobre. 1.	29. 31. 24.	132. 36. 48.	....	....	....
2.	28. 43. 07.	134. 06. 48.	133. 28. 23.	134. 26. 25.	....
3.	28. 11. 51.	135. 32. 47.	134. 33. 12.	....	9. 42. 00.
4.	27. 56. 29.	136. 06. 27.	135. 20. 01.	....	9. 33. 00.
5.	27. 31. 37.	136. 52. 55.	136. 10. 53.	....	9. 00. 00.
6.	27. 36. 05.	137. 57. 47.	137. 34. 01.	....	8. 43. 00.
7.	27. 56. 43.	138. 57. 31.	138. 25. 14.	....	....
8.	28. 05. 44.	140. 18. 07.	139. 38. 10.	....	....
9.	28. 06. 36.	141. 38. 16.	141. 01. 35.	....	8. 46. 00.
10.	28. 02. 43.	143. 20. 06.	142. 44. 33.	....	8. 47. 30.
11.	27. 58. 40.	145. 02. 09.	144. 19. 20.	....	....
12.	27. 59. 21.	145. 40. 32.	145. 00. 12.	145. 35. 13.	8. 50. 00.
13.	27. 54. 23.	146. 05. 41.	145. 26. 39.	....	8. 45. 00.
14.	27. 49. 27.	147. 16. 02.	146. 38. 14.	147. 11. 11.	8. 55. 00.

ÉPOQUE, 1786.	INCLINAISON de l'aiguille.			THERM. intérieur, observé à midi.	BAROMÈTRE DE NAIRNE, observé à 9 heures du matin, et à 3 heures après midi.		VENTS, ÉTAT DU CIEL ET REMARQUES.
	D.	M.	S.	D.	à 9 heures. P. L. P.	à 3 heures. P. L. P.	
Septemb. 24.	....			15,5.	....	28.02.09.	O. variable à l'E. S. E. par le S. faible, nuageux.
25.	....			15,0.	28.02.09.	28.02.02.$\frac{1}{3}$.	S. O. variable à l'O. N. O. par l'O. faible, nébuleux.
26.	....			16,0.	Idem......	28.02.09.	S. S. O. variable à l'O. N. O. faible, nuageux.
27.	....			16,0.	28.03.03.$\frac{2}{3}$.	28.03.03.$\frac{2}{3}$.	O. N. O. et N. N. O. idem.
28.	....			16,5.	28.03.10.$\frac{1}{3}$.	28.03.10.$\frac{1}{3}$.	N. O. et O. N. O. frais, nébuleux.
29.	....			17,0.	28.04.05.	Idem......	N. N. O. et N. petit frais, brumeux.
30.	....			16,0.	Idem......	Idem......	N. et N. N. E. frais, un peu nuageux.
Octobre. 1.	....			16,0.	28.03.10.$\frac{1}{3}$.	28.03.03.$\frac{2}{3}$.	N. et N. N. O. petit frais, nébuleux.
2.	....			16,5.	Idem......	Idem......	N. et N. E. faible, nébuleux.
3.	....			17,0.	Idem......	Idem......	N. N. E. petit frais, nuageux.
4.	....			18,0.	Idem......	Idem......	N. E. variable à l'O. par le N. faible, nébuleux.
5.	....			18,5.	28.04.05.	28.03.10.$\frac{1}{3}$.	O. S. O. variable au N. N. E. par le N. petit frais, nuageux.
6.	....			18,5.	28.04.11.$\frac{2}{3}$.	28.04.05.	N. et E. N. E. faible, beau.
7.	....			18,5.	Idem......	Idem......	E. N. E. et E. faible, nuageux.
8.	....			18,5.	28.05.06.$\frac{1}{3}$.	28.04.11.$\frac{2}{3}$.	E. et E. S. E. petit frais, nuageux.
9.	....			19,0.	28.04.11.$\frac{2}{3}$.	Idem......	E. et E. N. E. faible, nuageux.
10.	....			19,5.	Idem......	28.04.05.	E. frais, beau.
11.	....			19,5.	28.05.06.$\frac{1}{3}$.	28.04.11.$\frac{2}{3}$.	E. variable au S. O. par le S. faible, beau.
12.	....			20,0.	28.04.11.$\frac{2}{3}$.	28.04.05.	O. N. O. variable au S. E. par le N., calme.
13.	....			20,5.	28.05.06.$\frac{1}{3}$.	Idem......	S. E. et E. S. E. petit frais.
14.	....			20,5.	28.04.11.$\frac{2}{3}$.	28.03.10.$\frac{1}{3}$.	Idem, nuageux.

ÉPOQUE, 1786.	LATITUDE, Nord.	LONGITUDE estimée, Occidentale.	LONGITUDE occidentale, par l'horloge N.° 18.	LONGITUDE occidentale, par les distances de la ☾ au ☉.	DÉCLINAISON de l'aiguille, Est.
	D. M. S.	D. M. S.	D. M. S.	D. M. S.	D. M. S.
Octobre. 15.	27. 57. 42.	148. 51. 33.	148. 02. 23.	148. 36. 09.	9. 01. 00.
16.	28. 03. 00.	149. 23. 21.	148. 36. 20.	....	9. 32. 00.
17.	27. 52. 59.	149. 27. 46.	148. 34. 53.	....	9. 15. 00.
18.	27. 47. 57.	149. 36. 49.	148. 39. 23.	....	9. 31. 00.
19.	28. 05. 14.	150. 08. 48.	149. 01. 12.	....	....
20.	27. 41. 55.	150. 48. 48.	....	....	....
21.	27. 46. 44.	151. 18. 28.	149. 54. 50.	....	9. 38. 00.
22.	28. 09. 11.	152. 20. 33.	150. 25. 40.	....	....
23.	28. 05. 11.	152. 34. 30.	150. 55. 51.	....	....
24.	27. 24. 47.	154. 27. 10.	152. 47. 12.	....	9. 53. 00.
25.	27. 31. 38.	154. 47. 02.	153. 31. 36.	....	10. 12. 00.
26.	27. 27. 01.	155. 37. 44.	154. 22. 20.	155. 15. 24.	10. 40. 00.
27.	27. 03. 19.	156. 33. 22.	155. 22. 02.	....	....
28.	26. 59. 28.	158. 35. 33.	157. 08. 11.	....	10. 30. 00.
29.	27. 13. 02.	159. 10. 23.	157. 43. 05.	....	10. 51. 00.
30.	26. 26. 53.	159. 07. 47.	157. 28. 10.	158. 44. 08.	11. 04. 00.
31.	26. 30. 48.	159. 21. 10.	158. 01. 28.	....	....
Novembre. 1.	25. 44. 46.	160. 42. 00.	159. 27. 47.	....	10. 31. 00.
2.	24. 43. 58.	162. 38. 26.	161. 29. 02.	....	....

ÉPOQUE, 1786.	INCLINAISON de l'aiguille.	THERM. intérieur, observé à midi.	BAROMÈTRE DE NAIRNE, observé à 9 heures du matin, et à 3 heures après midi.		VENTS, ÉTAT DU CIEL ET REMARQUES.
	D. M. S.	D.	à 9 heures. P. L. P.	à 3 heures. P. L. P.	
Octobre. 15.	....	20,5.	28.03.10.$\frac{1}{3}$.	28.03.03.$\frac{2}{3}$.	S. E. et S. S. E. petit frais, nuageux.
16.	50. 18. 45.	21,5.	28.04.05.	Idem......	S. E. variable au S. S. O. par le S., calme, nébuleux.
17.	....	22,0.	28.04.11.$\frac{2}{3}$.	28.04.05.	O. S. O. variable au N. E. par le N., calme, nuageux.
18.	....	22,0.	28.05.06.$\frac{1}{3}$.	28.03.10.$\frac{2}{3}$.	N. O. variable au S. E. par l'O. faible, nuageux.
19.	47. 37. 30.	21,5.	28.03.03.$\frac{2}{3}$.	28.02.09.	S. E. variable au S. O. par le S. petit frais, nuageux.
20.	....	20,5.	28.02.09.	28.02.02.$\frac{1}{3}$.	S. O. variable au N. E. par le N. faible, orageux.
21.	....	20,5.	28.02.02.$\frac{1}{3}$.	28.01.07.$\frac{2}{3}$.	E. S. E. variable à l'O. S. O. par le S. faible, pluie.
22.	....	22,0.	Idem......	28.02.02.$\frac{1}{3}$.	S. O. et S. S. O. faible, pluie.
23.	....	21,0.	28.03.10.$\frac{1}{3}$.	28.03.10.$\frac{1}{3}$.	O. variable au N. E.
24.	....	20,5.	28.03.03.$\frac{2}{3}$.	28.02.09.	N. E. variable à l'O. N. O. par le N. petit frais, nuageux, pluie.
25.	47. 30. 00.	20,0.	Idem......	Idem......	N. et N. N. E. très-faible, beau.
26.	....	20,5.	28.03.10.$\frac{1}{3}$.	28.03.03.$\frac{2}{3}$.	N. N. O. et N. petit frais, beau.
27.	....	21,5.	28.02.09.	28.02.02.$\frac{1}{3}$.	N. E. et S. S. E. par l'E. frais, pluie.
28.	....	23,0.	Idem......	28.01.07.$\frac{2}{3}$.	E. S. E. et S. S. E. bon frais, nuageux, par grains d'inégale force.
29.	....	22,0.	28.01.07.$\frac{2}{3}$.	28.02.02.$\frac{1}{3}$.	S. S. E. variable au S. S. O. par le S. faible, orageux.
30.	....	21,5.	28.02.02.$\frac{1}{3}$.	Idem......	S. S. O. et O. S. O. petit frais, beau.
31.	43. 45. 00.	22,0.	28.03.03.$\frac{2}{3}$.	28.02.09.	O. variable à l'E. S. E. par le N. faible, beau.
Novembre. 1.	....	22,5.	28.03.10.$\frac{1}{3}$.	Idem......	E. et E. S. E. bon frais, nuageux.
2.	....	23,0.	28.03.03.$\frac{2}{3}$.	Idem......	E. S. E. et E. N. E. frais, beau.

ÉPOQUE, 1786.	LATITUDE, Nord.	LONGITUDE estimée, Occidentale.	LONGITUDE occidentale, par l'horloge N.° 18.	LONGITUDE occidentale, par les distances de la ☾ au ☉.	DÉCLINAISON de l'aiguille, Est.
	D. M. S.	D. M. S.	D. M. S.	D. M. S.	D. M. S.
Novembre. 3.	24. 02. 24.	164. 30. 08.	....	....	....
4.	23. 35. 15.	166. 00. 10.	165. 06. 51.	....	....
5.	23. 33. 19.	166. 38. 50.	165. 57. 42.	....	....
6.	23. 42. 58.	167. 53. 13.	167. 13. 06.	....	10. 29. 00.
7.	23. 38. 58.	168. 27. 34.	168. 15. 47.	....	....
8.	22. 51. 03.	169. 45. 29.	169. 32. 35.	....	....
9.	21. 36. 35.	172. 02. 43.	172. 04. 46.	....	....
10.	21. 14. 42.	174. 12. 21.	174. 11. 16.	....	....
11.	21. 10. 24.	175. 24. 02.	175. 31. 59.	176. 19. 08.	12. 00. 00.
12.	21. 17. 44.	176. 03. 22.	176. 05. 05.	176. 48. 15.	11. 20. 00.
13.	21. 13. 21.	176. 39. 32.	176. 35. 11.	....	12. 30. 00.
14.	20. 53. 47.	177. 01. 11.	176. 54. 43.	178. 35. 41.	12. 30. 00.
15.	20. 36. 20.	177. 28. 25.	177. 20. 16.	....	12. 12. 00.
16.	20. 16. 40.	179. 36. 56.	179. 14. 38.	....	12. 08. 00.
		Orientale.	Orientale.	Orientale.	
17.	20. 08. 15.	178. 27. 56.	179. 02. 24.	....	12. 00. 00.
18.	19. 57. 17.	177. 30. 23.	178. 23. 33.	....	11. 59. 00.
19.	19. 31. 38.	176. 42. 00.	178. 00. 28.	....	12. 06. 00.
20.	19. 38. 10.	175. 40. 10.	176. 49. 21.	....	12. 20. 00.
21.	20. 02. 56.	174. 48. 33.	176. 00. 14.	....	11. 39. 00.
22.	20. 11. 20.	174. 05. 00.	175. 06. 43.	....	....
23.	19. 30. 25.	173. 05. 58.	174. 05. 41.	....	12. 44. 00.
24.	19. 45. 38.	172. 25. 37.	173. 27. 26.	....	12. 08. 00.

ÉPOQUE, 1786.	INCLINAISON de l'aiguille.	THERM. intérieur, observé à midi.	BAROMÈTRE DE NAIRNE, observé à 9 heures du matin, et à 3 heures après midi.		VENTS, ÉTAT DU CIEL ET REMARQUES.
	D. M. S.	D.	à 9 heures. P. L. P.	à 3 heures. P. L. P.	
Novembre. 3.	....	23,5.	28.02.09.	28.02.09.	E. S. E. et E. N. E. frais, nuageux.
4.	....	23,0.	Idem......	Idem......	E. et E. S. E. par grains, pluie.
5.	....	22,5.	28.03.03.$\frac{2}{3}$.	Idem......	E. et E. N. E. petit frais, couvert, pluie.
6.	....	22,5.	28.02.09.	28.02.02.$\frac{1}{3}$.	Idem, joli frais, nuageux.
7.	....	22,5.	Idem......	28.01.07.$\frac{2}{3}$.	E. et E. S. E. petit frais, beau.
8.	....	21,5.	28.01.07.$\frac{2}{3}$.	28.01.01.	E. variable au N. N. O. par le N. par grains, pluie.
9.	....	20,0.	Idem......	28.01.07.$\frac{2}{3}$.	N. N. E. et N. N. O. bon frais, idem.
10.	....	20,5.	28.02.09.	28.01.07.$\frac{1}{3}$.	Idem, frais, nuageux.
11.	....	20,5.	28.02.02.$\frac{1}{3}$.	28.01.01.	N. N. O. variable à l'O. faible, nébuleux.
12.	....	21,0.	28.01.01.	27.11.11.$\frac{2}{3}$.	O. N. O. variable au S. S. O. par l'O. faible, nuageux.
13.	....	22,0.	28.00.06.$\frac{1}{3}$.	28.00.06.$\frac{1}{3}$.	S. S. O. variable à l'O. N. O. par l'O. petit frais, pluie.
14.	....	21,5.	28.01.07.$\frac{2}{3}$.	28.01.07.$\frac{2}{3}$.	O. et N. O. très-faible, nuageux.
15.	....	22,0.	28.02.09.	Idem......	O. et O. N. O. idem, beau.
16.	....	21,5.	28.03.03.$\frac{2}{3}$.	28.02.09.	N. O. variable au N. E. par le N. frais, beau.
17.	....	21,5.	Idem......	28.02.02.$\frac{1}{3}$.	N. et N. N. O. frais, nuageux.
18.	....	21,5.	28.02.09.	Idem......	Idem, beau.
19.	....	23,0.	Idem......	28.01.07.$\frac{2}{3}$.	O. N. O. et N. N. O. petit frais, pluie.
20.	....	23,0.	Idem......	Idem......	N. O. variable au N. E. par le N. faible, nuageux.
21.	....	23,5.	Idem......	Idem......	N. E. variable à l'E. S. E. par le S. petit frais, beau.
22.	....	23,0.	28.02.02.$\frac{1}{3}$.	Idem......	S. E. variable à l'O. N. O. par grains, pluie.
23.	....	22,0.	28.02.09.	28.02.09.	N. O. et O. N. O. petit frais, beau.
24.	....	23,0.	28.02.02.$\frac{1}{3}$.	28.01.01.	N. O. variable au S. E. par le S. petit frais, beau.

VOYAGE

ÉPOQUE, 1786.	LATITUDE, Nord.	LONGITUDE estimée, Orientale.	LONGITUDE orientale, par l'horloge N.° 18.	LONGITUDE orientale, par les distances de la ☾ au ☉.	DÉCLINAISON de l'aiguille, Est.
	D. M. S.	D. M. S.	D. M. S.	D. M. S.	D. M. S.
Novemb. 25.	20. 42. 01.	171. 38. 27.	172. 38. 53.	....	....
26.	20. 32. 35.	170. 36. 25.	171. 34. 31.	169. 56. 47.	12. 24. 00.
27.	20. 44. 08.	169. 06. 13.	170. 08. 15.	168. 31. 16.	11. 40. 00.
28.	20. 20. 01.	167. 31. 32.	168. 17. 14.	166. 35. 22.	11. 18. 00.
29.	20. 39. 23.	165. 59. 44.	166. 33. 23.	....	11. 29. 00.
30.	20. 29. 51.	164. 31. 28.	165. 00. 09.	....	11. 20. 00.
Décembre. 1.	20. 52. 51.	163. 52. 08.	164. 27. 52.	....	10. 34. 00.
2.	21. 38. 40.	163. 17. 10.	164. 12. 06.	....	9. 38. 00.
3.	20. 47. 53.	162. 48. 46.	163. 48. 47.	....	....
4.	20. 47. 30.	161. 03. 19.	161. 57. 46.	....	10. 16. 00.
5.	21. 02. 47.	158. 56. 45.	159. 57. 07.	....	10. 03. 00.
6.	21. 02. 49.	157. 03. 34.	158. 08. 45.	....	8. 40. 00.
7.	21. 27. 04.	156. 33. 04.	157. 37. 35.	....	8. 30. 00.
8.	21. 20. 57.	155. 18. 33.	156. 19. 00.	....	....
9.	20. 51. 35.	153. 00. 10.	154. 06. 16.	....	7. 10. 00.
10.	21. 00. 08.	151. 03. 16.	151. 54. 44.	....	7. 30. 00.
11.	20. 53. 24.	149. 13. 41.	150. 12. 34.	148. 47. 09.	7. 20. 00.
12.	20. 33. 10.	147. 17. 57.	148. 13. 48.	146. 39. 25.	7. 21. 00.
13.	20. 25. 52.	146. 04. 53.	147. 22. 42.	....	6. 17. 00.
14.	20. 17. 28.	144. 38. 10.	145. 48. 56.	....	....
15.	19. 44. 27.	144. 21. 17.	145. 13. 53.	....	....
16.	20. 04. 05.	142. 59. 07.	143. 30. 12.	....	....

DE LA PÉROUSE.

ÉPOQUE, 1786.	INCLINAISON de l'aiguille.	THERM. intérieur, observé à midi.	BAROMÈTRE DE NAIRNE, observé à 9 heures du matin, et à 3 heures après midi.		VENTS, ÉTAT DU CIEL ET REMARQUES.
	D. M. S.	D.	à 9 heures. P. L. P.	à 3 heures. P. L. P.	
Novemb. 25.	....	24,0.	28.01.01.	28.00.06.$\frac{1}{3}$	S. S. E. et O. par le S. frais, nuageux, pluie.
26.	....	23,0.	28.02.09.	28.02.02.$\frac{1}{3}$	O. S. O. variable au N. N. E. par le N. petit frais, beau.
27.	....	22,5.	28.03.10.$\frac{1}{3}$	28.03.03.$\frac{2}{3}$	N. et N. E. petit frais, nuageux.
28.	....	22,0.	Idem......	Idem......	E. N. E. et N. E. joli frais, nuageux, pluie.
29.	....	21,5.	Idem......	28.02.09.	E. et E. N. E. petit frais, beau.
30.	....	22,0.	28.03.03.$\frac{2}{3}$	28.02.02.$\frac{1}{3}$	Idem.
Décembre. 1.	....	23,0.	28.02.09.	28.01.07.$\frac{2}{3}$	E. variable à l'O. S. O. par le S. très-faible, beau.
2.	....	24,0.	28.02.02.$\frac{1}{3}$	28.01.01.	S. S. O. et S. O. joli frais, par grains.
3.	....	23,5.	Idem......	28.01.07.$\frac{2}{3}$	S. O. et O. N. O. par grains d'inégale force, pluie.
4.	....	21,5.	28.04.05.	28.03.03.$\frac{2}{3}$	N. O. variable au N. E. par le N. par grains, frais, nuageux.
5.	....	21,0.	Idem......	28.02.09.	N. E. et E. N. E. joli frais, nuageux.
6.	....	22,5.	28.02.09.	28.01.07.$\frac{2}{3}$	E. N. E. variable au S. frais, nuageux.
7.	....	23,0.	Idem......	28.02.02.$\frac{1}{3}$	S. variable au N. O. par l'O. petit frais, nuageux.
8.	....	22,5.	28.03.03.$\frac{2}{3}$	28.02.09.	O. N. O. variable au N. E. petit frais, beau.
9.	....	21,0.	28.03.10.$\frac{1}{3}$	28.03.03.$\frac{2}{3}$	N. E. et E. N. E. bon frais, nuageux.
10.	....	21,5.	Idem......	Idem......	E. et E. N. E. joli frais, beau.
11.	....	22,5.	Idem......	28.02.09.	Idem.
12.	....	23,5.	28.03.03.$\frac{2}{3}$	Idem......	E. et S. E. bon frais, beau.
13.	....	24,5.	28.03.10.$\frac{1}{3}$	Idem......	S. S. E. variable au S. S. O. petit frais, nuageux, pluie.
14.	....	23,5.	28.03.03.$\frac{2}{3}$	28.02.02.$\frac{1}{3}$	O. S. O. variable au N. E. frais, par grains, nuageux.
15.	....	23,5.	Idem......	Idem......	N. E. frais, nébuleux.
16.	....	23,0.	28.02.09.	28.01.07.$\frac{2}{3}$	Idem, nuageux, pluie.

ÉPOQUE, 1786.	LATITUDE, Nord.	LONGITUDE estimée, Orientale.	LONGITUDE orientale, par l'horloge N.° 18.	LONGITUDE orientale, par les distances de la ☾ au ☉.	DÉCLINAISON de l'aiguille, Est.
	D. M. S.	D. M. S.	D. M. S.	D. M. S.	D. M. S.
Décemb. 17.	19. 56. 41.	141. 49. 07.	142. 23. 50.	....	3. 53. 00.
18.	20. 08. 32.	140. 38. 58.	141. 16. 26.	....	3. 30. 00.
19.	19. 53. 04.	140. 05. 50.	140. 45. 10.	....	3. 24. 00.
20.	19. 44. 50.	138. 53. 08.	139. 24. 18.	....	3. 04. 00.
21.	19. 37. 49.	137. 25. 14.	137. 55. 29.	....	1. 38. 00.
22.	20. 01. 35.	135. 58. 15.	136. 13. 36.	....	1. 11. 00.
23.	20. 13. 28.	134. 22. 44.	134. 31. 04.	....	0. 45. 00.
24.	20. 44. 00.	131. 26. 53.	132. 13. 32.	....	0. 42. 00.
25.	20. 34. 54.	129. 22. 43.	130. 16. 37.	127. 28. 27.	0. 16. 00. Ouest.
26.	20. 19. 17.	126. 30. 02.	....	....	0. 25. 00.
27.	21. 15. 14.	124. 19. 57.	125. 21. 53.	122. 57. 32.	0. 46. 00.
28.	21. 11. 13.	122. 23. 17.	123. 06. 59.	120. 18. 29.	0. 33. 00.
29.	21. 14. 55.	121. 17. 17.	122. 07. 32.	119. 33. 53.	0. 23. 00.
30.	21. 15. 58.	119. 38. 21.	120. 50. 50.	....	....
31.	22. 01. 39.	116. 56. 22.	119. 03. 46.	....	....
1787. Janvier. 1.	22. 18. 35.	114. 12. 57.	116. 19. 38.	....	....
2.	22. 09. 06.	112. 58. 16.	114. 33. 26.	....	....
3.	22. 22. 33.	112. 08. 01.	....	....	....
4.	....	....	....	....	....

DE LA PÉROUSE.

ÉPOQUE. 1786.	INCLINAISON de l'aiguille.	THERM. intérieur, observé à midi.	BAROMÈTRE DE NAIRNE, observé à 9 heures du matin, et à 3 heures après midi.		VENTS, ÉTAT DU CIEL ET REMARQUES.
	D. M. S.	D.	à 9 heures. P. L. P.	à 3 heures. P. L. P.	
Décemb. 17.	....	23,0.	28.02.09.	28.01.07.$\frac{2}{3}$.	E. N. E. et N. E. petit frais, nuageux.
18.	....	24,0.	Idem......	28.02.02.$\frac{1}{3}$.	E. N. E. variable à l'O. S. O. par le S. frais, nébuleux.
19.	....	23,5.	Idem......	28.01.07.$\frac{2}{3}$.	O. S. O. variable au N. N. O. par l'O. petit frais, beau.
20.	....	21,5.	28.03.03.$\frac{2}{3}$.	28.02.02.$\frac{1}{3}$.	N. O. et N. petit frais, beau.
21.	....	21,0.	Idem......	28.02.09.	N. N. O. au N. E. par le N. petit frais, beau.
22.	....	21,5.	Idem......	....	N. E. et E. N. E. joli frais, nuageux.
23.	....	22,5.	28.03.10.$\frac{1}{3}$.	28.03.03.$\frac{2}{3}$.	E. N. E. et N. E. petit frais, nuageux.
24.	....	22,5.	Idem......	Idem......	N. E. et N. N. E. grand frais, nuageux.
25.	....	22,0.	Idem......	Idem......	N. E. et N. joli frais, idem.
26.	....	20,5.	28.05.06.$\frac{1}{3}$.	28.04.05.	N. N. O. et N. N. E. gros frais, nébuleux.
27.	....	19,5.	Idem......	28.04.11.$\frac{2}{3}$.	N. N. E. et E. idem, nuageux, pluie.
28.	....	20,0.	28.04.05.	28.03.03.$\frac{2}{3}$.	N. E. et E. joli frais, nuageux.
29.	....	21,5.	28.03.10.$\frac{1}{3}$.	28.02.09.	E. et E. S. E. frais, nuageux.
30.	....	22,0.	28.03.03.$\frac{2}{3}$.	28.02.02.$\frac{1}{3}$.	E. S. E. et N. N. E. par l'E. joli frais, nuageux.
31.	....	20,5.	28.03.10.$\frac{1}{3}$.	28.03.03.$\frac{2}{3}$.	N. E. et E. N. E. bon frais, couvert, petite pluie.
1787. Janvier. 1.	....	18,5.	28.64.11.$\frac{2}{3}$.	28.04.11.$\frac{2}{3}$.	N. E. frais, brouillard.
2.	....	16,5.	28.05.06.$\frac{1}{3}$.	28.04.05.	N. E. et E. N. E. joli frais, brouillard.
3.	....	15,5.	Idem......	28.05.06.$\frac{1}{3}$.	N. E. variable au N. O. par le N. joli frais, couvert, petite pluie.
4.	....	....	28.06.01.	....	N. et N. E. petit frais, couvert.

TOME III.

VOYAGE

ÉPOQUE, 1787.	LATITUDE Nord, observée à midi.	LATITUDE Nord, estimée à midi.	LONGITUDE orientale, estimée à midi.	LONGITUDE orientale, par les distances de la ☾ au ☉, rapportée à midi.	LONGITUDE orientale, par l'horloge N.° 18, à midi.
	D. M. S.	D. M. S.	D. M. S.	D. M. S.	D. M. S.
Janvier.....	Séjour à Macao.				
Février. 5.	....	21. 54. 00.	111. 47. 04.		
6.	....	22. 02. 42.	112. 33. 39.		
7.	....	21. 53. 33.	112. 36. 01.		
8.	....	21. 19. 00.	112. 58. 43.	....	112. 59. 48.
9.	20. 52. 54.	20. 55. 13.	113. 40. 18.	....	113. 54. 11.
10.	19. 58. 56.	19. 54. 56.	115. 01. 26.	....	114. 53. 09.
11.	18. 53. 09.	19. 00. 02.	115. 57. 33.	....	115. 32. 35.
12.	18. 30. 12.	18. 29. 54.	116. 29. 11.	....	116. 06. 30.
13.	18. 13. 15.	18. 19. 57.	117. 05. 36.	....	116. 49. 10.
14.	18. 11. 45.	18. 09. 24.	117. 51. 35.	....	117. 25. 43.
15.	18. 18. 46.	18. 19. 09.	118. 16. 23.	....	117. 54. 40.
16.	17. 58. 55.	17. 47. 31.	118. 27. 25.	....	118. 24. 58.
17.	18. 05. 48.	17. 44. 28.	118. 20. 00.	....	118. 21. 50.
18.	18. 02. 44.	17. 44. 51.	118. 10. 38.	....	118. 26. 09.
19.	17. 41. 29.	17. 25. 20.	117. 46. 08.	....	118. 26. 45.
20.	15. 47. 33.	15. 44. 05.	117. 17. 30.	....	117. 37. 03.
21.	14. 50. 58.	15. 00. 51.	117. 17. 53.	....	117. 33. 02.
22.	14. 33. 12.	14. 31. 10.	117. 56. 14.	....	117. 58. 28.
23.	{ 14. 25. 00. Séjour à Cavite. }	14. 26. 42.	118. 26. 24.		
Avril. 10.	{ 14. 29. 15. Départ de Cavite. }	....	....	{ Longitude de l'observatoire. }	118. 35. 05.
11.	15. 21. 06.	....	117. 25. 07.	....	117. 12. 40.
12.	15. 43. 41.	15. 48. 15.	117. 10. 13.	....	117. 06. 29.
13.	16. 16. 16.	16. 10. 23.	116. 56. 32.	....	116. 53. 04.
14.	16. 52. 52.	16. 46. 22.	117. 10. 38.	....	117. 14. 57.
15.	17. 06. 11.	17. 06. 49.	117. 17. 32.	....	117. 23. 53.
16.	17. 32. 01.	17. 33. 26.	117. 22. 07.	....	117. 35. 15.
17.	18. 12. 33.	18. 04. 04.	117. 14. 00.	....	117. 24. 36.
18.	19. 31. 36.	19. 21. 18.	117. 11. 26.	....	117. 16. 32.
19.	21. 00. 28.	20. 52. 45.	118. 29. 00.	....	117. 09. 18.
20.	21. 27. 41.	21. 18. 37.	117. 34. 59.	....	117. 08. 21.
21.	....	21. 45. 02.	117. 20. 18.	....	116. 53. 56.

ÉPOQUE, 1787.	LONGITUDE par l'horloge N.° 18, à midi, corrigée d'après les observations de distances de la ☾ au ☉, et telle qu'on l'a employée sur la carte.			
	D. M. S.			
Avril. 10.	118. 35. 05.	Toutes les longitudes ci-après sont fondées sur cette longitude de Cavite, à laquelle on les a rapportées.		
11.	117. 12. 21.			
12.	117. 05. 52.			
13.	116. 52. 08.			
14.	117. 13. 42.			
15.	117. 22. 20.			
16.	117. 33. 23.			
17.	117. 22. 25.			
18.	117. 14. 03.			
19.	117. 06. 30.			
20.	117. 05. 14.			
21.	116. 50. 31.			

ÉPOQUE, 1787.	LATITUDE Nord, observée à midi.	LATITUDE Nord, estimée à midi.	LONGITUDE orientale, estimée à midi.	LONGITUDE orientale, par les distances de la ☾ au ☉, rapportée à midi.	LONGITUDE orientale, par l'horloge N.° 18, à midi.
	D. M. S.	D. M. S.	D. M. S.	D. M. S.	D. M. S.
Avril. 22.	22. 01. 22.	22. 07. 11.	117. 09. 37.	....	116. 45. 31.
23.	22. 09. 34.	22. 07. 10.	117. 35. 44.	....	117. 12. 56.
24.	22. 25. 31.	22. 20. 25.	117. 47. 57.	117. 30. 28. Milieu entre 20 observat. occid.	117. 38. 40.
25.	22. 51. 05.	22. 45. 13.	116. 41. 41.		117. 32. 51.
26.	22. 59. 24.	23. 03. 05.	116. 16. 58.	....	116. 17. 43.
27.	22. 38. 51.	22. 41. 33.	117. 22. 52.	....	117. 44. 03.
28.	22. 58. 23.	22. 52. 51.	117. 13. 30.	....	117. 37. 23.
29.	23. 28. 52.	23. 19. 26.	117. 17. 47.	....	117. 40. 15.
30.	22. 12. 43.	22. 16. 31.	117. 18. 51.	....	117. 50. 52.
Mai. 1.	....	21. 47. 25.	117. 52. 23.	....	118. 14. 46.
2.	21. 36. 56.	21. 36. 37.	119. 04. 41.	....	119. 17. 26.
3.	21. 47. 17.	21. 48. 35.	119. 11. 15.	....	119. 18. 10.
4.	....	22. 19. 17.	119. 41. 24.	....	119. 51. 56.
5.	....	22. 52. 50.	120. 11. 51.	....	120. 27. 05.
6.	24. 32. 06.	23. 32. 17.	120. 20. 44.	....	120. 38. 53.
7.	26. 06. 51.	25. 41. 12.	120. 37. 33.	....	121. 19. 24.
8.	27. 07. 55.	27. 03. 00.	120. 19. 33.	....	121. 25. 51.
9.	27. 44. 03.	27. 41. 06.	119. 55. 54.	....	121. 07. 07.
10.	....	28. 30. 54.	119. 59. 59.	....	121. 14. 56.
11.	....	28. 53. 30.	120. 17. 02.	....	121. 36. 56.
12.	....	28. 50. 25.	120. 21. 36.	....	121. 45. 27.
13.	....	29. 37. 30.	120. 27. 34.	....	121. 59. 56.
14.	29. 42. 49.	29. 57. 17.	120. 16. 38.	Au mouillage.	121. 57. 15.
15.	....	30. 00. 14.	120. 05. 54.	....	121. 50. 19.
16.	....	30. 41. 27.	120. 04. 13.	....	121. 51. 56.
17.	....	31. 14. 12.	120. 01. 53.	....	121. 52. 58.
18.	31. 20. 58.	31. 37. 56.	120. 24. 24.	....	121. 41. 38.
19.	31. 53. 02.	32. 01. 10.	120. 51. 12.	....	122. 05. 28.
20.	32. 05. 02.	32. 11. 56.	121. 02. 17.	Au mouillage.	122. 23. 48.
21.	32. 38. 04.	32. 52. 53.	122. 48. 30.	....	124. 04. 04.
22.	33. 00. 19.	33. 06. 01.	123. 24. 38.	123. 46. 16. Milieu entre 266 observat. occident.	124. 36. 21.
23.	33. 41. 11.	33. 35. 40.	124. 24. 53.		125. 41. 58.
24.	34. 24. 05.	34. 21. 32.	125. 11. 24.	....	126. 39. 29.
25.	34. 30. 52.	34. 25. 07.	125. 28. 58.	....	127. 04. 56.

ÉPOQUE, 1787.	LONGITUDE par l'horloge N.º 18, à midi, corrigée d'après les observations de distances de la ☾ au ☉, et telle qu'on l'a employée sur la carte.			
	D. M. S.			
Avril. 22.	116. 41. 47.			
23.	117. 08. 53.			
24.	117. 34. 19.			
25.	117. 28. 11.			
26.	116. 12. 44.			
27.	117. 38. 46.			
28.	117. 31. 47.			
29.	117. 34. 20.			
30.	117. 44. 39.			
Mai. 1.	118. 08. 14.			
2.	119. 09. 26.			
3.	119. 08. 43.			
4.	119. 41. 01.			
5.	120. 14. 42.			
6.	120. 25. 03.			
7.	121. 04. 06.			
8.	121. 09. 05.			
9.	120. 48. 54.			
10.	120. 55. 15.			
11.	121. 15. 48.			
12.	121. 22. 51.			
13.	121. 35. 52.			
14.	121. 31. 44.			
15.	121. 23. 20.			
16.	121. 23. 29.			
17.	121. 23. 04.			
18.	121. 10. 16.			
19.	121. 32. 38.			
20.	121. 49. 31.			
21.	123. 28. 19.			
22.	123. 59. 08.			
23.	125. 03. 18.			
24.	125. 59. 21.			
25.	126. 23. 20.			

ÉPOQUE, 1787.	LATITUDE Nord, observée à midi.	LATITUDE Nord, estimée à midi.	LONGITUDE orientale, estimée à midi.	LONGITUDE orientale, par les distances de la ☾ au ☉, rapportée à midi.	LONGITUDE orientale, par l'horloge N.º 18, à midi.
	D. M. S.	D. M. S.	D. M. S.	D. M. S.	D. M. S.
Mai. 26.	35. 27. 19.	35. 30. 44.	126. 20. 55.	....	128. 03. 14.
27.	....	36. 18. 28.	127. 07. 05.	....	128. 51. 51.
28.	36. 40. 00.	36. 35. 58.	127. 20. 39.	....	128. 46. 57.
29.	37. 13. 32.	37. 08. 26.	127. 55. 47.	....	129. 20. 49.
30.	38. 14. 11.	38. 09. 17.	128. 42. 40.	....	130. 08. 27.
31.	38. 24. 00.	38. 24. 41.	129. 37. 00.	....	131. 07. 23.
Juin. 1.	38. 11. 45.	38. 13. 21.	130. 37. 02.	....	132. 08. 04.
2.	37. 39. 02.	37. 42. 48.	131. 16. 28.	....	132. 47. 34.
3.	37. 18. 00.	37. 25. 57.	131. 49. 59.	....	133. 05. 12.
4.	....	37. 12. 21.	132. 36. 01.	....	133. 55. 56.
5.	38. 07. 00.	37. 54. 01.	133. 00. 03.	....	134. 26. 20.
6.	37. 43. 36.	37. 46. 12.	133. 58. 12.	....	135. 32. 01.
7.	38. 32. 53.	38. 23. 21.	133. 55. 54.	....	135. 35. 23.
8.	39. 25. 57.	39. 15. 29.	132. 43. 56.	133. 40. 04.	134. 02. 25.
9.	....	40. 15. 09.	131. 26. 58.	....	133. 18. 00.
10.	40. 57. 34.	41. 00. 27.	130. 40. 44.	131. 12. 34.	132. 10. 03.
11.	41. 57. 27.	42. 06. 43.	130. 48. 45.	131. 31. 49.	132. 32. 42.
12.	42. 32. 48.	42. 45. 51.	131. 20. 09.	Le 1.er de ces 3 résultats est par un milieu entre 48 observ. orient., le 2.e par 380 obs. orient., le 3.e par 396 observations orient.	133. 05. 11.
13.	42. 45. 13.	42. 44. 15.	131. 48. 21.		133. 24. 51.
14.	43. 29. 44.	43. 31. 22.	132. 58. 38.		134. 40. 57.
15.	43. 50. 17.	43. 50. 17.	133. 31. 49.		135. 05. 56.
16.	44. 03. 00.	43. 55. 32.	133. 53. 22.		135. 20. 26.
17.	....	44. 04. 59.	134. 05. 55.	....	135. 33. 03.
18.	44. 11. 10.	44. 08. 56.	134. 28. 30.	....	135. 57. 56.
19.	44. 30. 00.	44. 28. 16.	134. 35. 03.	....	136. 05. 43.
20.	44. 44. 14.	44. 38. 43.	134. 32. 39.	135. 42. 11.	136. 17. 25.
21.	....	44. 49. 59.	134. 57. 21.	Par un milieu entre 20 obs. occid.	136. 31. 12.
22.	44. 54. 00.	45. 04. 14.	135. 10. 10.	....	136. 28. 33.
23.	45. 07. 39.	45. 08. 00.	135. 01. 45.	....	136. 28. 15.
24.	....	45. 11. 42.	134. 51. 49.	Au mouillage.	136. 19. 51.
25.	....	....	....	....	....
26.	....	....	134. 51. 51.	Au mouillage.	....
27.	45. 10. 41.	45. 10. 21.	135. 28. 58.	....	136. 26. 56.
28.	46. 02. 38.	46. 05. 08.	136. 45. 55.	....	137. 39. 32.

ÉPOQUE. 1787.	LONGITUDE par l'horloge, N.° 18, à midi, corrigée d'après les observations de distances de la ☾ au ☉, et telle qu'on l'a employée sur la carte.			
	D. M. S.			
Mai. 26.	127. 20. 11.			
27.	128. 07. 20.			
28.	128. 00. 58.			
29.	128. 33. 23.			
30.	129. 20. 03.			
31.	130. 17. 02.			
Juin. 1.	131. 16. 15.			
2.	131. 53. 50.			
3.	132. 09. 34.			
4.	132. 58. 23.			
5.	133. 26. 53.			
6.	134. 30. 39.			
7.	134. 32. 07.			
8.	132. 57. 14.			
9.	132. 10. 55.			
10.	131. 01. 03.			
11.	131. 21. 48.			
12.	131. 52. 22.			
13.	132. 10. 08.			
14.	133. 24. 19.			
15.	133. 47. 24.			
16.	133. 59. 59.			
17.	134. 10. 52.			
18.	134. 34. 01.			
19.	134. 40. 04.			
20.	134. 50. 02.			
21.	135. 02. 05.			
22.	134. 57. 42.			
23.	134. 55. 40.			
24.	134. 45. 33.			
25.	....			
26.	....			
27.	134. 47. 26.			
28.	135. 58. 18.			

VOYAGE

ÉPOQUE, 1787.	LATITUDE Nord, observée à midi.	LATITUDE Nord, estimée à midi.	LONGITUDE orientale, estimée à midi.	LONGITUDE orientale, par les distances de la ☾ au ☉, rapportée à midi.	LONGITUDE orientale, par l'horloge N.º 18, à midi.
	D. M. S.	D. M. S.	D. M. S.	D. M. S.	D. M. S.
Juin. 29.	....	46. 50. 30.	138. 04. 00.	....	138. 52. 17.
30.	47. 17. 39.	47. 24. 20.	138. 16. 56.	....	138. 58. 26.
Juillet. 1.	....	47. 42. 26.	138. 21. 23.	....	139. 02. 53.
2.	....	47. 44. 58.	138. 23. 59.	....	139. 10. 33.
3.	....	....	....	....	....
4.	....	47. 42. 58.	138. 26. 28.	....	139. 12. 56.
5.	47. 45. 00.	47. 39. 37.	138. 33. 05.	Au mouillage.	139. 19. 22.
6.	47. 57. 00.	47. 54. 30.	139. 27. 23.	....	139. 40. 21.
7.	48. 28. 46.	48. 33. 15.	140. 37. 58.	139. 35. 22. Milieu de 96 obs. or.	140. 54. 43.
8.	48. 22. 15.	48. 17. 50.	140. 48. 53.	139. 22. 37. Milieu de 56 obs. or.	141. 15. 08.
9.	....	48. 11. 27.	140. 49. 21.	....	141. 19. 56.
10.	48. 25. 10.	48. 08. 39.	140. 57. 00.	139. 41. 24.	141. 33. 32.
11.	48. 10. 30.	48. 06. 12.	141. 21. 52.	139. 45. 30. Le 1.er par 72 obs. or. Le 2.e par 238 Idem.	141. 56. 00.
12.	47. 48. 36.	47. 47. 33.	141. 20. 49.	Au mouillage.	142. 05. 16.
13.	....	....	141. 25. 01.	....	....
14.	48. 13. 14.	48. 10. 06.	140. 58. 08.	....	141. 41. 56.
15.	48. 26. 05.	48. 26. 05.	140. 31. 57.	....	141. 19. 56.
16.	48. 17. 11.	48. 17. 11.	140. 20. 17.	....	141. 14. 37.
17.	48. 18. 17.	48. 18. 17.	140. 04. 57.	....	141. 02. 56.
18.	48. 12. 26.	48. 12. 26.	140. 04. 39.	....	141. 06. 56.
19.	....	48. 42. 47.	141. 07. 51.	....	142. 12. 56.
20.	49. 27. 44.	....	141. 14. 36.	139. 48. 45.	142. 23. 02.
21.	49. 52. 42.	49. 59. 23.	141. 09. 32.	....	142. 24. 56.
22.	50. 31. 33.	50. 34. 17.	141. 00. 42.	Au mouillage.	142. 22. 37.
23.	50. 55. 16.	50. 53. 53.	141. 02. 30.	138. 44. 47.	142. 26. 35.
24.	51. 26. 29.	51. 23. 28.	140. 48. 47.	....	142. 06. 37.
25.	....	51. 28. 50.	139. 57. 30.	....	141. 36. 48.
26.	....	51. 40. 21.	....	....	141. 44. 08.
27.	51. 31. 44.	....	....	....	141. 57. 56.
28.	51. 25. 46. A l'observatoire.	....	....	Au mouillage dans la baie de Castries.	141. 29. 56.

ÉPOQUE, 1787.	LONGITUDE orientale, par l'horloge N.° 18, à midi, corrigée d'après les observations de distances de la ☾ au ☉, et telle qu'on l'a employée sur la carte.			
	D. M. S.			
Juin. 29.	137. 09. 19.			
30.	137. 13. 44.			
Juillet. 1.	137. 16. 27.			
2.	137. 22. 13.			
3.	....			
4.	137. 20. 47.			
5.	137. 25. 19.			
6.	137. 44. 24.			
7.	138. 56. 52.			
8.	139. 15. 23.			
9.	139. 18. 16.			
10.	139. 29. 58.			
11.	139. 50. 32.			
12.	{ 139. 49. 28. 139. 57. 54.	Au mouillage.		
13.	....			
14.	139. 30. 45.			
15.	139. 06. 51.			
16.	138. 59. 38.			
17.	138. 46. 05.			
18.	138. 48. 14.			
19.	139. 52. 22.			
20.	140. 00. 37.			
21.	140. 00. 39.			
22.	139. 56. 28.	Au mouillage.		
23.	139. 58. 35.			
24.	139. 36. 45.			
25.	139. 05. 04.			
26.	139. 10. 33.			
27.	139. 22. 29.	Le 27, à trois heures du soir, mouillé dans la baie de Castries.		
28.	....			

VOYAGE

ÉPOQUE, 1787.	LATITUDE Nord, observée à midi.	LATITUDE Nord, estimée à midi.	LONGITUDE orientale, estimée à midi.	LONGITUDE orientale, par les distances de la ☾ au ☉, rapportée à midi.	LONGITUDE orientale, par l'horloge N.° 18, en supposant la longitude de la baie de Castries de 138° 45′ 11″, et le retard journalier du N.° 18 de 0′ 40″ 46‴.
	D. M. S.	D. M. S.	D. M. S.	D. M. S.	D. M. S.
Juillet. 29.					
30.					
31.					
Août. 1.					
2.					
3.	51. 21. 15.	51. 25. 24.	139. 35. 50.	....	139. 32. 54.
4.	50. 50. 20.	50. 51. 57.	139. 00. 15.	....	138. 46. 24.
5.	50. 38. 08.	50. 35. 08.	139. 30. 16.	....	139. 39. 03.
6.	50. 23. 06.	50. 22. 23.	139. 11. 20.	....	139. 11. 44.
7.	....	50. 08. 21.	139. 40. 59.	....	139. 37. 00.
8.	49. 12. 48.	49. 14. 45.	139. 09. 48.	....	139. 00. 49.
9.	48. 26. 21.	48. 23. 54.	139. 40. 24.	....	139. 25. 33.
10.	46. 47. 58.	46. 50. 00.	139. 59. 52.	Par un milieu entre 308 dist. de ☾ à ☉, orientales. 139. 38. 46.	139. 31. 53.
11.	45. 56. 57.	46. 06. 34.	140. 15. 41.	....	139. 53. 09.
12.	....	45. 41. 32.	140. 30. 53.	....	140. 09. 00.
13.	45. 20. 31.	45. 28. 08.	140. 48. 45.	....	140. 27. 54.
14.	45. 29. 14.	45. 30. 34.	141. 13. 29.	....	141. 08. 19.
15.	46. 09. 38.	46. 10. 27.	142. 30. 19.	....	142. 20. 36.
16.	....	46. 21. 08.	143. 27. 04.	....	143. 24. 24.
17.	46. 09. 31.	46. 09. 08.	143. 43. 19.	....	143. 54. 57.
18.	45. 58. 47.	46. 06. 52.	144. 35. 12.	....	144. 27. 01.
19.	46. 19. 51.	46. 08. 53.	145. 51. 18.	....	145. 49. 41.
20.	....	46. 35. 18.	147. 32. 30.	Par un milieu entre 150 dist. de ☾ à ☉, occident. 145. 22. 25.	147. 35. 14.
21.	47. 09. 02.	47. 08. 54.	148. 08. 12.	....	148. 02. 00.
22.	47. 14. 58.	47. 13. 59.	147. 55. 41.	....	147. 21. 00.
23.	47. 11. 38.	47. 10. 04.	148. 09. 31.	....	148. 34. 28.
24.	47. 23. 05.	47. 23. 11.	149. 11. 28.	....	148. 48. 50.
25.	....	47. 31. 32.	149. 39. 07.	....	149. 16. 00.
26.	....	47. 22. 38.	149. 32. 05.	....	149. 47. 00.

ÉPOQUE, 1787.	LATITUDE Nord, observée à midi.	LATITUDE Nord, estimée à midi.	LONGITUDE orientale, estimée à midi.	LONGITUDE orientale, par les distances de la ☾ au ☉, rapportée à midi.	LONGITUDE orientale, par l'horloge N.° 18, en supposant la longitude de la baie de Castries de 138ᵈ 45′ 11″, et le retard journalier du N.° 18 de 0′ 40″ 46‴.
	D. M. S.	D. M. S.	D. M. S.	D. M. S.	D. M. S.
Août. 27.	47. 10. 44.	47. 21. 50.	149. 35. 34.	....	149. 50. 09.
28.	....	47. 04. 44.	149. 05. 53.	....	149. 21. 15.
29.	....	46. 22. 59.	149. 23. 50.	....	149. 43. 00.
30.	45. 50. 00.	46. 18. 11.	150. 04. 41.	....	150. 27. 16.
31.	....	46. 07. 57.	151. 05. 26.	....	151. 28. 00.
Septembre. 1.	....	46. 56. 21.	152. 44. 40.	....	153. 11. 00.
2.	48. 29. 05.	48. 29. 42.	154. 39. 51.	....	155. 21. 22.
3.	49. 19. 31.	49. 26. 08.	155. 52. 07.	Milieu entre 224 dist. ☾ à ☉, orient. { 157. 06. 44. }	156. 36. 20.
4.	....	50. 27. 16.	155. 42. 58.	Milieu entre 32 dist. ☾ à ☉, orient. { 157. 13. 45. }	156. 32. 58.
5.	50. 58. 49.	51. 11. 13.	156. 04. 01.	....	157. 20. 06.
6.	52. 29. 09.	52. 30. 49.	156. 08. 23.	....	....
7.	52. 46. 21.	52. 44. 39.	155. 26. 18.	....	....
8.	....	Au mouillage. 53. 00. 39.	Au mouillage. 155. 14. 27.	....	....

LA Table suivante avait été adressée, séparément du Journal de LA PÉROUSE, par DAGELET à l'ex-ministre de la marine FLEURIEU, qui me l'a communiquée. Quoique l'explication de cette Table, et particulièrement celle de la colonne des corrections, ne présente pas tout le développement qu'on pourrait désirer, j'ai jugé que la publication de ces pièces, telles qu'elles sont, pouvait être de quelque utilité pour les navigateurs et les astronomes. (N. D. R.)

VOYAGE

EXPLICATION

De la Table suivante des Longitudes, depuis le 11 Avril jusqu'au 7 Septembre 1787.

Les observations de distances de la lune au soleil, tant à l'Orient qu'à l'Occident, ont été très-multipliées pendant la navigation dans les mers de la Tartarie orientale, jusqu'à la baie d'Avatscha ; elles ont fourni de fréquentes occasions de vérifier la marche de l'horloge marine N.° 19, en comparant les longitudes qu'on obtenait par les distances, avec celles que l'horloge aurait données, si l'on eût supposé que, durant toute cette navigation, elle avait conservé le mouvement journalier qu'on avait conclu des observations faites à Cavite.

La première colonne de longitude présente, jour par jour, la longitude du vaisseau, rapportée à l'époque de midi, telle que la donnait l'horloge N.° 19, d'après son mouvement journalier constaté à Cavite, et en supposant que ce port est situé à $117^d\ 30'$ à l'Orient de Paris, ainsi qu'on l'avait conclu de la différence de méridien que l'horloge avait donnée entre Macao et Cavite, toutes corrections faites. Un milieu entre les résultats de quelques observations de distances occidentales donnait la longitude de Cavite de $117^d\ 50'$; mais, en rapportant à ce port les observations faites à Macao, DAGELET pensait que ce résultat est trop fort de $13'$ à $15'\ 2''$. Il avait observé plusieurs occultations de petites étoiles par la lune, d'après lesquelles il se proposait de lever le doute qui pouvait rester sur la longitude de Cavite, parce qu'il était certain d'avoir déterminé la position de ces astres sur les journaux de son observatoire de l'école militaire.

La colonne des corrections indique celle qu'il faut appliquer chaque jour à la longitude du N.° 19, pour avoir la longitude vraie, portée dans la dernière colonne.

DAGELET n'explique pas la méthode qu'il a employée pour dresser la colonne des corrections : on sait seulement qu'après avoir évalué l'avance ou le retard de l'horloge dans l'intervalle de deux suites d'observations orientales et occidentales, par la comparaison de ses résultats avec le résultat moyen de chaque suite, il en a déduit l'erreur de l'horloge aux différentes époques d'observations de distances ; et il en a conclu par la voie de l'interpolation, les corrections pour les jours intermédiaires.

DE LA PÉROUSE. 413

ÉPOQUE, 1787.		LATITUDE.			LONGITUDE, par le N.° 19. Cavité à 117ᵈ 30′ E. Paris.			CORRECTIONS.			LONGITUDE vraie.		
		D.	M.	S.	D.	M.	S.		M.	S.	D.	M.	S.
Avril.	11.	15.	18.	8.	117.	37.	36.	+	26.	31.	118.	4.	7.
	12.	15.	45.	0.	116.	59.	30.	+	29.	16.	117.	28.	46.
	13.	16.	11.	53.	117.	23.	15.	+	31.	44.	117.	54.	59.
	14.	16.	46.	33.	117.	21.	30.	+	33.	55.	117.	55.	25.
	15.	17.	3.	4.	117.	39.	45.	+	35.	48.	118.	15.	33.
	16.	17.	30.	49.	....			+	37.	15.			
	17.	18.	9.	52.	117.	24.	7.	+	38.	35.	118.	2.	42.
	18.	19.	30.	54.	117.	18.	15.	+	39.	38.	117.	57.	53.
	19.	20.	57.	49.	117.	39.	30.	+	40.	24.	118.	19.	54.
	20.	21.	25.	13.	117.	0.	0.	+	40.	55.	117.	40.	55.
	21.	21.	39.	Estim.	....			+	41.	10.			
	22.	22.	3.	31.	116.	55.	45.	+	41.	9.	117.	36.	54.
	23.	22.	1.	36.	117.	41.	30.	+	40.	51.	118.	22.	21.
	24.	22.	23.	45.	117.	41.	30.	+	40.	13.	118.	21.	43.
	25.	22.	49.	38.	116.	41.	15.	+	39.	49.	117.	21.	4.
	26.	22.	55.	28.	116.	17.	30.	+	38.	55.	116.	56.	25.
	27.	22.	35.	1.	117.	34.	15.	+	38.	0.	118.	12.	15.
	28.	22.	53.	27.	117.	23.	30.	+	37.	4.	118.	0.	34.
	29.	23.	24.	46.	117.	17.	45.	+	36.	7.	117.	53.	52.
	30.	22.	10.	18.	117.	39.	15.	+	35.	9.	118.	14.	24.
Mai.	1.	21.	45.	Estim.	....			+	34.	10.			
	2.	21.	38.	5.	119.	8.	50.	+	33.	10.	119.	42.	0.
	3.	21.	44.	51.	119.	10.	7.	+	32.	9.	119.	42.	16.
	4.	22.	14.	Estim.	....			+	31.	6.			
	5.	23.	4.	0.	120.	6.	45.	+	30.	1.	120.	36.	46.
	6.	24.	28.	50.	120.	29.	15.	+	28.	55.	120.	58.	10.
	7.	26.	4.	55.	121.	5.	40.	+	27.	47.	121.	33.	27.
	8.	27.	10.	5.	120.	56.	0.	+	26.	38.	121.	22.	38.
	9.	27.	42.	28.	120.	54.	45.	+	25.	28.	121.	20.	13.
	10.	28.	21.	Estim.	....			+	24.	17.			
	11.	....			....			+	23.	5.			
	12.	....			....			+	21.	46.			
	13.	29.	25.	Estim.	121.	34.	30.	+	20.	16.	121.	54.	46.
	14.	29.	46.	23.	121.	34.	30.	+	18.	38.	121.	53.	8.
	15.	30.	....		....			+	16.	53.			

ÉPOQUE, 1787.	LATITUDE.			LONGITUDE par le N.° 19. Cavite à 117ᵈ 30′ E. Paris.			CORRECTIONS.			LONGITUDE vraie.		
	D.	M.	S.	D.	M.	S.		M.	S.	D.	M.	S.
Mai. 16.	....			....			+	15.	4.			
17.	31.	0.	Dout.	....			+	13.	4.			
18.	31.	14.	35.	121.	22.	50.	+	10.	53.	121.	33.	8.
19.	31.	45.	15.	....			+	8.	30.			
20.	32.	0.	17.	121.	57.	15.	+	5.	53.	122.	3.	8.
21.	32.	33.	50.	123.	30.	15.	+	3.	3.	123.	33.	18.
22.	32.	56.	42.	124.	3.	25.	+	0.	4.	124.	3.	29.
23.	33.	41.	12.	125.	6.	30.	—	2.	45.	125.	3.	45.
24.	34.	22.	26.	126.	11.	50.	—	5.	19.	126.	6.	31.
25.	34.	28.	36.	126.	28.	50.	—	7.	36.	126.	21.	14.
26.	35.	28.	41.	127.	14.	26.	—	9.	34.	127.	4.	52.
27.	36.	33.	46.	127.	54.	14.	—	11.	18.	127.	42.	56.
28.	36.	39.	51.	127.	50.	25.	—	12.	24.	127.	38.	1.
29.	37.	9.	5.	128.	39.	44.	—	13.	55.	128.	25.	49.
30.	38.	9.	25.	129.	24.	15.	—	14.	45.	129.	9.	30.
31.	38.	22.	14.	130.	23.	15.	—	15.	20.	130.	7.	55.
Juin. 1.	38.	9.	27.	131.	15.	15.	—	15.	35.	130.	59.	40.
2.	37.	37.	21.	131.	52.	42.	—	15.	39.	131.	37.	3.
3.	37.	19.	3.	132.	11.	30.	—	15.	37.	131.	55.	53.
4.	....			....			—	15.	34.			
5.	38.	6.	21.	133.	18.	14.	—	15.	30.	133.	2.	44.
6.	37.	39.	12.	134.	30.	10.	—	15.	25.	133.	14.	45.
7.	38.	28.	24.	134.	35.	30.	—	15.	19.	134.	20.	11.
8.	39.	16.	58.	133.	11.	45.	—	15.	12.	132.	56.	33.
9.	....			....			—	15.	4.			
10.	40.	48.	35.	131.	19.	56.	—	14.	55.	131.	5.	1.
11.	41.	54.	46.	131.	35.	30.	—	14.	44.	131.	20.	46.
12.	42.	35.	46.	132.	3.	45.	—	14.	32.	131.	49.	13.
13.	42.	47.	4.	132.	20.	30.	—	14.	19.	132.	6.	11.
14.	43.	32.	31.	133.	36.	20.	—	14.	5.	133.	22.	15.
15.	43.	53.	Estim.	....			—	13.	50.			
16.	43.	54.	20.	134.	8.	15.	—	13.	34.	133.	54.	41.
17.	44.	20.	Estim.	....			—	13.	17.			
18.	44.	7.	30.	....			—	12.	51.			
19.	44.	30.	0.	134.	52.	30.	—	12.	13.	134.	40.	17.

DE LA PÉROUSE.

ÉPOQUE, 1787.		LATITUDE.			LONGITUDE par le N.º 19. Cavite à 117ᵈ 30′ E. Paris.			CORRECTIONS.		LONGITUDE vraie.		
		D.	M.	S.	D.	M.	S.	M.	S.	D.	M.	S.
Juin.	20.	44.	43.	0.	135.	1.	15.	— 11.	36.	134.	49.	39.
	21.	....			....			....		....		
	22.	45.	1.	05.	135.	22.	30.	— 10.	45.	135.	11.	45.
	23.	45.	9.	32.	135.	5.	53.	— 10.	23.	134.	55.	30.
	24.	45.	10.	32.	134.	51.	15.	— 10.	10.	134.	41.	5.
	25.	Latit. du mouillage.			Longit. du mouillage.							
	26.	45.	11.	16.	134.	51.	15.	— 10.	1.			
	27.	45.	11.	43.	134.	54.	45.	— 10.	3.	134.	44.	42.
	28.	46.	4.	4.	136.	4.	19.	— 10.	9.	135.	54.	10.
	29.	46.	50.	18.	137.	14.	23.	— 10.	19.	137.	4.	4.
	30.	47.	19.	16.	137.	12.	5.	— 10.	33.	137.	1.	32.
Juillet.	1.	47.	50.	5.	137.	2.	30.	— 10.	53.	136.	51.	37.
	2.	47.	44	...	137.	24.	0.	— 11.	18.	137.	12.	42.
	3.	....			....			— 11.	28.			
	4.	....			....			— 11.	48.			
	5.	47.	43.	12.	137.	28.	0.	— 12.	8.	137.	15.	52.
	6.	47.	57.	41.	137.	59.	45.	— 12.	30.	137.	45.	15.
	7.	48.	29.	15.	138.	53.	46.	— 12.	53.	138.	40.	53.
	8.	48.	19.	51.	139.	21.	0.	— 13.	18.	139.	7.	42.
	9.	48.	16.	30.	139.	34.	0.	— 13.	44.	139.	20.	16.
	10.	48.	22.	34.	139.	37.	15.	— 14.	11.	139.	23.	4.
	11.	48.	6.	2.	139.	56.	0.	— 14.	39.	139.	41.	21.
	12.	47.	53.	4.	140.	0.	30.	— 15.	16.	139.	45.	14.
	13.	47.	49.	10.	140.	28.	42.	— 15.	58.	140.	12.	44.
	14.	48.	15.	30.	....			— 16.	39.			
	15.	....			....			— 17.	23.			
	16.	....			....			— 18.	10.			
	17.	....			....			— 19.	13.			
	18.	....			....			— 20.	40.			
	19.	....			....			— 22.	20.			
	20.	49.	27.	40.	140.	11.	48.	— 24.	14.	139.	47.	34.
	21.	49.	50.	35.	....			— 26.	15.			
	22.	50.	31.	15.	140.	9.	52.	— 28.	36.	139.	41.	16.
	23.	50.	53.	26.	140.	18.	...	— 30.	56.	139.	47.	4.
	24.	51.	26.	27.	140.	10.	30.	— 33.	21.	139.	37.	9.

ÉPOQUE, 1787.	LATITUDE.	LONGITUDE par le N.º 19. Cavite à 117ᵈ 30′ E. Paris.	CORRECTIONS.	LONGITUDE vraie.
	D. M. S.	D. M. S.	M. S.	D. M. S.
Juillet. 25.	51. 28. 0.	139. 26. 15.	— 35. 42.	138. 50. 32.
26.	....	....	— 37. 43.	....
27.	51. 29. 43.	139. 43. 15.	— 39. 38.	139. 5. 0.
28.	....	....	— 41. 26.	....
29.	51. 28. 30.	139. 19. 17.	— 43. 13.	138. 36. 4.
30.	....	....	....	....
31.	....	....	....	....
Août. 1.	....	139. 20. 47.	— 48. 0.	138. 32. 47.
2.	....	....	— 49. 31.	....
3.	51. 20. 0.	140. 18. 18.	— 51. 0.	139. 27. 18.
4.	50. 40. 31.	139. 28. 30.	— 52. 26.	138. 36. 4.
5.	50. 38. 25.	140. 22. 22.	— 53. 58.	139. 28. 24.
6.	50. 20. 45.	139. 58. 15.	— 55. 40.	139. 02. 35.
7.	49.	....	— 57. 32.	....
8.	48. 14. 7.	139. 49. 55.	— 59. 34.	138. 50. 21.
9.	48. 25. 40.	140. 13. 30.	— 61. 22.	139. 12. 8.
10.	46. 46. 45.	140. 27. 0.	— 63. 9.	139. 23. 51.
11.	45. 57. 33.	140. 42. 15.	— 63. 36.	139. 38. 39.
12.	45. 56. 30.	140. 42. 15.	— 64. 47.	139. 37. 28.
13.	45. 20. 12.	141. 27. 37.	— 65. 38.	140. 21. 59.
14.	45. 29. 4.	142. 7. 20.	— 66. 25.	141. 0. 55.
15.	46. 9. 55.	143. 24. 7.	— 66. 59.	142. 17. 8.
16.	....	....	— 67. 20.	....
17.	46. 9. 0.	145. 01. 15.	— 67. 33.	143. 53. 42.
18.	45. 55. 47.	145. 22. 47.	— 67. 34.	144. 15. 13.
19.	46. 20. 27.	146. 54. 45.	— 67. 23.	145. 47. 22.
20.	46. 29. 30.	148. 48. 57.	— 66. 59.	147. 41. 58.
21.	47. 8. 20.	149. 33. 37.	— 66. 37.	148. 27. 0.
22.	47. 16. 22.	....	— 66. 26.	....
23.	47. 11. 39.	148. 50. 22.	— 66. 26.	147. 43. 56.
24.	47. 22. 9.	149. 53. 30.	— 66. 40.	148. 46. 50.
25.	....	....	— 67. 13.	....
26.	....	....	— 68. 11.	....
27.	47. 12. 32.	150. 53. 25.	— 68. 56.	149. 44. 29.
28.	47. 7. 0.	150. 36. ...	— 69. 42.	149. 26. 18.

ÉPOQUE, 1787.		LATITUDE.			LONGITUDE par le N.º 19. Cavite à 117ᵈ 30' E. Paris.			CORRECTIONS.		LONGITUDE vraie.		
		D.	M.	S.	D.	M.	S.	M.	S.	D.	M.	S.
Août.	29.	....			....			— 70.	38.			
	30.	45.	55.	13.	152.	6.	10.	— 71.	28.	150.	54.	42.
	31.	....			....			— 72.	20.			
Septembre.	1.	....			....			— 73.	14.			
	2.	48.	25.	0.	156.	33.	30.	— 74.	11.	155.	19.	19.
	3.	49.	19.	30.	157.	56.	0.	— 75.	10.	156.	40.	50.
	4.	....			....			— 76.	13.			
	5.	50.	57.	30.	158.	43.	07.	— 77.	12.	157.	30.	55.
	6.	52.	28.	59.	158.	46.	15.	— 78.	12.	157.	28.	3.
	7.	52.	48.	20.	158.	9.	10.	— 79.	11.	156.	49.	59.

FIN DU TOME TROISIÈME.

TABLE

Des Chapitres contenus dans ce Volume.

CHAPITRE XVII.

*R*OUTE *vers la partie du Nord-Ouest du Japon. — Vue du cap Noto et de l'île Jootsi-sima. — Détails sur cette île. — Latitude et longitude de cette partie du Japon. — Rencontre de plusieurs bâtimens japonais et chinois. — Nous retournons vers la côte de Tartarie, sur laquelle nous attérissons par 42 degrés de latitude Nord. — Relâche à la baie de Ternai. — Ses productions. — Détails sur ce pays. — Nous en appareillons après y être restés seulement trois jours. — Relâche à la baie de Suffren* .... Page 1.

CHAPITRE XVIII.

Nous continuons de faire route au Nord. — Reconnaissance d'un pic dans l'Est. — Nous nous apercevons que nous naviguons dans un canal. — Nous dirigeons notre route vers la côte de l'île Ségalien. — Relâche à la baie de Langle. — Mœurs et coutumes des habitans. — Ce qu'ils nous apprennent nous détermine à continuer notre route au Nord. — Nous prolongeons la côte de l'île. — Relâche à la baie d'Estaing. — Départ. — Nous trouvons que le canal entre l'île et le continent de la Tartarie est obstrué par des bancs. — Arrivée à la baie de Castries sur la côte de Tartarie .... 25.

TABLE.

CHAPITRE XIX.

Relâche à la baie de Castries. — Description de cette baie et d'un village tartare. — Mœurs et coutumes des habitans. — Leur respect pour les tombeaux et les propriétés. — Extrême confiance qu'ils nous inspirent. — Leur tendresse pour leurs enfans. — Leur union entre eux. — Rencontre de quatre pirogues étrangères dans cette baie. — Détails géographiques que nous donnent les équipages. — Productions de la baie de Castries. — Ses coquilles, quadrupèdes, oiseaux, pierres, plantes.............................. Page 57.

CHAPITRE XX.

Départ de la baie de Castries. — Découverte du détroit qui sépare le Jesso de l'Oku-Jesso. — Relâche à la baie de Crillon sur la pointe de l'île Tchoka ou Ségalien. — Détails sur ses habitans et sur leur village. — Nous traversons le détroit et reconnaissons toutes les terres découvertes par les Hollandais du Kastricum. — Ile des États. — Détroit d'Uriès. — Terre de la Compagnie. — Ile des Quatre-Frères. — Ile de Marikan. — Nous traversons les Kuriles et faisons route pour le Kamtschatka....................... 79.

CHAPITRE XXI.

Supplément aux Chapitres précédens. — Nouveaux détails sur la côte orientale de la Tartarie. — Doute sur la prétendue pêcherie de perles, dont parlent les Jésuites. — Différences physiques entre les insulaires de ces contrées et les continentaux. — Pauvreté du pays. — Impossibilité d'y faire aucun commerce utile. — Vocabulaire des habitans de l'île Tchoka ou Ségalien.......................... Page 102.

CHAPITRE XXII.

Mouillage dans la baie d'Avatscha. — Accueil obligeant du lieutenant KABOROF. *— Arrivée de M.* KASLOFF-OUGRENIN, *gouverneur d'Okhotsk, au havre de Saint-Pierre et Saint-Paul. — Il est suivi à bord par M.* SCHMALEFF, *et par le malheureux* IVASCHKIN, *qui nous inspire le plus vif intérêt. — Bienveillance officieuse du gouverneur à notre égard. — Bal des Kamtschadales. — Un courrier, arrivant d'Okhotsk, nous apporte nos lettres de France. — Nous découvrons le tombeau de M.* DE LA CROYÈRE, *et nous y attachons, ainsi qu'à celui du capitaine* CLERKE, *une inscription gravée sur le cuivre. — Nouvelles vues d'administration de M.* KASLOFF, *relatives au Kamtschatka. — Nous obtenons la permission d'envoyer notre interprète en France avec nos paquets. — Départ de la baie d'Avatscha*................ 124.

CHAPITRE XXIII.

Détails sommaires sur le Kamtschatka. — Indications pour entrer dans la baie d'Avatscha et en sortir sans risques. — Nous parcourons, sur le parallèle de 37^d 30', un espace de trois cents lieues, pour chercher une terre découverte, dit-on, par les Espagnols en 1620. — Nous coupons la Ligne pour la troisième fois. — *Nous avons connaissance des îles des Navigateurs, après avoir passé sur l'île du Danger de* BYRON. — *Nous sommes visités par beaucoup de pirogues, nous faisons des échanges avec leurs équipages, et nous mouillons à l'île Maouna*..................... Page 157.

CHAPITRE XXIV.

Mœurs, coutumes, arts et usages des insulaires de Maouna. — Contraste de ce pays riant et fertile avec la férocité de ses habitans. — La houle devient très-forte ; nous sommes contraints d'appareiller. — M. DE LANGLE *voulant faire de l'eau, descend à terre avec quatre chaloupes armées. — Il est assassiné ; onze personnes des deux équipages éprouvent le même sort. — Récit circonstancié de cet événement*............................ 186.

CHAPITRE XXV.

Départ de l'île Maouna. — Description de l'île d'Oyolava. — Échanges avec ses habitans. — Vue de l'île de Pola. — Nouveaux détails sur les mœurs, les arts, les usages des naturels de ces îles, et sur les productions de leur sol. — Rencontre des îles des Cocos et des Traîtres....... 218.

CHAPITRE XXVI.

Départ des îles des Navigateurs. — Nous dirigeons notre route vers celles des Amis. — Rencontre de l'île Vavao et de différentes îles de cet archipel, très-mal placées sur les cartes. — Les habitans de Tongataboo s'empressent de venir à bord et de lier commerce avec nous. — Nous mouillons à l'île Norfolk. — Description de cette île. — Arrivée à Botany-Bay.................................... Page 242.

TABLES de la route de la BOUSSOLE, pendant les années 1785, 1786, 1787, 1788, depuis son départ d'Europe jusqu'à Botany-Bay....................... 267.

TABLES de la route de l'ASTROLABE, pendant les années 1785, 1786, 1787, depuis son départ d'Europe jusqu'au Kamtschatka............................ 353.

FIN DE LA TABLE DES CHAPITRES.

IMPRIMÉ

Par les soins de P. D. DUBOY-LAVERNE, directeur de l'imprimerie de la République.

www.ingramcontent.com/pod-product-compliance
Lightning Source LLC
Chambersburg PA
CBHW070927230426
43666CB00011B/2346